“十二五”职业教育国家规划教材
经全国职业教育教材审定委员会审定

城市轨道交通供电系统概论

第2版

李建民 等 编著
李群湛 靳守杰 主审

机械工业出版社
CHINA MACHINE PRESS

本书是“十二五”职业教育国家规划教材，是根据《教育部关于“十二五”职业教育教材建设的若干意见》及教育部新颁布的《高等职业学校专业教学标准（试行）》，同时参考城市轨道交通相关岗位职业资格标准，在第1版的基础上修订而成的。

本书针对城市轨道交通供电系统的特点，对基础理论知识、常见设备、系统结构、设备及系统运行等方面的内容进行了介绍，基本上反映了目前城市轨道交通供电系统的知识、技术和设备，主要内容包括：城市轨道交通供电系统概述，高压电气设备，变压与整流，接地系统与过电压保护，供电保护及测控系统，城市轨道交通供电系统结构及其运行，接触网系统和电力电缆。

本书可以作为职业院校城市轨道交通供电类专业学生的教材和教师的教学参考书，也可以作为从事轨道交通供电工作的相关技术人员和管理人员的普及读本，还可以作为城市轨道交通系统电力供电相关专业的培训教材。

为方便教学，凡选用本书作为授课教材的教师，均可登录 www.cmpedu.com 免费注册下载电子课件，内含本书中的扩展阅读资料。编辑咨询电话：010-88379865。

图书在版编目（CIP）数据

城市轨道交通供电系统概论/李建民等编著．—2版．—北京：机械工业出版社，2016.1（2024.8重印）
“十二五”职业教育国家规划教材
ISBN 978-7-111-51609-5

Ⅰ.①城… Ⅱ.①李… Ⅲ.①城市铁路-供电系统-高等职业教育-教材 Ⅳ.①U239.5

中国版本图书馆CIP数据核字（2015）第221950号

机械工业出版社（北京市百万庄大街22号　邮政编码100037）
策划编辑：曹新宇　责任编辑：曹新宇　王　荣
责任校对：樊钟英　封面设计：陈　沛
责任印制：张　博
北京建宏印刷有限公司印刷
2024年8月第2版第13次印刷
184mm×260mm · 18.5印张 · 1插页 · 457千字
标准书号：ISBN 978-7-111-51609-5
定价：49.80元

电话服务　　网络服务
客服电话：010-88361066　　机　工　官　网：www.cmpbook.com
010-88379833　　机　工　官　博：weibo.com/cmp1952
010-68326294　　金　书　网：www.golden-book.com
封底无防伪标均为盗版　　机工教育服务网：www.cmpedu.com

职业教育城市轨道交通专业教材编写委员会

第2版前言

本书是按照教育部《关于开展“十二五”职业教育国家规划教材选题立项工作的通知》，经过出版社初评、申报，由教育部专家组评审确定的“十二五”职业教育国家规划教材，是根据《教育部关于“十二五”职业教育教材建设的若干意见》及教育部新颁布的《高等职业学校专业教学标准（试行）》，同时参考城市轨道交通相关岗位职业资格标准，在第1版的基础上修订而成的。

随着城市轨道交通的迅速发展，对人才的培养和需求提出了更高的要求，教材的编写对于人才的培养是一项非常重要的、基础性的工作。而现有教材和实际有些脱节，内容有些缺漏，无法满足实际的需要，存在质量、内容等方面的问题，甚至存在某些错误观念。基于此，我们编写了本书。近二十年来城市轨道交通快速发展，新技术不断出现，而绝大多数此类书籍中并未述及相关内容，即使有也不全面和准确，特别是系统的介绍和对比、特殊设备的介绍等，而且各城市地铁运营又缺乏规范的标准，没有统一的架构，如何全面、正确地了解城市轨道交通供电系统，如何维护城市轨道交通供电专业设备、维持其正常运行，是一件非常重要的事情。为此在第1版的基础上，本次修订增加了城市轨道交通供电设备的维护知识，增补了相关特殊设备的内容，并对全书章节进行了系统化的重新编排。

本书为系统地学习城市轨道交通供电知识和全面了解城市轨道交通供电系统的实际状况做了一些尝试，提供了一个全新的读本。其最大特点是系统全面，有一定深度，但更强调广度；有一定的理论，但更强调实际应用。本书在内容处理上主要有以下几点说明：①本书适合在职业教育的第三年开设，学生需具备一定的专业知识；②本书涵盖内容较广，因此适合于轨道交通类各专业使用；③根据需要本书可以安排80~120个学时。

本书由郑州铁路职业技术学院李建民教授主编，西南交通大学李群湛教授、轨道专家靳守杰教授级工程师主审。郑州铁路职业技术学院高级实验师王程有编写了第2章的2.4、2.8节，第5章的5.2节；郑州铁路职业技术学院徐彦编写了第4章的4.1、4.4、4.5节以及第7章；张志军副教授编写了第8章；其余的所有章节由李建民教授编写。本书经全国职业教育教材审定委员会审定，评审专家对本书提出了宝贵建议，在此对他们表示衷心的感谢！在编写本书的过程中，得到了多个勘测设计院集团、轨道研究院专家的帮助和大力支持，也参阅了他们的一些设计资料。特别是南京铁道职业技术学院李晓村教授，对本书的编写进行了前期的指导和定位。郑州市轨道公司总工程师夏景辉也对本书的编写给予了中肯的建议，高级工程师李英锋也给与了大力支持。在前期的准备阶段，我们在上海地铁、深圳地铁、重庆地铁进行了参观调研，得到了他们的大力支持。在此一并表示感谢！

由于编者水平有限，书中疏漏在所难免，希望广大读者批评指正。

编著者

第1版前言

本书是为了适应快速发展的城市轨道交通对供电专业人才需求的形势而组织编写的，以“理论适度，注重实际，系统全面，有机整合，适当综合”为编写原则，以满足高职高专院校城市轨道交通专业（侧重于供电）的培养要求为目标，同时也可以作为本科学生、研究生理论结合实际的参考用书。

本书针对城市轨道交通供电系统的特点，对基础理论知识、常见设备、系统结构、设备及系统运行等方面的内容进行了介绍，基本上反映了目前城市轨道交通供电系统的知识、技术和设备。

为使读者系统地学习城市轨道交通供电知识，全面了解城市轨道交通供电系统实际状况，本书编写时作了一些新的尝试。本书的最大特点是：系统、全面，有一定深度，但更强调广度；有一定的理论，但更强调实际应用。本书适用于100个教学学时，教师可以根据需要自由组合。与同类教材相比，本书在结构上和内容上也有所创新，进行了重新的有机组合。部分章节提供了相关的扩展阅读资料的电子版，采用此书作为教材的老师可以下载。

本书由李建民教授等人编著，李群湛教授、靳守杰高级工程师主审。其他参与编写的还有王成有、吉鹏霄、张志军。王成有编写了第五章的第二节、第三节；吉鹏霄编写了第四章中的第四节、第五节、第六节；张志军编写了第八章；其余的所有章节由李建民编写。

在编写本书的过程中，得到了多个勘测设计院集团、轨道研究院专家们的帮助和大力支持，也参阅了他们的一些设计资料。特别是李晓村教授，对本书的编写进行了前期的指导和定位；郑州市轨道交通有限公司总工程师夏景辉在编写的过程中，给予了中肯的建议；在前期准备阶段，我们在上海地铁、深圳地铁、重庆地铁进行了参观调研，得到了大力支持，在此一并深表感谢！

由于编者水平有限，书中疏漏在所难免，希望广大读者提出宝贵意见。

编著者

目　录

CONTENTS

第1章 城市轨道交通供电系统概述

【问题导入】

城市轨道交通供电系统是城市轨道交通的能量总供给，因此熟悉城市轨道交通供电系统是从事城市轨道交通相关专业的人员必须了解的。本章主要讲述城市轨道交通系统结构形式、牵引制式等内容。

【学习目标】

1. 掌握城市轨道交通供电系统结构形式。
2. 掌握集中供电和分散供电的含义。
3. 掌握牵引制式的内涵。

【教学建议】

1. 重点讲解结构。
2. 在讲解的基础上，安排实地参观。

【理论知识】

1.1 电力牵引制式

1.1.1 电力牵引制式的种类

1. 牵引制式概述

电力牵引制式是指牵引供电系统向电动车组或电力机车供电所提供的电流和电压的制式。目前电力牵引制式按电流分，有直流制式和交流制式；按相数分，有单相和三相。

早期直流制式有很多特点，一般采用串励直流电动机，它能满足重载时速度低、轻载时速度高的要求。但是这种电动机在起动的时候电流很大，为了限制电流，可采用串联大功率电阻的办法，同时也能起到降压、降速的目的。这种方法容易实现，但在起动和调速的时候，引起的能量损耗太大，很不经济。

城市轨道交通牵引系统采用直流供电制式，现在的轨道交通牵引车辆多采用异步电动机，首先把接收到的直流电通过逆变设备，变换成交流电，而且电压和频率都可以调节，实现了通过改变频率调节电动机速度的方法，可以实现柔性起动，使车辆运行更平稳，效率更高。同时也可以通过调压来改变电动机的速度。这种技术称为 VVVF 调速技术。目前，城市轨道交通牵引车辆多采用这种技术。

交流制式应用也非常广泛，像一些欧洲国家多采用 25Hz、6.5～11kV 和 16.7Hz、12～15kV 等频率较低的类型。我们国家采用 50Hz、25kV 的工频单相交流制。交流制式既保留了交流电可以升高供电电压的长处，又有用串励直流电动机作为牵引电动机的优点。在电力机车上，常装设降压变压器和大功率整流设备，将高电压降压，然后整流成适合直流电动机要求的形式。电动机的调速，可以通过降压变压器的抽头或可控整流装置的电压来得以实现。工频单相交流制多用在我国干线电气化铁道上。

不同的制式，电压大小也不一样。一般来说，采用交流制式，供电电压相对较高；采用直流制式，供电电压相对较低。交流制式的电压一般从几千伏到几十千伏；而直流制式的供电电压一般为600～3000V。不论是交流制式还是直流制式，目前都没有统一的国际标准，每个国家可根据自己的实际情况确定。在我国，交流制式采用唯一的50Hz、25kV的工频单相交流。而对于直流制式，也确定了两个标准，即1500V和750V，主要应用于城市轨道交通。城市轨道交通电压种类见表1-1。

表1-1 城市轨道交通电压种类

电压	最低允许电压	额定电压	最高电压
DC 600V	400V	600V	720V
DC 750V	500V	750V	900V
DC 1500V	1000V	1500V	1800V
DC 3kV	2kV	3kV	3kV
AC 15kV，16.7Hz	11kV	15kV	17.25kV
AC 25kV,50Hz	17.5kV	25kV	27.5kV
AC 27.5kV,50Hz	19kV	27.5kV	29kV

2. 馈电方式、牵引制式与受流方式

不同的牵引制式有不同的电压等级，无论电压等级如何，总是需要把电能馈送到机车上，而针对各种牵引制式，世界各国的电气工程师们研究出了不同的馈电方式。对于不同的馈电方式，受流设备（车辆）的受流方式也不一样。

目前，从世界范围内看，馈电方式共有架空式、第三轨、第四轨和三相系统四种。

车辆受流方式（设备）一般有受电弓和受电靴（又称集电靴）两种。受电弓又有不同的种类，有单弓和双弓等，大多数采用单弓。而对于单轨交通系统常常有三个受电弓，即两个负极受电弓（在轨道梁的两侧）和一个正极受电弓（在上部）。

由于三相系统结构复杂，而且目前几乎已经被淘汰或改造，也就说几乎不存在了。

（1）架空式 架空式适合所有的牵引制式。无论直流或者交流，无论高压或者低压，架空式覆盖了250V～50kV所有的轨道交通形式。一般来说，电压越高，采用架空式的越多。

表1-2是架空式系统电压制式举例。

表 1-2　架空式系统电压制式举例

电压/V	电流形式	国家	电压/V	电流形式	国家
250	DC	美国	6000	50Hz	德国
500		很多国家采用	6250		英国
525		瑞士	6300	25Hz	德国
550		英国	6500		澳大利亚
900		瑞士	6600		挪威
1000		匈牙利	6600	50Hz	德国
1100		阿根廷	8k	25Hz	德国
1200		西班牙	10k		新西兰
		古巴	11k	16.7Hz	瑞士
		德国			
		爱沙尼亚		50Hz	法国
1350		意大利	12k	16.7Hz	法国
		瑞士	12.5k	25Hz,60Hz	美国
2400		德国	20k	50Hz,60Hz	德国
		法国			法国
3500		英国			日本
5500	16.7Hz	德国	50k	50Hz,60Hz	南非
					美国
6000	DC	俄罗斯			加拿大

（2）第三轨　第三轨适用于直流牵引制式，牵引电压相对较低。目前，最高电压为1500V。第三轨系统电压制式见表 1-3。

表 1-3　第三轨系统电压制式

电压/V	电流形式	类型	接触系统	国家(或城市)	电压/V	电流形式	类型	接触系统	国家(或城市)
50	DC	通过走行轨供电		英国	800	DC	第三轨	下部接触	德国
110		第三轨	上部接触		825			下部接触	俄罗斯
160			上部接触					下部接触	朝鲜
180		通过走行轨供电		德国	850			下部接触	法国
200		第三轨	上部接触	英国				下部接触	
250			莫根架(第三轨)	美国	1000			上部接触	美国
440			上部接触	英国	1200		第三轨	侧面接触	英国
550			上部接触	阿根廷				侧面接触	德国
660			上部接触	英国	1500		第三轨	侧面接触	法国
660		第三轨和第四轨系统							
700		第三轨	下部接触	美国	1500		第三轨	下部接触	中国广州

（3）第四轨　第四轨适用于直流牵引制式，牵引电压相对更低。由于该系统牵引网比较复杂，目前新建线路几乎均不采用。只有伦敦地铁采用的这种系统，如图 1-1 所示。一个

上部接触第三轨安装在线路的一边，提供420V的直流电源；一个安装在两个走行轨中间的上部接触轨，也就是第四轨，提供420V的直流电源，它们联合向轨道车辆提供630V的直流电源。意大利的米兰1号线早期就采用这种模式（现已经改为架空式）。

（4）三相系统 1902～1976年在意大利，曾经运行了多条三相牵引网供电的轨道线路。这一系统采用频率为16.7Hz的三相系统，电压为3600V；上部悬挂两条输电接触线，走行钢轨作为第三相导电线路；由单独的电厂供电。现在这一系统已被淘汰。

图1-1 伦敦第四轨系统

总之，城市轨道交通牵引供电系统从供电制式上，分为交流和直流两种制式，以直流制式为主；从馈送电能形式上分为第三轨和架空线两种；从电压等级上分为多等级不同电压，在600～3000V之间。电压制式的选择，要根据实际情况，进行经济和技术的比较研究。

1.1.2 目前国内发展概况

目前我国城市轨道交通供电系统馈电方式与牵引制式的组合共有四种：DC 1500V架空式、DC 1500V接触轨、DC 750V架空式、DC 750V接触轨。而架空式系统又分为柔性接触网和刚性接触网。直流接触轨也有上部、下部、侧面接触三种方式，而以下部为佳。

我国自1969年建成北京第一条地下铁道之后，已有更多的城市的城市轨道交通投入商业运营。国内城市轨道交通供电制式见表1-4。

表1-4 国内城市轨道交通供电制式

电压/V	电流	类型	接触系统	城市	建设时间(首次)
750	DC	接触轨	上部接触(正极)走行轨(负极)	北京	1969
			下部接触(正极)走行轨(负极)	武汉	2005
		架空式	柔性架空接触系统	长春	2002
1500		架空式	柔性架空接触系统	上海	1995
			刚性架空接触系统	广州(地铁2号线)	2003
		接触轨	下部接触(正极)走行轨(负极)	广州(地铁4号线)	2005

1.1.3 牵引制式选择原则

在选择城市轨道交通供电制式时应遵循以下原则：

1）供电制式与客流量相适应。客流量是轨道交通设计的基础。应首先预测客流量大小，选择适用的电动客车类型和列车编组数量。一般大运量的轨道交通系统采用DC 1500V和架空接触网馈电，中运量的系统采用DC 750V和接触轨馈电方式。

2）供电安全可靠。地下铁道是城市交通的主要组成部分，其作用越来越重要，一旦发生供电故障，造成列车停运，就会影响市民出行，引起城市交通混乱。因此，安全可靠是选择供电制式的最重要条件。

3）便于安装、维护及事故抢修。选用的牵引网应便于施工安装和日常维修，一旦发生牵引网故障，应便于抢修，能尽快恢复运营。

4）牵引网使用寿命长，维修工作量小，是降低轨道交通运营成本的重要条件。

5）城市轨道交通是城市的基础设施，应注重环境和景观效果。

1.2 城市轨道交通供电系统

1.2.1 城市轨道交通供电系统概况

城市轨道交通供电系统是城市轨道交通的能源补给线，它的安全可靠运行应被放在第一位，它对城市轨道交通的影响是全面的。一旦供电系统出现问题，将会导致城市轨道交通的混乱和瘫痪。因此，建立一个安全可靠的城市轨道交通供电系统是非常重要的。

1. 电源组成

城市轨道交通供电系统的电能来源于国家电网，而国家电网的电能来源于各种发电厂。

2. 外部电源系统——城市电网

电力网简称电网，由输电线路、配电线路和变电所组成。输电线路是向用户传输电能的通道，一般来说其电压较高，即采用高压传输，其特点是线路较长、覆盖区域广。配电线路是向用户分配电能的通道，其电压相对较低，也就是通常说的低压配电线路，其特点是线路较短。由此可见，不同的电网，其电压等级也不一样。

我国规定的电网标称电压（或者说额定电压）为3kV、6kV、10kV、20kV、35kV、110kV、220kV、330kV、500kV、750kV、1000kV。高压又细分为高压（3～220kV）、超高压（330～750kV）、特高压（1000kV）。高压电器设备是指输配电系统中用于控制和保护的设备，对电力设备的安全可靠运行至关重要。

城市轨道交通供电系统从城市电网引入高压或中压电源，再将引入的外部电源进行电压转换或直接分配至轨道交通的牵引变电所或降压变电所，由牵引变电所和降压变电所分别为轨道交通运行主体的车辆和辅助用电设备（动力、照明负荷）供电。轨道交通从外部电源引入的形式上一般分为集中式供电、分散式供电和混合式供电三种模式。国内大部分采用集中式供电，一些城市采用分散式供电，部分线路采用混合式供电。

城市电网主要由500kV、220kV、110kV、10kV供电网络构成，一般从220kV、110kV、10kV系统接口引入。

（1）集中式供电　指轨道交通从城市电网引入较高电压等级的电源（如110kV、220kV），经主变电站进行电压转换，将外部电源（如35kV或10kV）降压后，由主变电站集中向牵引变电所和降压变电所供电的外部电源引入模式。该模式引入电源电压等级高，电源点供电能力较强，引入电源点较少，有利于管理。

（2）分散式供电　是相对于集中式供电而言的，是指轨道交通不设主变电站，由沿线城市变电站直接向牵引变电所和降压变电所提供中压（35kV或10kV）电源的供电模式。该模式是根据城市轨道交通供电的需要，在地铁沿线直接由城市电网引入多路电源，构成供电系统。这种供电方式一般从10kV电压等级处获得电能。分散式供电要保证每座牵引变电所和降压变电所均获得双路电源，这就要求城市轨道交通沿线有足够的电源引入点及备用容量。分散式供电要求城市电网资源充足，安全运营水平高，供电可靠。

当然，两种方式各有优缺点，轨道交通的外部电源方案应根据城市电网的具体构成情况，采用合适的供电方式。如北京采用分散式供电，上海、广州、南京、武汉、苏州、深圳等地则采用集中式供电。

（3）混合式供电　混合式供电将前两种供电方式结合起来，一般以集中式供电为主，个别地段引入城市电网电源作为集中式供电的补充，使供电系统更加完善和可靠。北京地铁1号线和2号线、建设中的武汉轨道交通工程、青岛地铁南北线工程等即为混合式供电方案。这种模式充分发挥了前两种方式的优点，体现了城市一体化的特点。

3. 城市轨道交通供电系统构成

城市轨道交通供电系统的电源一般取自国家电力系统，即取自于所在城市电网，也就是说城市轨道交通供电系统是嫁接在城市电网上的一个相对独立的子系统，它是一个特殊的大用电户。城市轨道交通供电系统分为外部电源系统和内部电源系统。内部电源系统是城市轨道交通供电系统的主体，主要由以下部分构成：中压环网供电系统、牵引供电系统和低压变配电系统。城市轨道交通供电系统示意图如图1-2所示。

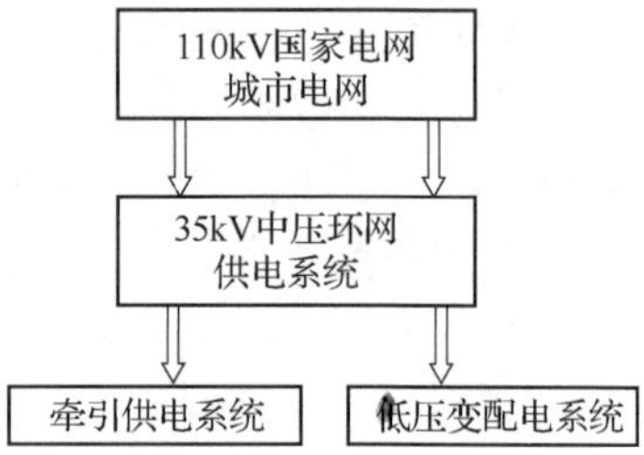

图1-2　城市轨道交通供电系统示意图

（1）中压环网供电系统　城市轨道交通电力能量直接取自城市或区域电网。城市电网或区域电网的结构对城市轨道交通供电系统起着决定性作用。

中压环网是连接城市或区域电网到供配电系统的系统。该系统主要包括所有的主变电所和35kV系统线路环网。通过中压电缆，纵向把上级主变电所和下级牵引变电所、降压变电所连接起来，横向把全线的各个牵引变电所、降压变电所连接起来，便形成了中压环网供电系统。中压环网供电系统不是供电系统中独立的子系统，但是它却是供电系统的核心内容。它涉及外部电源方案、主变电所的位置及数量、牵引变电所及降压变电所的位置与数量、牵引变电所与降压变电所的主接线形式等。

（2）牵引供电系统　它是城市轨道交通供电系统的核心，负责向轨道交通车辆提供电能，其主要作用是降压、整流和传输电能。该系统主要包括牵引变电所、馈电线、接触网（或者接触轨）等。牵引变电所是牵引供电系统的心脏，它的主要作用是生产出满足要求的电能；馈电线则负责把合格的电能输送到轨道沿线的接触网上；而接触网则负责把电能不间断地输送到运行的车辆设备上（主要指受电弓、接触轨等）。

（3）低压变配电系统　它负责向信号、照明、通风、排水、制冷设备馈送电能，其主要作用是降压、分配和传输电能。该系统主要包括降压变电所、多路馈线等。

城市轨道交通供电属于一级供电负荷，一旦中断，将打乱运输计划和机车车辆运行，影响城市轨道交通的环控系统、照明系统等的运行，会造成很大的社会影响。因而，建设一个安全、灵活、经济、可靠的城市轨道交通供电系统，对城市轨道交通有着极为重要的意义。

1.2.2　城市轨道交通供电系统结构

1. 根据变电所供电接线方式划分

（1）环网供电　主变电所向沿线的所有牵引变电所和降压变电所供电。为了增加可靠性，采用双回路输电线路。当一个主变电所出现故障时，供电区域内沿线的牵引变电所和降压变电所仍能正常工作。采用这种方式，既能满足可靠性的要求，也能满足管理和运营的要求。环网供电又分为双环网供电和单环网供电。双环网供电又称为链式网（又称双环网），其接线示意图如图 1-3 所示。目前，城市轨道交通供电系统多采用这种方式。

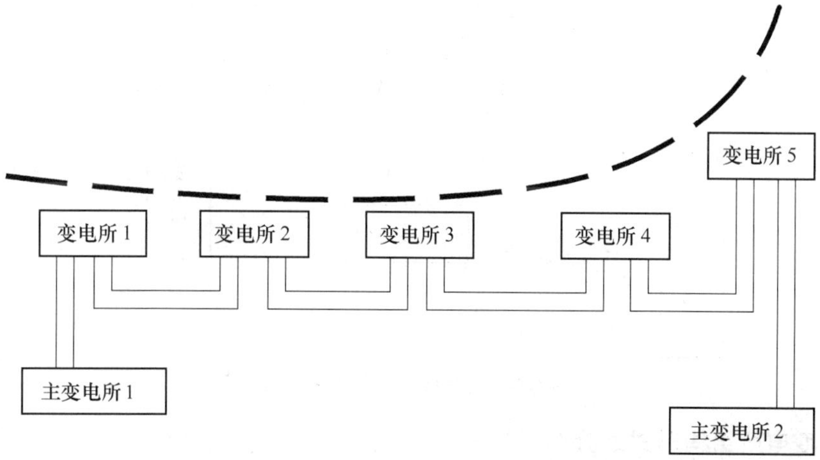

图 1-3　双环网供电接线示意图

（2）单边供电　当轨道线路沿线附近只有一侧有电源时，常采用单边供电。为了增加可靠性，也可采用双路输电线路。单边供电的可靠性较差。一旦主变电所出现故障，沿线就必然断电，造成整个线路无法运行。一般在线路的末端或者特殊场所，采用这种供电方式。单边供电接线示意图如图 1-4 所示。

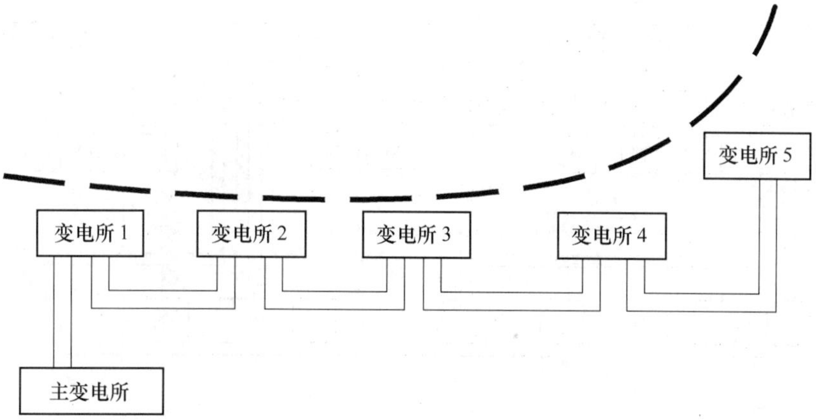

图 1-4　单边供电接线示意图

（3）辐射型供电　辐射型供电接线示意图如图 1-5 所示。当每个牵引变电所和降压变电所到主变电所距离差不多一样时，常采用辐射型供电。为了增加可靠性，也可采用双路输电线路。但是只要主变电所出现故障，沿线就必然断电，也会造成部分线路无法运行。这种方式现在又称为辐射网，分为单回路辐射网和双回路辐射网。实际应用中，单回路辐射网几乎不采用。

总之，为了增加系统的可靠性，不致用户供电中断，一般采用三种方式：一是采用双电源或多电源，双边供电采用的就是这种方式；二是采用双回路输电线路，防止因输电线路故障而引起用户的供电中断，双回路线路一般用于一些重要的负荷，但其附近的电源只有一个，为了增加其可靠性，可增加一条输电线路，对于一些不太重要的负荷，为减少投资，一般采用单回路输电线路；三是在变配电所采用双变压器，这种方式，我们将在以后的章节中讲解。

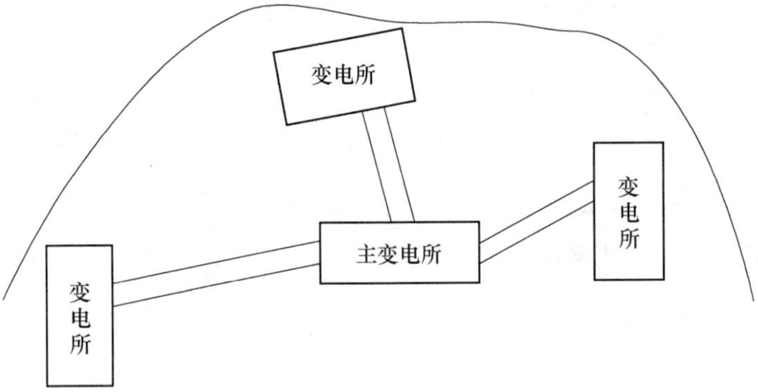

图 1-5　辐射型供电接线示意图

2. 根据变电所结构形式划分

城市轨道交通供电系统从 110kV 或者 220kV 系统获取电能，一般采取供电分区方式向它的下一级负荷供电，中压环网电压等级为交流 35kV 和 10kV，有时只有 35kV 环网。这一系统由于低压变配电系统和牵引供电系统相互关系的不同，又分了许多模式。

（1）独立模式　城市轨道交通供电系统独立模式如图 1-6 所示。在这种模式下，牵引变电所和降压变电所分别设置，并分别向各自的用户供电，两者相对独立，相互影响较小。

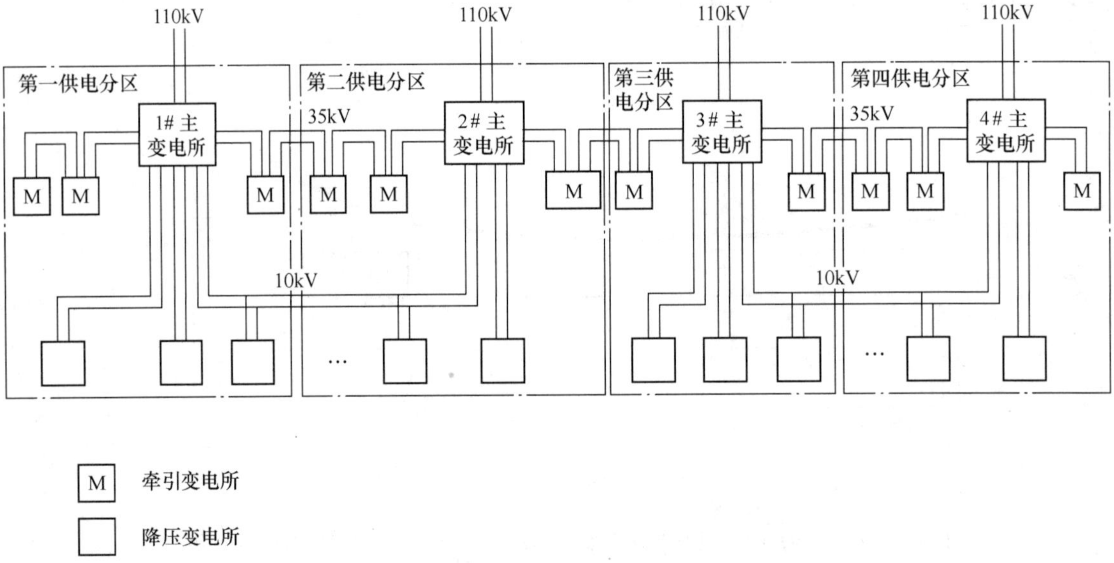

图 1-6　城市轨道交通供电系统独立模式

从图 1-6 中可以看出，主变电所输出 10kV 线路向降压变电所供电一般采用双 T 形接线，在供电的末端采用单边供电；主变电所输出 35kV 线路向牵引变电所供电采用双边或单边方式。T 形接线的特点是主变电所供给其他变电所的负荷不会流过本变电所，也就是说本变电所运行不会对其他变电所造成影响。

（2）联合模式　一般来说，牵引系统和动力照明信号供电系统是相互分开的，根据实际情况，也可以把牵引系统和动力照明信号供电系统融合到一个变电所，形成一体化混合结构，即牵引降压混合变电所，如图 1-7 所示。这种模式中，牵引变电所和降压变电所合二为一，牵引系统和动力照明系统相互影响较大。

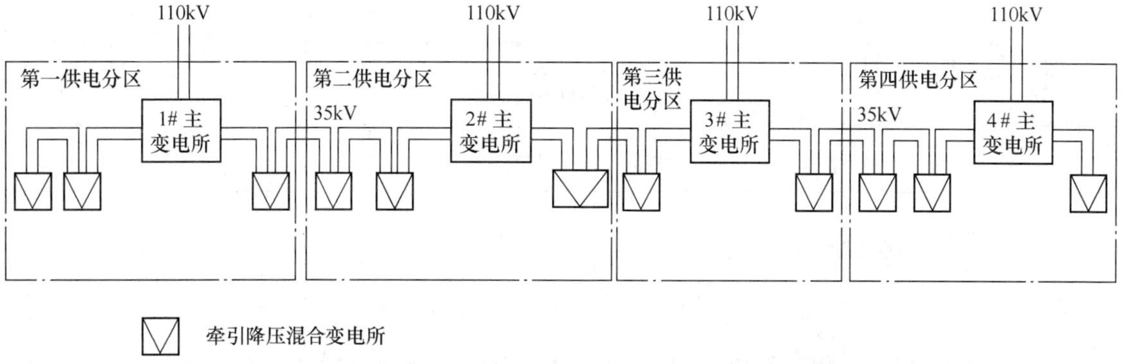

图 1-7　城市轨道交通供电系统联合模式 1

这一模式中，少了 10kV 系统，直接由牵引降压混合变电所把 35kV 电压降到 380V，为车站设备及沿线设备提供电源，目前采用这一模式的较多。

实际情况下，一般根据车站之间距离的远近，设置若干降压变电所（满足负荷的要求）。同时，也可以在牵引降压混合变电所的基础上增加跟随所，即在原来的基础上再增加两台动力变压器，即形成如图 1-8 所示的变通结构。

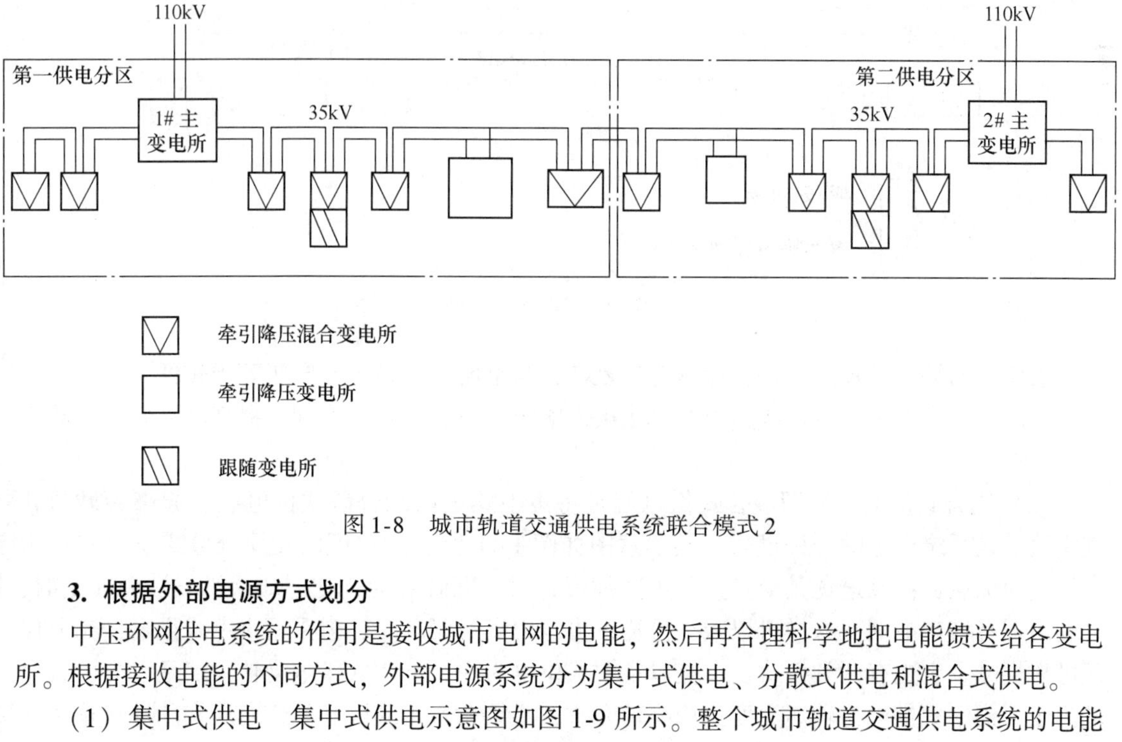

图 1-8　城市轨道交通供电系统联合模式 2

3. 根据外部电源方式划分

中压环网供电系统的作用是接收城市电网的电能，然后再合理科学地把电能馈送给各变电所。根据接收电能的不同方式，外部电源系统分为集中式供电、分散式供电和混合式供电。

（1）集中式供电　集中式供电示意图如图 1-9 所示。整个城市轨道交通供电系统的电能都是通过110kV/35kV系统的两个主变电所获得的，比较集中，和城市电源接口较少。它能通过联络开关实现电源备用。目前，这种方式在我国采用较多，特别是对于电力电源比较紧缺的城市，为保证城市轨道交通供电系统的可靠供电，这种模式的优越性就比较明显。

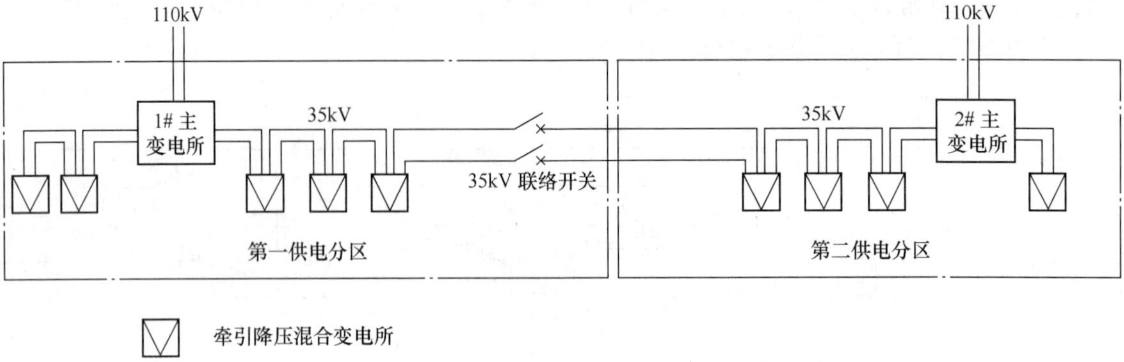

图 1-9 集中式供电示意图

（2）分散式供电 由于目前35kV电网趋于淘汰，因此这一模式主要从10kV系统获得电能。随着城市一体化的发展，资源共享已经成为一种趋势，采用分散式供电模式的将会越来越多。目前北京1、2、4、5、9、10号线以及长春轻轨、大连快轨都采用这种模式。分散式供电示意图如图1-10所示。

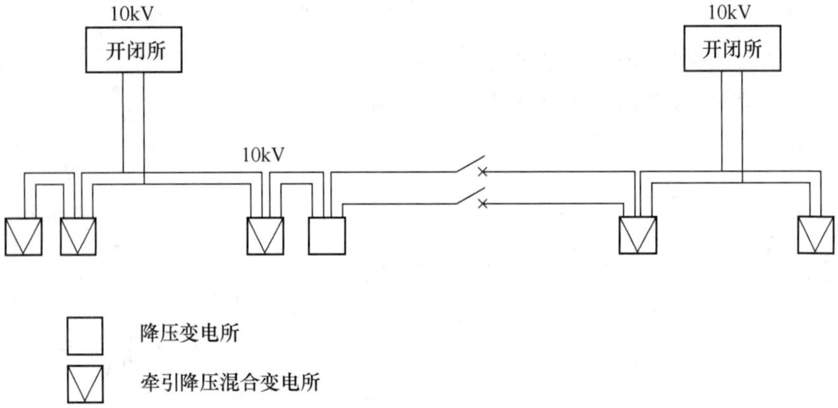

图 1-10 分散式供电示意图

该模式的缺点是独立性差，运营管理复杂；与电网接口较多，电压等级较低。

该模式的优点是在轨道线路沿线直接接入电源，节省投资；有利于提高经济效益，减少运营成本。

（3）混合式供电 所谓混合式供电就是将集中式供电和分散式供电联合起来为城市轨道交通供电系统供电的一种模式，其示意图如图1-11所示。它可以发挥分散式供电和集中式供电的优点，而又避免其缺点。采用这种模式时，系统更为优化。如果沿线资源充足时，可利用现有城市电网，这样可以减少投资；当电力资源紧缺时，就采用集中式供电，充分保证可靠供电。它也有两种模式：一是以集中式供电为主，分散式供电为辅；二是以分散式供电为主，集中式供电为辅。究竟选用哪种方式，要结合城市实际和轨道交通实际进行选择。

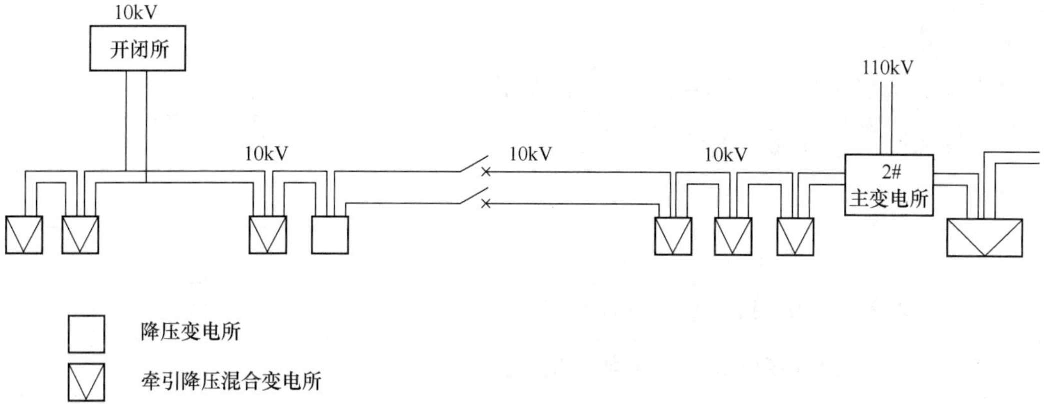

图 1-11　混合式供电示意图

集中式供电和分散式供电各有优缺点，为了发挥各自的优点，弱化其缺点，就形成了混合式供电。但是在现阶段，要实现真正意义上的混合式供电还需要进一步努力。表 1-5 所示为集中式供电和分散式供电的比较。

表 1-5　集中式供电和分散式供电的比较

序号	名　称	集中式供电	分散式供电
1	受电电压	110kV	10kV
2	与地方电网关系	接口少 谐波影响小，且便于集中治理 城市电网能够满足 110kV 电源需求 其他用户故障对轨道交通供电影响极小 供电可靠性高	接口多 不便于谐波的集中治理 某些电源点容量有限，需进行城市电网改造 其他用户故障将影响轨道交通供电 供电可靠性较低
3	供电质量	110kV 为高压输电网，供电质量好	10kV 电压较低，负荷变化大，供电质量较差
4	主变电站数量	需新建若干座主变电站	不需要主变电站，但需要增容
5	集中调度、管理	自成系统、集中调度、管理方便	与供电局接口多，管理困难
6	可实施性	只涉及城市电网中几座 220kV 或 110kV 变电站的增容改造，工程量小，相对容易实施	涉及城市电网数十座 110kV 变电站的增容改造或新建工程，工程量大，实施难度相对较大，同时投资也难以控制

【实践操作】

1. 操作练习

制作 Flash 动画，仿真系统接线。

2. 书面练习

1）如何理解电力牵引制式？

2）如何理解馈电方式、牵引制式与受流方式的关系？

3）城市轨道交通供电系统由几部分构成？

4）城市轨道交通供电系统结构有几种形式？

5）集中式供电和分散供电各有何优缺点？

【评价跟进】

1. 教师的评价

由教师在完成本章的教学任务后填写，在相应表格中画“√”。

评 价 项 目		教师的评价			
序号	题 目	好	较好	一般	较差
1	对本章教学过程的控制				
2	在本章教学过程中，学员的参与情况				
3	学员对本章知识学习后的效果反馈				
教师对本章教学的总结评价意见及跟进措施					

2. 学员的评价

由学员在完成本章的教学任务后填写，在相应表格中画“√”。

评 价 项 目		学员的评价			
序号	题 目	好	较好	一般	较差
1	在本章教学执行过程中教师的表现				
2	本章教学内容与社会实际需求的联系情况				
3	自己在本章学习过程中的表现				
学员对本章教学的总结评价意见及跟进措施					

第2章 高压电气设备

【问题导入】

城市轨道交通供电系统是由不同功能的电气设备构成的，它们相互联合共同完成系统功能，实现对车辆的安全供电、可靠供电和高质量供电，实现对运营管理、办公、环控、照明、监视等支撑设备的可靠供电。因此熟悉各种电气设备的功能，了解其结构，就成为必须要掌握的事情。本章重点讲解开关、测量设备、变送设备、整流设备、防雷设备等。

【学习目标】

1. 掌握断路器的结构、功能及应用。
2. 掌握隔离开关的结构、功能及应用。
3. 掌握互感器的机构及使用注意事项。

【教学建议】

1. 重点讲解各电气设备的结构。
2. 在讲解的基础上，带领学生到实验室感受设备外观及操作。
3. 注意各个设备之间的外形区别和功能区别。

【理论知识】

高压电气设备是指输、配电系统中用于控制和保护的设备，对电力设备的安全可靠运行至关重要，必须满足一定的要求。

高压电器应该具有的基本特性如下：高压电器要能承受工频最高工作电压的长期作用，又要能承受内部过电压和外部（大气）过电压的短期作用，因此它对地绝缘的要求很高，且一定要绝缘可靠。在额定电流长期运行时，其温升应符合国家标准，且要具有一定的短时过载能力。要能承受短路电流的热效应和电动力效应，而不致被损坏。开关电器应能安全可靠地关合、开断规定数值的电流。配备相应的继电保护设备和测量信号设备，而且应具有符合规定的测量准确度。高压电器（尤其安装在户外时）应能承受一定自然条件的作用。此外，现在的电气设备还必须具有一定的测量功能和记录功能，具有一定的自我保护功能。

高压电器的种类很多，按其在电力系统中的作用大致可分为：①开关电器，如断路器、隔离开关、负荷开关等，可以控制电路的通、断；②保护电器，如熔断器、避雷器等，可保护设备的安全，不致被烧坏或击穿；③测量电器，如电压互感器、电流互感器等，用于计量、继电保护和远动系统，为它们提供真实的、实际运行的数据参数；④限流电器，如电抗器等，可以抑制电流的突变；⑤补偿电器，如电力电容器，可以提高系统的功率因数；⑥组合电器，如成套配电装置等，可以减小占地面积，提高系统安全运行水平。

由于城市轨道交通供电系统涉及交流 220kV、110kV、35kV 以及直流 1500V 电压等级，因此其电气设备应属高压电器，理应满足以上基本特性。城市轨道交通供电系统的高压电气设备在系统中起着重要作用，它直接影响系统的安全供电和可靠供电，进而影响轨道交通的运营，因此必须认真学习。

2.1 断路器

2.1.1 断路器的基本属性

1. 断路器概述

在所有的高压系统中，断路器是最重要的设备之一，它是一种能对电路进行控制（开断、关合）和保护的高压电器。它的主要功能是在电力电能转换及输送过程中，能开、关各种电流，诸如负载电流、空载电流、电容电流以及变压器励磁电流；而当供电线路出现故障或负载异常时，它能和保护装置相配合，迅速地切断故障电流，达到保护电力设备安全和缩小事故范围的要求。

（1）产品名称　国家对断路器的型号制定了行业标准，一般按照以下格式：

1	2	3	-	4	5	/	6	-	7

第一单元表示产品名称，用字母表示，S——少油断路器；D——多油断路器；K——空气断路器；L——六氟化硫（SF_6）断路器；Z——真空断路器；Q——产气断路器；C——磁吹断路器。第二单元表示安装场所，N——户内式；W——户外式；第三单元表示设计序列号，用数字1，2，3，……表示。第四单元表示额定电压。第五单元表示补充工作特性（可不加），C——手车式；G——改进型；W——防污型；Q——防振型。第六单元表示额定电流。第七单元表示额定开断电流。例如，ZN28-12/1250-25表示真空断路器，适用于安装在户内，工作额定电压为12kV，额定电流为1250A，额定开断电流为25A。

（2）基本要求　断路器在正常工作时，可以切断和接通负载电流；短路时可以切断短路电流。它的基本要求如下：

1）工作可靠。断路器在额定条件下，应能长期工作，温升不超过标准值，具有足够的电寿命和机械寿命。

2）有足够的开断能力。尤其是在短路情况下，应能可靠地切断短路电流，并保证有足够的热稳定性和动稳定性。

3）具有尽可能短的分时间，可以减轻短路对电气设备的危害，也可以缩短电网故障的时间。分闸时间是高压断路器的一个重要参数。

4）能承受额定电压、最大工作电压、内部过电压及外部过电压等作用。

5）具有自动重合闸能力。

6）结构要简单，价格要低廉。

2. 断路器的主要技术参数

断路器因开断负载大小和周围环境的不同，其额定值的大小也分别不同。断路器额定值可分为下列几种：

（1）额定电压　额定电压指断路器能正常工作的线电压（单位为kV）。出厂使用前，必须通过国家标定的工频耐压、雷电冲击波耐压、操作冲击波耐压等绝缘试验。额定电压由系统中变压器最高分接头的电压而定，再加上电压变动因素，一般为系统电压的120%。例如对于

35kV 系统，断路器的额定电压为 35kV × 1.2 = 42kV，因此 35kV 系统应采用 42kV 的断路器。

（2）额定电流　指断路器在闭合状态下导电系统能长期通过的电流。断路器在连续运行中，以不超过规定的温度，测量所得的电流上限值，即为额定电流，出厂使用前须通过温升试验。我国采用的额定电流有 200A、400A、630A、1000A、1250A、1600A、2000A、2500A、3150A、4000A、5000A、6300A、8000A、12500A、16000A、20000A 等。

（3）断流容量　断路器在负载端发生短路时，会通过很大的故障电流，而断路器具有开断的能力，能安全地将断路器的触头（接触子）打开，该容量称为断流容量，简称 IC，通常以 MV · A 为单位。IC 的值必须经过故障电流计算后才能确定，IC 越大越好。

$$IC = \sqrt{3}EI_s$$

式中　E——额定电压（kV）；

I_s——额定电流（kA）。

断流容量和额定最大开断电流表征的都是断路器的开断能力，而断流容量更全面准确，它涵盖了不同电压、不同电流下断路器的开断能力。

（4）分、合闸时间　全开断分闸时间是指断路器接到分闸命令瞬间起到各相电弧完全熄灭为止的时间间隔，它包括断路器固有分闸时间和燃弧时间，即二者之和。断路器固有分闸时间是指断路器接到分闸命令瞬间到各相触头刚刚分离的时间；燃弧时间是指断路器触头分离瞬间到各相电弧完全熄灭的时间。

合闸时间是指从操动机构接到合闸命令瞬间起到断路器接通为止所需的时间。合闸时间取决于断路器的操动机构及中间传动机构。一般合闸时间大于分闸时间。

（5）额定关合电流　在额定的电压及规定条件下，断路器所能承受的投入电流的极限值称为投入电流，约为额定电流的 2.5 倍。额定短路关合电流是保证断路器能关合短路而不至于发生触头熔焊或其他损伤时，所允许接通的最大短路电流。

（6）额定最大开断电流　指断路器能开断故障电流的最大值，亦即在最低运转电压下所能开断的电流，表明断路器的开断能力。当操作电压低于最低操作电压时，其开断电流即为最大开断电流，不会再增大。断路器运行于额定电压及最低运行电压之间时，其开断电流为

$$\text{运行电压下的开断电流} = \text{额定开断电流} \times \frac{\text{额定电压}}{\text{运行电压}}$$

（7）动稳定电流　动稳定电流是指断路器在合闸位置时，允许通过的短路电流最大峰值。它是断路器的极限通过电流，其大小由导电和绝缘等部分的机械强度决定，也受触头的结构形式的影响。

（8）热稳定电流　热稳定电流是指在规定的某一段时间内，允许通过断路器的最大短路电流的有效值。热稳定电流表明了断路器承受短路电流热效应的能力，其值等于额定最大开断电流。

（9）额定频率　额定功率指断路器所设计的运行系统的频率，通常为 60Hz 或 50Hz。

（10）自动重合闸　自动重合闸是为不使架空线路的临时性短路故障（雷害、鸟害等）引起电力系统不稳定而设置的，它可以防止因一些瞬时性故障而造成的断电，可以提高供电的可靠性。自动重合闸方式一般对线路保护采用，要与线路保护结合理解。一般来说自动重合闸整定时间是 0.3s，即故障分闸后经过 0.3s 进行自动重合闸，如果故障还未消除则再分，经过 180s（同时机构储能完毕）可以再次强送；若是永久性故障重合不成功则再次分闸，

同时不允许强送。

自动重合闸操作循环：O——T_N——CO——T_F——CO

非自动重合闸操作循环：O——T_F——CO——T_F——CO

O 表示 open，分闸操作；C 表示 close，合闸操作；CO 表示合分，即合闸后立即分闸的动作；T_N表示无电流间隔时间，标准值为 0.3s 或 0.5s；T_F表示强送电时间，标准时间为 180s。

2.1.2 真空断路器

真空断路器是利用真空作为绝缘和灭弧手段的断路器。真空断路器在开断大短路电流、频繁操作时，其在电气寿命方面具有较优秀的性能，因此得到了广泛的应用。

1. 真空断路器的机械特性

（1）触头开距　触头的开距主要取决于真空断路器的额定电压和耐压要求，一般额定电压低时，触头开距选得小些。但开距太小会影响分断能力和耐压水平。开距太大，虽然可以提高耐压水平，但会使真空灭弧室的波纹管寿命下降。设计时一般在满足运行的耐压要求下，尽量把开距选得小一些。10kV 真空断路器的开距通常在 8～12mm 之间，35kV 真空断路器的开距则在 30～40mm 之间。

（2）接触行程　目前真空断路器大都采用对接式接触方式。接触行程，就是从开关触头碰触开始，到触头压簧施力端继续运动至静止终结的距离，亦即触头弹簧的压缩距离，故又称为压缩行程。一般接触行程可取开距的 20%～30%，10kV 真空断路器的接触行程为 3～4mm。

在真空断路器的实际结构中，触头合闸弹簧有如下特点：即使处于分闸位置，也有相当的预压缩量，有预压力。

（3）触头接触压力　在无外力作用时，动触头在大气压作用下，对内腔产生一个闭合力使其与静触头闭合，称为自闭力，其大小取决于波纹管的端口直径。灭弧室在工作状态时，这个力太小不能保证动、静触头间良好的电接触，必须施加一个外加压力。这个外加压力和自闭力之和称为触头的接触压力。触头的接触压力一般为几千牛不等。这个接触压力可以保证动、静触头的良好接触，满足额定短路状态时的动稳定要求，抑制合闸弹跳，为分闸提供一个加速力。

（4）平均合闸速度　平均合闸速度主要影响触头的电磨蚀。若合闸速度太低，则预击穿时间长，电弧存在的时间长，触头表面电磨损大，甚至使触头熔焊而粘住，会降低灭弧室的电寿命；但合闸速度太高，容易产生合闸弹跳，操动机构输出功也要增大，对灭弧室和整机机械冲击大，会影响产品的使用可靠性与机械寿命。平均合闸速度通常取 0.6m/s 左右为宜。

（5）平均分闸速度　一般而言，断路器的分闸速度越快越好。但分闸速度太快，分闸的反弹也大，反弹太大振动过剧，亦容易产生重燃。分闸速度的快慢，主要取决于合闸时动触头弹簧和分闸弹簧的储能大小。为了提高分闸速度，可以增加分闸弹簧的储能量，也可以增加合闸弹簧的压缩量。经过多年试验认为，10kV 真空断路器的平均分闸速度在 0.95～1.2m/s 比较合适。

（6）合闸弹跳时间　合闸弹跳时间是断路器在合闸时，触头刚接触开始计起，随后产生分离，可能又触又离，到其稳定接触之间的时间。

合闸弹跳的瞬间会引起电力系统或设备产生 *LC* 高频振荡，振荡产生的过电压对电气设备的绝缘可能造成伤害甚至损坏。当合闸弹跳时间小于 2ms 时，不会产生较大的过电压，设备绝缘不会受损。

（7）分、合闸不同期性　合闸的不同期性太大，容易引起合闸的弹跳；分闸的不同期性太大，可能使后分相管子燃弧时间加长，降低开断能力。合闸与分闸的不同期性一般是同时存在的，所以调好了合闸的不同期性，分闸的不同期性也就有了保证。产品中要求分、合闸不同期性小于 2ms。

（8）分、合闸时间　分、合闸时间是指从操动线圈的端子得电时刻计起，至三极触头全部合上或分离为止的一段时间间隔。

分、合闸线圈是按短时工作制设计的，合闸线圈的通电时间不到 100ms，分闸线圈的通电时间不到 60ms。分、合闸时间一般在断路器出厂时已调好，无须再动。

当断路器用在发电系统并在电源近端短路时，故障电流衰减较慢，若分闸时间很短，这时断路器分断的故障电流就可能含有较大的直流分量，开断条件更为恶劣，这对断路器的开断是很不利的。

（9）主回路电阻　回路电阻值是表征导电回路的连接是否良好的一个参数，各类型产品都规定了一定范围内的值。若回路电阻超过规定值，很可能是导电回路某一连接处接触不良。在大电流运行时，接触不良处的局部温升增高，严重时甚至引起恶性循环造成氧化烧损。主回路电阻值一般在几十微欧。

（10）动、静触头累积允许磨损厚度　真空断路器的触头常采取对接式触头。因为一般的真空断路器在分闸状态下动、静触头的距离只有十几毫米，这么小的距离很难制作出其他形状的接触面，而且平直的接触面瞬间动作电弧的损伤也较小。真空断路器的优点之一是体积小，动、静触头要在一个绝对真空的空间内动作，如果制作成其他的对接方式也会增加断路器自身的体积。同时，动、静触头累积允许磨损厚度有一定的限值。

2. 真空断路器的结构

真空断路器主要包含三大部分：真空灭弧室、电磁或弹簧操动机构、支架及其他部件。下面以瓷套式真空断路器为例。

瓷套式真空断路器的外形如图 2-1 所示，其灭弧室位于设备的上部，内置电流互感器。

图 2-1　瓷套式真空断路器的外形（互感器内置）

瓷套式真空断路器的内部结构如图 2-2所示，包括上接线板、触头、灭弧室、电流互感器、下接线板、绝缘拉杆等。

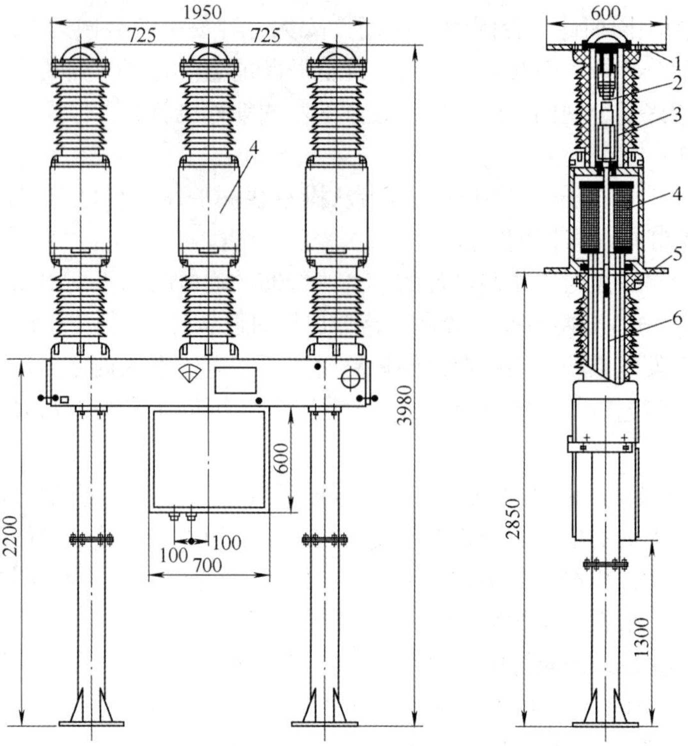

图 2-2 瓷套式真空断路器的内部结构（互感器内置）
1—上接线板 2—触头 3—灭弧室 4—电流互感器 5—下接线板 6—绝缘拉杆

瓷套式户外真空断路器的内部结构如图 2-3 所示，包括上接线板、灭弧室、下接线板、软连接、支持瓷套、电流互感器、底架、操作支架、操动机构、支柱和过渡支柱等。

真空断路器的核心部件是真空灭弧室，瓷套式真空灭弧室的结构如图 2-4 所示。它由动触头、动导杆、波纹管、静触头和屏蔽罩等部件构成。真空灭弧室内的气压非常小，一般压强低于 10^{-4}mmHg㊀，它主要是靠真空灭弧的。触头和灭弧结构密封在玻璃或圆筒外壳内。静触头固定且密封在圆筒的一端，动触头借助不锈钢波纹管密封在另一端，触头为平板式对接触头。触头周围装设有金属屏蔽罩。

玻壳式真空灭弧室的结构如图 2-5 所示。

㊀ 1mmHg = 133. 322Pa。

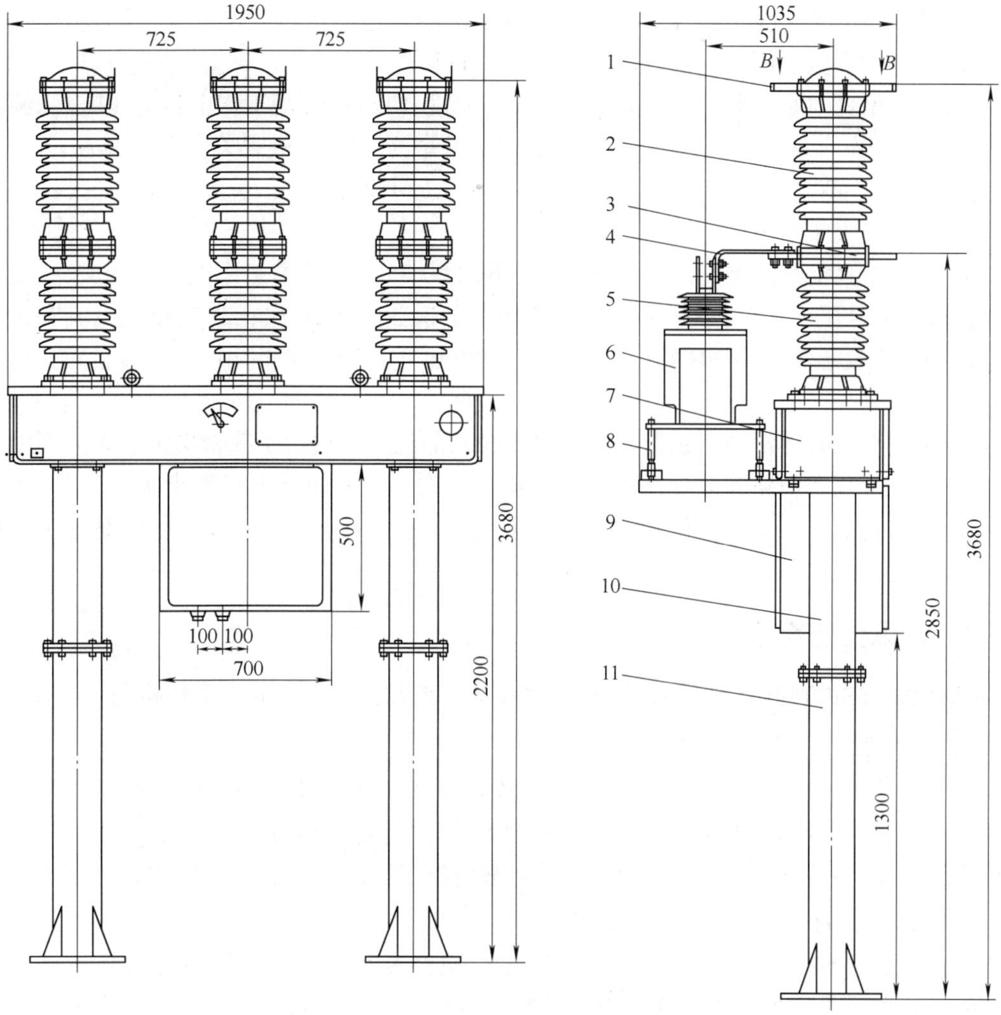

图 2-3　瓷套式户外真空断路器的内部结构（互感器外置）

1—上接线板　2—灭弧室　3—下接线板　4—软连接　5—支持瓷套　6—电流互感器　7—底架　8—操作支架　9—操动机构　10—支柱　11—过渡支柱

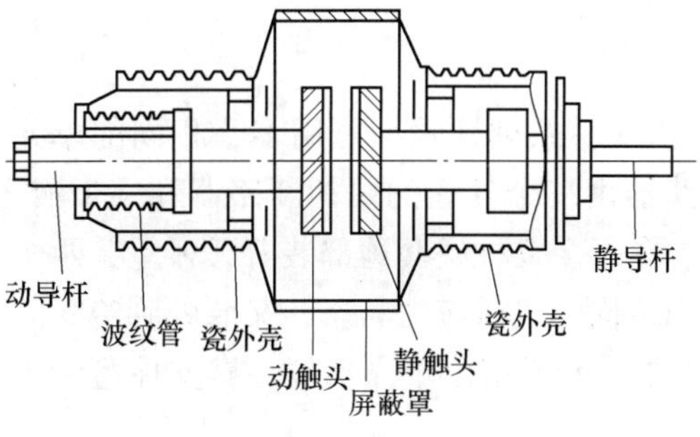

图 2-4　真空灭弧室的结构（瓷套式）

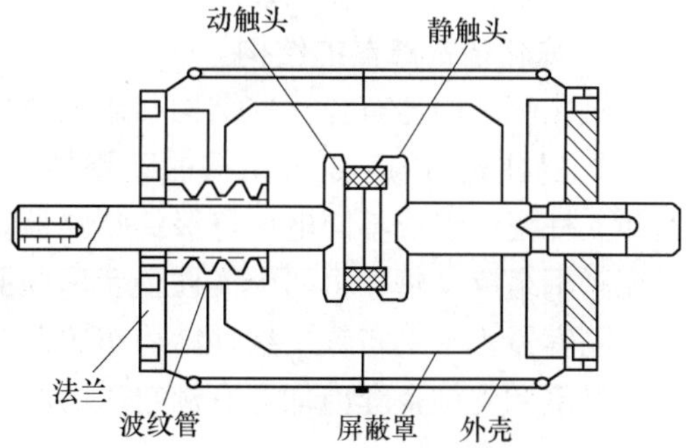

图 2-5　真空灭弧室的结构（玻壳式）

3. 真空断路器的主要技术指标

真空断路器的主要技术指标包括额定电压、最高工作电压、额定电流、额定开断电流、额定开断电流的次数、固有分闸时间、全开断时间和合闸时间等。

ZN-10kV 型真空断路器的参数如下：额定电压为 10kV；最高工作电压为 12kV；额定电流可分别为 630A、1000A、1250A、3150A；额定频率为 50Hz；最大关合电流为 50kA（合闸电压为 85% 额定值时）；固有分闸时间小于 0.06s，固有合闸时间小于 0.1s；一次自动重合闸无电流时间不大于 0.5s。

ZN-35kV 型真空断路器的参数如下：额定电压为 35kV；最高工作电压为 40kV；额定电流为 630A；额定开断电流为 8kA；额定开断电流的次数大于 20 次；2s 热稳定电流有效值为 8kA；动稳定电流最大值为 20kA；关合电流为 20kA；固有分闸时间小于 0.06s，固有合闸时间小于 0.2s。

真空断路器具有体积小、重量轻、电气寿命长的优点，适用于频繁操作、灭弧不用检修的场合。新型的真空断路器可以开断额定电流上万次，开断短路电流数十次，而且无爆炸、火灾的危险，目前在配电网中得到了广泛的应用。特别是在城市轨道交通供电系统中，它的应用更加广泛。

2.1.3 六氟化硫断路器

六氟化硫（SF_6）断路器是利用 SF_6 气体作为灭弧和绝缘介质的高压断路器。

1. 六氟化硫（SF_6）气体的特点

SF_6 气体是无色、无臭、不燃烧的惰性气体，密度为空气的 5.135 倍。SF_6 气体能在电弧间隙的游离气体中吸附自由电子，分子直径很大，碰撞游离机会减少，因此有优异的绝缘性能及灭弧能力。它的相对分子质量大，当空间容积缩小时，分子间吸力的压力值降低。1atm[⊖]时，其沸点为 -60℃，因此不易液化。

SF_6 有较强的绝缘性能和灭弧能力。SF_6 的介电强度很高，且随压力的增高而增长。在 1atm 下，SF_6 的介电强度等于空气的 2 ~ 3 倍。绝对压力为 3atm 时，SF_6 的介电强度可达到或超过常用的绝缘油。SF_6 灭弧性能好，在一个简单开断的灭弧室中，其灭弧能力比空气大 100 倍。在 SF_6 中，当电弧电流接近零时，仅在直径很小的弧柱心上有很高的温度，而其周围是非导电层。这样，电流过零后，电弧间隙的介电强度将恢复很快。

目前六氟化硫断路器已逐步取代油断路器，被广泛应用于高压电力系统中。

2. 六氟化硫断路器的结构

六氟化硫断路器有瓷柱式结构和罐式结构。

（1）瓷柱式结构　这种结构的断路器采取积木式，系列性强，可用多个相同的单元灭弧室和支柱瓷套组成不同电压等级的断路器。断路器由三个独立的单相断路器和一个液压、电气控制柜组成。每相由两个支柱瓷套串联而成。在每个支柱瓷套顶部装着灭弧室，两个均压并联电容器为水平布置。这种结构布置既考虑到结构的机械应力状态，又照顾到绝缘的要求。灭弧室和支柱瓷套内均充有额定压力的 SF_6 气体，灭弧室位于高电位，靠支柱绝缘瓷套

⊖ 1atm（标准大气压）= 101.325kPa。

对地绝缘。瓷柱式六氟化硫断路器（下部为操动机构）的外形如图 2-6 所示。

（2）罐式结构　这种结构将断路器与互感器装在一起，结构紧凑，抗地震和防污能力强。LW-220 型罐式六氟化硫断路器的外形如图 2-7 所示。此种断路器为三相分装式。

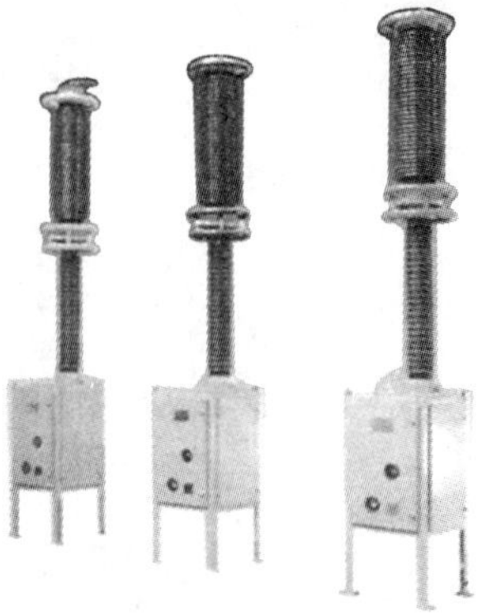

图 2-6　瓷柱式六氟化硫断路器（下部为操动机构）的外形

图 2-7　LW-220 型罐式六氟化硫断路器的外形

单相由基座、绝缘瓷套管、电流互感器和装有单断口灭弧室的壳体组成。每相配有液压机构和一台控制柜，可以单独操作，并能通过电气控制进行三相操作。断路器采用双向纵吹式灭弧室，分闸时，通过拐臂箱传动机构，带动气缸及动触头运动。灭弧室充有额定气压为 1.5MPa（20℃）的 SF_6气体。

罐式六氟化硫断路器的单相结构包括接线端子、上均压环、出线瓷套管、下均压环、拐臂箱、操动机构箱、基座、灭弧室、静触头、动触头、壳体、电流互感器和盆式绝缘子等，如图 2-8 所示。

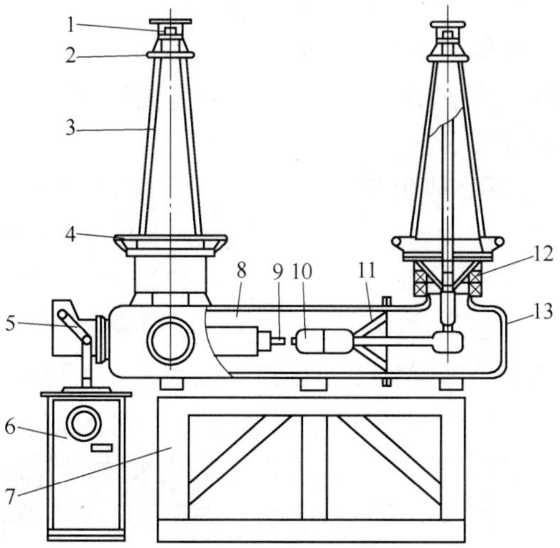

图 2-8　罐式六氟化硫断路器的单相结构

1—接线端子　2—上均压环　3—出线瓷套管　4—下均压环　5—拐臂箱　6—操动机构箱　7—基座　8—灭弧室　9—动触头　10—静触头　11—盆式绝缘子　12—电流互感器　13—壳体

3. 断路器的运行与维护

有人值班的变电站每天巡视不少于一次，无人值班的变电站每周巡视不少于一次。

（1）断路器巡视检查项目

1）分、合闸位置指示正确，并与实际运行工况相符。

2）支持瓷绝缘子、断口瓷绝缘子及并联电容器瓷绝缘子无裂痕、破损及放电异声。

3）机构箱内各电气元件应运行正常、无渗漏，工作状态应与要求一致，箱门密封良好。

4）接地完好。

5）引线接触部分无过热、变色，引线弛度适中。

6）SF_6气体压力应在正常范围内，无漏气现象。

7）机械部分无卡涩、变形及松动现象。

8）二次部分应清洁，绝缘应良好。

9）断路器外观应清洁、无锈蚀、无杂物。

10）低温时应注意加热器的运行情况。

11）正常运行时应注意除潮装置的运行情况。

（2）断路器正常运行维护项目

1）不带电部分进行定期清扫。

2）配合设备停电机会，进行传动部位检查，清扫瓷绝缘子积存的污垢并处理缺陷。

3）配合设备停电机会，对所有摩擦部位填加润滑油。

4）配合设备停电机会，检查各部位螺钉有无松动，发现松动时应及时拧紧。

5）配合设备停电机会，检查辅助开关触头，若有烧损，应及时更换。

（3）漏气分析及处理　断路器不允许在没有灭弧介质或灭弧介质不能满足要求的情况下开断或关合大电流。当介质在低于临界状态时，应发出信号并将断路器控制回路（分闸、合闸回路）闭锁。SF_6断路器是通过密度继电器来实现这一功能的。

1）密度继电器报警信号。①误发报警信号。密度继电器动作值若出现误差，应对其进行调整或更换。②断路器本体漏气。③正常发出报警信号。当SF_6气体正常渗漏至密度继电器设定值时，发信号。此时，可按SF_6气体压力—温度曲线进行补气，使其达到额定压力；补气时可在带电运行状态下进行。

2）当SF_6气体压力迅速下降或出现零表压时，应立即退出运行，并分析造成漏气的原因。漏气的原因如下：①焊接件质量有问题，焊缝漏。②铸件表面漏气（有针孔或砂眼）。③密封圈老化或密封部位的螺栓、螺纹松动。④气体管路连接处漏气。⑤压力表或密度继电器漏气。

规定值班人员每天抄录压力表读数作为日常巡视内容，当发现在同一温度前后两次读数差值达到9.8～29.4kPa时，应及时汇报给主管部门，进行全面检漏。由于SF_6气体密度大，易造成人员窒息，且经过电弧开断后会产生有毒或损伤人体的分解物，所以在检修工作中，检修人员必须配备防毒口罩、面具、眼镜、手套、工作服，室内断路器发生紧急事故时，应立即开启全部通风系统，并处理固体分解物。

（4）微水检测　SF_6气体中的水分会使绝缘件的绝缘强度降低，也会间接造成设备的腐蚀。SF_6断路器投入运行后，检测微水含量需待气室的湿度稳定后进行，一般每三个月测一次，一段时间后湿度才保持稳定，此后可一年测一次。因为气体中水分含量随气温的升高而增加，所以应该尽量在夏季进行微水含量测量。同时由于不同仪器的测量结果分散性较大，为保证数据的可比性，以利于水分变化趋势的分析，必须用同一台仪器进行测量。

4. 额定参数

（1）环境参数　环境参数主要包括：环境温度（-30～40℃）、相对湿度、海拔（≤2000m）、风速（不超过35m/s）、地震烈度（不超过8度）等。

（2）电气参数　电气参数主要包括：额定电压、额定电流、额定短路开断电流、额定短路关合电流（峰值）、额定短时耐受电流（热稳定电流）、额定短路持续时间（热稳定时间）、额定峰值耐受电流（动稳定电流）、额定失步开断电流、1min工频耐压、雷电冲击耐压（全波峰值）、合闸时间、分闸时间、额定操作顺序、机械寿命和年漏气率等。

2.1.4 空气断路器

空气断路器是断路器的一种，其绝缘介质为空气，是用手动（或电动）合闸，用锁扣保持合闸位置，由脱扣机构作用于跳闸并具有灭弧装置的低压开关，目前被广泛用于500V以下的交、直流装置中，在电路中用于接通、分断和承载额定工作电流和短路、过载等故障电流。当电路内发生过载、短路、电压降低或消失时，能自动切断电路，进行可靠的保护。断路器的动、静触头及触杆设计虽然形式多样，但提高断路器的分断能力仍是目前要解决的主要问题。

1. 空气断路器的特点及应用

空气断路器自20世纪40年代问世以来，在20世纪50～60年代迅速发展，广泛用于高压和超高压的电力系统中。它的主要特点是：

1）动作快，开断时间短。这在很大程度上提高了电力系统的稳定性。

2）具有较高的开断能力，可以满足电力系统所提出的较高额定参数和性能的要求。

3）可以采用积木式结构，系列性强。

由于出现了结构简单、灭弧性能良好和电气寿命长的六氟化硫断路器，使得空气断路器的使用范围缩小。在低压系统中现在还广泛应用空气断路器。

2. 空气断路器的故障

空气断路器在使用过程中有时会发生主触头不闭合或在闭合期间又自行断开的故障，给生产造成严重后果。经过检查，发现故障原因如下：

1）由于释能线圈经常通过大电流，造成漆包线老化，匝间短路，线圈过热，引起工作不稳定。

2）由于长期使用，造成分励弹簧变形，拉力减小，无法使分励触头恢复原位，造成断路器下一次无法吸合。

3）由于继电器长期处于高电压之下，造成触头表面氧化，接触电阻变大，触头无法正常接通工作。

4）由于电动机中的定子、转子错位，互相摩擦，产生大量热量，引起电动机转速不稳，甚至停转，造成断路器不能正常工作。

2.2 断路器的操动机构

2.2.1 操动机构概述

操动机构是高压断路器的重要组成部分，它输出机械力，是保证断路器准确合闸、分闸的机构。操动机构通常与断路器本体分离，保持独立结构。与不同类型的断路器配合使用时，应配用不同类型的操动机构。操动机构在工作中必须具有合闸、分闸、复位、防调、自动重合闸性能。

断路器是通过操动机构的传动部件，改变力的方向和作用点来实现预设目的，其能量来源一般有电力和人力两种，除人力机构外，如电磁机构、气动机构、弹簧机构和液压机构均为依靠电力所做的功，依靠瞬间的能量释放来实现断路器的合、分闸动作。

1. 操动机构应具备的基本要求

由于断路器能否有效而可靠的动作，较大程度上取决于操动机构的性能和质量，所以根据断路器的不同，其配备的操动机构应满足所需性质和其可靠性，主要有以下几点：

（1）操动机构应有足够的合闸功能　在实际工作当中，操动机构的能量不会保持在额定值，而是在一定范围内变化。按要求，其下限值为额定值的80%～85%，上限值为额定值的110%，也就是说，操动机构在下限值时，能够分断短路电流，而在上限值时，不应由于操作力过大而损坏相关部件。

（2）应具有保持合闸功能　当操作命令持续时间短，操作功能配合短时，应有保持合闸机构，以保证合闸命令和操作功能消失后，断路器仍保持在合闸位置。

（3）具有较短的分闸时间　其分闸时间快慢应与操作者的动作快慢及下达命令时间长短无关，至少要求分闸速度不致电弧重燃，即尽可能地缩短分闸时间，以减少短路故障存在的时间，提高电力系统的稳定性，达到尽可能减小故障范围。

（4）要有防跳跃装置　为了避免断路器合闸后出现连续多次合、分的现象，要采用机械的或电的方法，使断路器分闸后不能任意分、合，以减少无谓的动作。

（5）要有联动装置　操动机构中有了联动装置，才能保证断路器的可靠性，才能使断路器处于一种状态时，不会因操动机构误动而受影响。一般操动机构应有分闸位置联锁、低气压与高气压联锁、弹簧机构中的位置联锁等。

操动机构是用来驱使高压开关进行分、合闸，并使高压开关合闸后维持在合闸状态的电气设备，简称机构。由于相同的机构可配用不同型号的高压开关，因此机构一般独立于高压开关本体，有独立的型号。

断路器操动机构的特点是：结构较复杂、操动功率大、传动部分运动速度高、动作过程快（几十毫秒至几百毫秒）。

2. 操动机构的组成

（1）能量转换装置　能量转换装置的作用是把其他形式的能量转换成机械能，使操动机构按规定目的发生机械运动。这种装置有电磁铁、电动机、液压传动工作缸和压缩空气工作缸等。该装置应能提供足够的操作功用以克服断路器的机械静力矩和短时的电动力矩，保证断路器的分、合闸速度。

(2) 传动机构　它是操动机构的执行元件，用以改变操作功的大小、方向、位置，使断路器改变工作状态。它多由连杆机构，拐臂，拉杆，油、气管道等元件组成。要求它的机械惯性小，传动速度大，能量损失少，动作准确、可靠。

(3) 保持与脱扣机构　既可使断路器可靠地保持在合闸位置，又可迅速解除合闸位置，使断路器进入自由分闸状态的装置称为保持与脱扣机构。

保持机构多由动作灵活的机械卡销组成。脱扣机构多由连杆机构组成，如四连杆等。不同的操动机构有不同形式的保持与脱扣装置，但都应稳定可靠、动作灵活。脱扣机构的失灵将使断路器拒绝分闸或误分闸，并造成严重后果。

脱扣机构的自由脱扣是指不论合闸做功元件处在何种位置（如断路器处在合闸过程中），只要分闸做功元件起动，机构都应使断路器可靠分闸。

(4) 控制系统　操动机构的控制系统有电控、气控、油控等类型，用于实现对断路器的远距离控制，保持或释放操作功。

(5) 缓冲装置　缓冲装置用于吸收做功元件完成分、合闸操作后剩余的操作功，使机构免受机械冲击。缓冲装置应有较短的复位时间，以便为下次动作做好准备。常用的缓冲装置有弹簧缓冲器、橡胶缓冲器、油缓冲器和气缓冲器等。

(6) 闭锁装置　闭锁装置的作用在于防止断路器的误操作和误动作，如位置闭锁（弹簧储能不合要求时机构拒动）、高压力与低压力闭锁（指油、气压力不合要求时机构拒动）等。

2.2.2　操动机构的类型及特点

1. 操动机构的类型

一般情况下，操动机构分为手动机构、弹簧机构、液压机构、液压弹簧机构和气动机构等，见表2-1。

表2-1　断路器操动机构的类型及特点

类　型	基　本　特　点	使　用　场　合
手动机构	用人力合闸，用已储能的弹簧分闸。不能遥控合闸操作及自动重合闸 结构简单，必须有自由脱扣机构 关合能力取决于操作者，不易保证	可用于电压为10kV，开断电流为6kA以下的断路器或负荷开关
弹簧机构	用合闸弹簧（用电动机或手力储能）合闸，靠已储能的分闸弹簧分闸。动作快，能快速自动重合闸；能源功率小 结构较复杂，冲击力大，构件强度要求较高 输出力特性与本体反力特性配合较差	可用于交流操作，适用于110kV及以下的断路器，是35kV及以下断路器配用的操动机构的主要品种
液压机构	以高压油推动活塞实现合闸与分闸。动作快，能快速自动重合闸 结构较复杂，密封要求高、工艺要求高 操作力大、冲击力小、动作平稳	适用于110kV及以上的断路器，是超高压断路器配用的操动机构的主要品种
液压弹簧机构	以碟状弹簧组压缩储能，高压油推动活塞实现合闸与分闸，动作快 综合了弹簧机构、液压机构的优点	适用于110kV及以上的断路器，是超高压断路器配用的操动机构的主要品种

（续）

类 型	基 本 特 点	使 用 场 合
气动机构	以压缩空气推动活塞往复运动，使断路器分、合闸，或仅用压缩空气推动活塞合闸（或分闸），而以已储能的弹簧分闸（或合闸）。动作快，能快速自动重合闸；合闸力容易调整 制造工艺要求较高；需压缩空气源，操作噪声大	适用于有压缩空气源的开关站

2. 各类操动机构的动作的优缺点

（1）手动操动机构　其分、合闸速度取决于人力大小和操作者的熟练程度。也就是说可靠性因人而异。若系统有潜伏故障时，由于电动力过大，或者由于合闸速度太慢会发生断路器触头熔焊甚至爆炸，很不安全。

（2）电动储能弹簧机构　弹簧操动机构是利用电动机使合闸弹簧压缩储能作为操作动力，其缺点是：结构复杂、零部件较多、加工精度要求过高；其优点是：分、合闸速度快，电动机功率小，不需要大容量直流电源，而且可交直流两用。

电动储能弹簧机构适用于操作中压断路器，特别适用于小容量配电系统。

（3）气动操动机构　气动操动机构是利用压缩机将空气压缩存在气缸内，由压缩空气推动操动机构中的气缸活塞，使断路器动作，其优点是：动作快、操作平稳，直流电源功率小，短时失去电源仍能操作若干次，而且操作平稳可靠，不需大容量直流电源；其缺点是：价格较高，工艺要求较严，需要压缩空气系统。

气动操动机构适用于高压断路器，也适用于中压断路器。

（4）电磁操动机构　电磁操动机构是利用电磁铁作为操作动力。电磁操动机构由一个电磁线圈和铁心，加上分闸弹簧和必要的机械锁扣系统组成。同时螺管电磁铁的出力特性容易满足真空断路器合闸反力特性的要求。

优点：结构简单，工作可靠，制造成本低。

缺点：合闸线圈消耗功率大，零部件易损坏，且结构笨重，合闸时间长。合闸线圈消耗的功率太大，因而要求配用昂贵的蓄电池，并且电磁机构的结构笨重，动作时间较长。电磁操动机构出现最早，但目前用量趋于减少。

（5）液压操动机构　液压操动机构是利用氮气压缩储能，以油作为传递压力的媒介，由工作缸活塞的运动带动断路器工作。这种机构效率高，一次储能可以多次动作，而且动作平稳，但各部件加工精度要求较高，工作中要保持良好的密封性能。

2.2.3　弹簧操动机构

1. 弹簧操动机构的结构

弹簧操动机构由弹簧储存分、合闸所需的所有能量，并通过凸轮机构和四连杆机构推动真空灭弧室触头动作。其分、合闸速度不受电源电压波动的影响，相当稳定，通过调整弹簧的压力能够获得满足要求的分、合闸速度。其缺点是机械零件多（达160多个），零件的材质、加工精度和装配精度都直接影响机构的可靠性。弹簧机构的出力特性，基本上就是储能弹簧的释能下降特性。为改善匹配，设计中采用四连杆机构和凸轮机构来进行特性改变。目前弹簧操作机构技术已经成熟，因此用量较大。弹簧储能靠电动机。弹簧操作机构因使用的弹簧类型不同有各种形式，有压缩弹簧操作机构、拉伸弹簧操作机构、扭簧储能弹簧操作机构和盘簧储能弹簧操作机构等。由于不需要专门的操作电源，储能电动机功率小，交直流两用，使用方便等优势，伴随着自能式（热膨胀式）灭弧技术的实现，减小了断路器所需的操作功，弹簧操动机构被广泛地应用于高压断路器，但由于弹簧操动机构结构比较复杂，加工要求较高，传动环节较多，有时可能会出现故障。

这里以 CT-100 型弹簧操动机构为例，它的结构示意图与局部结构示意图如图 2-9 和图 2-10所示，主要由下面几部分组成：

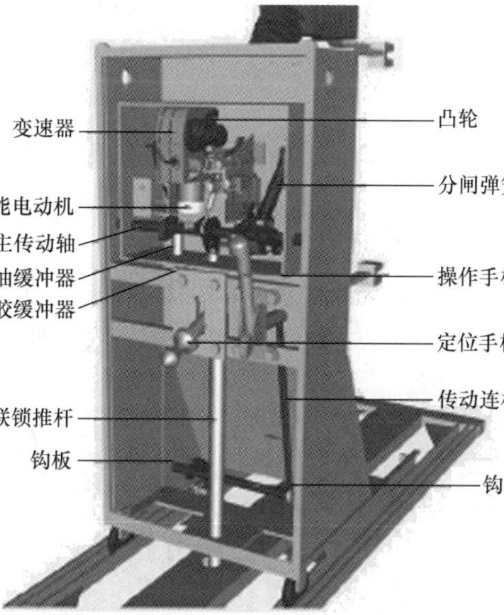

图 2-9　CT-100 型弹簧操动机构的结构示意图

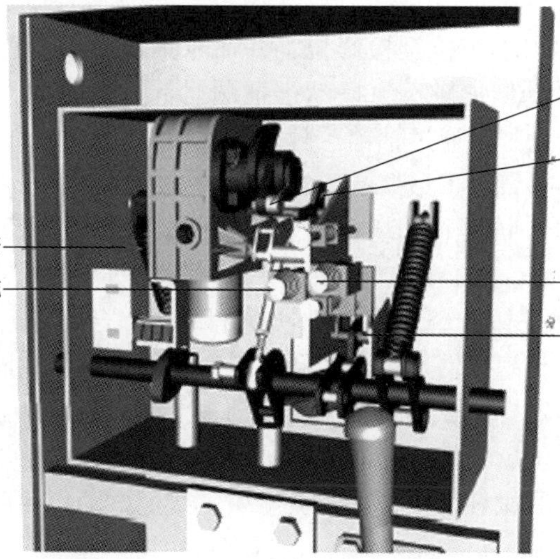

图 2-10　CT-100 型弹簧操动机构的局部结构示意图

1）储能电动机：约110V或220V，350W。

2）减速箱。减速箱外壳由铸铝制成。减速箱内装有两级蜗轮、蜗杆。减速箱上部有储能轴横穿减速箱，与蜗轮、蜗杆无机械连接。储能轴上装一轴套，此轴套用键连在大蜗轮上。轴套上有一轴销，上面装一棘爪。在储能轴的右端装有一凸轮，凸轮上有一缺口，棘爪通过此缺口带动凸轮转动。在储能轴的左端（减速箱壳体外）装有一曲柄，合闸弹簧一端挂在此曲柄上。

减速箱的另一轴销上，装有一个三角拐臂，由三角拐臂中的一臂与连杆和开关主传动轴上的拐臂组成一组四连杆机构。凸轮将合闸弹簧的能量通过该四连杆机构传递给开关主传动轴，通过主传动轴上另一组四连杆机构，偏置的摇杆滑块机构将合闸能量传递给断路器动导电杆，驱使断路器合闸。

三角拐臂中另一臂轴销上还装有一滚针轴承，可锁住合闸擎子，使合闸弹簧维持在储能状态。

开关主传动轴的另一端通过拐臂连有分闸弹簧。

开关主传动轴上还装有两对拐臂：一对拐臂作用在油缓冲器上，起分闸缓冲作用；另一对拐臂上装有滚针轴承，与分闸擎子配合，令分闸弹簧保持在储能状态。

3）手动储能轴。

4）凸轮及滚子（或滚针轴承）。

5）主传动轴。

6）传动系统：四连杆机构，偏置摇杆滑块机构。

7）分、合闸擎子。

8）分、合闸电磁铁。

9）分、合闸弹簧。

10）油缓冲器，橡胶缓冲器。

11）限位开关及拉杆。

2. 操动机构的工作过程

（1）储能过程　将断路器小车拉至检修位，并命令推进联锁装置锁扣。电动机通电后转动或将摇把插入变速器手动储能轴上，操动摇把顺时针方向转动，经二级蜗轮、蜗杆减速，将动能传至第二级蜗轮上，再通过轴销、棘爪来驱动储能轴转动，从而使合闸弹簧被拉伸而储能。当储能轴右端的拐臂过了最高点后，减速箱外的合闸擎子将凸轮定位件锁住，保证合闸弹簧储能，以备合闸。同时通过装在储能轴上的拉杆切换行程开关触头，电动机断电，储能过程结束。

（2）合闸过程　按合闸按钮，令合闸电磁铁受电动作，合闸铁心将撞击合闸擎子，合闸擎子与凸轮定位件解锁，合闸弹簧通过凸轮和两组四连杆机构将动能传至动导电杆上，动导电杆从而向上运动，断路器合闸。同时：①主传动轴上的拐臂带动分闸弹簧拉伸储能；②主传动轴上的拐臂转到合闸位后，拐臂上的滚子被与之对应的合闸擎子锁扣，合闸弹簧处于储能状态；③与储能轴相连的拉杆切换行程开关触头，接通电动机回路，电动机转动，再令合闸弹簧储能。

（3）分闸过程　按分闸按钮，令分闸电磁铁受电动作，其铁心撞击分闸擎子，使其脱扣，分闸弹簧释放能量，通过拐臂使主传动轴反向转动，经传动四连杆令动电杆向下运动，断路器分闸。同时主传动轴上的拐臂撞击油缓冲器和橡胶缓冲器，起分闸缓冲和分闸定位作用。

3. 操动机构的额定操作顺序

①断路器处在分闸位，分合闸弹簧均未储能；②起动电动机（约7s）或手动对合闸弹簧储能；③按合闸按钮使合闸弹簧释放能量，驱使断路器合闸（≤0.08s）并通过机械传动装置对分闸弹簧储能；④断路器合闸后自动起动电动机对合闸弹簧储能；⑤按分闸按钮使分闸弹簧释放能量驱使断路器分闸（≤0.04s）；⑥按合闸按钮使断路器合闸。此后，操动机构按③→④→⑤→⑥的动作顺序循环动作。

4. 维护常识

1）初次使用操动机构前，要进行分、合闸，手动电动储能的性能试验。

2）按规程和检修工艺定期对操动机构各机械运动部分进行润滑，检查各部位螺栓是否松动，若有松动，则予以紧固。

3）按规程定期对操动机构电气元件进行预防性试验。

4）定期检查合、分闸弹簧是否完整无损，分、合闸弹簧长度是否合乎要求。

2.2.4 液压操动机构

利用高压压缩气体（氮气）作为能源、液压油（$10^{\#}$航空油）作为传递能量的介质，经特定的油路和阀门注入带有活塞的工作缸中，推动活塞往复运动，驱使断路器分、合闸的机构，称为液压操动机构。CY3 型操动机构的液压系统如图 2-11 所示。

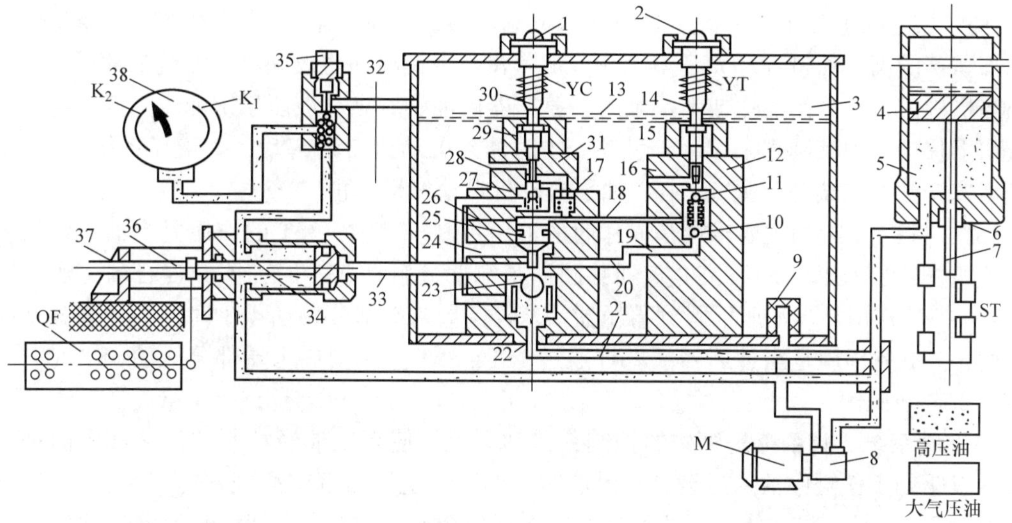

图 2-11 CY3 型操动机构的液压系统

1—合闸按钮 2—分闸按钮 3—密封圈 4—活塞 5—储压筒 6—密封圈 7、34—活塞杆 8—液压泵 9—滤油器 10、11—球阀 12—分闸电磁阀 13—液压油 14—分闸电磁铁 15—推动杆 16—泄油孔 17—逆止阀 18、20、21、26—油路 19—节流接头 22—接头 23—合闸二级阀 24—泄油孔 25—合闸二级阀活塞 27—合闸一级阀 28—泄油孔 29—推杆 30—合闸电磁铁 31—合闸电磁阀 32—工作缸 33—合闸管道 35—放油阀 36—传动拉杆 37—导向支架 38—电触头压力表 YC—合闸线圈 YT—分闸线圈 ST—微动开关 M—电动机 QF—断路器辅助联动触头 K_1、K_2—电接点压力表的静触头

1. CY3 型液压机构的基本结构及各部作用

CY3 型液压机构自成一独立部分，它通过伸出机构箱的活塞杆与断路器本体的水平拉杆相连，其余部件均封闭在机构箱内部。其主要组成部分如下（见图 2-11）：

（1）油泵 油泵 8 是机构的能量转换装置，它将电能转换成油的位能，为液压系统提供一定数量和压力的高压油。它根据技术要求，升高液压系统的压力和补充高压油，以满足正常操作断路器的需要。

液压泵采用双柱塞式结构。通过靠背轮与电动机作刚性连接。油泵的低压端用一根塑料软管和油箱中的滤油器 9 连接组成吸油回路。低压油经单向阀进入油泵，经油泵升压变为高压油后通过油泵出口的单向阀进入高压油管（一般为铜管），高压油管经单向阀与四通接头相连，高压油经从四通接头引出的高压油管，分别送入储压器、工作缸、电磁阀中。

（2）储压器 储压器是液压机构的能源，属于充气活塞式结构，由钢制储压筒 5、活塞 4、活塞杆 7、充气逆止阀、帽盖和密封圈 6 等组成。活塞 4 把储压器内的气和油隔离开。在储压器活塞上方预先充入一定压力的氮气。当液压泵工作时，将高压油不断打入储压筒活塞下方，当油压高于氮气压力时，高压油推动活塞向上运动，进一步压缩氮气，从而使氮气储备了能量，并在储压筒内积存了足够的高压油。当油压上升到规定压力时，储能过程完成。活塞杆上升脱离微动开关 ST，将油泵电动机电源切断，此时储压筒内油、气压力相等。由于活塞将氮气与油隔开，故对活塞的密封要求很高，一般采用 O 形、V 形两道油封，以防止油、气互相渗透。活塞上表面一般有深度为 20mm 的液压油，起密封和润滑作用。活塞杆经油封伸出储压筒外并与基座上的 5 个微动开关 ST 相配合，用于控制油泵电动机，监视油压（油压异常时发出信号），实现断路器在油压异常时的分、合闸闭锁等。

1ST、2ST 的主要作用是蓄能时的油压控制。它通过蓄压器活塞杆的位置直接反映蓄压器内部积蓄的高压油量（当蓄压器内预充氮气没有泄漏时，也反映液压系统的油压）。

当机构进行合分闸操作或泄漏油时，蓄压器内油量减小，液压系统油压降低，蓄压器活塞杆向下移动，当其圆周末端部分触动 2ST 时油泵电动机自动起动，为液压系统补充油压，直到活塞杆圆周末端部分脱离 1ST，油泵电动机自动停机为止。

3ST、4ST、5ST 的主要作用是操作时的油压控制。其中，3ST 的作用是当油压偏低，蓄压器活塞杆通过 1ST、2ST、3ST 直到其圆周末端部分触动 3ST 时，不允许合闸，实现合闸闭锁；4ST 的作用是当油压下降到蓄压器活塞杆圆周末端部分触动 4ST 时，不允许分闸或自动分闸；5ST 的作用是当蓄压器活塞杆通过 1ST、2ST 直到圆周末端部分触动 5ST 时，不允许进行重合闸操作。

（3）阀系统 阀系统是机构的控制、传动系统，使高压油经特制的油路和阀门进入工作缸，以驱动工作缸中活塞运动。它由油箱（储存一定量的常压油）、分合闸按钮（控制分合闸电磁阀）、滤油器（使液压油经过滤后重新使用）、加热器（低温时给液压油加热以保证液压油的工作性能）、分合闸电磁阀（控制油路）、放油阀（用于释放高压油或检修换油时释放低压油）等部分组成。

合闸电磁阀由合闸一级阀 27、逆止阀 17（两阀为 $\phi5.5$mm 钢球）、合闸二级阀 23（$\phi17$mm 钢球）和合闸二级阀活塞 25 及相应的油路等组成。

分闸电磁阀由两个单向球阀 10、11（$\phi5.5$mm 钢球）及相应的油路组成。

（4）工作缸系统 工作缸是机构的执行元件和能量转换器。它将压缩氮气的位能经液压油的传递变换为工作活塞直线往复运动的机械能，驱使断路器改变工作状态。工作缸系统主要由工作缸、活塞及杆、油封、导向支架、辅助转换开关等组成。

工作活塞根据压差原理往复运动。工作活塞左侧装有活塞杆，致使活塞左、右两侧面积不等（右侧大，左侧小）。根据压差原理，当活塞两侧压强相等时，因受力面积不等，两侧接受压力不等，使活塞向左运动，断路器合闸。当活塞右侧高压油经泄油道放入油箱中时，右侧为常压，左侧为高压，则活塞向右运动，断路器分闸。

（5）控制板　控制板上装有起动器（接触器）、中间继电器、辅助开关、电触头压力表、接线端子排及控制电路等，用于监视、控制系统的油压，保证机构可靠动作。

K_1、K_2 是电接点压力表的触头，其主要作用是当油压异常升高或异常降低时接通电路以控制油压。其中 K_1 的作用是：液压系统发生油压异常升高时，K_1 接通电路，中间继电器动作，切断液压泵电动机电源，液压泵电动机自动停止；K_2 的作用是：液压系统发生油压异常降低时，K_2 接通电路，中间继电器动作，切断液压泵电动机电源，液压泵电动机自动停止。

2. CY3 型液压机构的工作原理

（1）分闸状态　如图 2-11 所示，储压器内的氮气已储压到额定值。此时，高压油经油路 21 进入合闸二级阀 23，使其关闭，堵塞合闸管道 33；高压油经油路 26 进入合闸一级阀 27，使其关闭，堵塞油路 18；高压油经另一油路送入工作缸左侧，使活塞杆 34 移至最右位置，断路器处于分闸状态。同时高压油经工作缸左侧进入放油阀 35，使其关闭，堵塞放油回路。高压油经放油阀 35 进入电触头压力表 38，使其显示正常油压。由于阀系统中的放油回路均被堵死，高压油的压力就能保持住，为断路器合闸准备好了条件。断路器辅助开关中一对触头闭合，送出分闸位置信号。

（2）合闸过程　按下合闸按钮 1，电磁铁线圈 YC 通电，电磁铁铁心 30 向下冲击，推动杆 29 向下运动，堵塞泄油孔 28，同时打开合闸一级阀 27，从油路 26 来的高压油经合闸一级阀 27 进入逆止阀 17，并经过逆止阀 17 进入油路 18。从油路 18 来的高压油使合闸二级阀活塞 25 向下运动，堵塞泄油孔 24，同时打开合闸二级阀 23，使从油路 21 来的高压油经合闸二级阀 23 进入合闸管道 33，并经合闸管道 33 进入工作缸右侧，根据压差原理，推动活塞 24 迅速向左运动，使断路器合闸（此时活塞两侧均有高压油）。同时油路 18 中的高压油进入分闸电磁阀 12，使球阀 11 堵塞泄油孔 16。此时合闸按钮返回，YC 失电，合闸电磁铁 30、推杆 29 返回，打开泄油孔 28。压力差使合闸一级阀 27 关闭，逆止阀 17 也复位关闭。油路 18 中保持正常工作压力，使合闸二级阀活塞 25 不能复位，断路器维持在合闸状态。当合闸二级阀活塞 25 上部的油有所泄漏、油压降低时，高压油经已打开的合闸二级阀 23、油路 20、节流接头 19（ϕ0.5mm），打开球阀 10 向油路 18 中补油，可使断路器维持在合闸状态。

（3）分闸过程　按下分闸按钮 2，分闸电磁铁线圈 YT 通电，铁心 14 向下运动，推动杆 15 打开球阀 11，使油路 18 中的高压油经球阀 11、泄油孔 16 放入油箱。活塞 25 上部的高压力消失，变为常压。由于压力差的存在，活塞 25 上升复位，打开泄油孔 24，使合闸二级阀 23 上升关闭；合闸管道 33、工作缸右侧的高压油变为常压油，根据压差原理，工作活塞左侧的高压油推动活塞杆 34 迅速向右运动，使断路器分闸。油路恢复为图 2-11 所示的状态。分闸时，节流孔的作用是限制高压油经油路 20 从分闸电磁阀泄掉，以缩短分闸电磁阀动作的时间。

CY3 型液压机构的分、合闸都是利用液压油传递能量来实现的，因此它所操纵的断路器（如 SW6-110 型断路器）中不再装设分闸弹簧。但在底架部分装有合闸保持弹簧，以免在断路器正常运行时，由于某种原因机构工作压力降低引起断路器缓慢分闸。

3. CY3型液压操动机构的维修调整要点

1）检修机构时，应十分注意机构的清洁度。任何一点微小的污物混入液压系统中，都会造成机构的渗漏、误动作，甚至会造成滑动密封面破坏的严重后果。因此，检修机构时，应用汽油清洗，不允许使用棉纱，以保证液压油的纯净。

2）环境温度过低时，应起动加热器，以保证液压油的流动性，否则将影响断路器分、合闸速度及密封的可靠性。一般情况下，加热器在0℃时投入，10℃时切除。

3）正常情况下，油泵每天起动一次，若起动次数过多，说明高压油路渗油加快、密封损坏，要及时修理。

4）储压器的压力是微动开关ST的位置保证的，压力表的读数仅供参考。因为影响油压的因素很多，如温度、预充氮气的压力、摩擦力、压力表的精度等。当压力表的读数与微动开关对应的压力不相符合时，不能随意改变微动开关的位置来调整压力，因为微动开关的位置除了反映油压的大小外，还要保证储压器内存有一定的油量供操作用。只要压力稳定在某数值不随时间变化（温度影响除外），就不要调整。必须检修微动开关时，一定要注意使其位置不变。

5）断路器在正常运行中，若机构失压，除合闸保持弹簧起作用外，可采用机械闭锁工具（如卡板）卡在水平连杆的接头上，使断路器维持在合闸状态，再检修机构。但机构检修后起动油泵时，必须按下合闸按钮让高压油立即进入工作缸右侧，才能使断路器可靠地保持在合闸状态，然后取下卡板。否则，高压油将进入工作缸左侧，断路器将分闸，造成供电中断。

6）机构的空载调试应注意下列事项：

① 液压系统内存有气体时，会使机构的速度、时间特性不稳定，液压泵打油时间长。因此机构投入运行前，应首先排除油泵和液压系统内的气体。液压系统排气，可打开高压放油阀；油泵排气，可拧开油泵上的放气塞。

② 检查储压器中预充氮气的压力。将油压放到零，起动液压泵，压力表指针突然上升到P_m值，然后缓慢上升；停止油泵工作，打开放油阀，使压力表指针缓慢下降，当降到P_d时，油压突然降到零。则预充氮气压力$P_y=(P_m+P_d)/2$。

③ 检查储压器活塞杆行程，一般为（182±3）mm。

④ 检查压力控制系统，调整各微动开关，使之能按规定压力可靠分合。

⑤ 液压泵打压时间（从零压升到规定停止压力）不应超过3min。

⑥ 在零压时起动油泵，当油压达到氮气预压力时，按分、合闸按钮就可实现慢分、慢合，慢分、慢合操作用于检查工作缸活塞动作是否平稳，并测量工作活塞行程是否为（132±1）mm。

⑦ 进行电动快速分、合闸操作，检查电磁阀系统工作的可靠性。

⑧ 机构应进行密封检查。其方法是：停止压力，机构分别在分、合闸位置静置8h，不应有渗油现象，储压器下降不应超过2mm。

⑨ 机构应进行高压强度检查。其方法是：在合闸位置，用人为方法起动微动开关，使系统压力升高到3.43×10^7Pa，持续5min，储压器活塞杆位置应不变，否则说明液压系统有渗漏。做此试验时应注意安全。

7）开关在合闸位置，打开放油阀，工作缸活塞杆伸出长度的缩短应不超过2mm，否则说明合闸保持弹簧的拉力不够，应予以调整。

8）检修应按检修工艺及标准进行。

2.2.5　液压弹簧机构

液压弹簧机构是一种以弹簧储能，液压传递的操动机构。液压弹簧操作机构的液压部分的储气筒上部充以高压氮气，由于氮气储存了大量能量，于是航空油便成了具有操作能量的压力油，通过油路进入液压操作机构部分，控制断路器的分、合闸。它具有机构紧凑、重量轻、与断路器组装简单方便、部件少、噪声低、免维修等优点。

这里介绍一种 HMB-2 型弹簧储能液压操动机构，外形如图 2-12 所示，工作原理如图 2-13 所示。表 2-2 是该操动机构的电气数据。

图 2-12　HMB-2 型弹簧储能液压操动机构

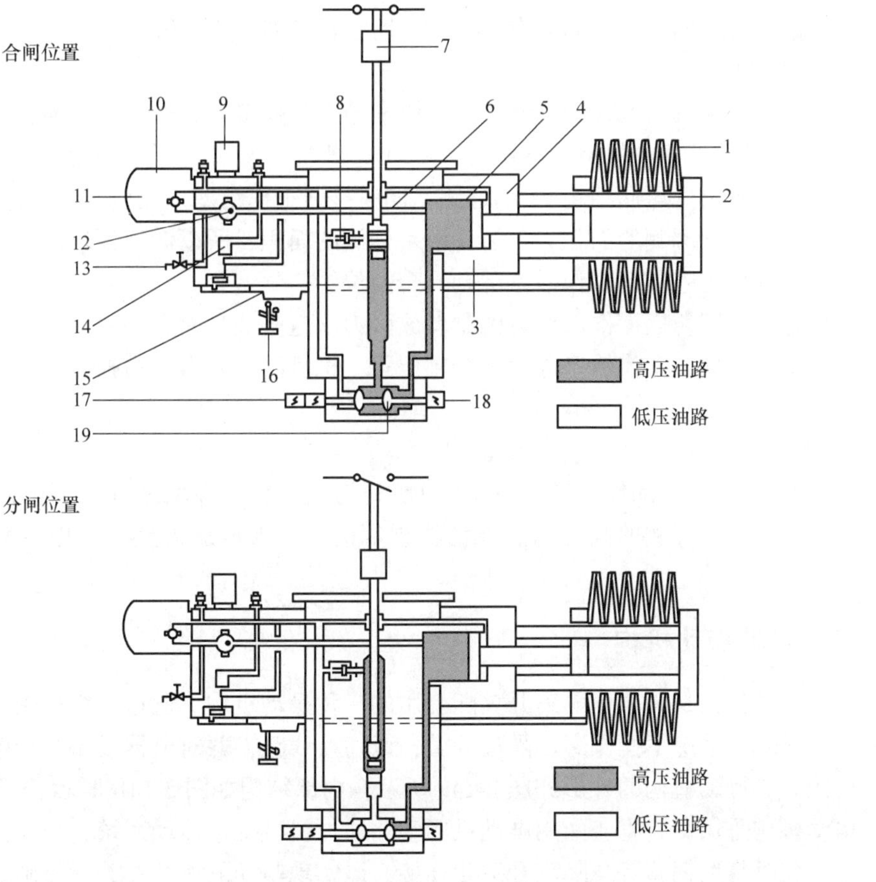

图 2-13　HMB-2 型弹簧储能液压操动机构工作原理

1—碟形弹簧圆柱　2—拉紧螺轴　3—储能活塞　4—储能缸　5—高压储油箱　6—工作活塞　7—断路器连接轴　8—机械闭锁　9—电动机　10—带过滤器的低压储油箱　11—低压储油箱　12—液压泵　13—放油阀　14—溢流阀、压力释放阀　15—控制连杆　16—弹簧行程开关　17—分闸电磁阀　18—合闸电磁阀　19—转换阀

表 2-2 HMB-2 型弹簧储能液压操动机构的电气数据

部件		电气参数	单位	数值
储能电动机		电动机储能时间	min	<1
		电压（AC/DC）	V	220/220
		功率（AC/DC）	kW	0.47/0.47
二次回路	合闸线圈 分闸线圈	额定电压（DC）	V	220
		额定电流（DC）	A	1.4
		线圈电阻（20℃）	Ω	154±5
	加热器	额定电压（AC）	V	220
		功率	W	100
操动机构质量			kg	200

1. 储能过程

液压泵 12 将油加压输送到高压储油箱 5，其储能活塞 3 与碟形弹簧连接。根据弹簧的行程，碟形弹簧的储能状态由控制连杆 15 反映出来并带动液压控制系统中的电动机起停开关，液压泵与高压储油箱之间装有逆止阀，防止停泵时压力下降。

2. 合闸过程

工作活塞 6 带有活塞杆的一侧与高压储油箱 5 相连接，工作活塞顶端那一侧与低压储油箱 11 连接，就能可靠的保持分闸位置，一旦合闸电磁阀 18 动作，转换阀 19 切换，堵塞住工作活塞顶端侧与低压储油箱 11 的通路，同时接通工作活塞顶端侧与高压储油箱 5 的通路，因为在工作活塞顶端侧的面积大于工作活塞杆侧的面积，所以活塞顶端侧的压力大于活塞杆侧的压力，此压力差推动工作活塞运动到合闸位置。

碟形弹簧按照切换操作需要的油量释放张力。这些油量能立即由液压泵补充。在系统压力一直维持的时候，工作活塞停留在合闸位置，机械闭锁 8 由压力控制，以防在失压状态下出现慢分。

3. 分闸过程

当分闸电磁阀 17 动作，转换阀 19 切换到初始位置，即堵塞住高压油路，接通低压油路，此刻工作活塞杆侧的高压与工作活塞顶端的低压形成压力差，工作活塞即运动到分闸位置。

2.2.6 电动操动机构

电动操动机构是与高压隔离开关配套用的一种操动机构。通过二级齿轮变速和蜗轮蜗杆减速，在无载流情况下操作高压隔离开关，以切换线路，并对电器设备与带电的高压线路进行电气隔离。操动机构的外形如图 2-14a 所示，内部结构如图 2-14b 所示。

电动机构采用交、直流两用电动机驱动，通过机械变速传动系统，将动力传递给机构输出轴，安装时借助钢管等与隔离开关相连接，以实现驱动隔离开关分、合闸。该机构主要由电动机、机械传递系统、电气控制系统和箱壳组成。

电动机为整流子电动机。机械减速、变速系统包括行星轮系、齿轮机构、蜗轮蜗杆机构、平面四联机构，在蜗杆端部设有方头，以便手动摇柄插入进行手动操作。当手动摇柄插

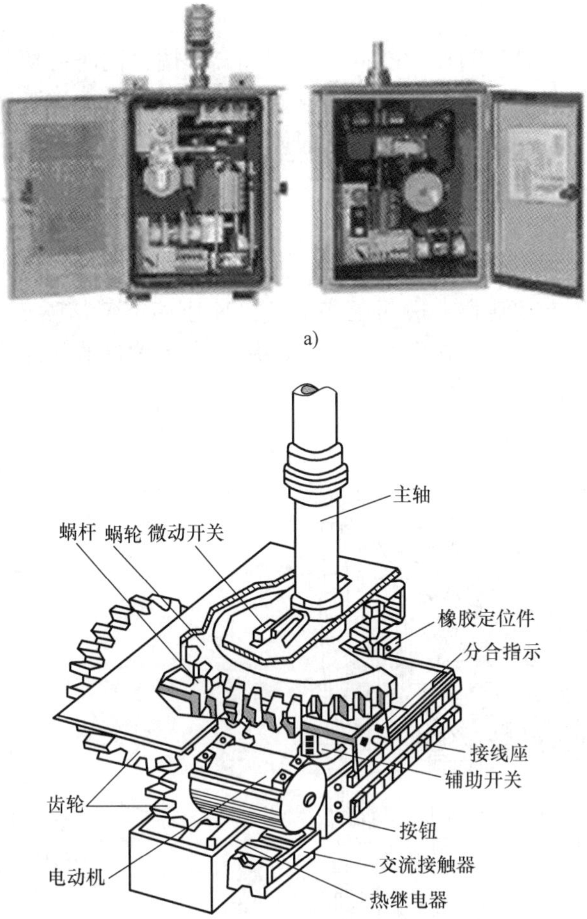

图 2-14　电动操动机构的外形及结构

a）外形　b）结构

入时，自动切断电源，保证安全。

电气控制系统包括控制按钮（分、合、停各一个）、直流（或交流）接触器、辅助开关、电阻、延时继电器及速断熔断器等。

2.3　负荷开关与隔离开关

2.3.1　负荷开关

1. 负荷开关的作用

负荷开关是在高压隔离开关的基础上加入灭弧装置构成的，能切、合负荷电流，但不能切断短路电流。因此，负荷开关必须与高压熔断器配合使用，短路电流由熔断器切断，高压装置中负荷电流由负荷开关切断。

负荷开关常在一些需要经常进行分、合闸的地方使用。负荷开关的结构和断路器相似，开断性能要求比断路器低。

负荷开关在分闸状态时有明显的断口，可起隔离作用，同时可切断、闭合额定电流和规定的过载电流，与熔断器配合时，可保护线路和设备。根据有无熔断器，负荷开关又分为无熔断器负荷开关、上熔断器负荷开关和下熔断器负荷开关。图2-15所示为FN3-10RT型高压负荷开关的结构，它就是下熔断器的负荷开关。

2. 负荷开关的熄弧原理

如图2-16所示，FN5-10型负荷开关的闸刀中部装有灭弧管，灭弧管内有成套的灭弧装置。其灭弧是利用主轴带动活塞，进而压缩空气，使压缩空气从喷嘴中喷出，以吹灭电弧。还有一种是利用固体产气元件，在电弧高温的作用下产生大量的气体，沿喷嘴高速喷出，形成强烈的纵吹作用，使电弧迅速熄灭。

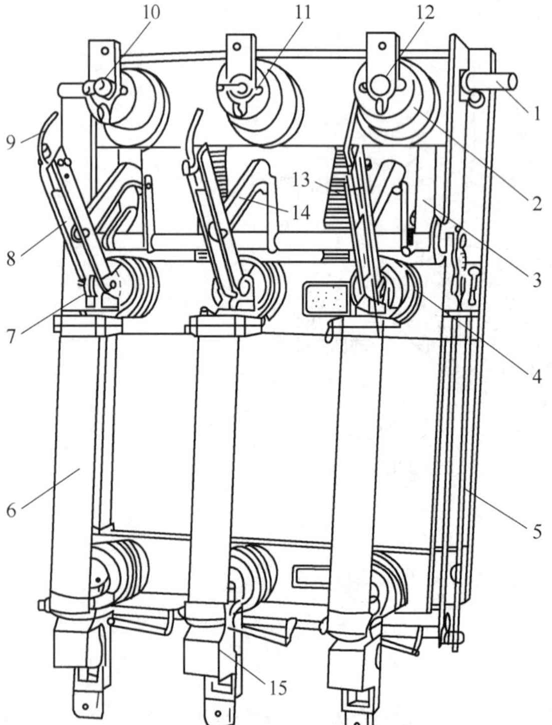

图2-15 FN3-10RT型高压负荷开关的结构

1—主轴 2—上绝缘子兼气缸 3—连杆 4—下绝缘子 5—框架 6—高压熔断器 7—下触座 8—闸刀 9—动触头 10—绝缘喷嘴 11—主静触头 12—上触座 13—断路弹簧 14—绝缘拉杆 15—热脱扣器

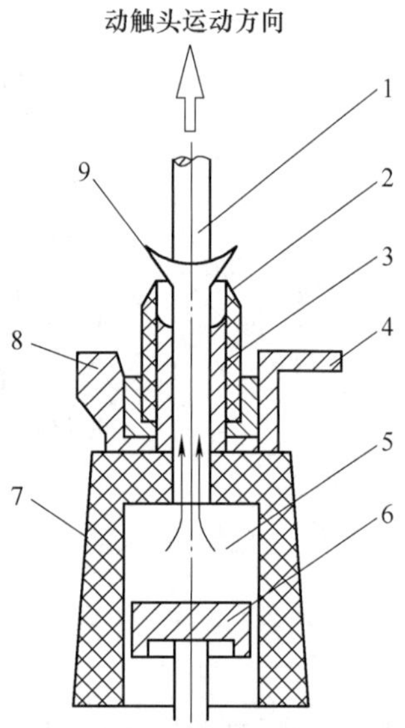

图2-16 负荷开关的熄弧原理

1—弧动触头 2—绝缘喷嘴 3—弧静触头 4—接地端子 5—气缸 6—活塞 7—上绝缘子 8—主静触头 9—电弧

3. 负荷开关的技术数据

负荷开关的主要技术指标有额定电压、额定电流、额定断流容量、最大开断电流、极限通过电流、热稳定电流和固有分闸时间等。

FN2-10/400型负荷开关的技术数据如下：额定电压为10kV，额定电流为400A，额定断流容量为25MV·A，最大开断电流为1200A，极限通过电流峰值为25kA、有效值为

14.5kA，5s热稳定电流为8.5kA。

2.3.2 隔离开关

隔离开关是没有灭弧装置的开关电器，在分闸状态下有明显的断口，在合闸状态下能可靠地通过额定电流和短路电流。因隔离开关没有灭弧装置，不能切断负荷电流和短路电流，因此隔离开关通常和断路器配合使用，且在操作中必须注意与断路器操作的先后顺序。在合闸时，先合隔离开关，后合断路器；在分闸时，先分断路器，后分隔离开关。这种操作通常称为倒闸操作。为了保证安全，一般采用联锁装置，以防止误操作。

此外有一种三工位隔离开关，它常用于全封闭组合电器（GIS）或复合电器（PASS）中，并不是一个单独的产品。所谓三工位是指三个工作位置：一是隔离开关主断口处于接通的合闸位置，二是主断口处于分开的隔离位置，三是隔离开关接地侧处于接地位置。一般要设置工作位置指示器。三工位隔离开关其实就是整合了隔离开关和接地开关两者的功能，并由一把闸刀来完成，这样就可以实现机械闭锁，防止主回路带电合地刀。传统的GIS中，隔离开关和接地开关是两个功能单元，使用电气联锁进行控制，现在采用的三工位隔离开关，避免了误操作的可能性，提高了系统安全性。尽管三工位隔离开关有其特殊性，但其基本功能还是不变的。

隔离开关主要用于将电气设备与带电网隔离，改变运行方式，接通和断开小电流电路等场合。

隔离开关应具有明显的断开点，隔离开关断开点应具有可靠的绝缘，在运行中，会受到短路电流和热效应电动力的作用，应具有足够的热稳定性和动稳定性，隔离开关的结构应尽可能简单，动作要可靠，带有接地闸刀的隔离开关必须有联锁机构。

1. 隔离开关的种类

隔离开关按安装地点可分为户内型和户外型；按触头运动方式分为水平回转式、垂直回转式、伸缩式和直线移动式；按有无接地闸刀可分为有接地闸刀和无接地闸刀；按隔离开关的极数，可分为单极和三极；按隔离开关的操动机构分为手动和电动。

2. 隔离开关的结构及组成

隔离开关一般包括隔离开关本体、电动（手动）操动机构、操作手柄及操动杆等。而开关本体一般包括动、静触头，闸刀，绝缘子等。

图2-17所示是隔离开关的结构。它由上接线端、静触头、动触头、闸刀、套管绝缘子、下接线端、柜架、转轴、拐臂、升降绝缘子和支柱绝缘子构成。它的工作过程是：转动转轴，按顺时针和逆时针方向，分别可以实现分闸和合闸。转轴顺时针转时，连杆带动的闸刀，脱离静触头，实现分闸，此时上接线端和下接线端之间断开。断点由闸刀形成。

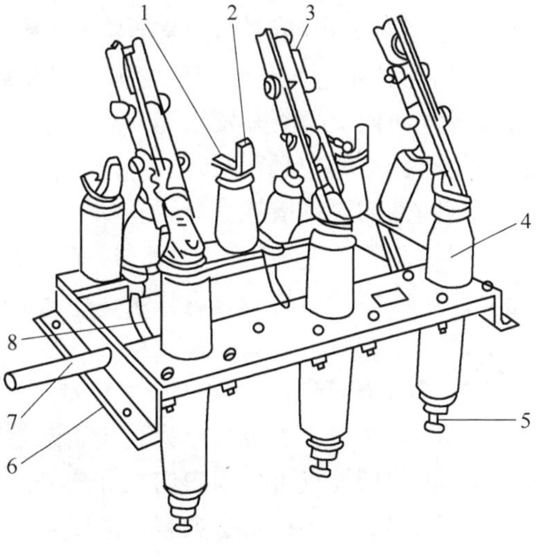

图2-17 隔离开关的结构
1—上接线端 2—静触头 3—闸刀 4—套管绝缘子 5—下接线端 6—柜架 7—转轴 8—拐臂

3. 隔离开关的主要技术参数

隔离开关的主要技术参数包括额定电压、最

大工作电压、额定电流、极限通过电流、热稳定电流、动稳定电流、机械寿命、分合闸次数和开断电流等。不同等级的隔离开关，其技术参数不一样。

GN8-10T/3000 型隔离开关，它的主要技术参数如下：额定电压为 10kV，最大工作电压为 11.5kV，额定电流为 3000A，极限通过电流（峰值）为 160kA，5s 热稳定电流为 70kA。GW4-35D/1000 型隔离开关，它的主要技术参数如下：额定电压为 35kV，额定电流为 1000A，极限通过电流（峰值）为 50kA，4s 热稳定电流为 23.7kA。

2.4 熔断器

熔断器是最简单和最早使用的一种保护电器。结构简单，价格低，体积小，维护与更换方便；动作直接，不需要继电保护和二次回路相配合，应用广泛。但是，每次熔断后须短时停电更换熔体，才能再次使用；保护特性不稳定，可靠性低；保护选择性不易配合；不能用于正常切断或接通电路，而必须与其他电器配合使用。

1. 熔断器的基本结构及工作原理

（1）基本结构　熔断器主要由熔体、支持熔体的触头、灭弧装置和绝缘底座等部分组成。其中决定其工作特性的主要是熔体和灭弧装置。

熔体是熔断器的主要部件，一般选用铅、铅锡合金、锌、铜、银等金属材料，它的性能直接影响熔断器的好坏。金属熔体一般有铜、银、锡、铅、锡铅合金等，它们的熔点分别为 1080℃、960℃、420℃、327℃、200℃。

灭弧装置的主要作用是熄灭熔体熔断时产生的电弧。

（2）工作原理和保护特性　熔断器安装在被保护设备或线路的电源侧。熔体熔化时间的长短，取决于熔体熔点的高低和所通过的电流大小。熔断器的工作全过程由以下三个阶段组成：

1）正常工作阶段，熔体通过的电流小于其额定电流，熔断器长期可靠地运行，不应发生熔断现象。

2）过载或短路时，熔体升温并导致熔化、汽化而开断。

3）熔体熔断汽化时产生电弧，又使熔体加速熔化和汽化，并将电弧拉长；这时的高温金属蒸气向四周喷溅并发出爆炸声。熔体熔断产生电弧的同时，也开始了灭弧过程。直到电弧被熄灭，电路才真正断开。

熔断器的灭弧措施可分为两类：一类是在熔断器内装有特殊的灭弧介质，如产气纤维管、石英砂等，它利用了吹弧、冷却等灭弧原理；另一类是采用特殊形状的熔体，其目的在于减小熔体熔断后的金属蒸气量，或者把电弧分成若干串、并联的小电弧，并与石英砂等灭弧介质紧密接触，提高灭弧效果。

2. 高压熔断器的分类和技术参数

熔断器按电压等级可分为高压熔断器和低压熔断器；按结构分为管式熔断器和跌落式熔断器；按使用地点可分为户内式和户外式；按照是否有限流作用可分为限流式和非限流式。

熔断器的主要技术参数有：熔断器额定电压、熔断器额定电流、熔体的额定电流和熔断器的开断电流。

对于 RW5-35/200-800 型熔断器，它的主要技术指标如下：额定电压为 35kV，额定电流为 200A，断流容量上限为 800MV · A、下限为 30MV · A。

3. 高压管式熔断器

高压管式熔断器主要由熔管、接触座、支柱绝缘子和底座组成，如图 2-18 所示。熔体管由熔管（瓷管）、端盖、顶盖、弹性接触座、陶瓷芯、熔体和石英砂等组成。熔管用滑石陶瓷或高频陶瓷制成，具有较高的机械强度和耐热性能。熔管不仅是灭弧装置的主要组成部分，而且还起着支持和保护熔体的作用。端盖用铜制成，熔体通过端盖与接触座接触组成导电回路。顶盖也用铜制成，用来封闭熔管。充入熔管的石英砂形成大量细小的固体介质狭缝狭沟，对电弧起分割、冷却和表面吸附（带电粒子）作用，同时缝隙内骤增的气体压力也对电弧起强烈的去游离作用，所以电弧被迅速熄灭。对于高压管式熔断器，会有指示器显示熔丝熔断与否的情况。

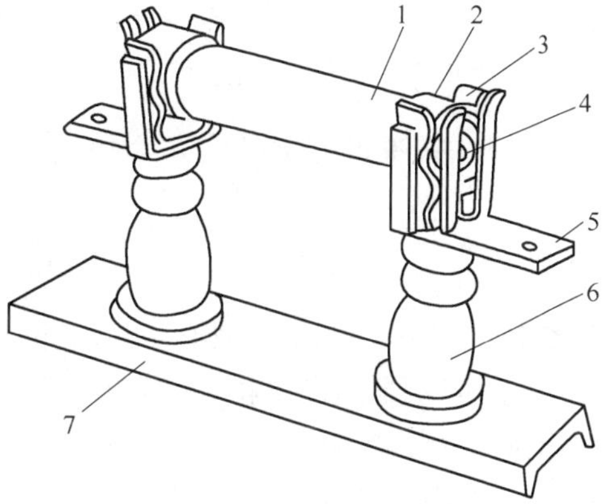

图 2-18　高压管式熔断器

1—熔管　2—金属端盖　3—弹性接触座　4—指示器　5—接线端子　6—瓷绝缘子　7—底座

4. 跌落式高压熔断器

户外跌落式高压熔断器的主要作用是作为电力输电线路和电力变压器的短路和过负荷保护使用，也可作为分、合空负荷及小负荷电路使用。

跌落式高压熔断器如图 2-19 所示。上静触头和下静触头分别固定在瓷绝缘子的上、下端。鸭嘴罩可绕销轴转动，合闸时，鸭嘴罩里的抵舌（搭钩）卡住上动触头同时并施加接触压力。一旦熔体熔断，熔管上端的上动触头就失去了熔体的拉力，熔管在自身重力的作用下，向下转动而跌落。

熔管由层卷纸板或环氧玻璃钢制成，两端开口，内壁衬以石棉套，既防止电弧烧伤熔管，又具有吸湿性。熔体熔断后，在电弧的高温作用下，熔管内壁分解产生的氢气、二氧化碳等，向管的两端喷出，对电弧产生纵吹作用，使其在过零时熄灭。该熔断器由固定板安装在支架上，并保持熔管向外倾斜 20°~30°。分合闸时要用绝缘钩棒操作。

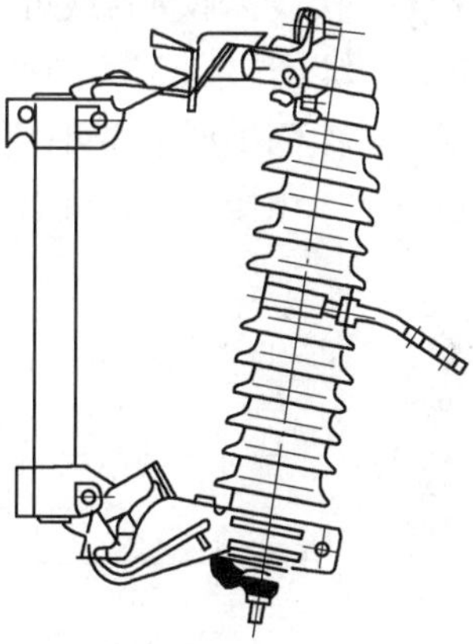

图 2-19　跌落式高压熔断器

2.5　互感器

互感器是电压、电流变换设备，它能将高电压、大电流变成低电压（标准值100V、$\frac{100}{\sqrt{3}}$V）和小电流（标准值5A、1A），从而将一次系统的电压、电流信息准确地传递到二次侧相关设备。

近年来，随着微电子技术的发展以及控制保护技术的需要，体积小、重量轻、暂态响应好的电子式互感器（electronic transformer）逐步得到了应用。它包括连接传输系统和二次变换器的一个或多个电流或电压传感器，将被测量按比例传送给测量仪器（表）和保护控制装置。对于模拟量输出的互感器，二次变换器直接供给二次设备，对于数字量输出的互感器，可用一个汇接单元将多个二次变换器汇集输出至二次设备。实际上电子式电流互感器（ECT）和电子式电压互感器（EVT）往往组成一个装置，即复合式电流电压互（传）感器。广州地铁2、3号线的33kV开关柜就使用了复合式电流电压互（传）感器。

2.5.1 电压互感器

电压互感器（文字符号TV）是电气测量、控制和保护回路用的特种变压器。电压互感器一次绕组并联在一次回路上，二次绕组则并联仪表、继电器的电压线圈。电压互感器有双绕组和三绕组、单相和三相、干式和油浸式、浇注式和瓷箱式、户外式和户内式等之分。

电压互感器能将高电压变成低电压，它的结构特点是一次绕组匝数多于二次绕组匝数，相当于降压变压器。一次绕组并联在一次回路上，二次绕组则并联仪表、继电器的电压线圈。

1. 常用的电压互感器接线方式

电压互感器常用的接线方式有如下三种：一是单相接线，常见于只需要测量一个线电压或相电压的回路中。当用于中性点接地系统中时，应采用一次绕组一端全绝缘而另一端全接地。单相接线示意图如图2-20所示。二是三相V形接线，由一次绕组接成V形接线，并由三个高压端子的三相不接地电压互感器构成，也可以由两台单相不接地电压互感器组合而成，常用于35kV及以下的中性点不接地系统。三相V形接线示意图如图2-21所示。三是YNynd接线，这种接线可以由三台单相三绕组电压互感器组成，对于10kV及以下电压等级的系统，也可以由一台三相五柱式电压互感器构成。二次侧星形接线可以供给线电压、相电压，开口三角形接线可以供给电压继电器，当中性点发生一相接地时，可以利用电压继电器发出接地信号。YNynd接线示意图如图2-22所示。

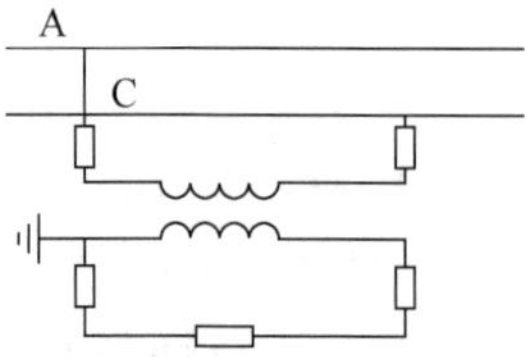

图2-20 单相接线示意图

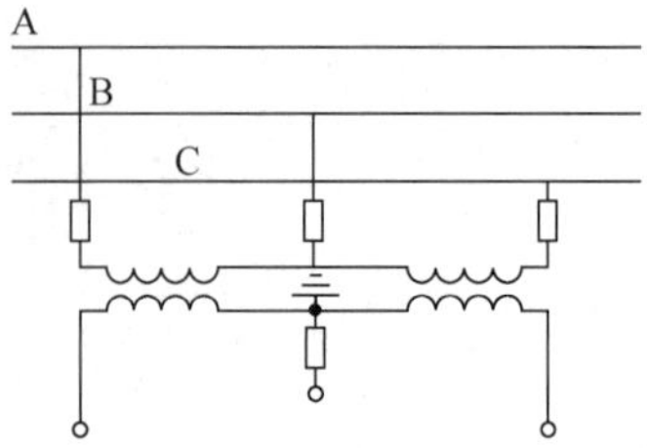

图2-21 三相V形接线示意图

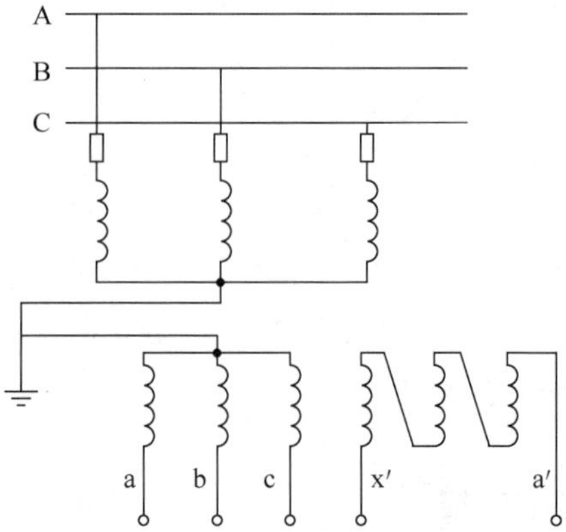

图2-22 YNynd接线示意图

2. 电压互感器的使用条件

环境温度：最高温度为40℃，日平均不超过30℃；对户内式互感器，最低温度为-5℃；对户外式互感器，最低温度为-25℃。海拔不超过1000m，大气无严重污染。

3. 使用电压互感器的注意事项

电压互感器的外壳和二次侧必须同时接地，以降低高压窜入低压造成的危险性。一次绕组和二次绕组间是绝缘的，但是如果它们之间的绝缘遭到破坏，一次侧的高压就会窜入二次侧，危及人身和设备的安全，因此二次侧必须接地。

电压互感器的一、二次绕组都应装熔断器，以防止二次侧工作时发生接地短路。电压互感器二次回路的电压降不超过0.5%，对0.5级的电能表不得超过0.25%。二次回路连接线应用绝缘软铜线，截面面积不小于1.5mm^2。

电压互感器在运行时，二次侧不允许短路。由于电压互感器本身阻抗很小，如果二次侧发生短路，二次侧通过的电流将会增大，造成熔丝熔断，影响表计指示，甚至引起保护误动作；如果熔丝容量选择不当，极易损坏电压互感器，可能烧损二次绕组。因此必须设置短路保护。

4. 电压互感器二次侧短路所造成的危害

由于电压互感器本身阻抗很小，如果二次侧发生短路，其中通过的电流增大将造成熔丝熔断，影响表计指示，甚至引起保护误动作，如果熔丝容量选择不当，极易损坏电压互感器。

5. 电压互感器的性能指标

额定电压：对连接在三相电网相间的单相互感器为100V；对中性点有效接地系统的互感器为100V；对连接在三相电网中相与地之间的单相电压互感器为$\frac{100}{\sqrt{3}}$V；对中性点非有效接地系统的互感器为$\frac{100}{\sqrt{3}}$V。

电压互感器准确度等级：一般分为0.5级、1级、3级。对测量绕组一般为0.5级或1级；对保护绕组一般要求为3级或6级。

额定输出：规定二次负荷在额定输出的25%~100%范围内。

承受短路电流能力：能承受历时1s的二次外部短路造成的机械和热效应而无损伤。

2.5.2 电流互感器

电流互感器（文字符号TA）是电气测量、控制和保护回路用的变流器。电流互感器能将大电流变成小电流，它的结构特点是一次绕组匝数比二次绕组匝数少，一次绕组串联接在一次回路中，二次绕组与仪表、继电器等的电流线圈串联，形成一个闭合回路。二次侧额定电流一般为5A或1A。串联在二次绕组回路中的电流表可间接指示一次电流值，二次电流也可在控制和保护回路中作电源或电流信号用。电流互感器有单匝式（贯穿式、母线式、套管式）和多匝式，干式、浇注式和油浸式，瓷箱式、户外式和户内式等之分。

1. 常用的电流互感器接线方式

常用的电流互感器接线方式有如下三种：一是单相联结，常用于测量一次侧三相负荷不平衡度较小的对称三相负荷。单相联结示意图如图2-23所示。二是星形联结，能测量三相中任何一相电流；在继电器保护装置中不仅能反映相间短路，且能反映单相接地短路，适用于大电流接地系统、小电流接地系统或三相四相制低压系统。星形联结示意图如图2-24所示。三是三角形联结，正常时流过二次负荷的三相电流均为电流互感器二次侧的$\sqrt{3}$倍，相位都相应差30°，它能反映相间和单相短路，当两相短路时，电流也流过三个继电器，其中一相电流为其他两相电流的两倍。三角形联结示意图如图2-25所示。

2. 使用电流互感器的注意事项

外壳（铁心）和二次侧必须同时接地，防止电流互感器击穿时，一次侧的过电压窜入二

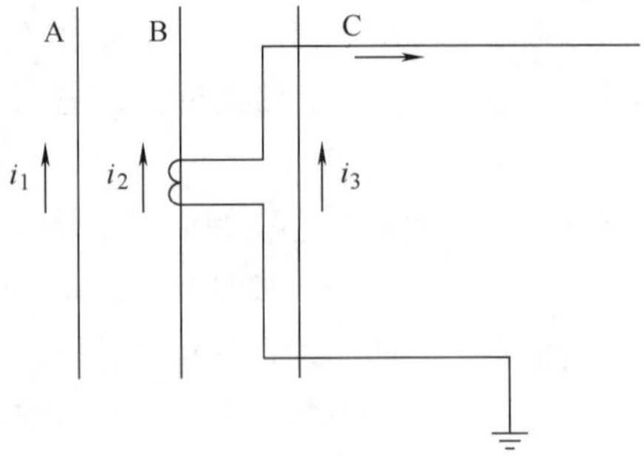

图 2-23 单相联结示意图

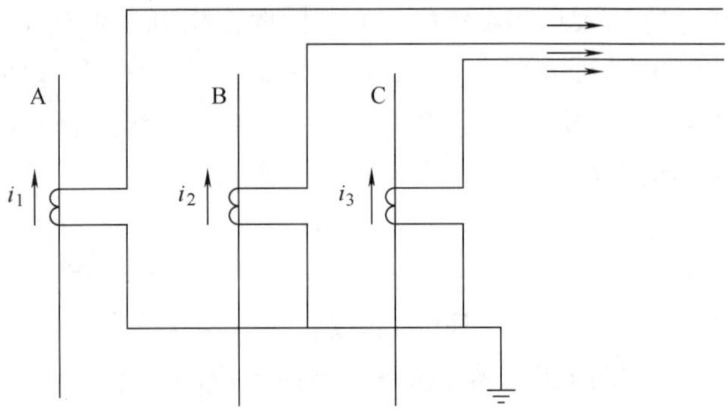

图 2-24 星形联结示意图

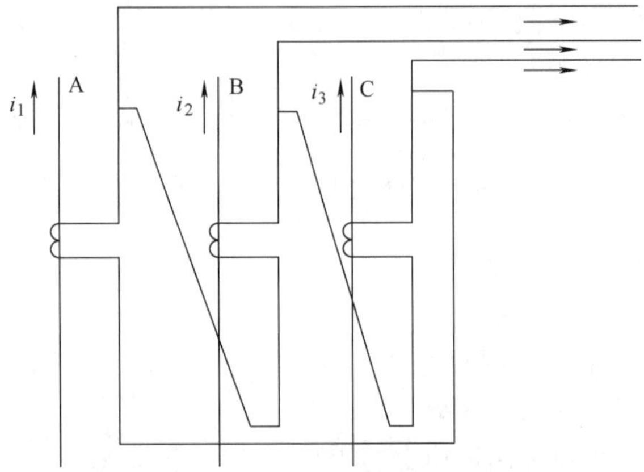

图 2-25 三角形联结示意图

次侧，造成损坏设备甚至危及人员安全。二次侧不允许装刀开关和熔断器。二次回路的负荷不得大于对应精确级的额定值。二次回路的连接线应用铜的绝缘线，不能使用铝芯线，截面面积不小于 $1.5mm^2$，保证足够的机械强度，防止出现断线状况。总之，电流互感器在运行时二次侧不允许开路。

电流互感器二次侧开路所造成的危害。当电流互感器二次侧开路时，二次电流等于零，一次电流完全变成了励磁电流，在二次线圈上产生很高的电动势，威胁人身安全，损坏仪器及绝缘性能。所以运行中的电流互感器二次侧不允许开路，不允许电流互感器二次侧安装熔断器。对已经安装好的、还没有投入使用的电流互感器二次侧一般要短接而且可靠接地。

3. 电流互感器的性能指标

我国规定额定电流为 5A 或 1A，在运行时，实际负荷电流应达到额定电流的 60% 左右，至少不小于 30%。电流互感器的准确度等级一般分为 0.1 级、0.2 级、0.5 级、1 级、3 级、5 级（特殊用途为 0.2S、0.5S），每个准确度等级规定了相应的最大允许误差限值。此外还有 5P 和 10P 级，用于保护。对于测量绕组，一般选择 0.5 级或 1 级，0.2 级属精密测量用；电能计量一般选择 0.5 级；电流表计选用 1 级；继电保护选择 3 级；保护绕组一般为 5 级或 10 级。

额定输出：规定二次负荷在额定输出的 25%～100% 范围内。

承受短路电流能力：满足安装点电网的短路要求，短时热电流持续时间采用 3s，热稳定电流为它的 2.5 倍。

此外，电流互感器还经常标注为5PX，X一般取5、10、15、20等。后面的X就是准确限值系数，表示当电流互感器的一次电流不大于额定值的X倍时，其误差不会超过±5%。

比如，在装设保护的地方，其最大运行方式下短路电流是4kA，如果选用的电流互感器是150/5、5P10，也就是说该电流互感器在150A×10=1500A时，能保证绕组的复合误差≤±5%；而很可能短路后，电流超过1.5kA，甚至达到4kA，这时就达不到复合误差≤±5%；如果选用150/5、5P30的电流互感器，电流互感器在150A×30=4500A=4.5kA时，能保证绕组的复合误差≤±5%，但在最大短路电流才4kA，故在全量程中，均能保证保护用电流互感器的精度。但在实际应用中，为降低成本，保护并不需要太高的精度，P10已经能满足需要，在选择电流互感器时，也没有必要保证在最大短路电流时还保证精度，一般在保护定值附近能保证精度就可以了。

2.5.3 互感器的事故预防措施

1. 必须提高运行的可靠性

为了保证互感器可靠运行，一般要从以下几个方面入手：一是互感器绝缘安全可靠；二是密封可靠；三是温度设计可靠；四是热、动稳定性可靠。此外还必须限制过电压的产生，防止对互感器造成危害。

2. 积极预防

当出现下列情况时，应及时处理：一是发现互感器电容单元漏油的应立即退出运行；二是经常检查硅橡胶表面的放电现象，如有放电现象的应立即处理；三是对严重缺陷的互感器应及时处理更换；四是发现冒烟/膨胀器急剧变形的应立即切断互感器的有关电源；五是避免用带断口电容的断路器投切带有电磁式电压互感器的空母线；六是当变电所短路电流超过互感器铭牌规定的动、热稳定电流值时，应及时安排更换互感器。

2.6 高压开关柜

2.6.1 高压开关柜综述

高压开关柜是指将断路器、负荷开关、熔断器、隔离开关、接地开关、避雷器、互感器以及控制、保护、测量等设备与内部连接件、绝缘支持件和辅助件固定连接后，安装在一个或几个接地的金属封闭外壳内的成套配电装置。开关柜在制造厂装配完成之后，运至现场只需简单的安装固定，并与进出线相连后即可投入使用。由于开关柜安装简单、占地面积小、防小动物性能好、运行可靠性高，因此在供电系统中，特别是在地下变电所得到广泛的使用。

1. 高压开关柜的分类

（1）按断路器安装方式分类

1）手车式（用Y表示）：表示柜内的主要电器元件（如断路器）是安装在可抽出的手车上的，由于手车柜有很好的互换性，因此可以大大提高供电的可靠性，常用的手车类型有隔离手车、计量手车、断路器手车、电压传感器手车、电容器手车和所用变手车等。

2）固定式（用G表示）：表示柜内所有的电器元件（如断路器或负荷开关等）均为固定式安装，可靠性高，固定式开关柜较为简单经济。

(2) 按安装地点分类

1) 用于户内(用 N 表示):表示只能在户内安装使用。

2) 用于户外(用 W 表示):表示可以在户外安装使用。

(3) 按照绝缘介质分类

1) 大气绝缘,包括大气和固体绝缘组成的复合绝缘,即 AIS (Air Insulated Switchgear)。

2) 以 SF_6 气体为绝缘,即 GIS (Gas Insulated Switchgear)。需要注意的是,GIS 内断路器一般采用 SF_6 和真空断路器。

(4) 按照电压等级分类

1) 3.6~40.5kV 为中压柜。

2) 72.5kV 及以上为高压柜。

各种高压开关柜大多采用空气绝缘为主。目前,有一种采用 SF_6 作为绝缘的 GIS,其性能更为优越。

当然高压开关柜还可以按照电压等级、结构形式和母线形式等进行分类,这里不再赘述。

固定式高压开关柜中的主要电气设备是固定的,体积较大、不灵活、价格便宜。固定式高压开关柜分为铠装型、间隔型和箱型。铠装型的主要特点是各设备有单独的隔室,隔室之间由接地的金属隔板构成,可靠性高;间隔型和铠装型的隔室设置一样,但是隔室之间用非金属隔板构成(绝缘隔板);箱型已基本被淘汰。

移开式金属封闭开关设备(手车柜)主要指电气设备断路器及其操动机构为活动式。断路器及其操动机构或其他某些一次设备安装在可移动的手车上,可以随手车拉出柜体外检修,方便安全。而且柜内手车还可与同类型备用手车互换,推入同类设备手车就可继续供电,这样可以缩短停电时间。基于此,其应用越来越广。手车柜也分为铠装型、间隔型和箱型。这里主要讲解铠装型金属封闭开关设备。

2. 高压开关柜的特点

一般情况下,高压开关柜柜体由断路器室、主母线室、电缆室和控制仪表室 4 部分组成。此外,它还有如下特点:所有额定参数与结构相同的元器件或功能单元,均可以互换;具有高性能的机械联锁和电气联锁功能;柜内所有母线,用优质的环氧树脂绝缘材料包裹,导电材料不外露,柜体内部再用绝缘板隔开,尽管柜体体积很小,相距也很小,仍有极佳的绝缘性能。

开关柜各相带电体及相地之间绝缘距离不小于 300mm,只有个别开关柜的个别部位相间距离不足时,才设置极间屏障。开关柜主母线采用矩形铝母线水平架空装于柜顶。高等级的高压开关柜采用交联聚乙烯塑料电缆改制的固体绝缘联络母线。

高压开关柜具有防止误操作断路器(分闸、合闸操作)、防止带负荷推拉手车、防止带电挂接地线、防止带接地送电和防止误入带电间隔功能,简称“五防”的功能。

使用高压开关柜的时候必须考虑环境条件。一般主要考虑如下的因素:环境温度、海拔、雷暴日、污秽等级、地震强度等。

正常使用条件一般为:周围空气温度(环境温度)上限为 40℃(50℃),下限为 -15℃;相对湿度不大于 90%(25℃时);海拔不超过 1000m;地震强度不超过 8 度;无火灾、爆炸危险、化学腐蚀及剧烈振动的场所。

高压开关柜内部的一些高压设备一般采用质量可靠、寿命较长、不易发生事故、运行稳定的产品，如美国西屋公司的 VCP-W 型无电晕真空断路器，而该公司生产的陶瓷真空灭弧管预计寿命可达 100 年。施耐德公司提供的具有国际先进水准的梅兰日六氟化硫断路器，体积更小，性能更优越。特别是对于固定式高压开关柜，选用优质的电气设备，可以减小体积、延长检修周期，从而使固定式高压开关柜重新得到人们的重视。

城市轨道交通供电系统多采用手车式，而且多采用性能更为优越的真空断路器。110kV 以上系统采用 GIS，而 35kV 以下系统既可采用 AIS，也可采用 GIS，根据实际情况确定。

2.6.2 110kV 组合电器 GIS

根据不同的要求，城市轨道交通供电系统中 110kV 及以上采用 GIS，而中压开关柜采用 AIS 或 GIS（断路器采用真空断路器）。由于变电所控制方式的发展，二次控制、保护设备逐渐下放至间隔层，因此，对开关柜的运行、巡视检查均提出了不同的要求。广州地铁 110kV 和 33kV 的开关柜均采用 GIS，只是 110kV 采用六氟化硫（SF_6）断路器，而 33kV 则采用真空断路器。

1. GIS 的构成

六氟化硫全封闭组合电器是将高压电器元件如断路器、接地开关、母线、电流互感器、电压互感器、氧化锌避雷器、出线套管等全部元器件封闭于接地的金属体内，然后充以 SF_6 气体。ZF12-126（L）型如图 2-26 所示，其外形结构如图 2-27 所示。

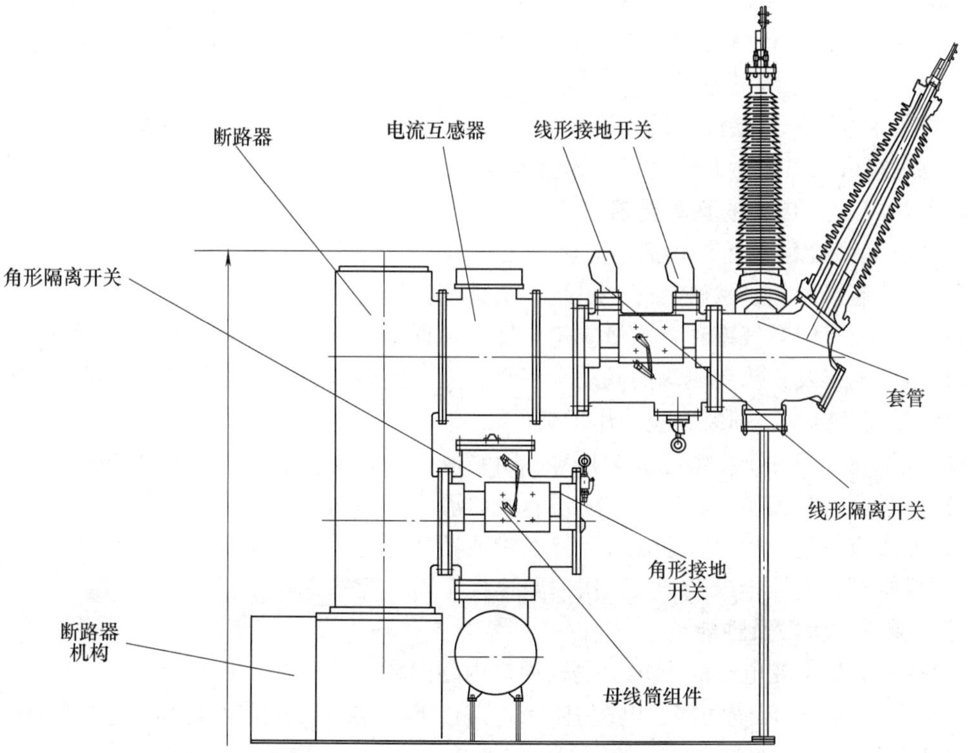

图 2-26 ZF12-126（L）型 GIS 结构示意图

图 2-27 110kV GIS 外形结构

2. GIS 的特点

由于六氟化硫具有很强的绝缘性能，所以组合电器的体积较小，使变电所占地面积减小，降低了成本和投资。此外由于地铁空间相对狭小，因此十分适合采用六氟化硫全封闭组合电器。

六氟化硫全封闭组合电器具有很大的可靠性，但是前提条件是封装的电气设备也具有很高的可靠性。一般选择名牌厂家、性能可靠的设备，如使用美国西屋公司 VCP-W 型真空断路器、电压互感器、电流互感器及美国西屋公司提供的微机多功能电保护装置和微机智能型监测仪器等。电气设备封装后，避免了各种恶劣的环境，减少了设备的故障，延长了设备的维修周期，提高了系统的可靠性。

此外还采取了安全措施，因为 GIS 为 SF_6气体绝缘，因此每个高压隔室均应有压力泄放装置，可以在内电弧发生时将高压气体引入安全区域，保证运行人员的人身安全。

3. 110kV 组合电器的基本要求

1）GIS 应固定牢靠，外表清洁完整，无锈蚀。

2）电气连接可靠且接触良好，引线、金具完整，连接牢固。

3）各气室气体漏气率和含水量应符合规定（详细要求见表 2-3）。

4）组合电器及其传动机构的联动应正常，无卡阻现象，分、合闸指示正确，调试操作时，辅助开关及电气闭锁装置应动作正确可靠。

5）各气室配备的密度继电器的报警、闭锁值符合规定，电气回路传动应正确。

6）出线套管等瓷质部分应完整无损、表面清洁。

7）油漆应完整，相色标志正确，外壳接地良好。

8）机构箱、汇控柜内端子及二次回路连接正确，元件完好。

4. 主要技术参数及性能

110kV/35kV 主变电站的 110kV 侧采用户内型内桥接线方式，由多个间隔组成，一般分为主变间隔、架空引出线间隔、电缆引出线间隔、断路器分段间隔和电压互感器间隔，其基本参数见表 2-3。

表 2-3　110kV/35kV 主变电站 110kV 侧的主要技术参数及性能

<table>
<tr><th colspan="2">技 术 性 能</th><th>参数及要求</th></tr>
<tr><td colspan="2">额定电压</td><td>110kV</td></tr>
<tr><td colspan="2">额定电流</td><td>1250A</td></tr>
<tr><td colspan="2">额定频率</td><td>50Hz</td></tr>
<tr><td colspan="2">外壳材料</td><td>铝合金</td></tr>
<tr><td colspan="2">额定热稳定电流(3s)</td><td>31.5kA</td></tr>
<tr><td colspan="2">额定动稳定电流(峰值)</td><td>80kA</td></tr>
<tr><td rowspan="2">额定工频耐压
1min 有效值</td><td>对地、相间及普通断口</td><td>230kV</td></tr>
<tr><td>隔离断口间</td><td>265kV</td></tr>
<tr><td rowspan="2">额定雷电冲击耐受电压
峰值</td><td>对地、相间及普通断口</td><td>550kV</td></tr>
<tr><td>隔离断口间</td><td>630kV</td></tr>
<tr><td rowspan="2">局部放电量</td><td>气隔绝缘子</td><td>小于 3pC</td></tr>
<tr><td>单个 GIS 间隔</td><td>小于 10pC</td></tr>
<tr><td rowspan="2">气体零表压(压力很小时)
5min 耐受电压</td><td>相间</td><td>142kV</td></tr>
<tr><td>相对地或断口间</td><td>95kV</td></tr>
<tr><td rowspan="2">气体的水分允许含量</td><td>有电弧分解物的隔室</td><td>不大于 150×10^{-6}</td></tr>
<tr><td>无电弧分解物的隔室</td><td>不大于 250×10^{-6}</td></tr>
<tr><td rowspan="2">漏气率</td><td>年漏气率</td><td>不大于 1%</td></tr>
<tr><td>两次补气间隔时间</td><td>大于 10 年</td></tr>
<tr><td colspan="2">GIS 检修周期</td><td>大于 10 年</td></tr>
<tr><td colspan="2">GIS 外壳、气体管路及二次电缆外皮长期感应电压</td><td>小于 36V</td></tr>
<tr><td rowspan="2">辅助电压</td><td>GIS</td><td>DC 110V</td></tr>
<tr><td>照明及加热器</td><td>AC 220V</td></tr>
<tr><td rowspan="3">外壳的允许温升</td><td>运行人员易触及的部位</td><td>30℃</td></tr>
<tr><td>运行人员易触及但操作时不触及的部位</td><td>40℃</td></tr>
<tr><td>运行人员不易触及的个别部位</td><td>65℃</td></tr>
<tr><td>额定气压</td><td colspan="2">由制造厂确定，但须保证在额定气压的 85%~110% 范围内，操动机构应能正常地分闸和合闸。额定气压指开关操作前贮气罐的压力</td></tr>
<tr><td>SF_6 气体的额定密度和最小运行密度</td><td colspan="2">SF_6 额定密度和最小运行密度由制造厂标定，当低于最小运行密度时，应有发出停止 GIS 运行的警告</td></tr>
</table>

避雷器装有防潮装置和三相放电记录器以及全电流在线监测装置。

2.6.3 35kV 高压开关柜（GIS）

35kV 高压开关柜一般由若干个单体设备、标准化单元组成。

35kV 高压开关柜一般有进线柜、电压互感器柜、出线柜、母联柜、馈线柜等，结构示意图如图 2-28、图 2-29 所示。

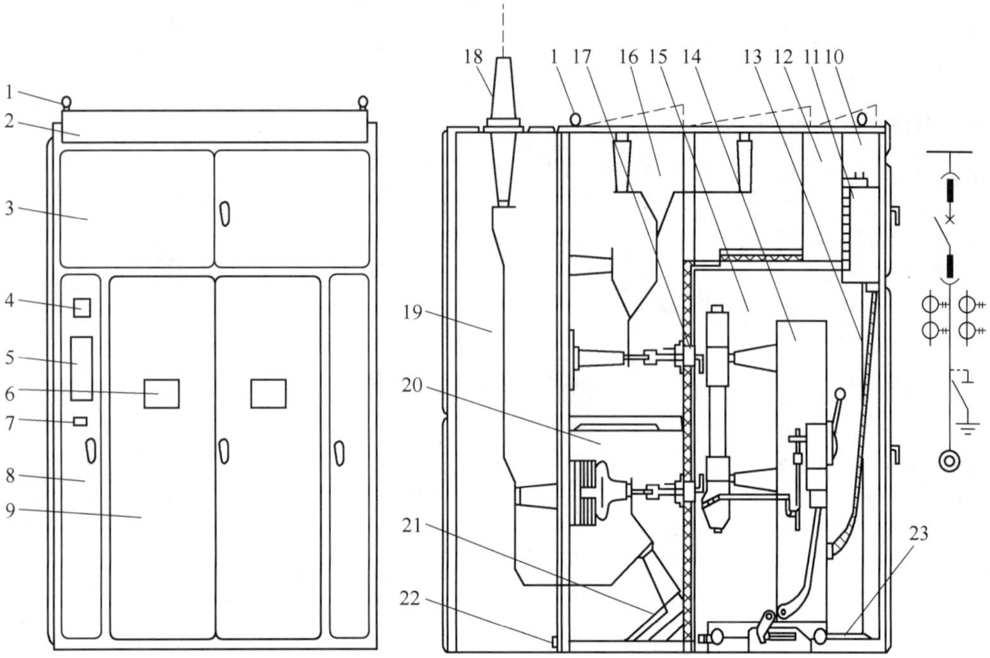

图 2-28 35kV 高压开关柜结构示意图

1—起吊环 2—盖板 3—二次设备和仪表室门 4—铭牌 5—主接线标志 6—观察窗 7—带电指示器 8—端子室门 9—手车室门 10—二次控制电缆通道 11—二次设备、继电器及小母线室 12—排气通道 13—二次端子室 14—断路器手车 15—手车室 16—主母线室 17—绝缘活门 18—穿墙套管 19—进（出）线及电缆头室 20—下隔离触头室 21—接地刀闸 22—接地母线 23—接地及手车导正装置

图 2-29 35kV 高压开关柜外形示意图

1. 35kV 馈线柜

35kV 馈线柜（参数及性能见表 2-4）主要负责把主变电所的 35kV 电源馈送出去。它设置了导线纵联差动保护、过电流保护和零序电流保护。35kV 馈线柜主要由真空断路器、隔离开关及其操动机构、测量设备电流互感器、保护设备避雷器、继电保护设备组成。

三极分、合闸不同期性主要是防止非全相运行，如果不同步就会出现 A、B、C 三相中缺少一相或者缺少两相的情况，这样如果持续的时间过长，就会造成不平衡，可能会引起某些保护误动作。

辅助常开触头和常闭触头主要用于电气自锁、信号指示和远距离控制等。常开触头和断路器的位置状态一致，即断路器处于合闸位置，常开触头也是闭合的；断路器处于分闸位置，常开触头也是分开的。而常闭触头则正好相反，即断路器处于合闸位置，常闭触头是分开的；断路器处于分闸位置，常闭触头是闭合的。

高压电器上常常配置与主开关联动的辅助开关，当主开关合上时，如果辅助开关也合上，那么这种辅助开关就叫常开触头；在主开关断开时，它也跟着断开。当主开关断开时处于闭合状态的辅助开关，就叫常闭触头，当主开关合上时，它会断开。对于有很多断路器的系统，为了检测断路器是否闭合，都配有多对常开和常闭触头。

2. 35kV 进线柜

35kV 进线柜主要由真空断路器、隔离开关及其操动机构和测量设备、继电保护设备组成，它主要完成向牵引和降压变电所供电的任务。它也设置了导引线纵联差动保护、过电流保护和零序电流保护。在继电保护的配合下，它也起到改变运行方式的作用，可以及时地切除故障，缩小事故范围，也可以通过一系列的操作完成倒闸作业。35kV 进线柜的主要技术要求及性能见表 2-4。

表 2-4　35kV 高压开关柜主要技术要求及性能

设　备	技术性能	参数及要求		
		馈　线　柜	进　线　柜	母　联　柜
柜体	数量	1 个	1 个	2 个
断路器	数量	1 台	1 台	1 台
	断路器形式	固定式真空断路器	固定式真空断路器	固定式真空断路器
	额定电压	35kV	35kV	35kV
	最高工作电压	38kV	38kV	36kV
	额定电流	1250A	1250A	1250A
	额定频率	50Hz	50Hz	50Hz
	雷电冲击耐受电压(相对地)	170kV	170kV	170kV
	主电路工频耐受电压(相间)(1min)	70kV、50Hz	70kV、50Hz	70kV、50Hz
	辅助电路工频耐受电压(1min)	2kV、50Hz	2kV、50Hz	2kV、50Hz
	额定短路开断电流	16kA	16kA	16kA
	额定关合电流(峰值)	40kA	40kA	40kA
	额定热稳定电流(3s)	16kA	16kA	16kA
	额定动稳定电流	40kA	40kA	40kA

（续）

<table>
<tr><th rowspan="2">设 备</th><th rowspan="2" colspan="2">技 术 性 能</th><th colspan="3">参数及要求</th></tr>
<tr><th>馈 线 柜</th><th>进 线 柜</th><th>母 联 柜</th></tr>
<tr><td rowspan="12">操动机构</td><td colspan="2">数量</td><td>1 台</td><td>1 台</td><td>1 台</td></tr>
<tr><td colspan="2">类型</td><td>弹簧操动机构</td><td>弹簧操动机构</td><td>弹簧操动机构</td></tr>
<tr><td colspan="2">操作电压</td><td>DC 110V</td><td>DC 110V</td><td>DC 110V</td></tr>
<tr><td colspan="2">操作电流</td><td>≤5A</td><td>≤5A</td><td>≤5A</td></tr>
<tr><td colspan="2">辅助触头</td><td>10 常开、10 常闭</td><td>10 常开、10 常闭</td><td>10 常开、10 常闭</td></tr>
<tr><td colspan="2">机械寿命</td><td>≥20000 次</td><td>≥20000 次</td><td>≥20000 次</td></tr>
<tr><td rowspan="4">机械特性</td><td>合、分闸时间</td><td>合闸时间小于 0.05ms
分闸时间小于 0.2ms</td><td>—</td><td>—</td></tr>
<tr><td>合、分闸速度</td><td>合闸速度 0.4～10m/s
分闸速度 0.8～18m/s</td><td>—</td><td>—</td></tr>
<tr><td>开距</td><td>参考值为 6～12mm</td><td>—</td><td>—</td></tr>
<tr><td>三极合、分闸
不同期性</td><td>合闸不同期性小于 5ms
分闸不同期性小于 3ms</td><td>—</td><td>—</td></tr>
<tr><td rowspan="2">电气寿命</td><td>额定短路电流开断次数</td><td>≥50 次</td><td>≥50 次</td><td>≥50 次</td></tr>
<tr><td>额定电流下的开断次数</td><td>≥10000 次</td><td>≥10000 次</td><td>≥10000 次</td></tr>
<tr><td rowspan="8">隔离开关</td><td colspan="2">数量</td><td>1 台</td><td>1 台</td><td>2 台</td></tr>
<tr><td colspan="2">形式</td><td>三极，手动操动</td><td>三极，手动操动</td><td>三极，手动操动</td></tr>
<tr><td colspan="2">额定电压</td><td>35kV</td><td>36kV</td><td>35kV</td></tr>
<tr><td colspan="2">最高工作电压</td><td>38kV</td><td>—</td><td>—</td></tr>
<tr><td colspan="2">额定电流</td><td>400A</td><td>1250A/2000A</td><td>1250A</td></tr>
<tr><td colspan="2">热稳定电流（3s）</td><td>16kA</td><td>16kA</td><td>16kA</td></tr>
<tr><td colspan="2">动稳定电流（峰值）</td><td>40kA</td><td>40kA</td><td>40kA</td></tr>
<tr><td colspan="2">辅助接点</td><td>10 常开、10 常闭</td><td>10 常开、10 常闭</td><td>10 常开、10 常闭</td></tr>
<tr><td rowspan="4">电流
互感器</td><td colspan="2">数量</td><td>3 台</td><td>3 台</td><td>3 台</td></tr>
<tr><td colspan="2">额定热稳定电流（3s）</td><td>16kA</td><td>16kA</td><td>16kA</td></tr>
<tr><td colspan="2">额定动稳定电流</td><td>40kA</td><td>40kA</td><td>40kA</td></tr>
<tr><td colspan="2">额定负荷</td><td>5V·A×3</td><td>5V·A×3</td><td>5V·A×3</td></tr>
<tr><td rowspan="6">避雷器</td><td colspan="2">数量</td><td>3 台</td><td>—</td><td>—</td></tr>
<tr><td colspan="2">形式</td><td>氧化锌避雷器</td><td>—</td><td>—</td></tr>
<tr><td colspan="2">系统额定电压</td><td>35kV</td><td>—</td><td>—</td></tr>
<tr><td colspan="2">避雷器额定电压</td><td>42kV</td><td>—</td><td>—</td></tr>
<tr><td colspan="2">持续运行电压</td><td>23.4kV</td><td>—</td><td>—</td></tr>
<tr><td colspan="2">标称放电电流下残压</td><td>≤119kV(8/20μs,5kA)</td><td>—</td><td>—</td></tr>
<tr><td>二次设备</td><td colspan="2"></td><td>一套</td><td>35kV 供电系统控制、
继电保护装置</td><td>—</td></tr>
<tr><td>电压
互感器</td><td colspan="2"></td><td>—</td><td>3 台</td><td>—</td></tr>
</table>

3. 35kV 母联柜

35kV 母联柜主要由真空断路器、隔离开关及其操动机构、测量设备以及继电保护设备组成，其主要技术要求及性能见表 2-4。它主要用于改变主接线的形式，确保系统工作在最佳形式下。35kV 母联柜设置了限时速断保护和过电流保护。

表中，电流互感器、电压互感器参数是指电磁感应式互感器的参数，允许厂家提出不同形式的具有互感器功能的其他装置，并提供相关技术参数。

2.6.4 1500V 直流开关柜

直流开关柜包括直流进线柜、直流馈线柜和直流负极柜。直流（DC）进线柜开关为电动隔离开关；直流馈线柜采用手车式开关柜，开关为直流快速断路器；直流负极柜开关为手动隔离开关。开关柜能够连续、安全地运转，具有耐潮、防火的功能。开关柜在正常的工作条件下运行，能承受温升变化且无变形、无损坏，任何部分无过度应力变化。1500V 直流开关柜如图 2-30 所示。

图 2-30 1500V 直流开关柜

直流开关柜一般为户内型，具有标准防护等级的金属封闭式结构。对于馈线和进线柜，其控制、保护、测量设备有两种方式：一是把它们安装在手车上，测控设备随手车运动；二是把它们安装在独立的低压室内，与手车分开，手车运动时，测控设备不动。带有测控设备的 1500V 直流开关柜手车如图 2-31 所示，不带测控设备的 1500V 直流开关柜手车如图 2-32 所示。

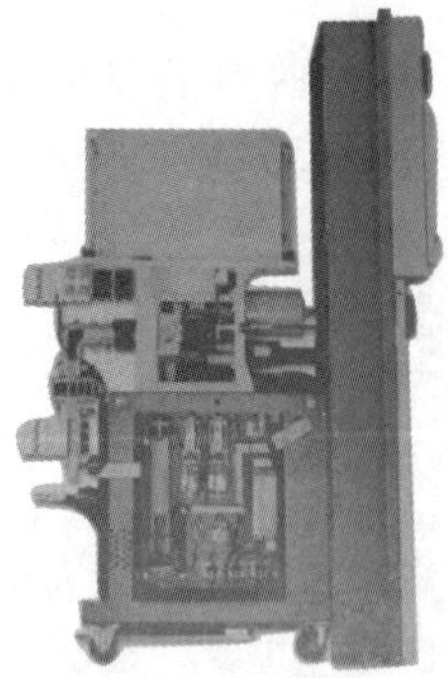

图 2-31 带有测控设备的 1500V 直流开关柜手车

图 2-32 不带测控设备的 1500V 直流开关柜手车

1500V 直流开关主要由上部连接、下部连接、驱动装置、合闸机构、分闸机构、大电流脱扣保护装置、灭弧装置以及分合闸位置辅助触头组成。其中驱动装置和大电流脱扣保护装置是 1500V 直流开关的核心部分。

驱动装置的作用是牵引棘轮拉动动触头使其与静触头闭合，完成合闸。驱动装置由工程塑料支架、限位缓冲弹簧、分闸辅助弹簧和传动圆钢组成。整个驱动装置在合闸线圈铁心推动下在受限范围水平面内沿导轨方向前后运动。合闸时，铁心推动驱动装置往前运动，驱动装置牵引棘轮拉动动触头运动；驱动装置运动使分闸辅助弹簧压缩；为避免铁心向前使动触头与静触头发生猛烈冲击而损坏，驱动装置运行到限制位置后，限位缓冲弹簧受压收缩产生与铁心运动的相向力，吸收驱动装置动能使之迅速平稳停止在与静触头密贴的位置。

大电流脱扣保护装置是直流开关上利用电磁力原理实现直流保护的一种装置。它由一个由硅钢片叠成，磁轭垂直套在动触头外侧，开关回路中电流达到整定值，磁轭中产生磁场把衔铁吸合下来，衔铁带动连杆，连杆运动顶起牵引触头棘齿，使原来水平方向的力平衡被打破，棘轮向上顶起，轴脱扣后，在动触头分闸弹簧作用下迅速弹开（这时合闸铁心未动）。保护辅助触头输入和主电路电流电压测量值进行运算，输出控制使合闸线圈失电、铁心后退，驱动装置在分闸辅助弹簧作用下往回运动，保护发出大电流报警信息。大电流脱扣保护整定值调整磁轭中磁通的大小，来实现分闸。

直流开关柜几乎联系了所有的交—直流设备：整流变压器、馈线柜、进线柜、负极柜、回流轨、直流母线和接触线等。它们是有机联系在一起的，它们之间的关系可以通过图 2-33加以说明。

1. 馈线柜

馈线柜安装于1500V 正极母线与接触网上网点之间，其内配置1500V 正极母线、断路器及相关控制、保护设备。馈线柜装设手车式直流快速断路器，手车能方便地拉出和推入。开关柜具有“运行”“试验”“移开”三个明显位置。馈线柜内的主要设备及技术参数见表 2-5。

2. 进线柜

进线柜是指用于安装整流器正极与 1500V 正极母线间的开关设备，柜体内设有多种保护。进线柜装设手车式直流快速断路器，手车能方便地拉出和推入。开关柜具有“运行”“试验”“移开”三个明显位置，和馈线柜的设备结构基本一致。进线柜内的主要设备及技术参数见表 2-5。

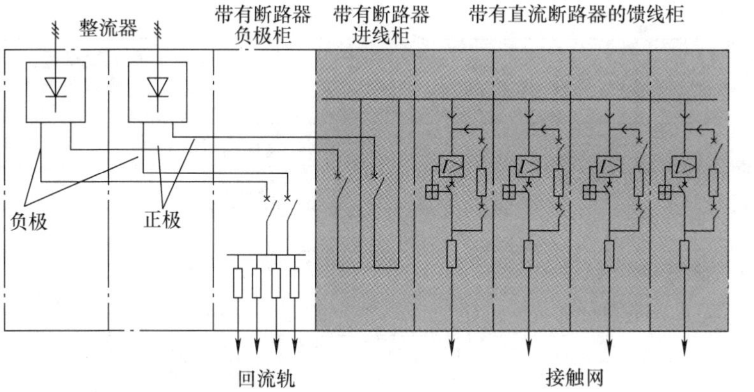

图 2-33 1500V 直流开关柜接线示意图

表 2-5 1500V 直流开关柜的主要设备及技术参数

设 备		技 术 性 能		参数及要求 馈 线 柜	参数及要求 进 线 柜
直流快速断路器		数量		1 套	1 套
	开关本体	数量		1 台	1 台
		形式		直流快速断路器	直流快速断路器
		额定电压		DC 1500V	DC 1500V
		最高工作电压		DC 1800V	DC 1800V
		额定绝缘电压		≥2000V	≥2000V
		额定电流		4000A	4000A
		过载能力	2h	4700A	4700A
			1min	8000A	8000A
			20s	12500A	12500A
		大电流脱扣保护装置(包括限流特性、电流整定值范围等)		1 套	1 套,厂家提供,业主确认
		开断时的过电压		不超过最高工作电压的 2 倍	不超过最高工作电压的 2 倍
		短路关合能力		≥80kA	≥80kA
		短路开断能力		≥75kA	≥75kA
		最小开断电流		厂家提供,业主确认	厂家提供,业主确认
		机械响应时间		厂家提供,业主确认	厂家提供,业主确认
		开断循环		≥30 次/h	≥30 次/h
		间隔时间		厂家提供,业主确认	O-15s-CO-15s-CO-60s-CO
		机械寿命/电气寿命		厂家提供,业主确认	厂家提供,业主确认
		工频耐压 一次电路对地、合闸线圈、辅助触头		8. 5kV,50Hz,1min	8. 5kV,50Hz,1min
		主触头间		8. 5kV,50Hz,1min	8. 5kV,50Hz,1min

（续）

设备		技术性能	参数及要求	
			馈线柜	进线柜
直流快速断路器	控制回路	形式	有开关合、分位置的指示器	有开关合、分位置的指示器
		额定电压	DC 110V	DC 110V
		保持方式	电保持	电保持
		合闸功率/合闸冲击时间	厂家提供，业主确认	厂家提供，业主确认
		合闸时间	厂家提供，业主确认	厂家提供，业主确认
		全分闸时间	厂家提供，业主确认	厂家提供，业主确认
		工频耐压：合闸线圈对地	2kV，50Hz，1min	2kV，50Hz，1min
	辅助回路	辅助触头	8 常开、8 常闭	8 常开、8 常闭
		工频耐压：辅助触头对地	2kV，50Hz，1min	2kV，50Hz，1min
电流测量装置		数量	1 套	1 套
		额定电流	4000A	4000A
		过载能力	5 倍	5 倍
		二次电流（电压）	与所选设备匹配	与所选设备匹配
		嵌入式电流表	1 只，准确度等级 1.5 级	1 只，准确度等级 1.5 级，量程 0～4000A
电压测量装置		数量	—	1 套
		一次额定电压	—	DC 1500V
		二次输出电压	—	与所选设备匹配
		电压表	—	1 只，准确度等级 1.5，量程 0～2000V
避雷器		数量	—	2 台
		额定电压	—	1.8kV
		标准放电电流	—	5kA
		标称放电电流下残压	—	5.45kV
其他		略		

3. 负极柜

负极柜是连接于整流器阀侧负极与回流钢轨之间的开关设备。柜内装设手动隔离开关（或电动隔离开关），开关柜前部设可锁住的金属门，上部有一个低压元件室，如图 2-34 所示。牵引变电所直流开关设备设置两套低阻抗框架泄漏保护（也可设一套），安装于负极柜内，一套检测整流器接壳故障，另一套检测进线柜、馈线柜和负极柜的接壳故障，分别对接壳故障进行保护。

框架泄漏保护由一个电流元件和一个电压元件组成。它采用软件编程，电压元件应可当地投入/切除，并可由用户采用软件编程分别整定为报警和跳闸两段，动作电流、动作电压及动作时间可以由用户调整软件编程现场整定。框架保护动作跳闸后，只有当故障消失，当地复归框架保护后，断路器才能合闸。框架保护的动作信号可在当地/远方显示。

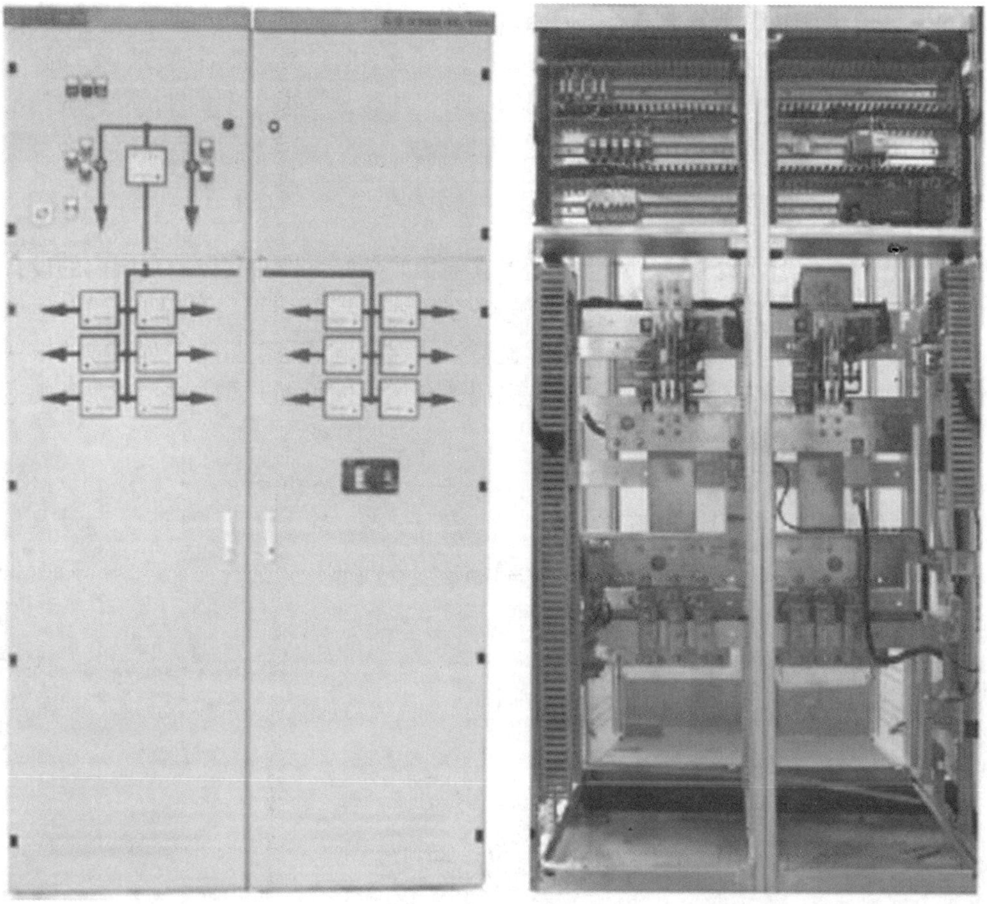

图 2-34　直流系统负极柜示意图

负极柜内的主要设备及技术参数与馈线柜相似，不同的是，主要设备为手动隔离开关，而不是直流快速断路器，且需要两套设备。该设备的隔离开关本体的技术参数如下：①过载能力：1min 时间时为 8000A；②工频耐压：对一次电路对地、辅助触头为 15kV，50Hz，1min，对主触头间为 15kV，50Hz，1min。

2.7　防雷设备

防雷工作包括电气设备的防雷和建（构）筑物的防雷两大内容。电气设备的防雷主要包括发电厂、变配电所和架空电力线路的防雷；建筑物的防雷则分工业和民用建筑两大类。主要的防雷措施主要有三个方面：一是挡，设置保护设备保护；二是疏导，使其消失到大地中，如各种避雷针；三是减小幅值，若雷电已经侵入到被保护设备之内，那就要采取措施消减它的幅值，可通过串联电感线圈和并联电容来消减幅值。

避雷针、避雷线、避雷网、避雷带及避雷器都是经常采用的防雷装置。一套完整的防雷装置包括接闪器、引下线和接地装置。上述针、线、网、带实际上都只是接闪器。避雷针主要用来保护露天变配电设备及建筑物；避雷线主要用来保护输电线路；避雷网和避雷带主要用来保护建筑物；避雷器则主要用来保护电力设备，它属于一种专用的防雷设备。除避雷器外，其他都是利用其高出被保护物的突出地位，把雷电引向自身，然后通过引下线和接地装置将雷电流泄入大地，使被保护物免受雷击的。避雷针、避雷线、避雷网、避雷带都是防止雷直击，而避雷器主要是防止雷电侵入波。

2.7.1 避雷针和避雷线

避雷针是一个尖端，雷云易于对它放电，其保护效果好，处在其保护范围内的设备受到雷击的可能性一般不大于0.1%；而架空接地线的保护效果差一些，设备即使处在地线的保护范围内，受雷击的可能性还是比较大的。避雷线的保护范围是带状的，对延伸的被保护物最为恰当，如对占地面积较大的输电线，宜采用架空地线进行直击雷防护；避雷针则适宜用于受雷面积不大的发电站、变电站。

1. 单支避雷针保护范围

（1）避雷针在地面上的保护半径

$$r = 1.5h$$

式中 r——保护半径（m）；

h——避雷针的高度（m）。

（2）在被保护物高度 h_x 水平面上的保护半径

当 $h_x \geqslant \frac{h}{2}$ 时 $$r_x = (h - h_x)p = h_a p$$

当 $h_x < \frac{h}{2}$ 时 $$r_x = (1.5h - 2h_x)p$$

式中 r_x——避雷针在 h_x 水平面上的保护半径（m）

h_x——被保护物的高度（m）；

h_a——避雷针的有效高度（m），$h_a = h - h_x$；

p——高度影响系数。其中当 $h \leqslant 30$m 时，$p = 1$；$30 < h \leqslant 120$m 时，$p = \frac{5.5}{\sqrt{h}}$。

当针高超过30m时，其保护范围不再随针高成正比增加。一个更有效的扩大保护范围的做法是采用多支（等高或不等高）避雷针。单支避雷针的保护范围如图2-35所示。

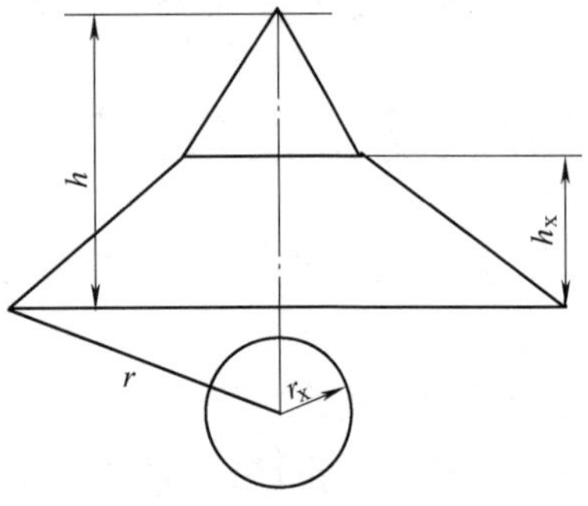

图2-35 单支避雷针的保护范围

2. 两支等高避雷针的保护范围

两支等高避雷针外侧保护范围由单支避雷针公式决定。内侧两针之间除两个半径为 r_x 的保护范围外，又多得到一部分。该部分的确定方法如下：令 D 为两针之间的距离；$2b_x$ 等于在高度为 h_x 水平面上保护范围的最小宽度，它位于两针的连接线中点，即距每针距离为 $D/2$。如已知 b_x 的大小，则在平面上可得（$\frac{D}{2}$，b_x），由这一点至半径为 r_x 的圆作切线，便得到保护范围。两支等高避雷针的保护范围如图2-36所示。

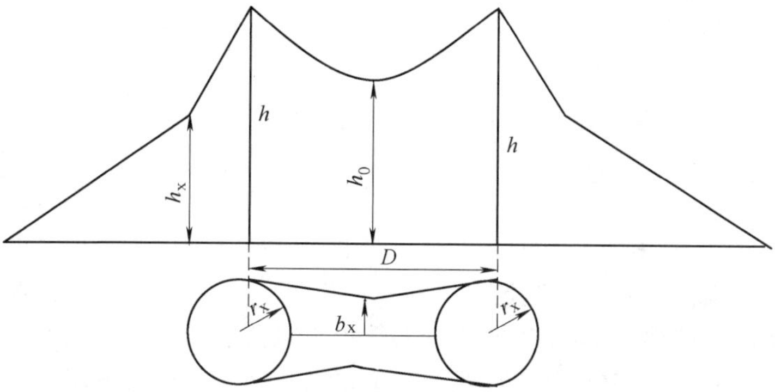

图 2-36　两支等高避雷针的保护范围

$$b_x = 1.5(h_0 - h_x)$$

式中　h_0——两针间保护范围上部边缘最低点的高度（m），$h_0 = h - \frac{D}{7p}$。当 $D = 7ph_a$ 时，$b_x = 0$。

此外，两针之间距离与针高之比 D/h 不宜大于 5。

3. 两支不等高避雷针的保护范围

两支不等高避雷针外侧保护范围由单支避雷针公式决定。内侧两针之间保护范围的确定方法如下：先作出较高针的保护范围的边界，之后由较低针的顶部作一条与地面平行的线，沿这两者之交点对地面作垂线，将此垂线看作一假想避雷针，再作它与较低针的保护范围。

4. 三支或四支避雷针的保护范围

三支等高避雷针所形成的三角形外侧保护范围分别按两支等高避雷针的计算方法确定。如在三角形内被保护物最大高度 h_x 水平面上，各相邻避雷针间保护范围的一侧最小宽度 $b_x \geqslant 0$时，则全部面积受到保护。

$$f = \frac{D'}{7p}$$

式中　D'——避雷针与假想避雷针间的距离（m）；

　　f——圆弧的弓高（m）。

对于四支等高避雷针，避雷针形成多角形，可先将其分成两个或几个三角形，然后分别按三支等高针的方法计算。如各边保护范围的一侧最小宽度 $b_x \geqslant 0$，则全部面积受到保护。

5. 单根避雷线的保护范围

在 h_x 水平面上避雷线每侧保护范围的宽度为

$h_x \geqslant \frac{h}{2}$时　　$$r_x = 0.47(h - h_x)p$$

$h_x < \frac{h}{2}$时　　$$r_x = (h - 1.53h_x)p$$

式中　r_x——每侧保护范围的宽度（m）。

6. 双根避雷线的保护范围

两线外侧的保护范围应按单线的计算方法确定。两线之间各截面的保护范围应由通过两避雷线及保护范围上部边缘最低点 O 的圆弧确定。O 点的高度为

$$h_0 = h - \frac{D}{4p}$$

式中，h_0是两避雷线间保护范围边缘最低点的高度（m）；D是两避雷线间的距离（m）；h是避雷线的高度（m）。

2.7.2 避雷器

为保证电力系统的安全运行，必须限制作用于设备上的过电压。在与雷害事故斗争的过程中，人们利用了空气隙在一定电压下会发生放电的特性，做出了保护间隙，这就是最早出现的“避雷器”。当保护间隙在大气过电压作用下发生击穿，将雷电流引入大地后，系统还有工频电压的作用，于是保护间隙随即流过工频短路电流。若工频电弧不能熄灭，就会使供电中断。可见，对任何一个避雷器应有两个基本要求：第一是当过电压超过一定值时，避雷器发生放电动作，通过导线直接或经电阻接地，以限制过电压，此过程也可以简称为可靠放电；第二是在过电压的作用过去后，能迅速截断工频电压作用下的电弧，使系统恢复正常运行，避免供电中断，此过程也可以简称为可靠熄弧。

避雷器动作后，形成了一个新的导电回路，沿着流过冲击电流的途径会产生一个工频电流，这个电流称为续流，是避雷器的一个重要参数。根据截断续流的方法不同，分为管型避雷器和阀型避雷器。为了限制作用于设备的过电压，可根据设备的电压等级、重要性、供电中断的后果等，选用不同形式的保护装置，如阀型避雷器、排气式避雷器、放电间隙等。

1. 阀型避雷器

阀型避雷器包括以碳化硅为阀片并带有串联间隙的避雷器（简称CA）以及金属氧化物避雷器（简称MOA）两大类。两者相比，金属氧化物避雷器具有更强的非线性，在设备最高相电压的直接作用下，流过的电流很小（数百微安），故不需要串联间隙，可直接接在系统内长期运行；有更大的吸收操作过电压的能力，由于有更强的非线性，故可将过电压限制到更低的水平，并降低过电压的分散性；对陡波的响应特性较好。

阀型避雷器由多个火花间隙与阀片串联构成。它具有平坦的伏秒特性，放电电压分散性小，能与变压器匝绝缘的冲击放电特性很好配合。阀片具有良好的非线性，其电阻值与流过的电流大小有关。电流越大，电阻越小；反之，电流越小，电阻越大。

阀型避雷器的系统正常工作时，间隙将阀片电阻与工作母线隔离，以免由于工作电压在阀片电阻中产生的电流使阀片烧坏，采用电场较均匀的火花间隙，其伏秒特性较平，分散性较小。当系统出现过电压，其幅值超过间隙的放电电压时，间隙击穿，限制了作用于设备的过电压值。冲击电流经阀片电阻流入大地，由于阀片的非线性，在雷电流通过时，阀片电阻呈低阻性，故在阀片上的电压也被限制在一定值。此值若低于被保护设备的冲击耐压，设备就得以保护。过电压消失后，间隙中由工作电压产生的工频电弧电流（工频续流）将仍通过避雷器。工频续流远小于冲击电流，故阀片电阻变大，工频续流得以进一步控制，能使间隙在工频续流第一次过零时熄灭电弧。以后，间隙绝缘强度恢复，系统正常工作不会受到影响。提高工频续流可以减少工频电弧的形成，减少事故发生的次数。带间隙碳化硅阀型避雷器如图2-37所示。

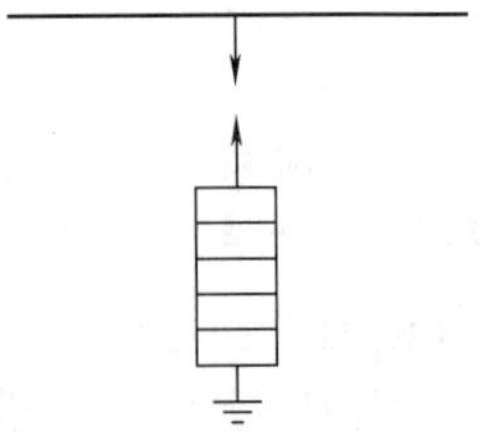

图2-37 带间隙碳化硅阀型避雷器

2. 排气式避雷器（管型避雷器）

排气式避雷器由装在产气管的内部间隙 S1（由棒电极和环行电极构成）和外部间隙 S2 构成。在大气过电压作用下，S1、S2 同时击穿，冲击波被截断。间隙击穿后，在系统工频电压作用下，流过短路电流（工频续流）。在工频续流电弧的高温作用下，产气管储存着可以汽化的纤维，它受到电流在导体上散发出的热的作用，汽化分解出大量气体，其中绝大部分储存于储气室中，使管中压力升高（管的一端是密封的）。高压气体急速由开口端喷出，如图 2-38 所示，产生纵吹作用，使电弧在工频续流第一次过零时熄灭，系统恢复至正常状态，解决了保护间隙不能可靠熄弧、使供电中断的缺点。

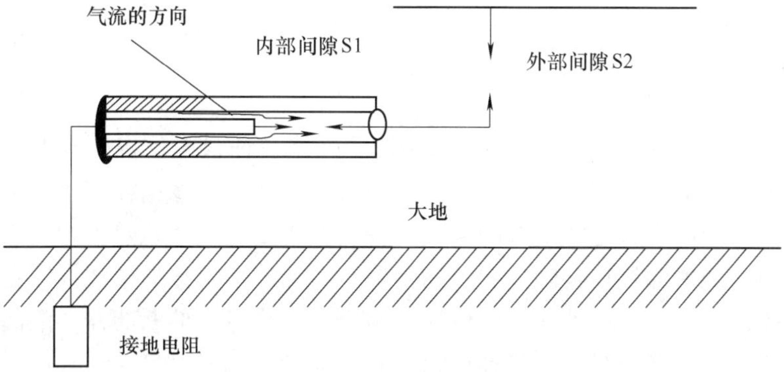

图 2-38　排气式避雷器

排气式避雷器的伏秒特性较陡，放电分散性较大，不能与伏秒特性平直的变压器绝缘很好配合；动作后产生截波，对变压器匝绝缘不利，放电特性受大气条件影响。故它只适用于线路的大跨和交叉档距处，以及发电站、变电站的进线保护中。

排气式避雷器只有位于空气中与灭弧管内的两个串联间隙，残压很低。排气式避雷器的选择除应注意其额定电压（与系统及设备的额定电压有相同值）外，还应注意其可以切断的短路电流的上、下限。决定电流上限值时，应考虑短路电流的最大有效值。而在决定其下限值时，不考虑非周期性分量，且不得大于安装点处短路电流可能的最小值。如果最小电流大于安装点处短路电流可能的最小值，则会产气量不足，不利于熄灭电弧；而如果电流上限值小于安装点短路电流的最大有效值，那么就可能产气量太足，而使排气式避雷器发生爆炸。此外，排气式避雷器的开口处必须向下倾斜一定的角度，以防进入雨水。

排气式避雷器一般用于保护运行中断开的隔离开关或断路器装在变电所进线段的首端，用以减少行波的幅值，从而限制流过阀型避雷器中的电流等。由于它的动作，必然会产生截波，故通常不用它来保护带有绕组的设备，更不能保护贵重的电气设备。

3. 放电间隙

放电间隙由两个电极组成，与设备并联，有一定的限制过电压的效果，但不能避免供电中断。其特点是：结构简单、价廉，但保护效果差，与被保护设备的伏秒特性不易配合，动作后产生截波。为解决其不能自动灭弧、引起供电中断的问题，可与重合熔丝、重合闸配合使用。目前，只在缺乏避雷器的情况下才使用保护间隙，并与自动重合闸配合使用，以增加系统供电的可靠性。

放电间隙是由一个带电的电极与一接地极之间的敞开式间隙组成的冲击保护装置。必要时可带中间辅助电极。由于放电间隙的伏秒特性更陡，间隙动作使冲击波截断，增加了设备遭受截波作用的可能性；间隙不能熄灭工频电弧，且电弧蔓延可能危害相邻设备和相邻两相，从而增加停电次数和三相故障的概率。因而，放电间隙的使用范围受到限制。通常，60kV 及以下系统在十分必要时，或当用排气式避雷器不能满足开断短路电流上、下限时，才考虑使用放电间隙，并应尽量与自动重合闸配合使用。当用于 3 ~ 35kV 系统时，为了避免异物造成的短路，宜串联一个辅助间隙。

2.8 电气设备的运行与操作

2.8.1 电气设备的运行状态

电气设备有运行、备用（冷备用及热备用）、检修三种状态。将设备由一种状态转变为另一种状态的过程叫倒闸，所进行的操作叫倒闸操作。运行状态指断路器、隔离开关都处在合闸位置，电源与受电设备之间所有的电气设备均处于带电状态。热备用状态指断路器处于分闸位置，而隔离开关都处在合闸位置，断路器一经操作即可接通电源。冷备用状态指断路器处于分闸位置，隔离开关也处在分闸位置。检修状态指设备的断路器、隔离开关处于分闸位置，两侧安装了保护接地线，并悬挂了指示牌，安装了临时遮栏。

倒闸操作主要是通过操作隔离开关、断路器以及挂、拆接地线等方式。倒闸操作必须执行操作票制和工作监护制。

电气设备的操作一般必须遵循以下两个原则：

（1）倒闸操作的原则　对系统中的运行设备或备用设备进行倒闸操作，均应根据值班调度员发布的操作命令执行，整个倒闸操作的技术原则是“不能带负荷拉、合隔离开关”，以保证人身设备安全和缩小事故范围。

（2）电气设备停、送电操作原则　停电操作时，先停一次设备，后停保护、自动装置；送电操作时，先投入保护、自动装置，后投入一次设备。保护及自动装置在一次设备操作过程中要始终投入。

设备停电时，先断开设备各侧断路器，然后拉开断路器两侧隔离开关；设备送电时，先合上设备断路器两侧隔离开关，最后合上该设备断路器。设备送电时，合隔离开关及断路器的顺序是从电源侧逐步向负荷侧，设备停电时的操作顺序与送电时相反。

2.8.2 设备操作

1. 断路器的操作

操作前应检查控制回路、辅助回路控制电源、液压回路是否正常，储能机构是否已储能，六氟化硫断路器的气体压力应在规定范围之内，即是否具备运行操作条件。操作前，投入断路器有关保护和自动装置；操作前后，断路器分、合闸位置指示正确；操作过程中，应同时监视有关电压、电流、功率等表计指示以及断路器控制把手指示灯的变化。断路器合闸后应检查其内部有无异常气味。除此之外，操作断路器应满足以下基本要求：

1）在一般情况下，断路器不允许带电手动合闸。这是因为手动合闸慢，易产生电弧。

2）电动操作断路器时，不得用力过猛，以防止损坏控制开关，也不得返回太快，以防止断路器合闸后又跳闸。

3）断路器操作后，应检查有关信号及测量仪表的指标，以判断断路器的实际开合位置，还应到现场检查断路器的机械位置指示器。

2. 隔离开关的操作

操作隔离开关前，应检查相应断路器分、合闸位置是否正确，以防止带负荷拉、合隔离开关。操作中，如果发现有隔离开关支持绝缘子严重破损、隔离开关传动杆严重损坏等缺陷，不准对其进行操作；如果隔离开关被闭锁不能操作，应查明原因，不得随意解除闭锁；如隔离开关有卡塞现象，应查明原因，不得硬拉、硬合。拉、合隔离开关后，应检查其实际位置，以免因其辅助触头故障或传动机构故障，出现拒分、拒合现象，同时应检查隔离开关触头位置是否符合规定要求，以防止出现不到位的现象。要将防误闭锁装置锁好，以防止下次操作时发生误操作。除此之外，操作隔离开关应满足以下基本要求：

1）手动合上隔离开关时，必须迅速果断，但在合到底时不能用力过猛，以防合过头及损坏支持瓷绝缘子。在合闸开始时如发生弧光，则应将隔离开关迅速合上。隔离开关一经操作，不得再行拉开，因为带负荷拉开隔离开关，会使弧光扩大，造成设备更大的损坏，这时只能用断路器切断该回路后，才允许将误合的隔离开关拉开。

2）在手动拉开隔离开关时，应缓慢而谨慎，特别是当刀片刚离开刀嘴时，如发生电弧，应立即合上，停止操作。但在切断小容量变压器空载电流、一定长度架空线路和电缆线路的充电电流、少量的负荷电流，以及用隔离开关解环操作时，均有电弧产生，此时应迅速将隔离开关断开，以便顺利消弧。

3）在操作隔离开关后，必须检查隔离开关的开、合位置，以防未合好或未拉开。

3. 开关柜的操作

1）从柜外到试验位置。将手车专用推车缓慢推至柜体，并对准插入导向孔向右扳动专用推车锁位扳手，将推车与柜体锁定，缓慢推动手车前进至试验位置，将二次插头插入插座并锁定，此时手车“试验”位置指示灯亮，将专用推车锁位扳手向左扳动，解除锁位，撤开专用推车后关闭柜门。

2）从试验位置到工作位置。将专用手柄插入手车下方丝杠四方头中，顺时针转动，听到推进手车内部“嗒”的一声，表示到达工作位置，同时手车“工作”位置指示灯亮。需注意的是整个摇进、摇出手车过程中，用力应均匀，以免用力迅猛使联锁机构和位置信号受损。

3）从工作位置到试验位置及从试验位置到柜外与上述步骤相反。

4. 高压熔断器的操作

用绝缘杆单相操作时，不允许带负荷分断或合闸。装卸高压熔断器时，应戴护目镜和绝缘手套，必要时应使用绝缘钳，并站在绝缘台或绝缘垫上。

分闸时，为防止电弧短路，应先分中间相，然后分下风侧，最后分第三相。合闸时与分闸相反。

需注意的是，若带负荷误分断第一相，不会产生强烈电弧，但分第二相则有强烈电弧，若分开第一相，发现是误操作，应合上已分开的第一相熔断器。

5. 继电保护及自动装置的操作

带有电压的运行中的电气设备，任何时候不得处于无保护状态下运行。设备停电后，应将有关保护装置退出。在倒闸操作时，若一次设备运行方式的改变对继电保护动作特性、保护范围有影响，则应将其继电保护运行方式、定值做相应调整。一次设备再次投运前，必须先投运继电保护及自动装置。

2.8.3 倒闸操作

1. 倒闸操作的基本原则

电气倒闸操作能直接改变电气设备的运行方式和运行状态，是一件既重要又复杂的工作。若发生误操作事故，就有可能造成设备损坏和人员伤亡事故，因此，必须引起足够的重视。

倒闸操作应遵循相应操作程序（顺序）。

对已停电回路的送电操作顺序为：第一步，取掉三相短路接地线；第二步，合上断路器前、后两侧的隔离开关；第三步，合上断路器。如果反过来，先合断路器，后合隔离开关，由于合闸瞬间有较大的负荷电流，隔离开关就会起电弧，造成三相短路，如果第一步不取消短路接地线就送电，同样会酿成三相短路事故。

对带电回路的停电操作顺序为：第一步，断开断路器；第二步，分开两侧的隔离开关；第三步，对已停电线路挂三相短路接地线。若反过来，同样会酿成短路事故。

由此可知，倒闸操作的中心环节和基本原则是不能带负荷分、合隔离开关。因此，在倒闸操作时，应遵循以下原则：

1）在分、合闸时，必须用断路器接通或断开负荷电流及短路电流，禁止用隔离开关切断或接通负荷电流。合闸时，必须先合隔离开关，再合断路器；分闸时，必须先分断断路器，然后分断隔离开关。

2）在合闸时应先从电源侧进行。在检查断路器确实在断开位置后，先合上母线侧隔离开关，后合上负荷侧隔离开关，最后合上断路器。

3）在分、合闸时，应先从负荷侧进行，先分断断路器，并检查断路器确实在断开位置，然后再分断负荷侧隔离开关，最后分断电源侧隔离开关。对两侧具有断路器的变压器而言，在停电时，应先从负荷侧进行，先断开负荷侧断路器，切断负荷电流；后断开电源侧断路器，再分断电源侧隔离开关。

2. 倒闸操作的程序

1）发布和接受任务。当值长或班长在需要进行操作前，应先布置操作任务，并讲清目的和操作设备的状况。操作人接到操作命令后，应复诵一遍后将此任务记入操作簿内，并做好操作前的准备工作，待接到正式操作命令后再进行操作。

2）填写操作票。在进行操作以前，应由操作人中的一人填写操作票。操作人员应根据操作任务，查对模拟系统图，在操作票上逐项填写操作项目，并由操作人和监护人在操作票上共同签名。

3）审核批准。操作人填写好操作票后，由监护人、班长及值长逐级审核，负责运行的领导经审核确认无误后签名批准，将操作票交还给操作人。

4）发布操作命令。当值长或班长接到操作人“已做好执行任务的准备”的报告后，在实际操作时，发布正式操作命令，并在操作票上填上发令时间。

5）核对模拟系统图板。在发布操作命令后及正式操作前，由监护人按操作票的项目顺序唱票，由操作人操作模拟图板，以核对操作票的正确性。

6）核对实物。操作人和监护人携带操作工具进入操作现场后，应先核对被操作设备的名称和编号是否与操作票相符。此外，核对断路器和隔离开关的实际位置及校验有关辅助设备的状况，如信号灯的指示、表计的指示、继电器和联锁装置等的状况，在核实完全正确后，操作人可做好必要的安全措施，如戴好绝缘手套等。

7）高声唱票及逐项勾票。监护人按操作顺序及内容高声唱票，由操作人复诵一遍，监护人认为复诵无误后应答“对，执行”，然后操作人方可进行操作。监护人在操作开始时，应记录操作开始时间，并将已执行的操作项目立即在操作票上做一记号，然后再读下一操作项目。

8）检查设备。操作人在监护人的监护下检查操作结果，包括表计、联锁装置及各种信号指示是否正常。

9）汇报。操作票上的全部项目操作完成后，监护人向发布操作命令人汇报××号操作票已经操作结束，并汇报起止时间，发令人认可后，由操作人在操作票上盖“已执行”的图章。

10）填写记录。监护人将操作任务及起止时间记入操作记录簿中。

3. 倒闸操作应注意的事项

1）倒闸操作前，必须了解系统的运行方式、继电保护和自动装置等情况，并应考虑电源及负荷的合理分布以及系统运行的调整情况。

2）在电气设备送电前，必须收回并检查有关工作票，拆除安全措施，然后测量绝缘电阻。

3）在倒闸操作前，应考虑继电保护及自动装置整定值的调整，以适应新的运行方式的需要，防止因继电保护及自动装置误动作或振动而造成事故。

4）备用电源自投装置、重合闸装置、自动励磁装置必须在所属主设备停运前退出运行，在所属主设备送电后投入运行。

5）在进行电源切换时，必须先将备用电源投入装置切除，操作结束后再进行调整。

2.8.4 断路器运行与操作分析

1. 断路器的运行

断路器在合闸运行时，要求能够承载电流的作用，而不发生热稳定和动稳定问题。在处于分闸位置时，应可靠断开设备，并保证绝缘可靠。但是断路器在分、合闸时常常出现一些问题。

下面主要分析断路器在遇到系统故障时拒绝跳闸和合闸的原因。

断路器在遇到系统故障时，会发生拒绝跳闸的现象。其现象是：如果变电室值班人员发现表计全盘摆动、电压表指示值显著下降、继电器信号掉牌、光字牌亮，则说明断路器拒绝跳闸。出现这种情况时，会产生以下的危害：当设备有故障时，断路器的操作机构拒绝跳闸，则会引起严重的后果，如电气设备可能烧坏，或者越级跳闸而引起电源断路器跳闸，使变配电所母线电压消失，造成大面积停电，严重影响轨道交通的正常运行，造成列车晚点。

根据实际运行经验，拒绝跳闸可能是由继电保护、操动机构、操作回路和直流电源等故障所造成的。

1）继电保护故障，整定值不正确；保护接线有错误或接触不良；电流互感器、电压互感器回路有故障等，都会引起断路器拒绝跳闸。

2）操动机构故障。跳闸铁心卡住，操动机构失灵，如断路器的辅助常开触头接触不良等，如遇这类故障，则在断路器跳闸后，应用抹布蘸上汽油或煤油把铁心、辅助触头彻底擦干净，并在操动机构中加上润滑油，使其动作灵活。

3）操作回路故障。应检查跳闸回路的正确性。当用信号灯监视操作回路熔断器完整性时，应经常监视信号灯是否亮着。若信号灯熄灭，应首先检查灯泡是否坏了，如损坏，换上好灯泡试验；如果信号灯仍不亮，应检查跳闸回路中的熔断器是否熔断，必要时将它更换；若熔断器良好，则应认为跳闸回路有断线情况，还可能是跳闸线圈烧坏等原因。

4）直流电源故障。直流电压若低于额定电压的80%以下，则引起断路器拒绝跳闸。引起直流电压过低的原因有：电网中有故障，会引起硅整流装置直流电源的电压波动；操作电源电压过低；过负荷引起操作电源电压降低或是三相硅整流器的熔断器有一相熔断等。

遇到上述情况，变电室值班人员应立即用手动跳闸线圈内的铁心顶上，使断路器跳闸，以防止事故的扩大，并立即向调度员汇报，查明原因再进行处理。

有时断路器还出现拒绝合闸的情况。断路器常见的故障是在远方操作断路器时拒绝合闸，此种故障会延迟事故的消灭时间，有时甚至会使事故扩大。例如在事故情况下要求紧急投入备用电源时，如备用电源断路器拒绝合闸，则会扩大事故。出现这种情况时，应首先检查操作电源的电压值，如不正常，应先调整电压，再进行合闸。当操作把手置于合闸位置时，绿灯闪光，而合闸红灯不亮，仪表无指示，扬声器响，断路器分、合闸指示器仍在分闸位置。从上述现象可判断，断路器未合上，其原因如下：一是可能合闸时间过短而未合上；二是断路器机构的熔断器熔断；三是操作回路内故障；四是操作机构卡住。如果操作把手置于合闸位置而信号灯的指示不发生变化，可能是控制开关接点、断路器辅助触头或合闸接触器接触不好，中间继电器触点熔焊而烧坏合闸线圈，同期开关未投入等所造成的，待消除设备缺陷后，再进行合闸。如果跳闸绿灯熄灭而合闸红灯不亮，则可能是合闸红灯灯泡烧坏，应更换灯泡。

2. 操作断路器安全技术

断路器具有灭弧能力，能切断负荷电流和短路电流，是进行倒闸操作的主要设备。但是在操作时，由于断路器本身的故障或对断路器使用不当，也可能发生事故。最严重时，可能发生断路器爆炸，不仅造成设备严重损坏，甚至会引起火灾。

当电力系统的最大短路容量超过断路器的遮断容量时，一旦发生短路，由于电动力稳定和热稳定不能保证，可能会引起断路器爆炸。所以在倒闸操作前必须考虑断路器的遮断容量能否满足系统要求。当遮断容量不足时，必须从各方面采取措施，如通过改变系统的运行方式来降低短路容量等。在操作断路器时还应注意以下事项：

1）在进行断路器开、合操作时，应迅速果断，将操作把手迅速扳到终点，直到指示断路器已经合闸或开闸良好的标示灯亮。

在断路器开闸后，还要将两侧的隔离开关拉开，操作前应在断路器的操作把手上悬挂“不可合闸！”的警告牌，再到安装该断路器的地点，检查开、合闸指示器和其他能表示断路器开、合闸状态的部件，确认断路器已断开后方可操作隔离开关。

2）在断路器开闸结束后，如需要断路器停用检修，或在有关二次线路及继电保护自动装置回路上进行工作，则应将断路器的操作电源断开。

3）电动操作的断路器，其合闸速度与操作电源的电压是否正常有关。当电压降低时，由于合闸功率不足，将使合闸速度减低，这时容易发生断路器爆炸事故。因此在操作前应检查直流操作电压。

4）在断路器合闸送电前，应检查控制该断路器的有关继电保护和自动装置，使其置于使用位置，以便于合闸后发生事故时能正确动作将故障切除。

5）合闸时，操作人员应注意监视有关表计指示情况，尤其要监视电流表和电压表。如发现有事故征兆须立即将其切断。合闸后还应检查各相电流电压是否平衡，以便及时发现异常现象加以处理。

【实践操作】

1. 操作练习

1）到实验室参观学习，观察各种开关电器的外形、参数、操作方法。

2）到变电所现场参观学习，观察各开关电器之间是如何形成一个有机整体的。

2. 书面练习

1）断路器的主要作用是什么？它和普通开关的主要区别在什么地方？

2）负荷开关和隔离开关有什么区别？负荷开关和断路器有什么区别？

3）真空断路器有何特点？

4）六氟化硫断路器有何特点？

5）负荷开关和熔断器配合的时候，应注意哪些问题？

6）断路器和隔离开关操作时，应注意哪些问题？

7）电流互感器和电压互感器在应用的时候，应注意什么问题？

8）如何选择电流互感器和电压互感器的等级？

9）高压开关柜由几部分组成？各部分有何作用？

10）六氟化硫全封闭组合电器有何特点？城市轨道交通供电系统常采用全封闭组合电器有什么意义？

11）进线柜柜体内设置了哪些保护？

12）馈线柜柜体内设置了哪些保护？

13）35kV 进线柜柜体内设置了哪些保护？

14）如何正确操作断路器？

15）如何正确操作开关柜？

16）如何正确操作高压熔断器？

17）如何正确操作隔离开关？

18）倒闸操作应注意什么？

19）主要的防雷措施是什么？

20）避雷器和避雷针有何区别？

21）经常采用的防雷装置有哪些？

22）操动机构的功能是什么？断路器的操动机构各有何特点？弹簧型操动机构的额定操作顺序是什么？

23）影响金属氧化物避雷器运行的主要因素是什么？

24）如何选择无间隙金属氧化物避雷器？

25）根据设备结构图简述弹簧型操作机构的工作过程。

26）CY3 型操动机构主要由哪几部分组成？各部分的主要功能是什么？工作缸的工作原理是什么？

27）根据设备结构图简述 CY3 型液压操作机构的储能、分闸、合闸工作过程。

28）根据设备结构图简述液压弹簧操作机构的储能、分闸、合闸工作过程。

【评价跟进】

1. 教师的评价

由教师在完成本章的教学任务后填写，在相应表格中画“√”。

评 价 项 目		教师的评价			
序号	题　目	好	较好	一般	较差
1	对本章教学过程的控制				
2	在本章教学过程中，学员的参与情况				
3	学员对本章知识学习后的效果反馈				
教师对本章教学的总结评价意见及跟进措施					

2. 学员的评价

由学员在完成本章的教学任务后填写，在相应表格中画“√”。

评价项目		学员的评价			
序号	题目	好	较好	一般	较差
1	在本章教学执行过程中教师的表现				
2	本章教学内容与社会实际需求的联系情况				
3	自己在本章学习过程中的表现				
学员对本章教学的总结评价意见及跟进措施					

第3章 变压与整流

【问题导入】

变压与整流是城市轨道交通供电系统的核心，由于国家电网供给的电能并不能立即用到轨道交通系统中，需要加以变换，以满足城市轨道交通各种生产、管理环节所需要的各种形式，因此变压与整流，就显得尤为重要。

【学习目标】

1. 掌握城市轨道交通供电系统变压器的结构形式和特点。
2. 掌握干式变压器的技术参数。
3. 掌握整流器的结构。
4. 掌握6脉波、12脉波和24脉波形成的方式和它们之间的关系。
5. 掌握整流器的技术参数。

【教学建议】

1. 重点讲解结构。
2. 重点解读各参数背后的意义。
3. 最好能安排实地参观，或者通过影音资料讲解。

【理论知识】

3.1 变压器的基础知识

城市轨道交通供电系统是一个比较复杂的系统，它由各种各样的变电所组成，包括主变电所、牵引变电所和降压变电所。主变电所负责从国家电力系统获取电能，并把电能转换成所要求的形式，主要起接受、改变电能形式和分配电能的作用。牵引变电所负责从主变电所获取电能，并把电能转换成所要求的形式，主要起接受、整流、分配的作用，主要负责向动车组供电。降压变电所也是从主变电所获取电能，但主要面向动力照明、信号等系统供电。不同种类的变电所内有不同的变压器，因此为了了解城市轨道交通供电系统，就必须对变压器有所了解。此外，牵引供电系统还要把交流电变换成直流电，因此还必须了解整流的基础知识。本章主要讲解这些问题。

变电所的核心设备是变压器。变压器是一种静止电机，它可以将一种电压的电能转换为另一种电压的电能。变压器根据用途和使用场合，分为电力变压器、整流变压器、测量及仪表用变压器等多个种类。电力变压器又根据不同的作用，分为升压变压器、降压变压器和配电变压器等。

3.1.1 变压器的工作原理及类型

1. 变压器的工作原理

变压器的工作原理示意图如图3-1所示。

变压器一般有一个铁心和两个绕组。铁心提供磁通的闭合路径。两个绕组分别是一次绕组 N_1 和二次绕组 N_2。当一次绕组接交流电压后，一次电流 i_1 在铁心中产生一个交变的主磁通 Φ。Φ 在两个绕组中分别产生感应电动势 $\dot{E}_1$ 和 $\dot{E}_2$，$\dot{E}_1 = -N_1\dfrac{\mathrm{d}\Phi}{\mathrm{d}t}$，$\dot{E}_2 = -N_2\dfrac{\mathrm{d}\Phi}{\mathrm{d}t}$。

如果略去绕组电阻和漏抗压降，则 $\dfrac{U_1}{U_2} = \dfrac{-E_1}{-E_2} = \dfrac{N_1}{N_2} = k$，$k$ 定义为变压器的电压比。

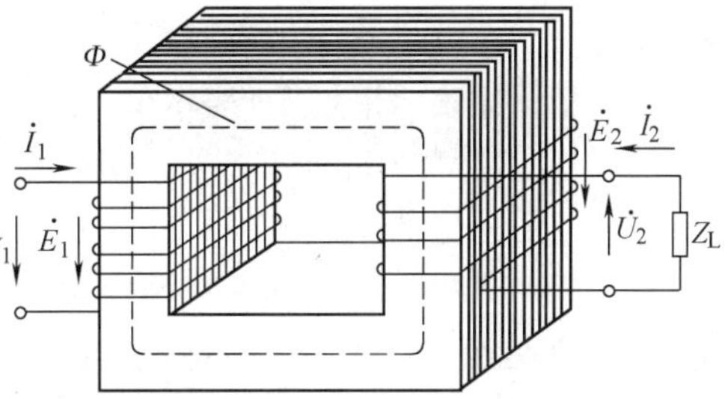

图 3-1　变压器的工作原理示意图

2. 变压器的类型

变压器除了按以上用途分类外，还可以按相数、绕组数目、铁心形式和冷却方式等特征分类。变压器按相数划分，有单相、三相和多相等；按绕组数划分，有双绕组、自耦、三绕组和多绕组；按铁心形式划分，有心式和壳式；按调压方式划分，有无载调压变压器和有载调压变压器；按冷却方式划分，有干式和油浸式等。

油浸式变压器一般又分为自然冷却（ONAN）、风冷却（ONAF）、强迫油循环风冷（OFAF）和强迫油循环水冷（OFWF）。风冷却是指在散热器上安装风扇进行冷却。此外，对于大型变压器还采用强迫油循环风冷却、强迫油循环水冷却，在风冷却、水冷却的基础上还装有潜油泵，以促进循环，加速热量的散发。干式变压器绕组置于气体中（一般置于空气或六氟化硫气体中），或是浇注环氧树脂绝缘。目前，在城市轨道交通供电系统中的牵引变电所多采用浇注环氧树脂绝缘的方法。

环氧树脂浇注的干式变压器有很多优点，它具有难燃、自熄、耐尘、耐潮、机械强度高、体积小、重量轻、损耗小、噪声低等诸多优点。31.5MV·A 的环氧树脂浇注的干式变压器在 10m 处测量噪声只有 57dB。绕组由于采用环氧树脂浇注，其机械强度也很高。图 3-2 所示就是用环氧树脂浇注的心式结构变压器。

把低压绕组布置在内，有利于绝缘设计，因为铁心要接地，必须保证二者之间的绝缘可靠良好，而低压便于实现。同时，有利于排出铁损，产生热量。

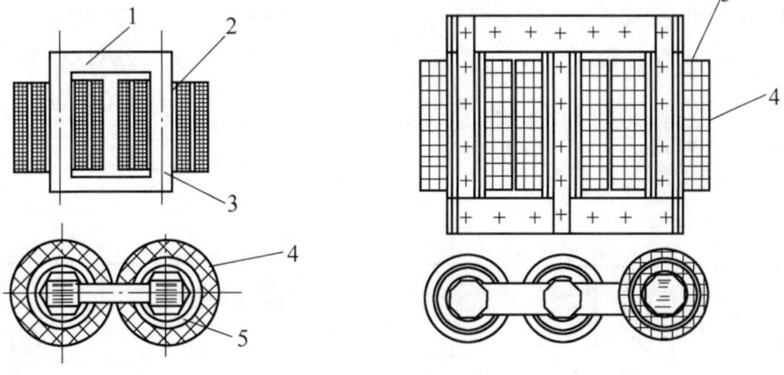

a)　　b)

图 3-2　心式结构变压器

a）单相心式变压器　b）三相心式变压器

1—铁轭　2—绕组　3—铁心柱　4—高压绕组　5—低压绕组

3. 变压器的型号

一般变压器的型号分为两部分：前一部分由汉语拼音字母组成，代表变压的类别、结构特征和用途；后一部分由数字组成，表示变压器的容量和高压绕组的电压等级。前一部分又分四组：

1）第一组表示相数：D 表示单相，S 表示三相。

2）第二组表示冷却方式：J 表示油浸自冷；F 表示油浸风冷；FP 表示强迫油循环风冷却；SP 表示强迫油循环水冷却。

3）第三组表示电压等级：S 表示三级电压；无 S 表示两级电压。

4）其他组：O 表示全绝缘；L 表示防雷；Z 表示有载调压。

由此可知，ONAN 表示油浸自冷却；ONAF 表示油浸风冷却；OFAF 表示强迫油循环风冷却；OFWF 表示强迫油循环水冷却，后两种方式一般应用于高压大型变压器。

3.1.2 变压器的结构及参数

变压器的主要部件是绕组和铁心（器身）。绕组是变压器的电路，铁心是变压器的磁路。二者构成变压器的核心即电磁部分。除了电磁部分，还有油箱、冷却装置、绝缘套管、调压和保护装置等部件。

1. 铁心和绕组

变压器的铁心形式有心式和壳式两种，心式又称内铁式，壳式又称外铁式，如图 3-3 所示。心式铁心结构工艺简单、应用广泛，壳式铁心结构用在小容量变压器和电炉变压器中。一般来说，对于绝缘、散热、修理来说，心式变压器较佳；对于压制应力方面，壳式变压器占有优势。高电压系统宜采用心式；中压大电流宜采用壳式。

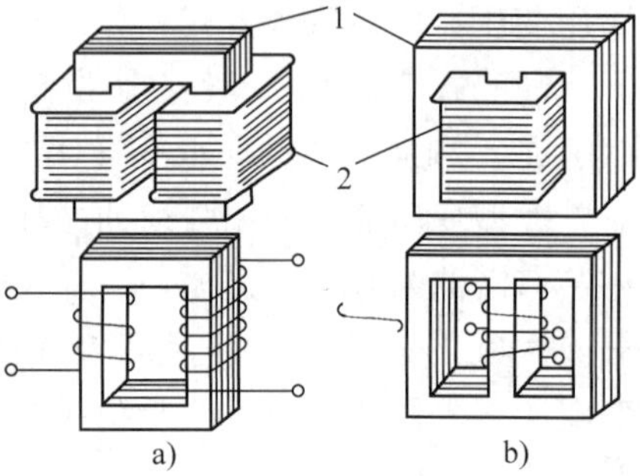

图 3-3　心式和壳式结构

a）心式　b）壳式

1—铁心　2—绕组

铁心材料一般由 0.35mm 或 0.5mm 冷轧（也用可热轧）硅钢片叠成。铁心交叠时，相邻层按不同方式交错叠放，将接缝错开。偶数层刚好压着奇数层的接缝，从而减少了磁阻，便于磁通流通。需要注意的是，铁心叠片只允许一点接地。如果两点或两点以上接地，则在接地点之间可能会形成闭合回路。当主磁通穿过此回路时，就会产生循环电流，造成局部过热事故。

铁心柱一般用绝缘扁铜线或圆铜线在绕线模上绕制而成。绕组套装在变压器铁心柱上，低压绕组在内层，高压绕组套装在低压绕组外层，以便于绝缘。绕组通常采用绝缘铜线绕制而成，有时候也用铝线。匝数多者为高压绕组，匝数少者为低压绕组。按高压绕组和低压绕组排列位置的不同，又分为同心式和交叠式。交叠方法如图 3-4 所示。

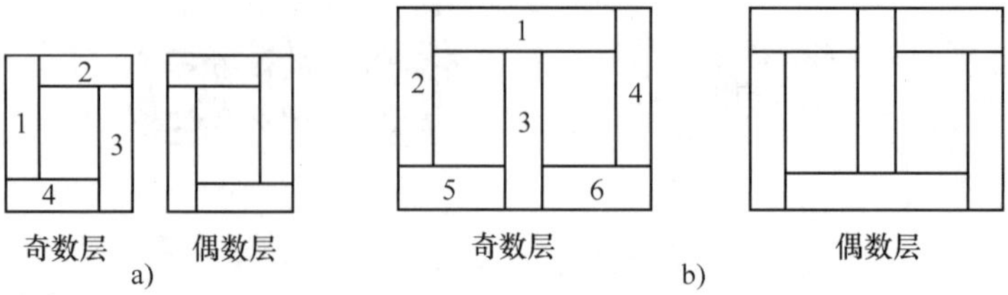

图 3-4　交叠方法

a）四片式铁心交叠方法　b）六片式铁心每层排列法

2. 油、油箱、冷却、安全装置

油浸式变压器如图 3-5 所示。对于油变压器，器身装在油箱内，油箱内充满变压器油。变压器油是一种矿物油，具有很好的绝缘性能，并且对变压器铁心和绕组起散热作用。油箱有许多散热油管，以增大散热面积。为了加快散热，有的大型变压器采用内部油泵强迫油循环，外部用变压器风扇吹风或用自来水冲淋变压器油箱。变压器运行时产生热量，使变压器油膨胀，并流进储油柜中。储油柜使变压器油与空气接触面变小，减缓了变压器油的氧化和空气水分的吸收速度，从而减缓了油的变质速度。故障时，热量会使变压器油汽化，触动气体继电器发出报警信号或切断电源。如果是严重事故，变压器油大量汽化，油气冲破安全气道管口的密封玻璃，冲出变压器油箱，避免油箱爆裂。此外还具有一定的熄弧作用。

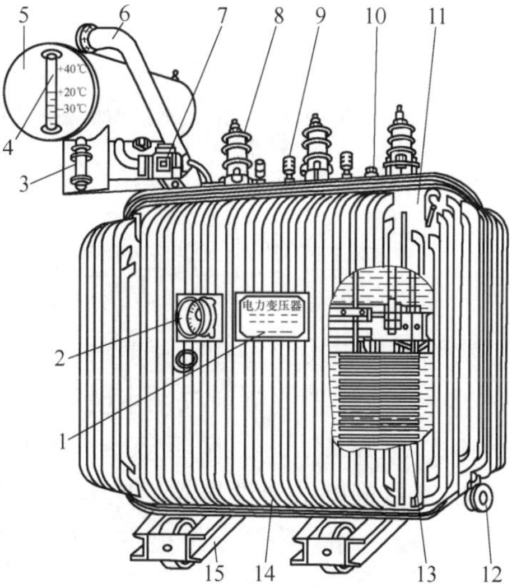

图 3-5　油浸式变压器

1—铭牌　2—信号温度计　3—吸湿器
4—油位计　5—储油柜　6—安全气道
7—气体继电器　8—高压套管　9—低压套管
10—分接开关　11—油箱　12—放油阀门
13—器身　14—接地板　15—小车

在城市轨道交通供电系统中很少使用油浸式变压器，原因是城市轨道交通供电系统中的变压器多工作在室内，而且有的还工作在地下，工作环境较差，空间狭小，通风条件较差，不方便消防设备的进入，一旦着火，就会造成很大的隐患。鉴于此，城市轨道交通供电系统中的变压器多采用干式变压器，采用干式风冷却。在绕组的下部设置有风道，并安装有送风机，以增加散热的效果。

此外，为提高其绝缘性能，城市轨道交通供电系统中的变压器采用环氧树脂浇注，确保了城市轨道交通供电系统中的核心设备——变压器的可靠运行。但由于在许多场合油浸式变压器仍得到广泛的使用，所以本书也进行了简要介绍。

3. 变压器参数

（1）额定电压 U_{1N}和 U_{2N}　额定电压是指变压器长时间运行时，所能承受的工作电压（铭牌上的 U_N 值），是指调压分接开关在中间分头时的额定电压，单位为 V 或者 kV。U_{1N}为正常运行时，一次侧应施加的电压。U_{2N}为二次侧额定电压，它是二次侧处于空载状态时的电压。三相变压器中，额定电压指的是线电压。当降压变压器在电源电压不为额定值时，一般可通过在高压侧的分接开关接入不同的位置来调节低压侧电压。

为了保证电压波动在一定范围，就必须调压。采用改变变压器匝数进行调压是最常用的一种方式。调压方式有两种，一是无励磁调压，另外一种是有载调压。无励磁调压是指切换分接头，变压器必须不带电的调压方式；而有载调压就是在保证不切断负荷的情况下，由一个接头调换到另一个接头。

（2）额定容量 S_N　额定容量指变压器在出厂时铭牌标定的额定电压、额定电流下连续运行时能输送的容量，单位为 V · A、kV · A、MV · A。S_N 为变压器的视在功率。

通常把变压器一、二次侧的额定容量设计为相同。额定容量对变压器的结构和性能参数影响很大。变压器的额定容量也与电压等级密切相关。一般情况下，电压高，容量大；电压低，容量小。

（3）额定电流 I_{1N} 和 I_{2N}　额定电流是在额定容量 S_N 和允许温升条件下，变压器允许长期通过的工作电流，在三相变压器中均代表线电流，单位为 A、kA。

对单相变压器：$I_{1N}=\dfrac{S_N}{U_{1N}}$，$I_{2N}=\dfrac{S_N}{U_{2N}}$；对三相变压器：$I_{1N}=\dfrac{S_N}{\sqrt{3}U_{1N}}$，$I_{2N}=\dfrac{S_N}{\sqrt{3}U_{2N}}$。

（4）额定频率 f_N　额定频率单位为 Hz，$f_N=50\text{Hz}$。

（5）短路电压 $U_d\%$　短路电压 $U_d\%$ 也称阻抗电压。它是指将变压器的二次绕组短路，一次侧施加电压至额定电流值时，一次电压和额定电压 U_N 之比的百分数，即 $U_d\%=U_d/U_N$。阻抗电压表示变压器通过额定电流时，在变压器自身阻抗上所产生的电压损耗。阻抗电压一般为 4%~14%，而且随着电压等级的增大，阻抗电压一般也增大。变压器并列运行时，要求 $U_d\%$ 值相同，当变压器二次侧短路时，$U_d\%$ 值将决定短路电流的大小，所以是考虑短路电流热稳定和动稳定及继电保护整定的重要依据。

（6）空载电流 I_0　当变压器在一次侧额定电压下，二次绕组空载时，在一次绕组中通过的电流，称为空载电流。它起励磁作用，故又称为励磁电流；一般以其占额定电流的百分数表示。空载电流的大小决定于变压器容量、磁路结构和硅钢片质量等。

（7）空载损耗（铁损）ΔP_0　空载损耗指变压器二次侧开路、一次侧加额定电压时，变压器产生的损耗，也称为铁损。它等于变压器铁心的涡流损耗和励磁损耗，是变压器的重要性能指标。

变压器的铁损包括两个方面：一是磁滞损耗，当交流电流通过变压器时，通过变压器硅钢片的磁力线的方向和大小随之变化，使得硅钢片内部分子相互摩擦，放出热能，从而损耗了一部分电能，这便是磁滞损耗；二是涡流损耗，当变压器工作时，铁心中有磁力线穿过，在与磁力线垂直的平面上就会产生感应电流，由于此电流自成闭合回路形成环流，且成漩涡状，故称为涡流。涡流的存在使铁心发热，消耗能量，这种损耗称为涡流损耗。

（8）负载损耗（铜损）ΔP_d　铜损是指变压器线圈电阻所引起的损耗。当电流通过线圈电阻发热时，一部分电能就转变为热能而损耗。由于线圈一般都由带绝缘的铜线缠绕而成，因此负载损耗又称为铜损。

（9）电压比　变压器两组绕组匝数分别为 N_1 和 N_2，N_1 为一次绕组匝数，N_2 为二次绕组匝数。在一次绕组上加一交流电压，在二次绕组两端就会产生感应电动势。当 $N_2>N_1$ 时，其感应电动势要比一次侧所加的电压还要高，这种变压器称为升压变压器。

此外，铭牌上还会给出型号、三相联结组标号、相数、运行方式、冷却方式、质量和几何尺寸等数据。

3.1.3　单相变压器的极性

如果单相变压器的一、二次绕组的绕向相同，则该变压器呈现减极性，如图 3-6 所示，$\dot{U}_A$ 与 $\dot{U}_a$ 相差 0°（一次和二次相差 0°）。

如果单相变压器的一、二次绕组的绕向相反，则该变压器呈现加极性，如图 3-7 所示，$\dot{U}_A$ 与 $\dot{U}_a$ 相差 180°（一次和二次相差 180°）。

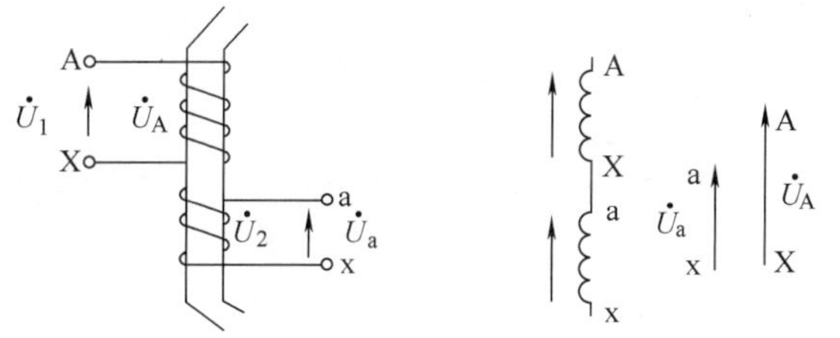

图 3-6　线圈减极性绕法及向量

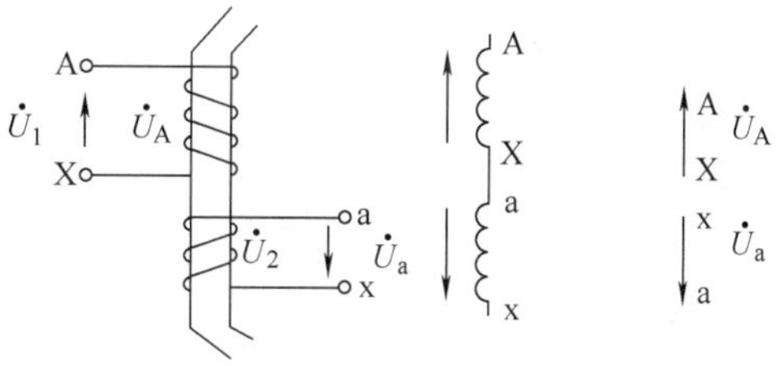

图 3-7　线圈加极性绕法及向量

变压器在运行时，根据不同的需要，把一、二次侧连接成不同的形式。联结组标号表示变压器各相的联结方式和一、二次线电压的相位关系。三相变压器一、二次侧采用不同联结方式时，将会出现不同的联结组标号。三相线圈主要有星形联结（Y）、三角形联结（D）和曲折形连接（Z）三种联结方式。根据变压器一、二次线电压的相位关系，把变压器线圈的连接分成各种不同的组合，称为线圈的联结组。为了区别不同的联结组，常采用时钟表示法，即把高压侧线电压的向量作为时钟的长针，固定在 12 点上，以低压侧线电压的向量作为时钟的短针，看短针指在哪一个数字上，就作为该联结组的标号。三相联结组标号与线圈的连接、绕向和线圈的标法有关，可以连接成 12 个组号。

3.1.4　三相变压器的联结组标号

三相变压器一、二次线电压间的夹角取决于线圈的连接法，二次线电压落后一次线电压的角度有 30°、60°、90°、120°、150°、180°、210°、240°、270°、300°、330°、360°共 12 种，分别对应为 1、2、3、4、5、6、7、8、9、10、11、12 点接线，常用的主要联结组标号有以下几种：

1）一次、二次绕组的绕向相反。一次接线为 Y，二次接线为 y（或有零线），可呈现出 6 点接线，如图 3-8 所示。

2）一次、二次绕组的绕向相同，一次接线为 Y，二次接线为 y（或有零线），可呈现出 12 点接线，如图 3-9 所示。

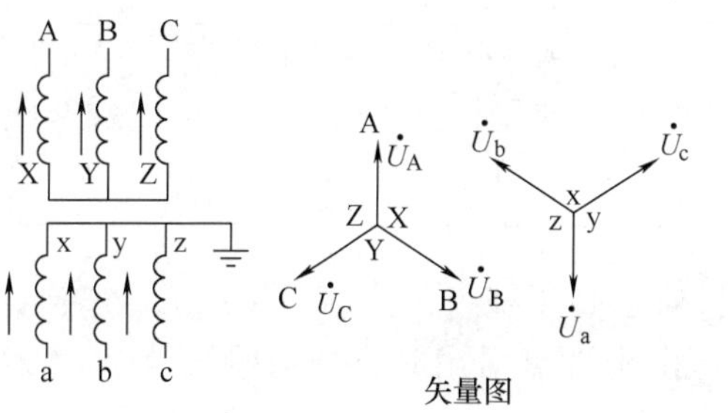

图 3-8　Yyn6 联结

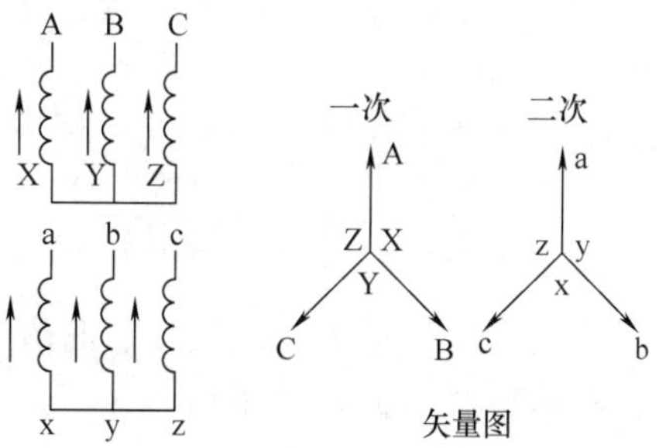

图 3-9　Yyn12 联结

3）一次与二次绕组绕向相同，一次接线为 Y，二次接线为 d，可呈现 11 点接线（或 1 点接线），如图 3-10 所示。

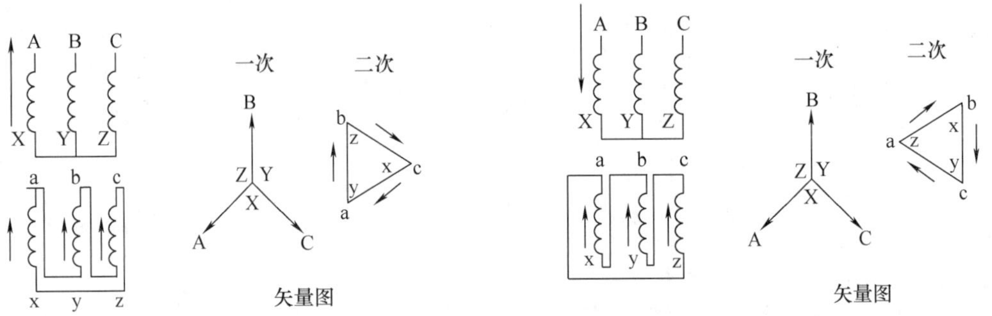

图 3-10　Yd11（或 Yd1）联结

变压器的接线方法很多，概括起来变压器一次侧仅能接成 Y、D 以及外延 D。二次侧可以接成 y、d、z（曲线形接线），表 3-1 列出了几种常用的线圈连接的特点和适用范围。

表 3-1　常用线圈连接的特点和适用范围

联结方式	特点与使用范围
Yy	1. 线圈导线截面积大，线圈的空间利用率高；适用于配电变压器，也可用联络变压器或三相负载对称的特种变压器 2. 中性点可引出，可供三相四线制负载，但对于单相变压器组成的三相组或三相三柱旁轭式铁心的变压器，其一次侧中性点必须与电源中性点连接，否则不能采用此种连接 3. 对于三相三柱式铁心的变压器，其一次侧中性点不能与电源中性点连接；而二次侧供三相四线制负载用时，中性线电流应加以限制
Dd	1. 线圈导线截面积小，线圈的空间利用率低；只适用于低电压、大电流变压器 2. 允许三相负载不对称，当其中一相发生故障时，其余两相按 V 联结（两相跨接）可继续运行，此时三相输出容量减为原来的$\frac{1}{\sqrt{3}}$（对于三相变压器，故障相的线圈须与其余两相断开并开路，如故障是由于匝间短路，则不能改接成 V 联结继续运行） 3. 无三次谐波电压，但不能供三相四线制负载，也不适用于高电压变压器
Yd 或 Dy	1. 无三次谐波电压，适用于各类大、中型变压器。Dy 联结适用于配电变压器时，允许三相负载不对称程度比 Yz 联结大些，中性线电流允许达到额定电流的 75% 左右，但引线结构较复杂 2. Y 联结的中性点可引出 3. 任意一相的一个线圈发生故障，变压器必须停止运行
Yz	1. 中性点可引出，可供三相四线制负载；适用于配电变压器或特种变压器，允许三相负载不对称的程度可比 Y/Y 联结大些，中性线电流允许达到额定电流的 40% 左右 2. Z 联结相电压中无三次谐波分量 3. Z 联结线圈只适用于低压线圈

一般情况下，星形、三角形、曲折形联结，对于高压绕组，分别用 Y、D、Z 表示；对于中压和低压绕组，分别用符号 y、d、z 表示。由中性点引出时，分别用符号 YN、ZN 和 yn、zn 表示。

为便于生产和应用，国家标准规定 Yyn0、Yd11、YNd11、Yy0、YNy0 为五种标准联结方式。而前三种为常用形式。Yyn0 用于二次电压为 400V/230V 的配电变压器。Yd11 用于二次电压为 400V 的情况，常用于降压变压器。YNd11 用于高压侧要求接地的高压输电系统中，如110kV以上。Yy0用于供给三相动力负载。YNy0用于一次侧中性点需要接地的场合。

此外电力变压器的电压组合以及容量和联结组标号之间也有一定的关系，一般满足下列情况：额定容量在50～1600kV·A时，电压组合为高压35kV，低压为0.4kV，联结组标号为Yyn0、Dyn11；额定容量在30～1600kV·A时，电压组合为高压10kV，低压为0.4kV，联结组标号为Yyn0、Dyn11或者Yzn11；额定容量在800～31500kV·A时，电压组合为高压35kV，低压为3.15～10.5kV，联结组标号为Yd11。

3.2 干式变压器

3.2.1 干式变压器概述

我国在20世纪70年代已引进了环氧树脂绝缘干式变压器生产技术，但技术发展和应用非常缓慢。到80年代末90年代初，随着新的干式变压器生产技术工艺的引进，干式变压器的应用迅速普及，国内干式变压器技术的发展也从消化吸收走向自我开发并达到国际先进水平。至今，国内干式变压器的生产规模已位居世界第一，不少生产厂的产品技术水平和开发能力已经进入国际先进行列。

由于干式变压器的优点突出，目前城市轨道交通供电系统广泛使用干式变压器。

3.2.2 干式变压器的分类

干式变压器是防灾型变压器中用量最大的一种。干式变压器的铁心和绕组都不浸在任何液体中，一般适用于安全防火要求较高的场合。目前其制造技术已成熟，国内外许多工厂能大批量生产。它适应于高污秽、高温、潮湿的环境，具有阻燃、难燃、无公害、免维护等的优点，因而用量很大。目前，干式变压器最高电压等级已达35kV，最大容量为20MV·A。

1. 按照主绝缘材料分类

（1）开启式　是一种常用的形式。器身与大气相连通，适用于干燥而洁净的室内环境。由于空气的绝缘强度和散热性比油差，所以以空气作为绝缘的干式变压器常用于公共建筑物、车间等场合。一般环境温度为20℃时，相对湿度不应超过85%。一般有空气自冷和风冷两种冷却方式。

（2）封闭式　器身处在封闭的外壳内，与大气不直接接触。由于密封的特点，其散热条件差。它属于防爆型的干式变压器，可用于更为恶劣的环境。一般充以绝缘强度和散热能力胜于空气的其他气体，如充以2～3atm（1atm＝10325Pa）的SF_6气体并加以强迫循环。

（3）浇注式　用环氧树脂或其他树脂浇注作为主绝缘，它结构简单、体积小。

2. 按照生产工艺不同分类

（1）浸渍式干式变压器　该种变压器生产历史最长，制造工艺也比较简单。导线采用玻璃丝包，垫块用相应的绝缘等级材料热压成形。随浸渍漆的不同，变压器的绝缘等级分为B、F、H、C级，主、纵绝缘的空道全部以空气为绝缘物质。由于此种变压器受外界环境的影响比树脂大，目前在国内外产量均趋于减少。

（2）树脂干式变压器　树脂干式变压器分为四种结构：树脂加填料浇注、树脂浇注、树脂绕包和树脂真空压力浸渍。虽然采用的设备投资大，但安装、维护费用低。

3. 从结构上分类

（1）固体绝缘包封绕组　由于包封绕组干式变压器的绕组不易受潮，维护方便，体积小，所以在城市轨道交通供电系统中得到了广泛应用。包封绕组干式变压器采用固体绝缘包封，各个绕组可以分别装模后，用树脂浇注。

（2）不包封绕组　这里不再讲解。

3.2.3　干式变压器的结构

具有无油、免维修、难燃防火、环保等优点的干式变压器一般由线圈绕组、铁心、器身及其他辅件组成，如图3-11所示。下面以环氧树脂浇注干式变压器为例介绍干式变压器的结构特点。

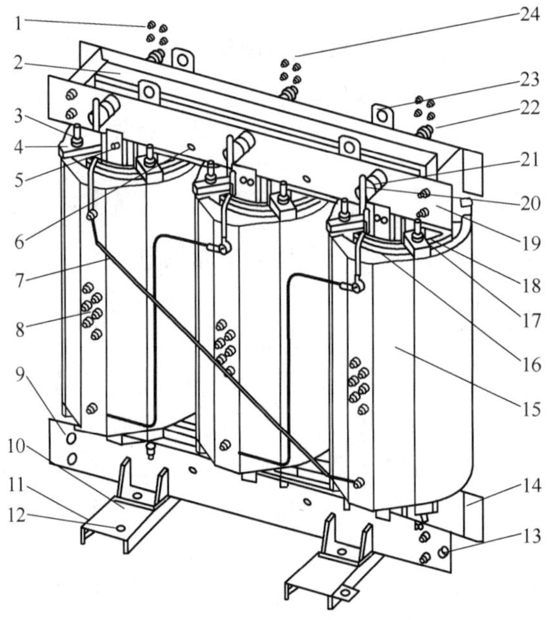

图3-11　环氧树脂浇注干式变压器结构图

1—线导电排　2—铁心　3—弹簧压钉　4—压板　5—拉板　6—穿轭夹紧螺杆　7—高压三角形接引线　8—分接连接片　9—旁轭夹紧螺杆　10—底座　11—牵引板　12—安装孔　13—接地螺母　14—下夹件　15—高压线圈　16—低压线圈　17—主气道　18—低压冷却气道　19—上夹件　20—高压导电棒　21—高压绝缘子　22—低压绝缘子　23—吊环　24—低压导电棒

1. 线圈绕组部分

干式变压器的绕组结构基本上与油浸式变压器相同，多采用圆筒式，较大容量的干式变压器绕组可采用饼式。干式变压器在绕组外加上非油绝缘介质，以增加线圈的绝缘性能，环氧树脂浇注干式变压器就是用环氧树脂为绝缘材料，以浇注的方式与绕组一起固化，从而减少变压器线圈的体积。一般情况下，干式变压器的高压绕组（线圈）在圆筒的外侧，低压绕组（线圈）在内侧，高压绕组和低压绕组之间是冷却气道，高压绕组和低压绕组共同缠绕在铁心上。

干式变压器的绕组有以下几种：缠绕式、环氧树脂加石英砂填充浇注、玻璃纤维增强环氧树脂浇注（薄绝缘结构），以及多股玻璃丝浸渍环氧树脂缠绕式。

干式变压器的高压绕组一般采用多层圆筒式结构，低压绕组一般采用层式或箔式结构。

2. 铁心及器身部分

干式变压器的铁心除了作为主磁通的通道外，还作为变压器线圈、器身及其他组件的主要支撑件，所以铁心一方面通过多片硅钢片叠片，减少涡流损耗，另一方面利用紧固件、支撑件增加铁心的强度和刚度，同时也减少铁心噪声的产生。

干式变压器的铁心采用优质冷轧晶粒取向硅钢片，铁心硅钢片采用45°全斜接缝，使磁通沿着硅钢片接缝方向通过。

一台干式变压器最基本的结构，除了线圈绕组和铁心以外，还要有器身部分，它主要包括出线端子、变压器底座以及接地结构等，以方便用户安装和固定，保证用户的使用安全。

3. 辅件（风机、外壳、温控器、温显仪、有载开关等结构辅件）

根据不同的用户、使用环境和工作要求，干式变压器可以增加不同的组件。如：根据不同的用户高、低压接口要求，增加不同形式的出线端子结构（如侧出线、封闭母线等）；根据不同的环境和运行工况，为提高负载能力和降低变压器温升，增加冷却设备，目前一般多采用风机冷却，风机冷却一般安装在底座上，在铁心和绕组的下方，风机产生的冷却气体通过气道冷却绕组及铁心，并把热气体向上排出；根据使用环境的差异或用户的要求，增加保护外壳，以提高变压器的防护等级，增强变压器对外部环境的适应能力。为实现变压器的智能监控，满足在任何时刻对变压器实施温度控制，变压器一般都加装温度控制设备。对供电质量要求较高的用户，因为电网电压波动较大，在变压器负载的状态下需要切换变压器的分接位置改变变压器的电压比以实现低压输出电压稳定，这样加装有载调压开关就可以满足要求。一般有载调压开关有两种形式：真空开关和空气断路器，一般都选择真空开关。

3.2.4 干式变压器的特点

以树脂浇注式干式变压器的特点为例介绍。

1）无油、无污染、难燃阻燃、自熄防火。IEC 60076-11—2008 标准制定了两种耐火等级：F0 级和 F1 级。F0 级为规定耐火性能，不采取特殊措施。F1 级适用于有火灾危险的变压器，能限制燃烧的发生，尽可能减小有毒物质和黑烟的排放。

2）绝缘温升等级高：F 级绝缘，变压器温升可达 100K。应尽量采用绝缘温升等级高的绝缘材料。

3）损耗低、效率高。

4）噪声小，通常可控制在 50dB 以下。

5）局部放电量小（通常为 10pC 以下），可靠性高，可保证长期安全运行，寿命达 30 年。

6）抗裂、抗温度变化，机械强度高，抗突发短路能力强。

7）防潮性能好，可在 100% 湿度下正常运行，停运后不需干燥处理即可投入运行。

8）体积小、重量轻，据有关人士统计，油式变压器的外形尺寸为干式变压器的两倍多。

9）不需单独的变压器室，不需吊心检修及承重梁，节约土建占地和占空；因无油，不会产生有毒气体，不会对环境造成污染，不需要集油坑等附属建筑，减少了土建造价。

10）安装便捷，无须调试，几乎不需维护；无须更换和检查油料，运行维护成本低。

11）配备有完善的温度保护控制系统，为变压器安全运行提供可靠保障。从低噪声、节能、防火、节省土建造价及运行维护管理费、寿命长等综合技术经济性能比较，干式变压器表现出了明显的优越性。

3.2.5 干式变压器的选用

干式变压器选用时，首先根据负荷计算来确定变压器容量和台数，然后根据工程具体情况、环境、系统特点、运行要求等确定变压器的性能参数。

1）二次额定电压的确定：一般根据电力网系统和用户的要求确定。

2）联结组标号的确定：配电变压器常有 Dyn11、Yyn0 等联结组标号，推荐选用 Dyn11。

3）其他：如短路阻抗等，这些性能参数都可以从制造厂的样本、手册中查到，再根据工程情况予以确定。

4）调压方式：主要考虑采用何种调压方式、调压范围如何等问题。通常采用无励磁调压，即一、二次侧均切断电源时，在高压侧人工进行调压，分接范围常用 $\pm 2\times 2.5\%$。若要求电源电压稳定，可选用有载自动调压，即通过有载调压开关自动调整高压分接头，以保持输出电压的稳定，分接范围常用 $\pm 4\times 2.5\%$。

5）其他配置的选择：是否配外壳；是否带风机（强迫风冷）；是否配温度控制箱；是否带温度显示器等，上述这些附件的功能，各制造厂样本上均有说明，可酌情选择配置。

3.2.6 干式变压器的相关试验

1. 出厂试验

出厂试验是根据标准和产品技术条件规定的试验项目，对每台变压器都要进行的检查和试验。其目的在于检查设计、操作、工艺的质量。每台变压器出厂前，必须进行电压比、电阻、联结组标号、绝缘电阻、工频耐压、空载损耗和负载损耗等的检查和试验。

1）电压比试验的目的主要在于检验变压器各绕组的匝数是否符合设计要求，所以，有时把电压比试验又称为匝数比试验。试验方法一般有两种：双电压表法和交流电桥法。现在广泛应用的是交流电桥法。

2）联结组标号试验的目的是在于检验变压器的联结组标号是否与设计要求相符。其试验方法采用较广泛的有双电压表法、直流法、相位表法和交流电桥法。实际应用中多采用交流电桥法，既可检查电压比，又可检查联结组标号。

3）绕组电阻试验可以检查出绕组内部导线的焊接质量、引线与绕组的焊接质量、绕组所用导线的规格是否符合设计。

4）绝缘电阻的测量是在绝缘安全的低电压下对变压器主绝缘性能的试验，用以发现变压器绝缘的局部缺陷和普遍的缺陷，是决定进行耐压试验和继续运行的重要参考数据之一。变压器主绝缘指的是绕组与绕组之间、绕组与铁心及油箱之间的绝缘。

5）工频耐压试验又称为外施压试验，是使变压器在不低于 80% 额定频率的试验电压下持续 1min 运行，用以考核主绝缘强度、绝缘的局部缺陷。试验设备包括试验变压器、可调电源、球隙、阻尼电阻和金属保护电阻等。

6）空载试验是从变压器低压侧的绕组施加正弦波形额定频率的额定电压，在其他绕组开路的情况下测量其空载损耗和空载电流的试验。其目的是测量铁心中的空载电流和空载损耗，发现磁路中的局部或整体缺陷。

7）负载试验是从变压器高压侧的绕组在额定分接下供给额定频率的额定电流。低压侧的绕组人为短接。通过负载试验可以确定变压器的负载损耗和阻抗电压。

2. 型式试验

型式试验是根据标准或产品技术条件规定的项目，对指定产品结构进行的鉴定性试验。已经通过国家鉴定并系列化大批量生产的产品一般不进行型式试验。型式试验的目的在于检查结构性能是否符合标准和产品技术条件，包括冲击电压试验和温升试验。

（1）冲击电压试验　冲击电压试验包括雷电冲击电压试验和操作冲击电压试验。为了考核变压器冲击绝缘强度是否符合国家标准的规定并进一步研究、改变变压器的绝缘结构，需要对变压器进行雷电冲击电压试验，所谓雷电冲击电压试验是指在变压器绕组的端子上施加一冲击波，看变压器或其他绝缘结构在冲击波的作用下产生的后果。而为了考核变压器耐受的操作电压的能力，通常都是用1min工频耐压或高周波耐压试验来检验的。

（2）温升试验　变压器的空载损耗和负载损耗以热能形式损耗，使变压器的温度升高，从而对变压器的寿命、绝缘材料的寿命造成影响，通过温升试验，对变压器的温升进行考核。干式变压器的试验方法包括直接负载法、相互负载法、循环电流法和零序法。

变压器各个部件有不同的允许温升，不同的运行工况也有不同的允许温升。决定允许温升的因素有变压器的运行预期寿命、变压器的安全运行和变压器的检测技术。

绕组的允许温升是指整个绕组的平均温升，由电阻法测得，与绝缘耐热等级有关。油浸式变压器属A级绝缘，由于传统的绕组温升测量法为电阻法，测得的温升为平均温升，A级绝缘允许的平均温升为65K。平均温升与绕组最热点温升之差假设为13K。在年平均温度为20℃时，A级绝缘绕组最热点温度为（20+65+13）℃=98℃，此时A级绝缘具有正常寿命。干式变压器各种绝缘的允许平均温升如下：A级为60K，E级为75K，B级为80K，F级为100K，H级为125K，C级为150K。

冬季的绕组温升低于平均温升，绕组可延长寿命；夏季的绕组温升高于平均温升，绕组要牺牲寿命。

大容量变压器有时有几种冷却方式，如ONAN/ONAF。变压器的额定容量一般是指ONAF下的允许值。当风扇失去电源后，冷却效率下降，如仍按ONAF下的容量运行，绕组平均温升必将升高，故ONAN下必须降低容量运行，使绕组平均温升不超过65K。表3-2是不同绝缘等级的干式变压器在额定运行状况下的温升限值。

表3-2　不同绝缘等级的干式变压器在额定运行状况下的温升限值

绝缘等级	A	E	B	F	H	C
最高允许温度/℃	105	120	130	155	180	220
绕组温升限值/K	60	75	80	100	125	150
绕组最高温度/℃	140	155	165	190	220	250
绕组额定温度/℃	95	110	120	145	175	210

3. 特殊试验

特殊试验是根据变压器使用或结构特点必须在标准规定项目之外另行增加的试验项目，主要对典型结构产品或有协议要求的产品进行，包括突发短路试验、噪声试验和零序阻抗试验。

1）突发短路试验是模拟一种事故短路，即在变压器一次侧加上额定电压，二次侧由于事故原因，在出线端子上发生的突发短路。它是变压器在运行中对其动稳定强度和热稳定典型的最严格的考验。这种运行事故在实际上是极少发生的。

2）噪声试验是为了测定变压器额定运行时的声级和声功率级，以控制变压器的噪声，满足环境和用户的要求。

3）零序阻抗试验仅对有零序短路回路的绕组才进行。

4. 局部放电试验

为了保证变压器产品质量，使其能够在系统中长期安全地运行，局部放电试验是一项良好而有效的检验方法。其试验设备主要有试验电源和局放仪，试验内容包括：

1）检验产品在规定电压，一般预加 1.5 倍的系统电压 30s，然后降到 1.1 倍的系统电压，1min 内有没有高于规定值的局部放电，以确定产品在规定电压下的放电强度。国家标准规定，对于 10kV 以下的变压器，放电量 30pC 为合格，10pC 为一等品，5pC 为优等品。

2）确定局部放电的起始电压和终止电压。

3.2.7 干式变压器的相关技术

对干式变压器的使用选型，应注意下列技术。

1. 强迫风冷

干式变压器的冷却方式分为自然空气冷却（AN）和强迫空气冷却（AF）。自然空冷时，变压器可在额定容量下长期连续运行。强迫风冷时，变压器的输出容量可提高 50%，适用于断续过载运行或应急事故过载运行；由于过载时，负载损耗和阻抗电压的增幅较大，处于非经济运行状态，故不应使其处于长时间连续过载运行。

变压器的额定容量是在自然空气冷却下长期运行的容量，在应急情况下，启动强迫风冷系统可使变压器在 1.5 倍额定容量下运行。

2. 防护等级

选用外壳，可防小动物（鼠、蛇、猫、雀等）和直径大于 12mm 的固体异物进入，并能防止短路停电等恶性事故的发生。防护等级主要是防止人体接近壳内带电部分或转动部分，防止固体异物进入和防止由于进水、油等而引起有害影响，它符合相关标准的规定。

变压器保护外壳的防护等级为 IP20 和 IP23 两种。对于防护等级为 IP00 的无外壳变压器，应该在变压器的周围安装隔离栅，以防止误碰变压器。IP20 外壳可防止直径大于 12mm 的固体异物进入，为带电部分提供安全屏障。IP23 外壳除具备 IP20 外壳功能外，还具有防止与垂线成 60°以内的水滴流入，可适用于户外运行，但是 IP23 外壳会使变压器冷却能力下降，将下降 5%~10%。城市轨道交通供电系统使用的防护等级一般为 IP20。

防护等级的代号及含义见表 3-3。

表 3-3 防护等级的代号及含义

代号	含义	第一位数字	含义	第二位数字	含义
IP	国际防护形式	2	防大于 12mm 固体	3	防淋水
		4	防大于 1mm 固体	4	防溅水
		5	防尘	5	防喷水
				6	防海浪

3. 温度显示控制系统

干式变压器的安全运行和使用寿命，很大程度上取决于变压器绕组绝缘的安全可靠。绕组温度超过绝缘耐受温度使绝缘破坏，是导致变压器不能正常工作的主要原因之一，因此对变压器的运行温度的监测及其报警控制是十分重要的。干式变压器的温度显示控制系统实现对运行温度的监测及报警跳闸控制，以使干式变压器安全运行，延长使用寿命。此系统的主要功能如下：

1）风机自动控制：负荷增大，变压器运行温度上升，当绕组温度达某一数值（一般整定为110℃）时，系统自动启动风机冷却；当绕组温度降低至某一数值（一般整定在90℃）时，系统自动停止风机。

2）超温报警、跳闸：运行中，若干式变压器温度继续升高，当达到F级绝缘所能耐受的极限155℃时，系统输出超温报警信号；若温度再上升达某值（通常整定在170℃），变压器已不能继续运行，系统输出超温跳闸信号，迅即切断干式变压器电源。

3）温度显示：可随时显示各相绕组温度，常用数字显示，还可用4~20mA输出，也可配计算机接口，远传显示及报警。

3.2.8 干式变压器的启用

1）短接变压器的“输入”与“输出”接线端子，用绝缘电阻表测试其与地线的绝缘电阻。选用1000~3000V绝缘电阻表测量时，其阻值应大于要求规定数值，一般为几兆欧。

2）变压器输入、输出电源线的截面积应满足其电流值大小的要求。

3）输入、输出三相电源线应按变压器接线板母线的颜色黄、绿、红，分别接A相、B相、C相，中性线应与变压器的中性线相接，接地线与变压器外壳相接（如变压器有机箱应与箱体地线标志对应相连接）。检查输入、输出线，确认正确无误。

4）先空载通电，观察测试输入输出电压符合要求。同时观察各种设备，特别是变压器的内部是否有异响、打火、异味等非正常现象；若有异常，应立即断开输入电源。

5）当空载测试完成且正常后，方可接入负载。接入负载要依次由小到大、由少到多，直至全部负载都接入。

3.2.9 干式变压器的技术要求

1. 110kV/35kV 主变电所变压器（主变压器）

主变电所负责从国家电力系统获取电能，并把电能转换成所要求的形式，主要起接受、改变电能形式和分配的作用。完成这一任务的核心设备就是变压器。因此如何选择合适的变压器就显得非常重要。对于110kV系统，选择主变电所的变压器时，根据其运行的环境和特点，并根据其技术规格及额定参数，主要考虑以下因素：

1）选择变压器类型。通常选择三相油浸自然油循环风冷有载调压变压器，一般要带平衡绕组，安装地点既可在户内，也可在户外。但是，目前已有一些地方开始采用干式变压器。

2）电压选择：要求其一次额定电压为110kV，二次额定电压为35kV，一次最高电压为126kV，二次最高电压为42kV。二次电压为33kV时，最高电压取36kV。

3）联结组标号：选择YNyn0(d11)接线，一次侧调压分接抽头110(1 ±8 ×1.25%)kV/35kV，

具有 17 级调压能力。调压等级越多，调压能力越强。

4）绕组绝缘水平：在 110kV 侧，要求额定雷电冲击耐受电压为 550kV（全波），额定 1min 工频耐受电压为 230kV；110kV 中性点，额定雷电冲击耐受电压为 325kV（全波），额定 1min 工频耐受电压为 140kV；35kV 侧，额定雷电冲击耐受电压为 200kV（全波），额定 1min 工频耐受电压为 85kV。

5）变压器阻抗电压选择 10.5%，有时也可选择 8%，但最大不允许超过 14%。

6）变压器的空载和负载损耗、空载电流应满足下列要求：对于容量为 31.5MV · A 的变压器，空载损耗不大于 21kW；负载损耗不大于 130kW；空载电流不大于 0.2% I_N。

7）温升限值：绕组平均温升小于 65K（电阻计法），油顶层温升小于 55K（温度计法）。

8）承受短路能力：符合 GB 1094.5—2008 的规定，变压器在任何分接抽头时都应能承受三相对称短路电流 2s，各部位无损坏。短路后线圈的平均温度最高不超过 250℃。

9）过载能力：变压器应满足在 120% 额定负载下连续运行 2h。

10）在距离变压器水平距离 2m、垂直距离 1m 处，其噪声水平应小于 60dB。

11）使用年限：变压器的期望寿命为 30 年。

此外，中性点接地电阻柜的选择也要非常注意，中性点接地电阻采用不锈钢，其基本要求是：通过额定电流 10s，最高温升不超过 650℃；热稳定时间：通过额定电流 10s，熔点为 1375 ~ 1500℃，最高使用温度为 1000℃，电阻温度系数为 $2.17\times10^{-4}\Omega/℃$，在 350℃ 高温时，阻值增加不超过 8%。

2. 35kV/0.4kV 动力变压器

动力照明供电系统主要负责向安全保障设备、信号设备、照明设备、通风设备、排水设备和制冷设备馈送电能。选择此系统变压器时一般从四个方面考虑：

1）基本参数的选择：如一次额定电压、二次额定电压、接地方式、相数等。一般要求：容量根据实际情况选择，一般为 200 ~ 3000kV · A；一次额定电压：35kV；一次最高工作电压：42kV；二次额定电压：0.4kV；接地系统：TN-S；额定频率：50Hz。

2）联结组标号：Dyn11；分接抽头：35（1 ± 2 × 2.5%）kV，可以实现 5 级调压。

3）绝缘水平：35kV 侧，雷电冲击耐受电压 200kV（全波），雷电冲击耐受电压 220kV（截波），交流 1min 耐受电压 85kV；0.4kV 侧，冲击耐受电压 10kV，交流 1min 耐受电压 3kV。绝缘等级：一次侧 B 级，二次侧 F 级。

4）性能要求：阻抗电压根据容量的大小可以选取不同的数值，一般容量越大，阻抗电压可选得高些；空载损耗和负载损耗也要选择得比较小。冷却方式选择自然空气冷却（AN）；绝缘介质采用环氧树脂材料。此外还要考虑变压器的尺寸大小和占地面积。因为 35kV/0.4kV 动力变压器大部分都在室内安装，因此其大小应该引起足够的重视。

3. 35kV/1.18kV 整流变压器

牵引供电系统整流机组全部采用三相全波桥式整流，单台变压器为 12 脉波整流变压器，两台变压器并联运行构成等效 24 脉波整流变压器。整流变压器的基本要求如下：

（1）基本参数　一次额定电压：35kV；一次最高电压 38kV；二次额定电压 1180V。整流变压器采用无励磁分级调压，一次侧分接抽头的分接范围：35（1 ± 2 × 2.5%）kV。整流变压器采用干式、户内、自冷、环氧树脂浇注变压器。整流变压器接线形式：Dy5/Dd0。电

源额定频率：50Hz。短路阻抗百分比：8%。

（2）性能参数

1）耐压性能：一次侧1min工频耐压85kV；二次侧1min工频耐压10kV，二次侧雷电冲击电压20kV。

2）并联运行性能：两台变压器的阻抗电压不平衡率≤2%；两台整流变压器一次绕组分别移相7.5°和-7.5°，使两台整流变压器二次电压相位差15°，通过整流器获得24脉波整流。

3）损耗性能：见表3-4。

表3-4　损耗性能

容量/kV·A	空载损耗/kW	负载损耗/kW
2500	≤8	≤11
3300	≤11	≤18
4000	≤12	≤20

4）短路性能：承受短路电流能力，从无穷大电网获取电流的变压器（任何抽头位置），在二次侧完全短路持续时间2s的情况下，应不造成任何热和机械损伤，短路后线圈平均最高温度应小于350℃（铜导体线圈）。短路性能见表3-5。

表3-5　短路性能

容量/kV·A	短路电流/kA	持续时间/s
2500	26	2
3300	35	2
4000	42	2

（3）进线方式　高压进线最普遍的方式为电缆下进线，制造厂加电缆支架；配线走电缆桥架时，可由上部进线。低压出线方式及其接口配合有以下方式：

1）电缆：当整流变压器的容量较小（一般为200kV·A以下）时，电流小，因此导线截面积小，在这种情况下一般采用电缆出线。

2）一般情况下，设铜排出线端子，上接引出线形式较多。

3）低压封闭母线（或称插接式母线、密集型母线槽）：对IP20，外壳顶配封母法兰，方便与封闭母线终端盒连接；对IP00（无外壳），可供封闭母线端子。

4）横排侧出线：由于干式变压器没有油，也就没有火灾、爆炸、污染等问题，所以干式变压器可与低压屏置于同一配电室内，并可与低压屏并列布置在一起。变压器可采用横排侧向出线与低压屏母排直接连接。

5）立排侧出线：若母线为竖向布置的低压屏，变压器可提供立排侧向出线，变压器的出线在柜内直接与低压屏母线连接。进出线经过这些处理后，外表就见不到裸母线，使整个配电室整齐美观，并使用电更安全可靠。

3.3 整流器

城市轨道交通牵引供电系统整流器全部采用三相全波桥式整流，为了提高输出直流的质量，减少谐波，减少对城市电力系统的影响，一般采用 12、24 脉波整流电路。

3.3.1 三相桥式整流电路（6 脉波整流电路）

三相桥式整流电路如图 3-12 所示。

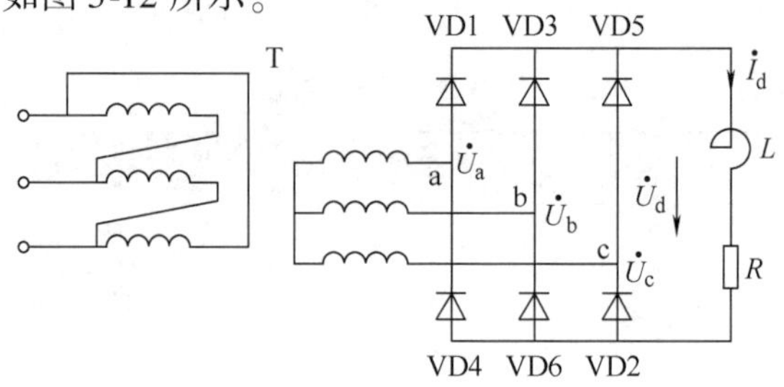

图 3-12 三相桥式整流电路

三相桥式整流电路的工作原理如下：在第一阶段，a 点电位最高，共阴极组的 VD1 触发导通，b 点电位最低，共阳极组的 VD6 触发导通，这时电流由 a 点经 VD1 流向负载，再经 VD6 流向 b 点。变压器 a、b 两相工作，加在负载上的整流电压为$\dot{U}_a-\dot{U}_b=\dot{U}_{ab}$，经过 60°后进入第二阶段。这时 a 点电位仍最高，VD1 继续导通，但 c 点电位最低，经自然换向点触发 c 相的 VD2，电流即从 b 点换到 c 点，VD6 承受反压关断。变压器 a、c 两相工作，加在负载上的整流电压为$\dot{U}_a-\dot{U}_c=\dot{U}_{ac}$。

如此循环下去，其输出直流 U_d在一个周期之内共有 6 个脉动的电压波形，这就是实现了 6 脉波整流。三相桥式整流电路的输出电压波形和矢量图如图 3-13 所示。

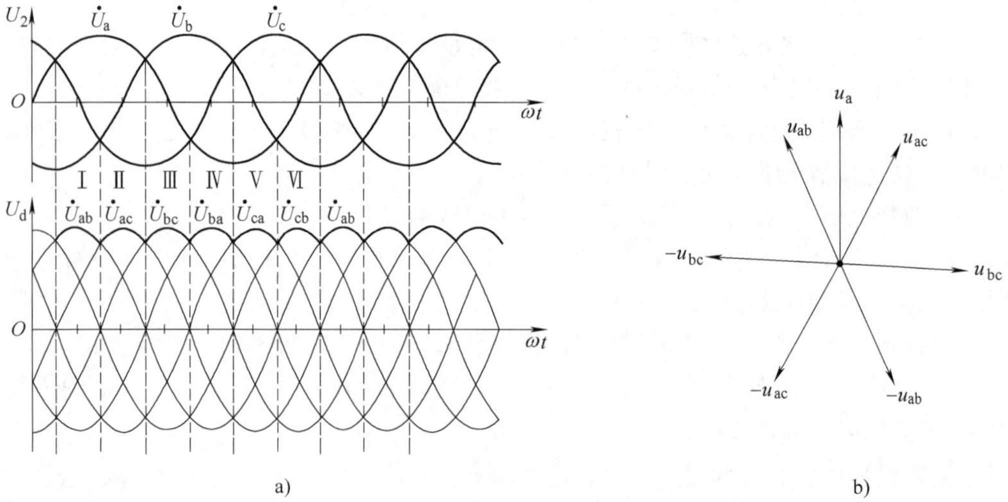

图 3-13 三相桥式整流电路的输出电压波形和矢量图

a）输出电压波形 b）矢量图

3.3.2 12 脉波整流原理

6 脉波整流是 12 脉波整流的基础。选择两组三相变压器和整流器系统，使两组变压器二次电压之间相差 30°电角度，其直流电压脉冲分量也相差 30°电角度，将两组桥式整流器的输出并联运行，即可实现将三相交流电源整流输出 12 脉波直流的目的。12 脉波整流原理图如图 3-14 所示。

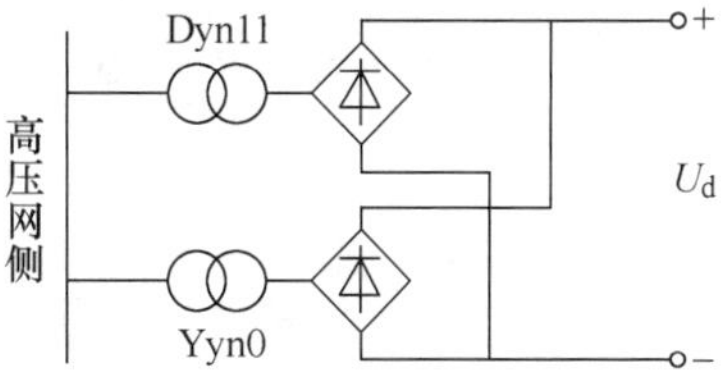

图 3-14　12 脉波整流原理图

图 3-14 中的两台变压器（Dyn11 和 Yyn0），在工程上已广泛采用带双低压输出的轴向分裂四线圈整流变压器，即一台双输出变压器（Dd0y11）作两台（Dyn11 和 Yyn0）变压器用，从而减少工程的占地面积和费用。Dyn11 和 Yyn0 之间满足两组变压器二次电压之间相差 30°电角度的要求。有时整流变压器的阀侧绕组分别接成三角形和星形，其线电压自然形成 30°相位差。双低压输出的轴向分裂四线圈整流变压器，由于采用了轴向分裂结构，阀侧绕组间具有较大的短路阻抗，因此，采用并联运行时不必加桥间平衡阻抗。所谓分裂变压器就是将低压绕组分裂成相等容量的两个绕组，此时若两个低压绕组的负荷不平衡，两段母线电压将会略有偏差。采用分裂变压器和普通变压器相比，在同容量和同电抗时，低压侧短路电流减少了一半。图 3-15 就采用了轴向分裂结构。

用变压器漏抗取代平衡电抗器技术已日趋成熟。漏抗取代平衡电抗器的优点如下：一是 24 脉波整流电路可将 4 个三相整流桥直接并联，省去两个平衡电抗器及其磁损耗，消除平衡电抗器铁心有可能饱和的风险；二是整流机组重量、体积、造价比下降，损耗降低，减少工程投资成本。其缺点如下：一是因整流变压器漏抗值有限，小负荷区段整流器工作在推挽状态，使此间交直流侧谐波稍有增加，但是与额定工况相比很小，另外，变压器二次侧 5、7 次谐波电流增加，但不会影响网侧谐波电流；二是由于无平衡电抗器限流，特大容量整流器直流侧短路电流很大，保护应多加考虑。

该整流方式，由于整流相数的增加，其产生的谐波分量较 6 脉波整流有较大的降低，输出电压也较稳定。其直流输出（U_d）波形如图 3-15 所示，0 ~ 2π 内共有 12 个脉动波形。

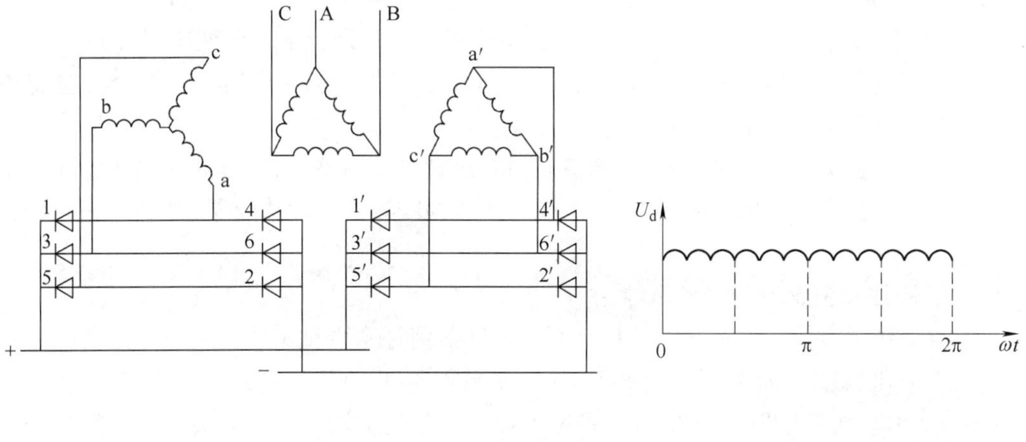

图 3-15　12 脉波整流电路及直流输出波形

3.3.3 24 脉波整流原理

24 脉波整流原理图如图 3-16 所示。

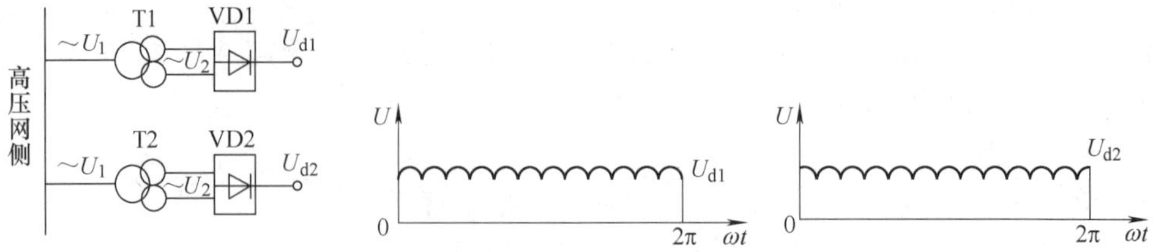

图 3-16 24 脉波整流原理图

图 3-16 中，T1、T2 为两台低压双输出电压的 12 相整流变压器，且 T1 和 T2 低压输出电压相差 15°相位角。VD1 和 VD2 为两台 12 相整流器。T1 和 VD1 单独工作时，输出 12 脉波的直流电源；T2 和 VD2 单独工作时，也输出 12 脉波的直流电源。T1 + VD1 和 T2 + VD2 并联（直流输出端子并联）工作时，由于 T1 和 T2 具有 15°相位差，合成输出 24 脉波的直流电源，实现将三相交流电源整流输出 24 脉波直流的目的。当然，二者也可以串联工作。

3.3.4 24 脉波整流变压器系统

1. 基本结构

24 脉波整流变压器系统有各种不同的结构组合。第一种情况下，可以采用单列 4 台变压器和 4 台全波整流器构成 24 脉波整流变压器系统，但这种系统占地面积大，维护复杂。第二种情况下，可以采用两台变压器三相三绕组和 4 台全波整流器构成 24 脉波整流变压器系统。而 4 台整流机组也可以根据不同的需要进行组合。4 台整流机组串联运行，适用于电压较高的场合；4 台整流机组并联运行，适用于负载电流较大（或大负载）的场合，城市轨道交通系统多采用这种系统。同时整流机组也有不同的结构，既有不可控整流二极管，也可以采用晶闸管。城市轨道交通系统的整流机组现在多采用大功率整流二极管。

图 3-17 所示是城市轨道交通系统常用的 24 脉波整流变压器系统的主电路原理图，这种系统由两台 12 脉波整流变压器组成，系统具有 100% 的备用，当其中一台出现故障时，仍可以提供 12 脉波的电源。RCT1 和 RCT2 称为整流机组，分别包括一台变压器（T1、T2）和一台整流器。整个变电站主要由两台 12 脉波轴向双分裂式牵引变压器和 4 组全波整流桥组成，图中每个整流器相当于两个整流桥。

城市轨道交通系统常用的等效 24 脉波整流系统包含两台变压器，即 T1 和 T2。T1 和 T2 均为双低压输出变压器，每台变压器（T1 或 T2）均可与 12 脉波整流器组成独立的 12 脉波整流系统。

2. 环氧浇注牵引整流干式变压器

为了减少变压器低压绕组之间的相互影响，环氧浇注牵引整流干式变压器沿轴向设置双线圈的低压输出线圈，即所谓的每相铁心两线圈轴向双分裂结构，通常要求其分裂系数 $K_F \geqslant 3.6$，基本联结组标号为 Dd0y11。采用了轴向双分裂结构后，直流阀侧绕组间具有较大的短路阻抗，因此一般不再设置平衡电抗。

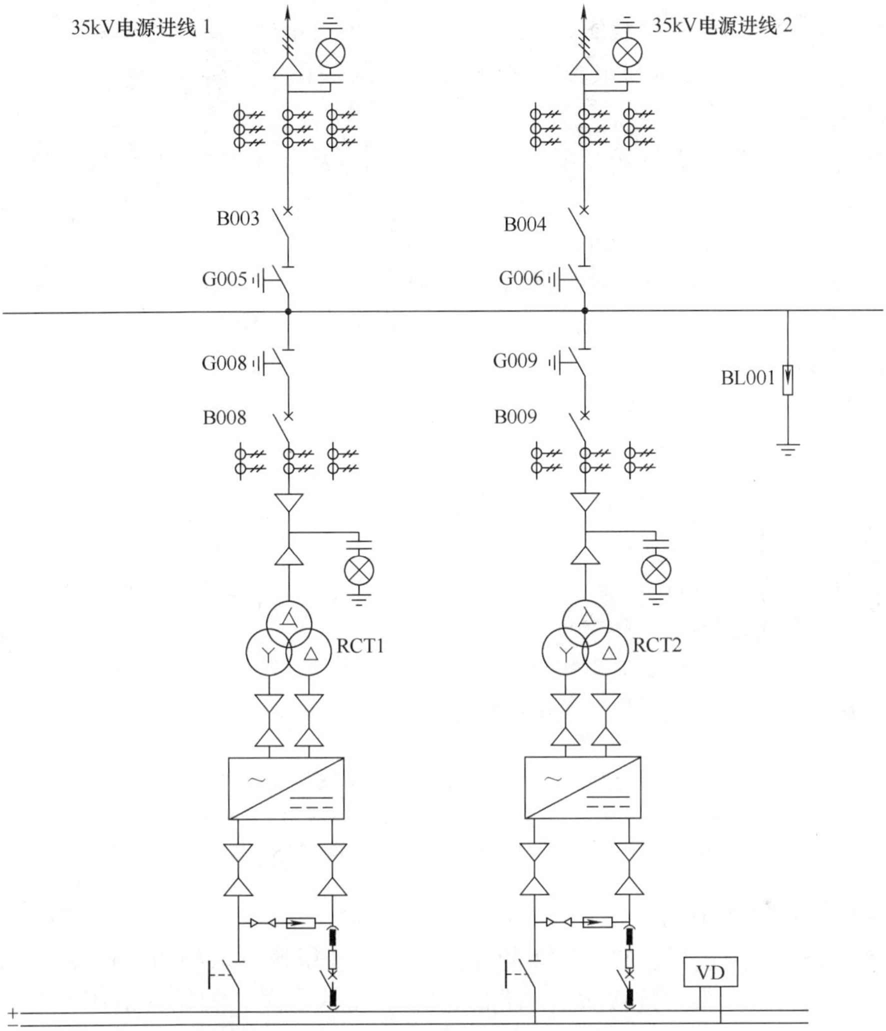

图 3-17　24 脉波整流变压器系统的主电路原理图

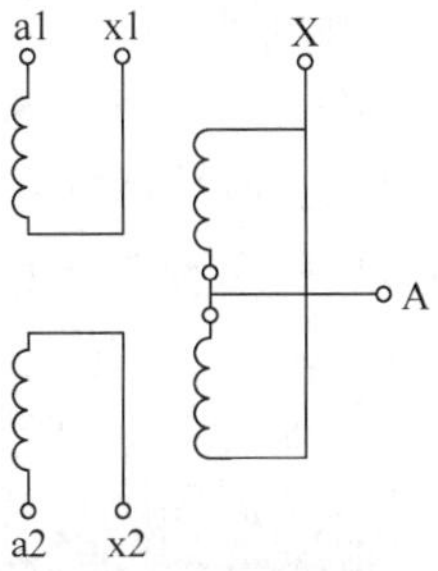

图 3-18　轴向双分裂结构变压器的绕组布置图

图 3-18 所示为轴向双分裂结构变压器的绕组布置图，这种变压器网侧为一个不分裂的绕组，分成上下两个支路，两个支路并联。两组阀侧绕组沿轴向布置于同一铁心柱上，其本身并没有并联或串联，而是将其头尾各自采用 Y 联结和 d 联结分别引出，分裂成两个支路。这种阀侧绕组分裂为两个支路布置在同一铁心柱上的轴向双分裂结构的变压器可以使阀侧的两个支路并联运行，同时向负载供电。

环氧浇注牵引整流干式变压器是地铁牵引机车电源整流系统的重要组成部分，采用延边三角形原理，改变三角形联结的方式便可以实现 7. 5°或 – 7. 5°的移相，阀侧采用 d、y 联结，使两台变压器阀侧绕组输出线电压相量互差 15°，由两台 6 相 12 脉波的移相变压器组成，通过硅整流器整流，形成 24 脉波直流输出，也可单独通过整流器供电，形成 12 脉波整流直流输出，谐波含量少。环氧浇注牵引整流干式变压器具有绝缘耐热等级高，达到 H 级绝缘、低损耗、低噪声、局部放电量少、防潮和过载能力强等特点，完全符合地铁Ⅵ级工作制的要求。电压等级有 10kV、20kV、35kV，整流脉波数有 12 脉波和 24 脉波可选。

3. 移相原理

在保证 T1 和 T2 具有相同基本结构的基础上，要实现等效 24 脉波整流，就必须使 T1 和 T2 低压输出之间移相 15°，经过分析，在高压侧采用延边三角形移相方法。为了并联 12 脉波整流系统（T1 和 T2）的平衡运行，就必须保证 T1 和 T2 具有相同的电气参数，为此 T1 和 T2 在基本联结组标号 Dd0y11 的基础上，分别移相 7. 5°和 －7. 5°，实现了 T1 和 T2 输出低压移相 15°的目的，又保证了几何尺寸和参数的对称。图 3-19 所示为延边三角形移相 7. 5°和 －7. 5°的接线图和相量图。

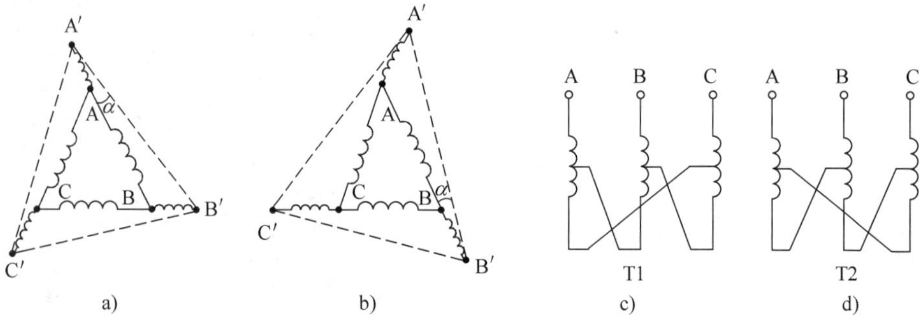

图 3-19　延边三角形移相 7. 5°和 －7. 5°的接线图和相量图

a）35kV 网侧延边三角形接线（α =7. 5°）　b）35kV 网侧延边三角形接线（α = －7. 5°）

c）延边三角形移相 7. 5°的相量图　d）延边三角形移相 －7. 5°的相量图

4. 一次侧（网侧）连接

为了保证产品的通用性，T1 和 T2 的高压线圈和低压线圈均相同，T1 和 T2 分别采用图 3-20所示的高压（一次）连接方法。此时，T1 变压器二次（阀侧）电压将滞后 T2 变压器 15°电角度。

两台变压器（T1、T2）的铁心、线圈是相同的，仅一次侧（网侧）接法的不同而产生二次低压移相 15°。因此两台变压器的互换性特别好。

24 脉波整流电压相量分析图如图 3-21 所示。左边的变压器为 1＃变压器，为 Dd0y11 联结；右边的变压器为 2#变压器，为 Dd2y1 联结。其中 1#变压器的一次侧三角形联结滞后 7. 5°，2#变压器的一次侧三角形联结超前 7. 5°。为了便于分析，把相互相差 120°的一组向量，用同一个方框表示出来。

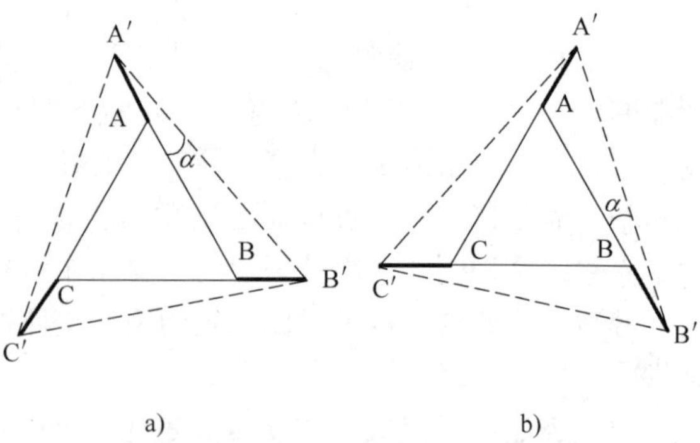

图 3-20　延边三角形相量图

a）35kV 网侧延边三角形电压相量图（α =7. 5°）

b）35kV 网侧延边三角形电压相量图（α = －7. 5°）

3 CHAPTER

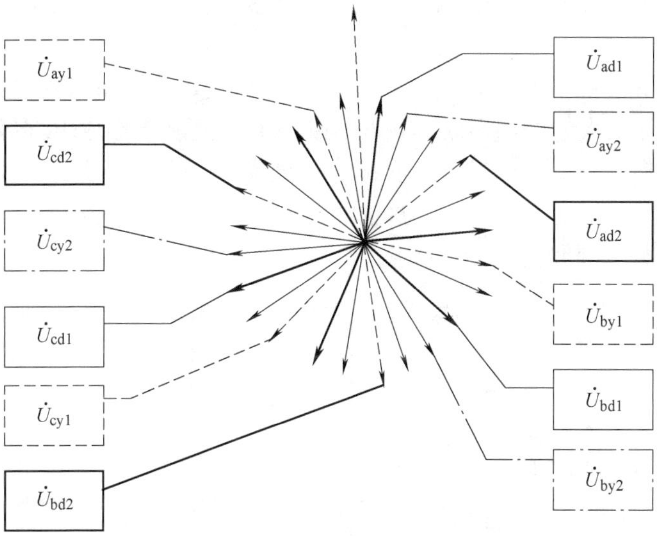

图 3-21　24 脉波整流电压相量分析图

$\dot{U}_{ad1}$—1#变压器二次侧三角形联结 A 相输出电压　$\dot{U}_{bd1}$—1#变压器三角形联结 B 相输出电压　$\dot{U}_{cd1}$—1#变压器三角形联结 C 相输出电压　$\dot{U}_{ay1}$—1#变压器星形联结 A 相输出电压　$\dot{U}_{by1}$—1#变压器星形联结 B 相输出电压　$\dot{U}_{cy1}$—1#变压器星形联结 C 相输出电压　$\dot{U}_{ad2}$—2#变压器三角形联结 A 相输出电压　$\dot{U}_{bd2}$—2#变压器三角形联结 B 相输出电压　$\dot{U}_{cd2}$—2#变压器三角形联结 C 相输出电压　$\dot{U}_{ay2}$—2#变压器星形联结 A 相输出电压　$\dot{U}_{by2}$—2#变压器星形联结 B 相输出电压　$\dot{U}_{cy2}$—2#变压器星形联结 C 相输出电压

以 1#变压器的星形联结为参考，以它的 12 点为基准，那么 $\dot{U}_{ad1} = U\sin(\omega t + 7.5°)$，$\dot{U}_{bd1} = U\sin(\omega t + 120° + 7.5°)$，$\dot{U}_{cd1} = U\sin(\omega t + 240° + 7.5°)$；$\dot{U}_{ay1} = U\sin(\omega t - 30° + 7.5°)$，$\dot{U}_{by1} = U\sin(\omega t + 120° - 30° + 7.5°)$，$\dot{U}_{cy1} = U\sin(\omega t + 240° - 30° + 7.5°)$。$\dot{U}_{ad2} = U\sin(\omega t + 60° - 7.5°)$，$\dot{U}_{bd2} = U\sin(\omega t + 120° + 60° - 7.5°)$，$\dot{U}_{cd2} = U\sin(\omega t + 240° + 60° - 7.5°)$；$\dot{U}_{ay2} = U\sin(\omega t + 30° - 7.5°)$，$\dot{U}_{by2} = U\sin(\omega t + 120° + 30° - 7.5°)$，$\dot{U}_{cy2} = U\sin(\omega t + 240° + 30° - 7.5°)$。然后画出它们的反相量，就可以得到所有电压相量图。这里没有把它们的反相量表示出来，读者可以自己标示一下。

3. 3. 5　整流器功率因数的表示法

1. 系统状况

两套整流机组分别通过两台断路器与交流母线相连，而且采用母线不分段方式，以确保输入电源的一致性。这种方案的两套整流机组的进线相互独立，两套整流机组也可以独立运行。当某一整流机组发生故障时，其保护装置使其进线断路器跳闸，故障容易判别。当一套整流机组因故退出运行时，在负荷较小时，另一套整流机组可继续运行。通过接线的改变，使两套机组的脉波输出相差 15°，并且让两者并联或串联运行，就会构成 24 脉波整流机组系统。只不过当一组出现故障时，就会输出 12 脉波整流系统。整流器和变压器的接线如图 3-22所示。

由图 3-22 可看出，每台变压器的二次侧都有两个绕组，一组采用星形联结，一组采用三角形联结。变压器二次绕组同名端线电压相差 30°，经整流形成 12 脉波整流系统。每座牵引变电所有两台整流机组，通过对一次侧进行处理（一般采用外延三角形联结）得以实现，一台移相7.5°，一台移相 -7.5°，这样两套 12 脉波整流系统形成一套 AC 35kV/1500V 或 750V 的等效 12 相 24 脉波整流系统。

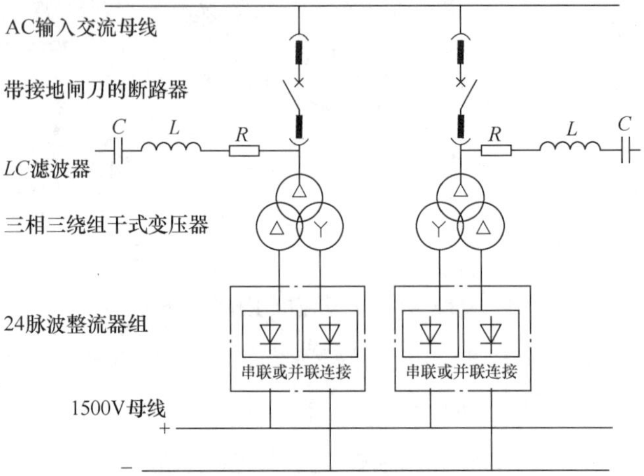

图 3-22 整流器和变压器的接线

2. 计算方法

用交流装置电网（一次）侧的每相输入有功功率 P_1 和视在功率 S_1 之比来表示功率因数，即

$$\cos\varphi = \frac{P_1}{S_1} = \frac{U_1 I_{11}\cos\varphi_1}{U_1 I_1} = \frac{I_{11}}{I_1}\cos\varphi_1 = \gamma_q\cos\varphi_1$$

式中 I_{11}——变压器一次电流基波分量的有效值；

φ_1——基波电流与电压的相位差。

对于桥式整流，$\gamma_q = \dfrac{I_{11}}{I_1} = 0.9$。

要减小谐波电流，减小波形畸变，就应让 γ_q 近似为 1。因为电流所含谐波分量与整流相数成反比，因而整流后电流波形的脉波数越多，则交流装置从电源所取得的电流波形就越接近于正弦，γ_q 更接近于 1，功率因数与位移因数更趋于一致。根据我国目前的实际情况，在额定条件下，交流装置整流后的波形如脉波数大于 6，在无其他规定的情况下，则可认为 $\gamma_q = 1$。这时可用位移因数 $\cos\varphi_1$ 来表示功率因数 $\cos\varphi$，并标定在产品铭牌上。对于城市轨道交通牵引供电系统的整流机组而言，就属于这种情况。

城市轨道交通牵引供电系统的整流机组的功率因数是用直流输出功率 P_d 和变压器二次侧的视在功率 S_2 之比来表示的，并以此来考察其效率的高低和质量的优劣。城市轨道交通牵引供电系统的整流机组全部采用三相全波桥式二极管整流电路。为了方便起见，下面以三相全波桥式二极管整流电路为例进行分析。

因
$$\cos\varphi = \frac{P_d}{S_2}$$

式中　P_d——整流器的直流输出功率；

　　　S_2——变压器二次侧视在功率。

而
$$U_d = \frac{1}{\frac{\pi}{3}}\int_{-\frac{\pi}{6}}^{\frac{\pi}{6}} \sqrt{6}U_2\sin\omega t\mathrm{d}(\omega t) = 2.34U_2$$

故
$$P_d = U_dI_d = 2.34U_2I_d$$

二次侧的视在功率为
$$S_2 = 3U_2I_2$$

对于三相全波桥式二极管整流电路，有
$$I_2 = \sqrt{\frac{2}{3}}I_d$$

所以
$$\cos\varphi = \frac{P_d}{S_2} = \frac{2.34U_2I_d}{3U_2\sqrt{\frac{2}{3}}I_d} = 0.955$$

与单相桥式整流电路相比，由于三相桥式电路每周期有 6 个波头输出，是单相桥式的两个波头的 3 倍，所含谐波减小，畸变系数增大，因此其三相电路的功率因数就较高。城市轨道交通牵引供电系统的整流机组都是以 6 脉波为基础，在此基础之上，组成了 12 脉波和 24 脉波整流器，因此它们的功率因数都比较高。

三相全波桥式整流预期功率因数见表 3-6，可以看出，一般情况下三相全波桥式整流预期（或理想）功率因数和脉波数的关系为：脉波数越多，功率因数越高。

表 3-6　三相全波桥式整流预期功率因数

脉 波 数	功 率 因 数
6	0.955
12	0.988
24	0.997

从计算结果上可以看出，目前所采用的整流机组的功率因数都满足大于 0.95 的要求，其功率因数已经很高了，特别是 24 脉波桥式整流机组的功率因数几乎饱和，再加以提高的空间已经很小了。

3. 影响功率因数的因素及改进措施

（1）功率因数的理论值与实际值　从分析知道，城市轨道交通牵引供电系统整流机组的功率因数对系统功率因数贡献巨大。也就是说，牵引负荷所占比重越大，系统功率因数越高。从理论值上可以看出，12 脉波和 24 脉波整流器，它们的功率因数都比较高。但实际情况下，都达不到这么高。

对于大容量负载，一般可采用两组桥式电路并联或串联供电。在我国国内，1500V 直流牵引系统均采用两组桥式整流机组并联供电，如上海地铁、广州地铁等；武汉高架轻轨采用

750V两组桥式整流机组并联供电，实际上是4组6脉波三相桥式整流器并联工作。香港地区采用两组桥式电路串联供电。

当采用两组桥式电路串联供电时，两台三相桥式二极管整流机组串联工作，负载电压为两组直流电压之和。此时 $U_d = U_{d1} + U_{d2}$。

当二极管整流机组工作在并联状态时，所需电流较小，其中一台三相桥式整流（二极管）机组工作在整流状态，而另一台三相桥式整流（二极管）机组工作在截止状态。即二者工作在推挽工作状态。此时，整流机组的功率因数会有所下降，但影响不大。

当所需电流较大时，二者工作在并联状态，同时输出直流电流。此时负载电压为 $U_d = U_{d1} = U_{d2}$。在这种情况下，整流机组的功率因数都比较高。

由此看出，当工作负荷较小时，三相桥式整流（二极管）机组的效率会降低，功率因数达不到理想值，而且此时的谐波也较大。

（2）整流相数与功率因数　通过计算分析知道，增加整流相数本身就可以提高功率因数。此外，整流相数越多，电流中谐波的最低次数越高，且幅值也减小，从而也可以提高功率因数。从表3-4中可以看到，由6脉波提高到12脉波，功率因数提高了0.033；而从12脉波提高到24脉波，功率因数提高了0.009。因此对于高于24脉波的整流机组而言，其主要目的不再是为了提高功率因数，而是减少谐波，提高电源质量。

谐波电流在电网中流动，作为一种能量，最终要消耗在线路及各种电气设备上从而增加损耗，影响电网及各种电气设备的经济运行；谐波电流通过变压器，可使变压器的铁心损耗明显增加，从而变压器出现过热，效率降低，寿命缩短；谐波对电网的影响也是如此，谐波可使电缆内耗加大，使电缆发热，缩短电缆的使用寿命；谐波对电动机影响更大，不仅损耗增加，还会使电动机转子振动，使其效率降低，这些都会大大降低系统的功率因数。因此通过增加整流相数，由原来的12脉波提高到24脉波，可以有效地减少谐波，提高电源质量，同时也提高了功率因数。因此目前的城市轨道交通供电系统不再采用12脉波整流机组，而多采用24脉波整流机组，以达到经济运行的目的。

（3）安装补偿装置　轨道交通供电系统有许多感性负载，如电力变压器、整流机组、动力照明负载等设备。为减少供电系统的无功损耗、有效利用供电设备容量、降低运行成本，需对供电系统的功率因数进行改善，同时抑制供电系统向电网返送无功。

在地铁中牵引负荷的功率因数较高，一般为0.97左右，动力照明负荷的功率因数较低，一般只有0.78左右。当轨道交通不采取任何无功补偿措施时，高峰时段主变压器高压侧负荷的总功率因数只有0.89左右。

为了提高整个系统的功率因数，可以在一些特殊设备处，特别是比较大的感性设备处，安装电容性补偿装置，以利于提高功率因数。但是目前地铁供电系统还没有安装补偿装置，一般都预留了位置。

3.3.6 整流机组和整流器性能

1. 整流机组的基本要求

牵引供电系统整流变压器的设计应和整流器相匹配，形成整流机组。整流机组的效率在额定负载下应不小于98%，每套整流机组的功率因数在额定负荷下应不小于0.95；整流机组的固有电压调整率为6%；整流机组的负载特性为反电动势、再生。

此外整流机组有良好的负载特性：负载等级为Ⅵ级（GB/T 3859.1—2013），即满足下列条件时的负载特性：

100%额定负载输出连续不间断；

150%额定负载输出2h；

300%额定负载输出1min。

2. 整流器

牵引供电系统整流器采用自然风冷式，用于户内安装；单台整流器的额定功率可以选择2000～4000kW；网侧额定交流电压为1180V，额定直流电压为1500V，额定直流电流为1500～2700A；空载电压为1640V，直流侧空载情况下，整流变压器施加35（1+5%）kV的交流电压时，直流侧输出电压不超过1800V，最低值为1000V。直流750V系统，最低值为500V，最高值为900V。

1）整流方式：城市轨道交通牵引供电系统整流器全部采用三相全波桥式整流，选择平板式二极管，而且一般采用国内最高品质的产品。这种二极管的反向重复峰值电压应不小于4400V，二极管允许正向电流不小于1800A。单个二极管安装在自然冷却的散热片上，散热片应具有良好的散热特性，散热片表面要进行防腐处理以减少维护工作。要选用合适的二极管，并应考虑整流器母线的电阻，使整流器每个臂并联二极管的电流不平衡度小于10%。整流器的设计应满足当任一臂并联的二极管有一个损坏时，仍能正常运行，满足整流器的过载要求及承受短路电流的要求。有的容量大的系统，每一个臂上并联3个二极管，6脉波就需要18个二极管，12脉波就需要36个二极管，24脉波就需要72个二极管。

为确保二极管的工作，整流桥内设置了熔断器熔断报警。不同桥臂上的一个二极管损坏时，相应的熔断器熔断报警；同一桥臂上的两个二极管损坏时，相应的熔断器熔断报警，同时二极管保护动作跳闸。

2）电压调整（见表3-7）：当直流负载在0.5%～300%范围内变化时，电压变化应为线性。

表3-7 电压调整

负　载	电　压
0.5%	不超过1640V
100%	1500V
300%	不低于1320V

3）整流器耐压：整流器主电路应能承受5kV的工频耐压1min，辅助电路和主电路应电气隔离，并能承受2kV的工频耐压1min。整流器应能承受5.4kV的冲击电压。

4）承受短路电流能力：整流器应能承受由于直流侧短路而产生的短路电流的冲击，直至断路器跳闸。

5）保护能力：整流器应具有内部短路保护能力。每个整流二极管串联一个快速熔断器，当二极管失去单向性能时产生变压器二相短路，回路中将产生短路电流，此时应由二极管熔丝熔断来保护。快速熔断器应带有接点，熔断后能给出信号用于报警或跳闸。当一个臂内只有一个熔丝熔断时，发出报警信号或一个跳闸信号。

整流器具有电压保护能力：一是具有换相过电压保护能力，在二极管两端并联 RC 电路，防止换相过电压损坏二极管；二是具有交流侧过电压保护能力，在交流侧加 RC 过电压抑制回路和氧化锌压敏电阻，防止交流侧开关操作或变压器感应产生过电压损坏二极管；三是具有直流侧过电压保护能力，在直流侧加装 RC 过电压抑制回路和放电回路，防止直流快速断路器开合时产生操作过电压损坏二极管，并在整流器输出端并联一个压敏电阻，抑制残余的过电压。

整流器具有温度保护能力。在整流器预测温度最高的元件散热器或铜母线上设置温度传感器元件，用于监视元件散热器或铜母线的温度，温度结果一段用于报警，二段用于跳闸，并发出当地及远方信号。

整流器具有逆流保护能力。整流器应配置反映反向电流的逆流保护，当发生逆流时，应能快速发出跳闸信号。

6）整流器应具有自动化数据采集装置和液晶显示功能。

整流器应具有良好的人机交互界面，以帮助运营人员及时了解整流器的工作状况；可以显示主电路直流电流和直流电压；显示桥臂熔断器熔断信号及已熔断的熔断器位置；显示整流二极管散热器及铜母线温度；显示整流器跳闸信号；显示控制电源失电报警信号。

整流器可以采集本地数据：桥臂熔断器熔断报警；超温报警；控制电源失电报警；桥臂熔断器熔断跳闸；逆流保护跳闸。并把这些信息按照要求上传到 SCADA 系统，即电力监视控制系统。

3.4 变压器的运行与维护

3.4.1 变压器的运行

1. 变压器启用前的准备工作

1）在启用变压器前，应检查各级电压一次回路中的设备以及变压器分接头位置，并从母线开始检查，到变压器的出线为止。

2）应检查临时接地线、遮栏和工作牌等是否均已撤除，全部工作票是否都已交回。

3）测定变压器绕组的绝缘电阻合格后，方可启用变压器。

2. 变压器的操作原则

投入运行后，它的工作状态并不是一直不改变的。一般来说电气设备分为运行、备用、检修三种状态。变压器也必须在三者之间转变。变压器由运行、备用、检修三种状态中的一种状态转变成另一种状态所进行的操作叫作变压器的倒闸操作。倒闸操作必须按照一定的要求进行，有严格操作顺序和规程。

1）若大型变压器都装有断路器，断、合闸必须使用断路器，对空载变压器来讲，也应如此。

2）变压器送电操作顺序：停电时应先停负载侧，后停电源侧；送电时与上述过程相反，即先送电源侧（或者说一次侧），然后再送负载侧，而且要由少到多，依次增加负载设备。因为多电源的电路按此顺序停电，可以防止变压器反充电。若停电时先停电源侧，如遇变压器内部故障，可能会造成保护误动作或拒绝动作，延长故障切除时间，也可能

扩大停电范围。其次，从电源侧逐级送电，如遇故障，也便于按送电范围检查、判断及处理。

3）在电源侧装隔离开关，负载侧装断路器的电路中，送电时，应先合电源侧隔离开关，后合负载侧断路器；停电时，应先断负载侧断路器，后断电源侧隔离开关。因为隔离开关只允许拉合变压器的空载电流，而负载电流则应用断路器来断合。

4）在用无载调压分接开关调整电压时，应将变压器与电网断开后，才可改变变压器的分接头位置，并应注意分接头位置的正确性。在切换分接头以后，必须用电阻表测量接触电阻值是否合格。

5）变压器停送电操作的要求如下：一是送电前，应检查变压器中性点接地方式是否正确，检查三相分接头位置，应保持一致；二是停电后，对于油变压器应将变压器的重气体保护由“跳闸”改为“信号”等；三是对强油循环冷却的变压器，不开潜油泵不准投入运行。

3. 变压器运行注意事项

1）变压器投入运行前，应根据变压器铭牌和分接指示牌将分接片或有载开关调到合适的位置。对于无载调压变压器，如输出电压偏高，在确保高压断电情况下，应将分接头的连接片往上接（1 档方向）；如输出电压偏低，在确保高压断电情况下，应将分接头的连接片往下接（5 档方向）。

2）变压器应在空载时合闸投运，合闸涌流峰值最高可达10 倍额定电流左右。变压器的电流速动保护设定值应大于涌流峰值，变压器采用反时差保护3 倍额定电流时间应大于0.3s以上。

3）变压器投入运行后，所带负载应由轻到重，并检查产品有无异响，切忌盲目一次大负载投入。

4）变压器过载运行应按照相关标准或厂家技术手册中的过载能力曲线，带风冷系统产品应强行起动风机。

5）变压器退出运行后，一般不需要采取其他措施即可重新投入运行，但是如果在高温、高湿情况下，变压器已发生凝露现象，那么必须经干燥处理后，变压器方能重新投入运行。

3.4.2 变压器的维护

1. 变压器的正常维护

为了保证变压器能正常运行，需对它进行定期检查维护。

1）在干燥清洁的场所，一般每年或更长一点时间进行一次检查。在其他场合，例如可能有大量灰尘或化学烟雾污染的空气进入时，可每3～6 个月进行一次检查。

2）检查时，如发现有过多的灰尘或异物聚集，则必须清除，以保证空气流通和防止绝缘击穿。特别注意要用布清洁变压器的绝缘子、下垫块凸台处以及高压线圈外表，并使用干燥的压缩空气吹净通风气道中的灰尘。

3）检查紧固件、连接件是否松动，导电零件有无生锈腐蚀的痕迹，还要观察绝缘表面有无爬电痕迹和碳化现象，必要时应及时通知厂家进行处理。

4）干式变压器运行若干年（建议5 年）后，做一下绝缘电阻测试和直流电阻测试来判断变压器能否继续运行，一般无须进行其他测试。

2. 变压器的日常维修检查

（1）现象　日常的维修检查就是从外观检查浇注型干式变压器的运转状态。一旦发现有异常迹象，要迅速采取适当措施，避免发生事故。在日常巡视时，如听到以下不正常的声音时，应引起注意：

1）变压器运行中发出的“嗡嗡”声有变化，声音时大时小，但无杂音，规律正常。

2）变压器运行中除“嗡嗡”声外，内部有时发出“哇哇”声。这是大容量动力设备起动所致，另外变压器接有电弧炉、晶闸管整流器设备，在电弧炉引弧和晶闸管整流过程中，电网产生谐波过电压，变压器绕组产生谐波过电流，若谐波分量很大，变压器内部也会出现“哇哇”声，这就是人们所说的晶闸管、电弧炉谐波对电网的污染。

3）变压器运行中发出的“嗡嗡”声音变闷、变大。

4）变压器运行中内部有“吱吱”“咕隆”等异常声音。

5）变压器内部发生强烈的电磁振动噪声。这是由于变压器内部紧固装置松动，使铁心松动，发出电磁振动的噪声及变压器地角松动发出的共振声音。

6）变压器运行中发出很大的电磁振动噪声。这是由于供电系统中有短路或接地故障，短路电流通过变压器绕组铁心磁通饱和，造成振动和声音过大的电磁噪声。

7）变压器运行中发出尖而粗的声音。这是由于10kV中性点不接地系统中发生一相金属性接地，系统中产生铁磁饱和过电压，导致变压器谐振过电流，使铁心磁路发生畸变，造成振荡和声音不正常。

（2）处理方法

1）通过操作使变压器正常运行，这些操作有切除故障设备、改变运行方式和减少负载等。

2）减少大容量动力设备的起动次数。

3）降低变压器负载，或更换大容量变压器，防止变压器过载运行。

4）停电检修变压器，处理内部故障。

5）检修变压器紧固夹紧装置，加强变压器地角的牢固、稳定性。

6）检查系统中的短路、接地故障并进行处理。

3.4.3　变压器无励磁分接开关的维护及故障处理

电压是电能质量的指标之一，其变动范围一般不得超过额定电压值的±5%。为了保证电压波动能在一定的范围内，就必须进行调压。调压的其中一种方法是改变变压器的匝数。为了改变绕组的匝数，常把绕组引出若干个抽头，这些抽头就叫作分接头。当用分接开关切换到不同的抽头时，便接入了不同的匝数，从而实现调压目的，这种调压方式又分为无励磁调压和有载调压。无励磁调压分接开关是在变压器的一次侧和二次侧均与供电网络断开的情况下，用以改变一次或二次绕组的分接，改变其有效匝数进行分级调压。无励磁调压是指切换分接头时，必须在变压器不带电的情况下进行切换，切换用的开关称为无励磁调压分接开关。有载调压分接开关是在变压器负载运行中，用以变换一次或二次绕组的分接，由一个分接头切换到另一个分接头，从而改变其有效匝数，进行分级调压。也就是说，有载调压是在保证变压器不切断负载的情况下进行的。

1. 无励磁分接开关的维护检查

1）无励磁开关常见的故障是导电部分接触不良，接触电阻增大使触头发热，使变压器油劣化。

2）检查分接开关是否灵活、到位。

3）要检查所用绝缘体是否完好，有无破损，分接线是否牢固。

4）检查机械零部件是否齐全完好，小轴、销子是否合适。

5）检查器身连箱盖结构的变压器分接开关时，应检查其在箱盖上是否固定牢固。

6）要求分接开关的触头位置与指示位置一致，三相位置也要一致。

7）测量静、动触头在接触位置时的线圈直流电阻值，并与出厂值比较应符合要求。

8）单相无励磁分接开关的装配要求操动联杆长短合适，在现场检修时要做好原始记录。装配时操动联杆下端槽口应准确地插入开关本体绝缘轴的定位销上。

2. 无载分接开关的故障处理

（1）故障现象　值班人员在检查变压器时，如发现变压器油箱内部有“吱吱”的放电声，电流表指针随着声音发生摆动，气体保护可能发出信号，油的闪光点急剧下降，此时可初步判断为分接开关故障。若故障继续发展下去，则分接开关可能会被烧坏。

（2）故障原因分析　一是弹簧压力不足，滚轮压力不均，使有效接触面积减少，以及镀银层机械强度不够而严重磨损等引起分接开关在运行中被烧坏；二是分接开关接触不良，引出线连接和焊接不良，经受不起短路冲击而造成分接开关故障；三是在倒换分接头时，由于分接头位置切换错误，引起分接开关烧坏；四是由于相间绝缘距离不够，或者绝缘材料的电气绝缘强度低，在过电压（大气过电压或操作过电压）的情况下，绝缘击穿，造成分接开关相间短路。

发现上述现象后，值班人员应将分接开关切换到完好的另一档上，此时，变压器仍可继续运行。

3.4.4　变压器有载分接开关的维护及故障处理

有载开关目前主要有两种：一种为真空有载开关，另一种为空气有载开关。它们各有长处和短处：真空有载开关切换时无弧光，但结构复杂、造价高，维护困难；空气有载开关切换时有弧光，但结构简单、造价低，维护方便。

1）分接变换操作中发生异常情况时，应做如下处理并及时汇报，安排检修。

① 操作中发生联动时，应在指示盘出现第二十分接位置时立即切断操作电源，如有手摇机构，则手摇操作到适当分接位置。

② 远方电气控制操作时，计数器及分接位置指示正常，而电压表和电流表又无相应变化，应立即切断操作电源，中止操作。

③ 分接开关发生拒动、误动；电压表和电流表变化异常；电动机构或传动机械故障；分接位置指示不一致；内部切换出现异声；过电压保护装置动作；看不见油位或大量喷漏油及危及分接开关和变压器安全运行的其他异常情况时，应禁止或中止操作。

2）分接开关巡视检查项目如下：

① 电压指示应在规定电压偏差范围内。

② 控制器电源指示灯显示正常。

③ 分接位置指示器应指示正确。

④ 分接开关储油柜的油位、油色、吸湿器及其干燥剂均应正常。

⑤ 分接开关及其附件各部位应无渗漏油。

⑥ 计数器动作正常，及时记录分接变换次数。

⑦ 电动机构箱内部应清洁，润滑油位正常，机构箱门关闭严密，防潮、防尘、防小动物，密封良好。

⑧ 分接开关加热器应完好，并按要求及时投切。

3）重大事故处理。当有载开关出现重大事故，应先检查变压器本体有无异常（如发黑开裂等）。如无异常，可将变压器按接线图接成无载（原来开关位于第几档，就将变压器接在几档）位置，然后将有载开关连线与变压器全部断开并保证一定绝缘距离，即可以重新投网运行。

目前，城市轨道交通供电系统大部分采用有载调压。

3.4.5 城市轨道交通供电系统变压器的运行与维护

城市轨道交通供电系统变压器多采用干式变压器，虽然大部分与普通电力变压器的维护有许多相似之处，但其运行与维护也有自己的特点。

1. 运行

（1）运行前的检查　检查所有紧固件、连接件是否松动，并重新紧固一次。检查运输时拆下的零部件是否重新安装妥当，并检查变压器是否有异物存在，特别是变压器高低压风道内及下垫块上。检查风机、温度控制器、温度显示仪及有载开关等附件能否正常运行工作。对于三相电源风机，应注意其转向，风机为正常转向时，风从线圈底部向上吹入线圈，否则就为反转，需要更换风机电源的相序。

（2）运行前的试验

1）测量三相所有分接位置下的直流电阻，三相相电阻不平衡率应小于4%，三相线电阻不平衡率应小于2%。对于容量为800kV·A以上的变压器，当低压由于引线结构原因超过标准时，与出厂数据比较，其波动范围应小于2%。测量所有分接位置下的电压比以及联结组标号，最大电压比误差应小于0.5%。

2）线圈绝缘电阻的测量。运行前必须对线圈绝缘电阻进行测量，一般情况下（温度20~40℃，湿度90%），其数值必须满足以下要求：①高压对低压及地≥300MΩ；②低压对高压及地≥100MΩ。

但是，如果变压器遭遇异常气候，发生潮湿凝露现象，则无论其绝缘电阻如何，在其进行耐压试验或投入运行前必须进行干燥处理，如用大碘钨灯进行照射。

3）铁心绝缘电阻的测试。一般情况下（温度20~40℃，湿度90%），用2500V绝缘电阻表测量，其数值必须满足以下要求：①铁心对夹件及地≥1MΩ；②穿心螺杆对铁心及地≥1MΩ。

同样，在比较潮湿的环境下，此值会下降，只要其阻值≥0.1MΩ即可运行。对于有载调压变压器，应根据有载调压分接开关使用说明书做投入运行前的必要检查和通电试验。此外需进行工频耐压试验，试验电压为出厂试验电压的85%。

（3）投网运行　变压器投入运行前，应根据变压器铭牌和分接指示牌将分接片或有载开关调到合适的位置。无载调压变压器如输出电压偏高，在确保高压断电情况下，应将分接头的连接片往上接（1档方向），如输出电压偏低，在确保高压断电情况下，应将分接头的连接片往下接（5档方向）。变压器应在空载时合闸投入运行，合闸涌流峰值最高可达10倍额定电流左右。变压器的电流速动保护设定值应大于涌流峰值，变压器采用反时差保护3倍额定电流时间应大于0.3s以上。

变压器投入运行后，所带负载应由轻到重，并检查产品有无异响，切忌盲目一次大负载投入。变压器过载运行应按照相关标准或厂家技术手册中的过载能力曲线，带风冷系统产品应强行起动风机。

变压器退出运行后，一般不需要采取其他措施即可重新投入运行，但是如果在高湿度情况下，变压器已产生凝露现象，那么必须经干燥处理后，变压器方能重新投入运行。

2. 变压器的维护

为了保证变压器能正常运行，需对它进行定期检查维护。除了正常的维护外，还要针对以下情况，进行特殊处理。

（1）受潮处理　在变压器出现进水或凝露，使高低压绝缘电阻小于3MΩ/kV或铁心对地为零等情况之一时，最简单的方法是用前照灯泡直照进行烘烤，但时间较长，一般需要10天左右。如时间紧，可采用短路法，即低压用铜排短路，短路铜排截面积与低压出线铜排截面积相当，高压接通不超过阻抗电压的三相电压。

当绝缘好于以上情况时，可采用空载进行烘烤，将高压开路（注意绝缘距离应大于高压绝缘子长度），低压通额定电压（一般产品低压额定电压为400V，就可以通380V左右的市电进行烘烤），时间4h以上就可满足投网条件，但通电时应做防护工作，以免有人闯入。但对于没有浇注箔式产品，在变压器出现进水或凝露时，无论绝缘电阻多少，都应该采用短路法烘烤2天甚至4天以上。

运行中的变压器一般会在其表面积灰，加之环境潮湿，就会导致放电。因此，一旦听到放电声音，必须尽快停电进行干燥处理和清扫。清扫的部位主要是绝缘子、垫块和风道。

（2）噪声处理　引起异常声音的原因一般有主电路接头不够紧固、拉杆螺钉松动、绝缘垫块松脱等，此时须停电检查上述部件。

首先检查低压侧输出电压是否高于低压额定电压，如高于额定电压，则需确保在高压断电情况下，把调压分接头的连接片调至合适的分接档；检查夹紧件及拉杆螺钉是否松动，以及铁心底部托盘螺钉是否松动；检查带外壳产品的上下网板是否振动，在保证安全情况下，按住网板看噪声是否消失。

（3）温度控制器、温度显示仪的维护　由于不同厂家配备的温度控制器和温度显示仪各有不同，因此处理起来各有不同，一般原则如下：

检查电源是否接对，有接单相电源的，也有接三相电源的。在断电情况下，检查三相Pt100铂电阻是否平衡（一般相差小于10%），若某相热敏电阻值太大，说明铂电阻变质或接触不良，应给予更换或重焊。使用热敏电阻作温度控制元件的产品，应测量进入温度控制器的相应热敏电阻值是否正常（三相串联电阻应不小于400Ω），若不正常则检查接线端子是否松动或断线。如以上情况都正常，但温控和温显还不正常，则需更换温度显示仪或温度控制器本身，有问题的温度显示仪或温度控制器可找无线电修理部或厂家维护（超过4年就不再维护）。

（4）变压器重大事故处理　如因小动物（如老鼠或蛇）造成变压器接地跳闸，变压器线圈如果没有发生开裂现象，则可将小动物拿开，清除线圈表面黑迹（用砂带清除）并刷上绝缘清漆，就可投入运行。如因过载或上部漏水以及不明情况造成变压器烧黑开裂等情况，则须停止运营，并立即与厂家联系处理。

（5）安全注意事项　对于无外壳的变压器，在安装完毕投入运行之前，应在变压器的周围安装隔离栏栅，以避免意外事故发生。变压器投入运行以后严禁触摸变压器主体，以防事故发生。变压器的试验、安装、维护必须由有资格的专业人员承担。变压器安装在高压开关柜中，应特别注意线圈外表对开关柜的绝缘距离，否则湿度大时就容易发生意外。

【实践操作】

1. 操作练习

1）教师带队现场参观学习；实验室了解变压器整流器。

2）结合生活，研究本人居住小区的变压器的基本情况，写一篇800～1000字的电源配置情况报告。

2. 书面练习

1）变压器有什么主要用途？

2）如何确定变压器的接线方法？

3）城市轨道交通供电系统为什么用干式变压器？干式变压器较一般油浸式变压器有何优点？

4）整流二极管如何选择？

5）三相桥式整流电路是如何工作的？画出其波形图。

6）城市轨道交通供电系统是如何构成24脉波整流电路的？延边三角形如何实现？

7）对城市轨道交通供电系统整流器有何技术要求？

8）城市轨道交通供电系统的35kV/0.4kV动力变压器如何选择？

9）如何理解轴向双分裂结构变压器？

10）主变电所的变压器如何选择？

11）变压器的操作应遵循什么原则？

12）24脉波整流器的功率因数应如何计算？整流器的功率因数和脉波有什么关系？试分别计算出6脉波、12脉波整流器的功率因数。多脉波整流有什么作用？

13）城市轨道交通牵引供电系统对整流器有何要求？

14）110kV/35kV主变电所的变压器如何选择？

15）解释变压器温度显示控制系统。

16）变压器防护等级的含义是什么？

17）解释绝缘等级与绕组允许温升的关系。

18）变压器的日常维护包括哪些？

【评价跟进】

1. 教师的评价

由教师在完成本章的教学任务后填写，在相应表格中画“√”。

评 价 项 目		教师的评价			
序号	题　目	好	较好	一般	较差
1	对本章教学过程的控制				
2	在本章教学过程中，学员的参与情况				
3	学员对本章知识学习后的效果反馈				
教师对本章教学的总结评价意见及跟进措施					

2. 学员的评价

由学员在完成本章的教学任务后填写，在相应表格中画“√”。

评 价 项 目		学员的评价			
序号	题　目	好	较好	一般	较差
1	在本章教学执行过程中教师的表现				
2	本章教学内容与社会实际需求的联系情况				
3	自己在本章学习过程中的表现				
学员对本章教学的总结评价意见及跟进措施					

第4章 接地系统与过电压保护

【问题导入】

接地系统是城市轨道交通供电系统中非常重要的一环。科学地接地，不但可以提高系统的安全运行和经济运营，还可以起到事半功倍的效果，特别是对保护有着重要的影响。因此，了解复杂的接地系统是学习、理解城市轨道交通供电系统的必要前提。

【学习目标】

1. 掌握城市轨道交通供电系统接地系统的种类。
2. 掌握弱点接地、强电接地以及综合接地的含义。
3. 掌握低压供电系统接地的方式，并深刻理解。

【教学建议】

1. 重点讲解轨道交通供电系统接地系统的作用。
2. 特别熟悉低压供电系统接地的方式，并结合家庭和小区的供电进行解读，增加学生的兴趣。

【理论知识】

4.1 接地系统概述

4.1.1 电气接地的基本知识与概念

“地”一般指大地，但在电气上它却具有更深层的含义。由于大地内含有自然界中的导电物质，因此它也是能导电的。可以认为在远离接地点20m以外时，实际上已是零电位了。而这个电位为零的地方，也就是电气上通常所说的“地”，即其含义实际上是泛指零电位的地方。由于地球非常大，因此无论多少电荷都可通过它流散，而不会使整个地球的电位升高。正因为如此，电气上便常以大地的电位作为参考零电位。

1. 接地装置、接地体与接地线

接地装置是指人为设置的接地体与接地线的总称。埋入土壤内并与大地直接接触的金属导体或导体组，叫作接地体，也叫接地极。接地装置按结构可分为人工接地体与自然接地体两类；按具体形状可分为管形与带形等多种。连接接地体与电气设备应接地部分的金属导体，叫作接地线。它同样有自然接地线与人工接地线之分，且通常又可分为接地干线与接地支线。

2. 对地电压、接触电压与跨步电压

一般所说的对地电压，就是指带电体与大地之间的电位差。在这里，零电位的大地是指离带电体接地点20m以外的大地。也就是说，对地电压就是带电体与（零电位的）大地之间的电位差。它在数值上等于接地电流与接地电阻的乘积。当电流通过接地体流入大地时，接地体本来具有相对来讲最高的电位，也即具有最高对地电压。离开接地体后，各点的对地电压便逐渐下降，直至20m外，对地（零电位点）之间的电压便降为零。若用曲线来表示接地体及其周围各点的对地电压，这种曲线就叫作对地电压曲线，也称为接地电流电位分布曲线。

当设备发生接地故障时，以接地点为中心的大地表面约20m半径的圆形范围内，便形成了一个电位分布区。当人体处在这一范围内，又同时接触该故障设备的外壳（或构架）时，人体所承受的电位差便称为接触电压（U_t），一般指地面上距设备水平距离0.8m处，与沿设备外壳垂直距离1.8m处两点之间的电位差。显然其大小与设备（或接触设备外壳的人体立地点）离接地点的远近有关，离得越近接触电压就越小，离得越远则其值便越大。在流散电场范围内，人体两脚（或牲畜前后脚）之间所承受的电位差称为跨步电压，其值随立地处距接地点的远近和跨步的大小而变化，离得越近或跨步越大，跨步电压就越高，反之则越小，一般将地面水平距离0.8m两点间的电位差作为跨步电压。

在系统发生接地时，变电所接地装置的接触电位差不超过下列数值：

$$U_t = \frac{174 + 0.17\rho_f}{\sqrt{t}} \tag{4-1}$$

$$U_s = \frac{174 + 0.7\rho_f}{\sqrt{t}} \tag{4-2}$$

式中 U_t——接触电位差（V）；

U_s——跨步电压（V）；

ρ_f——人脚站立处地表面的土壤电阻率（Ω·m）；

t——接地短路（故障）电流的持续时间（s）。

3. 接地电流

凡从带电体流入地下的电流即为接地电流，接地电流有正常接地电流与故障接地电流之分。正常接地电流指正常工作时，通过接地装置流入地下、借用大地形成回路的电流；故障接地电流指系统发生故障时出现的接地电流。凡系统接地而导致系统发生短路时的故障接地电流，便叫作接地短路电流。在系统中，接地短路电流可能会很大。因此规定：凡接地短路电流在500A及以下时，称为小电流接地系统；大于500A时则称为大电流接地系统。可见，接地电流与接地短路电流是不同的两回事。它们各有其具体的含义，故不应混淆。

4. 流散电阻及接地电阻

在接地体上，电流自接地体向四周大地流散时所遇到的全部电阻，称为流散电阻（或散流电阻）。接地电阻是指整个接地装置的电阻值，它是接地体的流散电阻与接地线本身电阻之和。由于接地线的电阻（包括接地线与接地体间的连接电阻）一般都很小，故常可忽略不计。因此，可近似认为接地电阻就等于流散电阻。通常说的接地电阻值都是对工频电流而言的。当雷电流通过接地装置时，由于雷电流有着强烈的冲击性，这时接地电阻值便会发生很大的变化。为了区别起见，将这种情况下的接地电阻称为冲击接地电阻。所以，接地电阻、流散电阻与冲击接地电阻所指含义各不相同，在概念上一定要分辨清楚。

4.1.2 接地的分类与工作接地的作用

1. 电气接地的含义及其分类

电气设备或设施的任何部位（不论带电与不带电）人为地或自然地与具有零电位的大

地相接通的方式，称为电气接地（常简称接地）。它是电气技术（尤其是安全技术）中的一个专用名词，应用相当广泛。接地的具体分类见表4-1。

表4-1　接地的具体分类

<table>
<tr><td rowspan="10">接地</td><td rowspan="8">正常接地</td><td rowspan="4">工作接地</td><td>强电系统的中性点接地</td></tr>
<tr><td>过电压保护接地</td></tr>
<tr><td>直流或弱电系统的接地</td></tr>
<tr><td>两线一地制的相线接地</td></tr>
<tr><td rowspan="4">安全接地</td><td>保护接地与保护接零</td></tr>
<tr><td>重复接地与共同接地</td></tr>
<tr><td>静电接地与屏蔽接地</td></tr>
<tr><td>电法保护接地</td></tr>
<tr><td rowspan="2">故障接地</td><td colspan="2">设备碰壳接地</td></tr>
<tr><td colspan="2">电力线路接地</td></tr>
</table>

按接地的形成情况，可将其分为正常接地和故障接地两大类。按照接地的不同作用，又可将正常接地分为工作接地和安全接地两大类。

2. 各种工作接地的主要作用

由于运行和安全需要，为保证电力网在正常情况或事故情况下能可靠地工作而将电气回路中某一点实行的接地，称为工作接地。如电源（发电机或变压器）的中性点直接（或经消弧线圈）接地，电压互感器一次侧中性点的接地，以及两线一地制供电方式中接地相的接地等，都属于工作接地。强电系统中，各种工作接地的主要作用是：

1）变压器和发电机的中性点直接接地，能维持相线对地的电压不变（故障相除外），并可降低人体的接触电压及适当降低制造时对电气设备的绝缘要求。在变压器供电时，可防止高压电窜至低压用电侧的危险。

2）变压器或发电机的中性点经消弧线圈接地，还能在发生单相接地故障时，消除接地短路点的电弧及由此而可能引起的危害。

3）仪用互感器如电压互感器一次侧线圈的一端接地，主要是为了对一次系统中的相对地电压进行测量。

4）两线一地制的相线接地，相当于三线制的单相接地运行，只适用于3～10kV中性点不接地系统，利用大地作为一根导线，从而可以降低线路基建投资与年运行费用，并减少线路材料的耗量。用两线输送三相电能，能节约1/3导线，在经济困难时期曾发挥过一定作用，但对电信有干扰影响，对安全也不利。故这种供电方式在平原地区现已不再推广采用，原有的也大都进行了改造。

4.2 接地系统的构成与维护

4.2.1 系统的接地原则、要求及构成

1. 城市轨道交通接地系统的接地原则

1）全线接地按综合接地系统的概念进行设计，使全线形成统一的高低压兼容、强弱电统一的接地系统，满足全线各类设备的工作接地、安全接地及防雷接地要求。

2）满足沿线接触导线和馈电线断线可能搭触到设备的安全接地要求。

3）满足各类通信、信号、计算机等弱电设备的工作接地与安全接地要求。

4）满足其他车站设备工作接地与安全接地要求。

5）满足接触网系统工作接地与防雷接地要求。

6）当杂散电流防护设计与安全接地发生矛盾时，优先考虑安全接地。

2. 城市轨道交通接地系统的构成

1）每个车站单独设置一个接地网，供车站各种设备的工作接地、安全接地用。接地电阻满足弱电设备共用接地网接地电阻的要求。

2）沿线电缆支架上敷设一贯通的接地金属体，供沿线区间电气、通信、信号等机电设备安全接地用。

3）架设架空地线，供接触网系统设备工作接地、安全接地和防雷接地用。

4）牵引回流系统采用浮空不接地方式，钢轨、负回流线、直流开关柜、整流器、负极柜采用绝缘法安装。

5）全线各车站、车辆段和停车场设钢轨电位限制装置。

3. 城市轨道交通供电系统变电所接地的基本要求

1）变电所中的交流电气装置、设施的某些可导电部分应接地。

2）变电所内不同用途和不同电压的电气装置、设施使用一个总的接地装置，车站内变电所与其他系统采用综合接地，共用一个接地网。

3）每个车站接地网上分别引出变电所设备接地引出线、弱电设备接地引出线和接触网架空地线引出线三组引出线，每组引出线包括三个引出端子，每组引出线间的电气距离大于20m。

4）接地装置考虑土壤干燥等季节变化的影响，接地电阻在四季中均应满足要求，雷电保护接地的接地电阻只考虑在雷季中土壤干燥状态的影响。

5）变电所接地装置的形式和布置考虑保护接地的要求，降低接触电位差和跨步电位差。

此外，还要满足下列要求：车站接地网应与接触网的地线和环网电缆的外铠相连，且有便于分开的连接点。车辆段内的避雷线若与变电所的接地网相连，连接线埋在地中的长度不应小于15m；为防止转移电位引起的危害，对可能将接地网的高电位引向所外或将低电位引向所内的设施，应采取隔离措施。例如对外的通信设备加隔离变压器等；变电所电气装置中电气设备接地线的截面积，应按接地短路电流进行热稳定校验。钢接地线的短时温度不应超过400℃，铜接地线的短时温度不应超过450℃，铝接地线的短时温度不应超过300℃；接地线应便于检查，但暗敷的穿线钢管和地下的金属构件除外；接地线应采取防止发生机械损伤和化学腐蚀的措施；在接地线引进建筑物的入口处，应设标志。明敷的接地线表面涂15～100mm宽度相等的绿色和黄色相间的条纹。

4. 变电所接地保护的范围

除直流柜外，电气装置和设施的下列金属部分均应接地：变压器和高压电器等的底座和外壳必须接地；互感器的二次绕组一端必须接地，否则测量的就不是对地电压了；气体绝缘全封闭组合电器（GIS）的接地端子必须接地；配电、控制、保护用的屏（柜、箱）及操作台等的金属框架必须接地，以确保安全；铠装电缆的外皮必须接地；配电装置的金属架构和钢筋混凝土架构以及靠近带电部分的金属围栏和金属门必须接地。

但某些电气设备和电力生产设施的下列金属部分可不接地：安装在配电屏、控制屏和配电装置上的电测量仪表、继电器和其他低压电器等的外壳，以及当发生绝缘损坏时在支持物上不会引起危险电压的绝缘子金属底座等；安装在已接地的金属架构上的设备在电气接触良好时，如套管等。

4.2.2 接地网

1. 接地电阻

城市轨道交通供电系统中每个接地网的接地电阻不大于0.5Ω或满足下式的要求：

$$R=\frac{2000\mathrm{V}}{I} \tag{4-3}$$

式中计算用流经接地装置的入地短路电流，采用在接地装置内、外短路时，经接地装置流入地中的最大短路电流，该电流应按远期系统的最大运行方式确定，并应考虑系统中各接地中性点间的短路电流分配。当土壤电阻率较高，接地装置的接地电阻不符合要求时，可通过技术经济比较，适当增大接地电阻，但应满足弱电系统的接地要求，即接地电阻值不大于1Ω，并应满足接触电压和跨步电压的要求。

仅以接地电阻值的大小来判断接地网的安全与否是不充分的，设计接地网时要尽量减小接地网的电位梯度，在接地网内敷设水平均压带。接地网均压带的设计考虑接地网的趋肤效应，采用不等间距布置。

2. 接地网的构成与形状

接地网由水平接地体、垂直接地体、均压带、接地引出线和止水环组成。水平接地体与车站结构底板平行布置，设置在车站底板下0.6m。接地网的形状直接影响接地效果。一般使用水平接地体与垂直接地体配合使用，形成三维的立体结构。

三维立体接地有三种不同类型：等长接地、非等长接地和法拉第笼式接地。等长接地使用相同长度的接地体，接地体的埋设深度基本一致，施工较方便。非等长接地采用不同长度的接地体相互配合，由于接地体长度和埋设深度不同，加大了等势面积，突破了接地网面积的局限，这种方法也叫“半法拉第笼”接地工艺。法拉第笼式接地是多层水平接地网，用垂直接地体相互连接形成笼式结构。由于它的施工量大，因此并不常用。

此外，接地网的外边缘应闭合，外边缘各角应做成圆弧形，圆弧的半径不宜小于均压带间距的一半。

3. 接地网的材料

接地工程材料包括各种金属材料、降阻剂和离子接地体等。金属材料包括扁钢、角钢、扁铜、铜棒和铜板等，地铁系统中常采用扁铜、铜棒和铜板。降阻剂分为化学降阻剂和物理降阻剂。化学降阻剂自从发现有污染水源和腐蚀接地网的缺陷后就基本上不使用了。物理降阻剂（也称为长效型降阻剂）是接地工程广泛接受的材料，属于材料学中的不定性复合材料，可以根据使用环境形成不同形状的包裹体，包裹在接地体周围，达到降低接触电阻的作用。

离子（中空）接地体是从传统金属接地极中派生出来的特殊结构的接地体（带电解质材料），其从工作原理到材料选用都已产生了脱胎换骨的变化，形成了各种形状的结构。各种离子（中空）接地体的共同点是结构部分采用防腐性更好的金属，内填充电解物质及其载体的内填料，外包裹导电性能良好的不定性导电复合材料，一般称为外填料。离子（中空）接地体的金属材料有不锈钢、铜包钢和纯铜材。离子（中空）接地体大多向垂直方向伸展，接地面积要求很小，可以满足地形严重局限的工程需要。

4.2.3 城市轨道交通供电接地系统

电气设备的接地按其作用的不同分为工作接地和保护接地两类。工作接地是为了使电气设备满足正常需要而采取的接地措施，其目的是保证供电系统在正常运行和事故情况下可靠工作；保护接地是指供电系统和配电系统中，当电气设备绝缘受到损坏致使设备外壳带电时，为防止此电压危及人身安全而将电气设备金属外壳接地的措施。在地下车站，由于受地形的限制，如果供电系统单独做一接地网相当困难，且很难满足接地电阻的要求，其接地要求如下：车站变电所设备的接地，利用车站综合接地网，保证工作人员、所内被保护设备的安全及设备工作接地的要求。地面变电所设备的接地，利用变电所接地网来实现。设备安全接地装置与防雷接地装置尽量分开设置，设备安全接地电阻应小于等于 0.5Ω，防雷接地电阻应小于 10Ω。在 DC 1500V 系统中，接触轨系统应设独立的接地线，所有不带电金属部分与接地线连接，接地线与牵引变电所内接地网相连，构成接触轨系统接地保护回路。图 4-1 所示是 1500V 城市轨道交通综合接地系统。

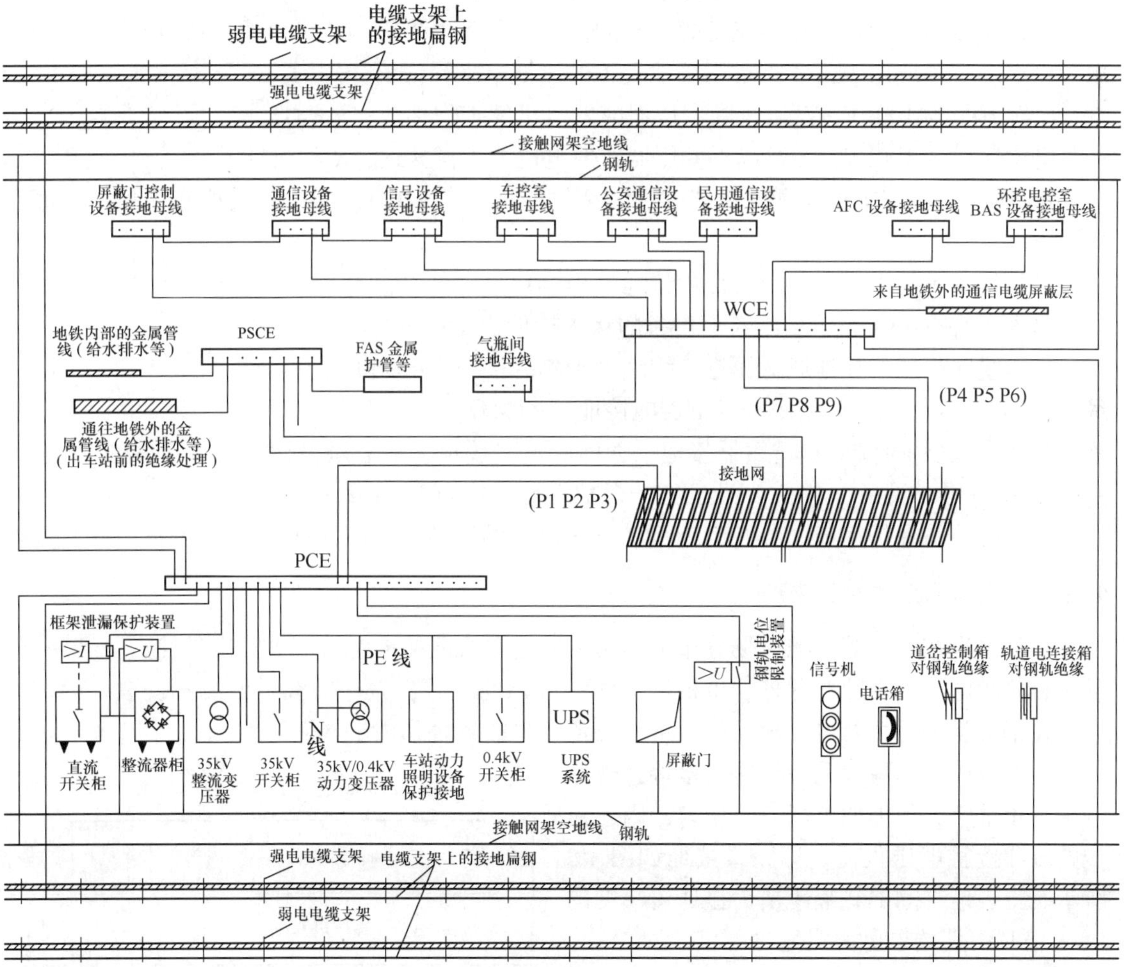

图 4-1 1500V 城市轨道交通综合接地系统

P1、P2、P3—强电接地引上线 P4、P5、P6—弱电接地引上线 P7、P8、P9—金属管线接地引上线

PCE—强电接地母线 PSCE—金属管线接地母线 WCE—弱电接地母线

4.2.4 接地电阻的允许值

限定接地装置的接地电阻，实际上就是限定了接触电压和跨步电压的高低。反之，从安全角度出发，若限定了接触电压和跨步电压的高低，则也就确定了接地电阻允许值的大小。国家电网公司颁发接地规程中规定，对大接地短路电流系统的电力设备，其接地装置的接地电阻值应符合公式要求，即

$$R<2000\text{V}/I_d(\text{当}\ I_d>4000\text{A}\ \text{时,取}\ R<0.5\Omega) \tag{4-4}$$

对中性点非直接接地的小接地短路电流系统的电力设备，其接地电阻值应符合下述要求：

高压与低压电力设备共用的接地装置

$$R\leqslant 120\text{V}/I_{jd} \tag{4-5}$$

只用于高压电力设备的接地装置

$$R\leqslant 150\text{V}/I_{jd} \tag{4-6}$$

式中 R——考虑到季节影响的最大（工频）接地电阻（Ω）；

I_{jd}——单相接地时的故障（电容）电流（A）。

为确保接地装置在运行中能发挥应有的作用，各类电气设施或设备的接地电阻均应符合规程要求。实际应用中，各类常用接地装置的接地电阻允许值分别为：

电源容量为100kV·A以上的变压器或发电机的工作接地，$R<4\Omega$；

电源容量为100kV·A及以下变压器或发电机的工作接地，$R<10\Omega$；

100kV·A及以下低压配电系统的零线重复接地，$R\leqslant 10\Omega$，当重复接地有3处以上时，$R\leqslant 30\Omega$；

电气设备不带电金属部分的保护接地，$R\leqslant 4\Omega$；

引入线装有25A以下熔断器的设备的保护接地，$R\leqslant 10\Omega$；

低压线路杆塔的接地或低压进户线绝缘子脚的接地，$R\leqslant 30\Omega$；

变配电所母线上FZ型阀型避雷器的接地，$R\leqslant 4\Omega$；

线路出线段FS型阀型避雷器接地、管型避雷器接地、独立避雷针接地（个别可取$R<30\Omega$），工业电子设备（包括X光机）的保护接地，均为$R<10\Omega$；

烟囱的防雷保护接地，$R\leqslant 30\Omega$（包括水塔或材料仓的防雷接地均同此项要求一样）。

4.2.5 接地装置及维护

由于单根接地体周围的电场分布不均匀，接地电流或接地电阻较大，容易使人受到跨步电压和接触电压的威胁；此外，单根接地体的可靠性较差，万一断线，就极不安全。因此，一般在不太重要的场合或在独立的设备或设备较少的场合采用。

变电所或车间一般采用环路式接地，流散电场互相重叠，使地面电场分布均匀，因此跨步电压和接触电压很低。环路式接地如图4-2所示。当接地体间的相隔距离为接地体长度的1~3倍时，其效果更为明显。

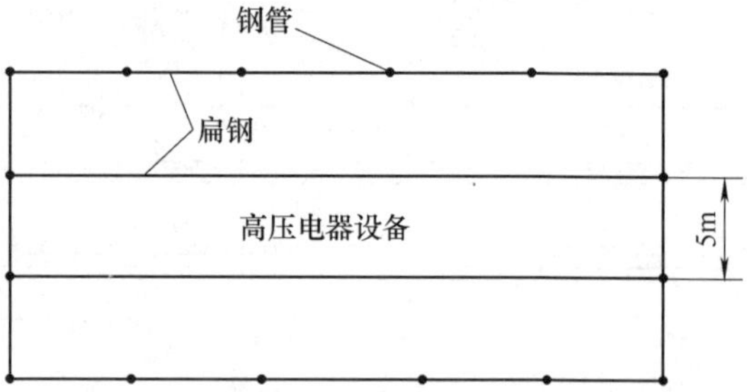

图4-2 环路式接地

接地装置维护检查的周期一般是：对变、配电所的接地网或工厂车间设备的接地装置，应每年测量一次接地电阻值。看是否合乎要

求，并对比上次测量值分析其变化。对其他的接地装置，则要求每两年测量一次。根据接地装置的规模、在电气系统中的重要性及季节变化等因素，每年应对接地装置进行 1～2 次全面性维护检查。其具体内容是：

1）检查接地线是否折断、损伤或严重腐蚀。

2）检查接地支线与接地干线的连接是否牢固。

3）检查接地点土壤是否因受外力影响而有松动。

4）检查重复接地线、接地体及其连接处是否完好无损。

5）检查全部连接点的螺栓是否有松动，并应逐一加以紧固。

6）挖开接地引下线周围地面，检查地下 0.5m 处地线受腐蚀的程度，严重时应立即更换。

7）检查接地线的连接线卡及跨接线等的接触是否完好。

8）检查明敷部分接地或接零母线上的涂漆是否脱落，若有脱落现象时，应重新涂漆以使标志鲜明。

9）检查接地体是否因受水冲击或其他原因造成露出地面或离地表过近，若有，应及时修复。

10）及时做好接地装置的变更、检修、测量等项内容的记录。

4.2.6 接地电阻的测量方法

接地电阻的测量一般采用接地电阻测量仪，又称为接地电阻表。接地电阻表自身能产生交变的电流，无须外加电源，且电压极、电流极各有接线端钮。测量时，分别接于被测接地体、接地棒。然后以大约 120r/min 的速度转动手柄，即可产生适当的交变电流沿着被测接地体和电流极构成回路。待表的指针稳定后，可直接读出接地电阻的数值。接地电阻的测量接线如图 4-3 所示，P′和 C′为接地棒，分别与接地电阻表的 P 和 C 连接。

对有 4 个接线端钮的接地电阻表，其接线稍有改变。一般情况下将 C2、P2 短接，代替图 4-4 中的 E 端子。当测量小于 1Ω 的电阻时，应将 C2、P2 之间的连接片断开，且分别用导线连接到被测接地体上，如图 4-4 所示。

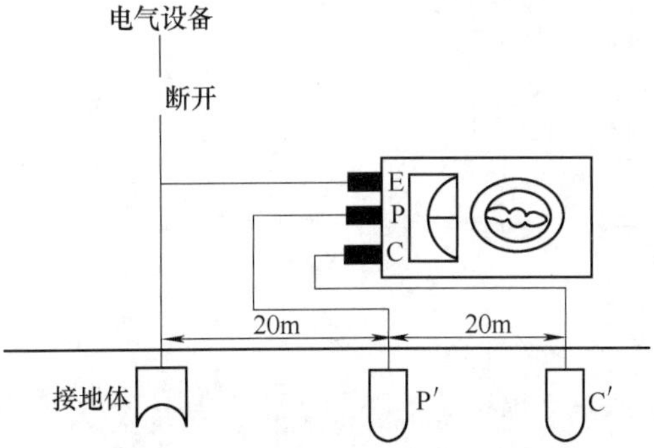

图 4-3　接地电阻的测量接线

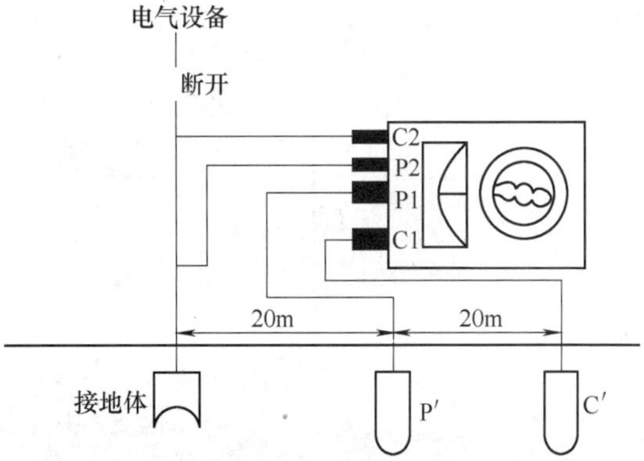

图 4-4　测量小于 1Ω 电阻的接线

测量顺序如下：①断开接地线和接地体的连接点；②将测量接地棒插入距离接地体 20m 和 40m 的地下，插入地面深度为 400mm；③将接地电阻表水平放置；④调好旋钮和量程范围；⑤以 120r/min 的速度摇动接地电阻表；⑥调整旋钮，使之平衡；⑦拨盘所指数字即为电阻读数。注意粗调定为倍数和读数的关系。如粗调倍数为 10，则应将读数乘以 10，才可以最终得到接地电阻数值。

4.3 中性点接地

电力系统中性点的运行方式有不接地、经电阻接地、经消弧线圈接地和直接接地等多种。我国电力系统目前所采用的中性点接地方式主要有三种，即不接地、经消弧线圈接地和直接接地。小电阻接地系统在国外应用较为广泛，我国已开始部分应用。

对于不同等级的电力系统，其中性点接地方式也不一样，一般按下述原则选择：220kV 以上电力网，采用中性点直接接地方式；110kV 电力网，大都采用中性点直接接地方式，少部分采用消弧线圈接地方式；20～60kV 的电力网，从供电可靠性出发，采用消弧线圈接地或不接地的方式，但当单相接地电流大于 10A 时，可采用消弧线圈接地的方式；3～10kV 电力网，供电可靠性与故障后果是其主要的考虑因素，多采用中性点不接地方式，但当电网接地电容电流大于 30A 时，可采用经消弧线圈接地或经电阻接地的方式；1kV 以下电力网，即 220V/380V 三相四线制低压电力网，从安全观点出发，均采用中性点直接接地方式，这样可以防止一相接地时出现超过 250V 的危险（对地）电压。特殊场所，如爆炸危险场所或矿下，也有采用中性点不接地的。这时一相或中性点应配置击穿熔断器，以防止高压窜入低压所引起的危险。

在城市轨道交通 35kV 系统，大部分采用小电阻接地方式。主变压器 110kV 侧中性点采用直接接地方式。

4.3.1 中性点不接地（绝缘）的三相系统

中性点不接地的三相系统如图 4-5 所示，由于输电线路与大地之间存在着电容，各相对地就有电容电流通过，其大小取决于线路对地的电压和对地的电容。为了便于分析，各相对地的电容用集中电容 C_A、C_B、C_C 表示，线间电容不予考虑。

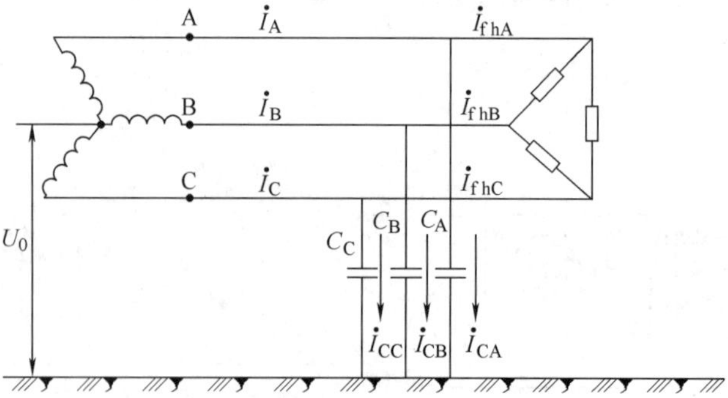

图 4-5 中性点不接地的三相系统

1. 中性点不接地系统的正常运行

由于正常运行时各相对地的电压 $\dot{U}_A$、$\dot{U}_B$、$\dot{U}_C$ 是对称的，各相线路对地电容（C_A、C_B、C_C）相等，故各相对地的电容电流也相等。各相电流等于负荷电流及对地电容电流之和，以 A 相为例（见图 4-6），

$$\dot{I}_A = \dot{I}_{fhA} + \dot{I}_{CA}$$

式中　$\dot{I}_A$——A 相相电流；

$\dot{I}_{fhA}$——A 相负荷电流；

$\dot{I}_{CA}$——A 相对地电容电流。

各相对地电容电流的数值相等而相位相差 120°，它们的相量和等于零，相量关系如图 4-7所示，地中没有电容电流通过，中性点对地电位为零（0），即中性点与地（零）电位一致。这时，中性点接地与否对各相对地电压没有任何影响。

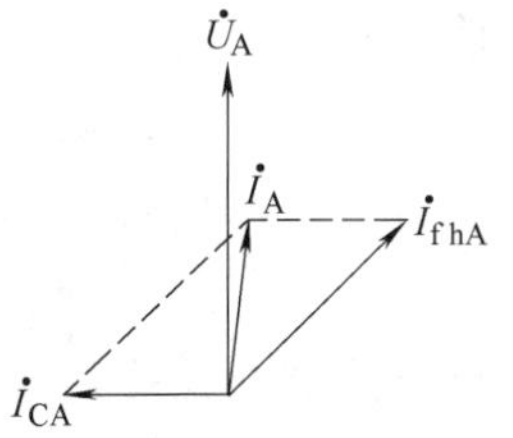

图 4-6　中性点不接地系统电流关系

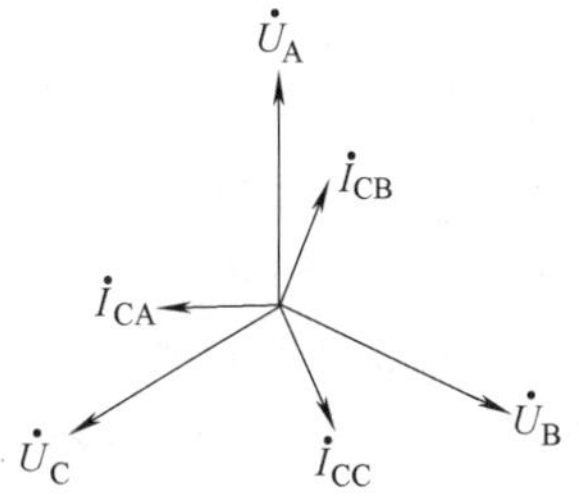

图 4-7　中性点不接地系统相量关系

可是，当中性点不接地系统的各相对地电容不相等时，即使在正常运行状态下，中性点的对地电位便不再是零，通常此情况称为中性点位移，即中性点不再是零电位了。这种现象的产生，多数是由于架空线路排列不对称而又换位不完全造成的。因此在高压输电系统中，架空线路经常采用换相的方式来解决此问题。架空线路换相示意图如图 4-8 所示。

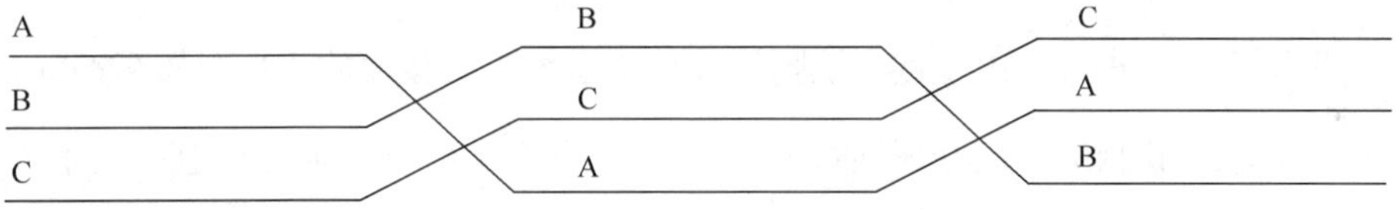

图 4-8　架空线路换相示意图

2. 中性点不接地系统的单相接地故障

如图 4-9 所示，中性点不接地系统的任何一相（如 C 相）发生接地时，接地相的对地电压为零，接地相对地的电容电流也为零，此时中性点电位不再是零了，未接地的 A、B 两相的对地电压将升高到相电压的$\sqrt{3}$倍，即 A、B 两相的对地电压等于线电压。

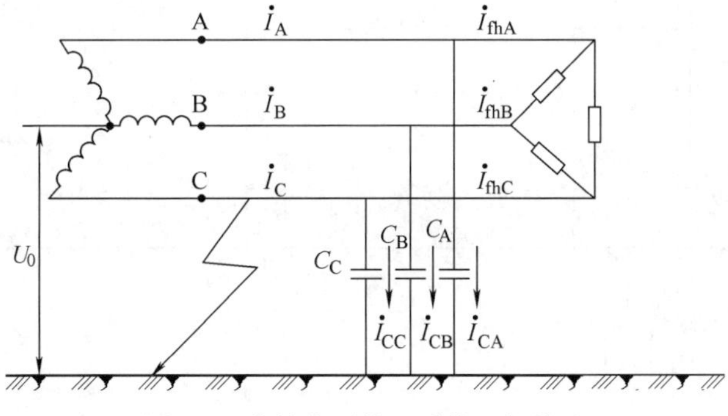

图 4-9　中性点不接地系统一相接地

在中性点不接地的三相系统中，当一相接地后，各相间的电压大小和相位没有变化，电压的对称性也没有变化。因此，这样的三相系统发生一点接地后，还可继续运行一段时间。同时由分析可知，单相接地时，通过接地点的电容电流为未接地时每一相对地电容电流的 3 倍。

综上所述，在中性点不接地的三相系统中，一般应装设绝缘监视或接地保护装置，以便当发生单相接地时能及时发出信号，使值班人员迅速采取措施，尽快消除故障。一相接地系统允许继续运行的时间，最长不得超过 2h。同时，当接地电流大于 5A 时，发电机、变压器和电动机都应装设动作于跳闸的接地保护装置。

4.3.2　中性点经消弧线圈接地的三相系统

上面所讲的中性点不接地三相系统，在发生单相接地故障时虽还可以继续供电，但在单相接地故障电流较大，如 35kV 系统大于 10A、10kV 系统大于 30A 时，就无法继续供电。为了克服这个缺陷，便出现了经消弧线圈接地的方式。目前在 35kV 系统中，较广泛地采用这种中性点经消弧线圈接地的方式。

消弧线圈是一个具有铁心的可调电感线圈，它装设在变压器或发电机的中性点。当发生单相接地故障时，可形成一个与接地电容电流大小接近相等而方向相反的电感电流，这个滞后电压 90°的电感电流与超前电压 90°的电容电流相互补偿，最后使流经接地处的电流变得很小以至等于零，从而消除了接地处的电弧以及由它可能产生的危害。消弧线圈的名称也就是这么得来的。

图 4-10 表示中性点经消弧线圈接地的三相系统中发生单相接地时的电流路径。当发生单相（如 C 相）接地时，中性点电压将变为$\dot{U}_0$，这时消弧线圈处于相电压下，其内将产生一感性电流$\dot{I}$（滞后于$-\dot{U}_C$ 90°）。中性点经消弧线圈接地系统单相接地的相量图如图 4-11 所示，当 C 相接地时，A 相和 B 相的电压升高到线电压，而 A 相和 B 相的对地电容电流$\dot{I}_{CA}$和$\dot{I}_{CB}$分别超前$\dot{U}_{AC}$和$\dot{U}_{BC}$ 90°。从图中可以看出：$\dot{I}_{CA}$和$\dot{I}_{CB}$所形成的总电容电流$\dot{I}_C$将超前$\dot{U}_C$ 90°，电感电流$\dot{I}_L$与电容电流正好相位相反，也流入故障点，从而对单相接地所产生的电容电流实现了补偿，这种补偿使接地电流减小。由于接地电流的减小，电弧将自行熄灭，故障即消失。若所选消弧线圈的电感值正好使电感电流等于电容电流时，接地电容电流将全部被补偿。

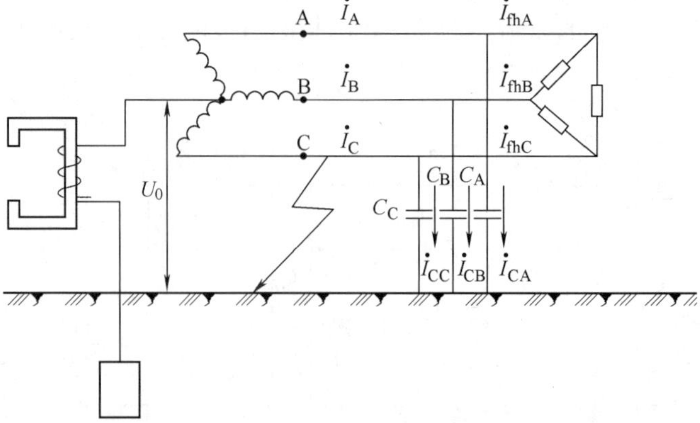

图 4-10　中性点经消弧线圈接地系统单相接地

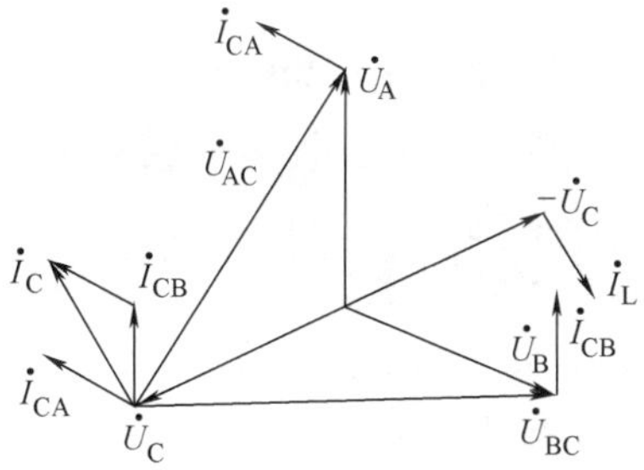

图 4-11　中性点经消弧线圈接地系统单相接地的相量图

当$\dot{I}_C = \dot{I}_L$时，称为全补偿；当消弧线圈电感值较大时，$\dot{I}_C > \dot{I}_L$，称为欠补偿；当消弧线圈电感值较小时，$\dot{I}_C < \dot{I}_L$，称为过补偿。一般都采用过补偿，这样消弧线圈的容量有一定的裕度，不至于发生谐振而产生过电压。

4.3.3　中性点直接接地

中性点直接接地系统属于较大电流接地系统，一般通过接地点的电流较大，可能会烧坏电气设备，如图 4-12 所示。发生故障后，继电保护会立即动作，使开关跳闸，消除故障。目前我国 110kV 以上系统大都采用中性点直接接地。城市轨道交通主变压器 110kV 侧就采用了中性点直接接地。

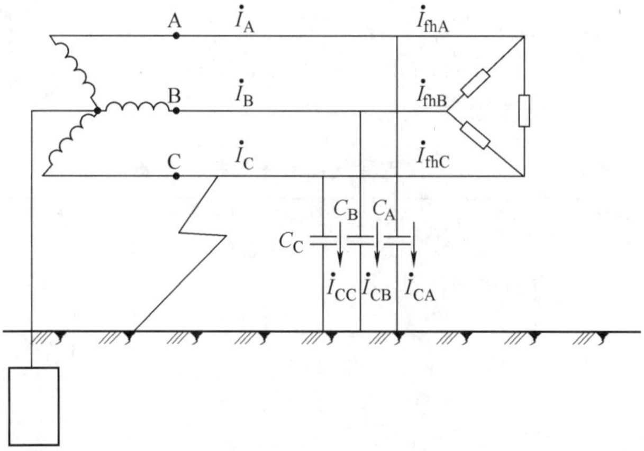

图 4-12　中性点直接接地系统

中性点有电源中性点与负载中性点之分。它只是在三相电源或负载按星形联结时才出现。对电源而言，凡三相线圈的首端或尾端连接在一起的共同连接点，称为电源中性点；而由电源中性点引出的导线便称为中性线，常用 N 表示。

三相四线制中有中性点不接地系统和中性点接地系统两种。当电源中性点与接地装置有着良好连接时，因已取得了大地的零电位，该中性点便称为零点，常用 0（或 N）表示。通常 220V 单相回路的两根线中的其中一根称为相线（用 L 表示；三根相线时则分别用 A、B、C 或 L1、L2、L3 表示），而另一根称为零线或地线。实际使用中，应对各类接地装置进行定期维护和检查，平时也应根据气候及自然条件的变化等实际情况需要，进行临时性检查及维护。

在配电系统中，一般采用三点共同接地。为防止配电电网遭受过电压的危害，通常将变压器的中性点、变压器的外壳以及避雷器的接地引下线共同与一个接地装置相连接，又称为三点共同接地。这样可以保障变压器的安全运行。当遭受雷击时，避雷器动作后，变压器的外壳上只剩下避雷器的残压，减少了接地体上的那部分电压。

在220V/380V三相四线制低压配电网络中，配电变压器的中性点大都实行工作接地，低压电网的配变中性点一般都要实行直接接地。

4.3.4 35kV侧采用小电阻接地系统

由于35kV侧一般采用三角形联结，中性点须采用一台接地变压器来实现。实现小电阻接地需要两个重要设备，一是接地变压器，二是接地电阻柜。

1. 接地变压器

(1) 接地变压器的组成 采用树脂浇注型绝缘干式接地变压器，如图4-13所示。

接地变压器应用于中性点绝缘的三相电力系统中，用来为这种系统提供一个人为的中性点，该中性点可以直接接地，也可以经电抗器、电阻器、消弧线圈接地和小电阻组合接地。在系统发生单相接地故障的情况下，变电站为主变压器的三角形联结的两相绕组和接地变压器的三相绕组均流过短路电流。接地变压器可带一个连续使用的二次绕组（低压绕组0.4kV）作为站用电源，容量可为50～400kV·A，由用户决定。接地变压器的绝缘形式有两种：干式、油浸式。

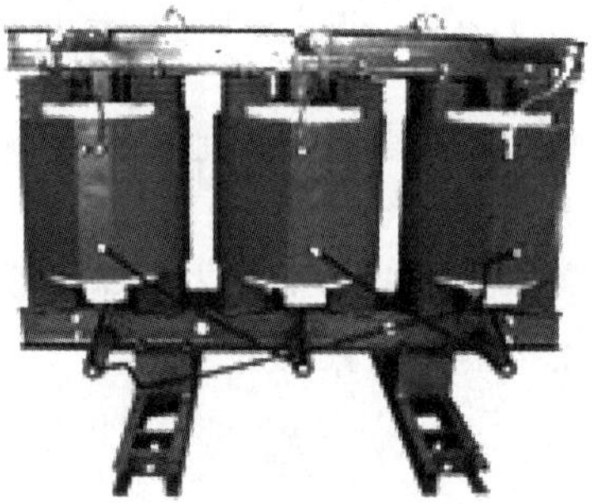

图4-13 树脂浇注型绝缘干式接地变压器

(2) 接地变压器的主要技术参数 见表4-2。

表4-2 接地变压器的主要技术参数

系统电压	6kV、10kV、35kV、66kV	一次电压分接	±5%或±2×2.5%
中性点电流	10～250A	绝缘介质及耐热等级	全绝缘H级(干式)、A级(油浸式)
阻抗电压	4%(含二次时)；无二次时，不含此项	温升限值	100K
额定容量	50～2500kV·A	冷却方式	AN(空气自冷)、AF(强迫风冷)
额定频率	50Hz	防护等级	IP00(无外壳)、IP20、IP23(有外壳)
相数	3相	泄漏比距	2.5cm/kV
联结组标号	ZN(无二次绕组)、ZN,yn1、Zn,yn11(有二次绕组)	噪声(2m)	小于60dB
		安装方式	户内、户外

(3) 接地变压器的原理特点 没有中性点的系统引入中性点，接地变压器的一次绕组为Z字形联结，二次绕组为星形联结，零序阻抗低、励磁阻抗大、功耗小，此外，接地变压器还可以带一个二次绕组，使接地变压器可以兼作站用变压器。中性点可以经消弧线圈接地，也可以经小电阻接地。

(4) 接地变压器的用途 一是为变电所提供低压交流电源；二是在35kV侧形成人为的中性点，同消弧线圈相结合，用于35kV发生接地时补偿接地电容电流，消除接地点电弧；三是可以和小电阻接地相结合，构成小电阻接地系统。

（5）接地变压器原理　三相 Z 接地变压器的原理如图 4-14 所示。

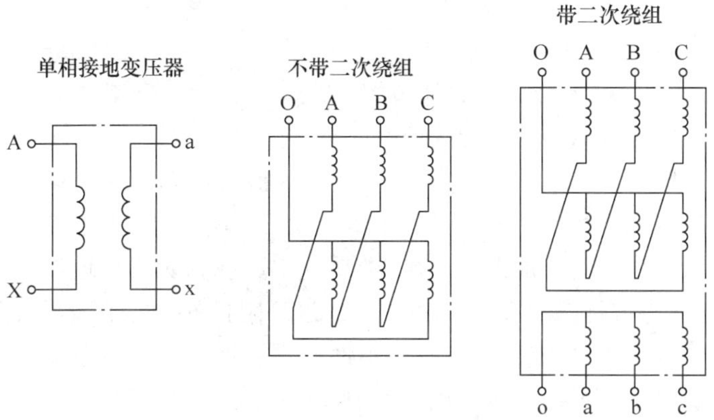

图 4-14　三相 Z 接地变压器的原理

在电网正常运行时，接地变压器承受电网的对称电压，仅流过很小的励磁电流，处于空载运行状态，其中性点对地电位差为零（忽略消弧线圈的中性点位移电压），此时消弧线圈没有电流流过。假设 C 相对地短路时，三相不对称分解出来的零序电压汇合后流经消弧线圈入地，其作用与消弧线圈一样，即它所产生的感性电流补偿了接地电容电流，消除了接地点的电弧。

2. 接地电阻柜

接地电阻柜标准设备包括不锈钢电阻元件、支持绝缘子、绝缘套管、内部连线和柜体等。一般适用电压为 3.3 ~ 69kV 可选；允许通过电流为 5 ~ 5000A 可选；其标称电阻为 0.1 ~ 1500Ω；允许通流时间为 10s、30s、60s、10min、连续运行可选；接地电阻柜的进出线方式有上进下出、下进下出、侧进侧出、侧进下出多种可选；安装地点有户内、户外两种；通流时间为 10s、30s、60s 时允许温升为 760℃，通流时间为 10min 时允许温升为 610℃；连续运行时允许温升为 385℃。

（1）主要性能特点　①耐受高温：熔点为 1375 ~ 1500℃，最高使用温度为 1000℃。②抗拉强度高：抗拉强度为 700MPa，在 900 ~ 1000℃ 高温下，机械强度基本保持不变。③电阻率高：电阻率为 1.08μΩ · m，有利于减小电阻元件尺寸。④阻值稳定：电阻温度系数为 2.17×10^{-4} Ω/℃，在 350℃ 高温时，阻值仅增加 6.6%（铸铁电阻元件阻值增加 24%），有利于保证保护的灵敏度。⑤抗氧化能力强：在 1000℃ 左右的高温下仍能保持良好的抗氧化性能，适宜于污染严重的环境。⑥高韧性：在温度剧烈变化的运行条件下，仍保持良好的韧性，不易断裂。⑦电阻元件模块化：每种类型的电阻制造成多种规格的标准元件，实现模块化。通过串、并联的方法，可以任意组合，以适应对通流能力、电压、阻值等各种参数的要求，替换方便。⑧使用寿命长：一般使用寿命为 20 年。

（2）适用范围　适用于 3 ~ 66kV 以电缆线路为主的城市配电网；发电厂用电系统；大型工矿企业、机场、港口、地铁等电力用户配电系统；大型发电机的中性点电阻接地。

4.3.5　低压侧 0.4kV TN-S 接地

国际电工委员会（IEC）规定的供电方式符号中，第一个字母表示电力（电源）系统对地的关系，T 表示中性点直接接地，I 表示所有带电部分绝缘。第二个字母表示用电装置外露的可导电部分对地的关系，如 T 表示设备外壳接地，N 表示负载采用接零保护。第三个字母表示工作零线与保护线的组合关系，如 C 表示工作零线与保护线是合一的，如 TN-C；S 表示工作零线与保护线是严格分开的，所以 PE 线称为专用保护线，如 TN-S。

低压配电系统按接地方式的不同分为三类，即 TT、TN 和 IT 系统。TT 方式是指将电气设备的金属外壳直接接地的保护系统，称为保护接地系统，也称为 TT 系统。第一个符号 T 表示电力系统中性点直接接地；第二个符号 T 表示负载设备外露不与带电体相接的金属导电部分与大地直接连接，而与系统如何接地无关。在 TT 系统中负载的所有接地均称为保护接地。IT 方式供电系统中，I 表示电源侧没有工作接地，或经过高阻抗接地，T 表示负载侧电气设备进行接地保护。运用 IT 方式供电系统，即使电源中性点不接地，一旦设备漏电，单相对地漏电流仍小，不会破坏电源电压的平衡，所以比电源中性点接地的系统还安全。

这里主要介绍 TN 方式供电系统接地方式。

TN 供电系统是将电气设备的金属外壳与工作零线相接的保护系统，称为接零保护系统。它的特点如下：一旦设备出现外壳带电，接零保护系统能将漏电电流上升为短路电流，这个电流很大，是 TT 系统的 5.3 倍，实际上就是单相对地短路故障，熔断器的熔丝会熔断，低压断路器的脱扣器会立即动作而跳闸，使故障设备断电，比较安全。TN 系统节省材料、工时，在我国和其他许多国家得到了广泛应用。TN 方式供电系统中，根据其保护零线是否与工作零线分开而划分为 TN-C 和 TN-S 两种。

TN-C 方式供电系统是用工作零线兼作接零保护线，可以称为保护中性线，可用 PEN 表示；TN-S 方式供电系统是把工作零线 N 和专用保护线 PE 严格分开的供电系统，称为 TN-S 供电系统。

（1）TN-S 供电系统　具有专用保护零线的中性点直接接地的系统叫作 TN-S 供电系统，俗称三相五线制系统，如图 4-15 所示。

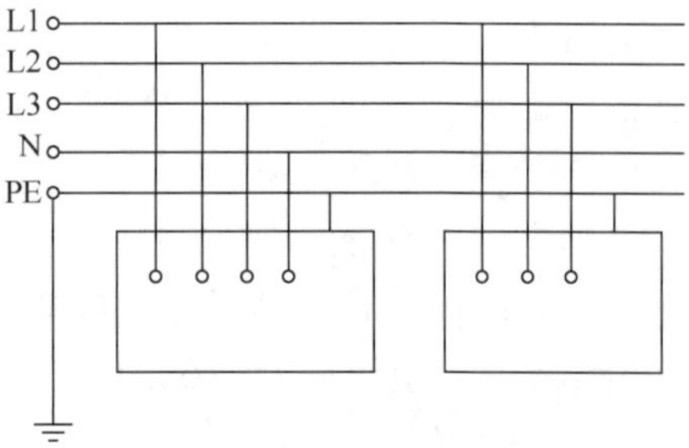

图 4-15　TN-S 供电系统

1）系统正常运行时，专用保护线上没有电流，只是工作零线上有不平衡电流。PE 线对地没有电压，所以电气设备金属外壳接零保护是接在专用的保护线 PE 上，安全可靠。

2）工作零线只用作单相照明负载回路。

3）专用保护线 PE 不许断线，也不许进入剩余电流动作保护器。

4）干线上使用剩余电流动作保护器，工作零线不得有重复接地，而 PE 线有重复接地⊖，但是不经过剩余电流动作保护器，所以 TN-S 系统供电干线上也可以安装剩余电流动作保护器。

⊖ 重复接地——在采用保护接零的中性点直接接地系统中，除在中性点做工作接地外，还必须在零线上一处或多处重复接地。保护零线除必须在配电室或总配电箱处做重复接地外，还必须在配电线路的中间和末端处重复接地。即在施工现场内，重复接地装置不应少于三处，每一处重复接地装置的接地电阻应不大于 10Ω。但是在同一个电网内，不允许一部分用电设备采用保护接地，而另外一部分设备采用保护接零，这样是相当危险的，如果采用保护接地的设备发生漏电碰壳，将会导致采用保护接零的设备外壳同时带电。

5）TN-S 方式供电系统安全可靠，适用于工业与民用建筑等低压供电系统。在建筑工程施工前的“三通一平”（电通、水通、路通和地平）必须采用 TN-S 方式供电系统。

（2）TN-C-S 方式供电系统　在建筑施工临时供电中，如果前部分是 TN-C 方式供电，而施工规范规定施工现场必须采用 TN-S 方式供电系统，则可以在系统后部分现场总配电箱分出 PE 线。TN-C-S 系统的特点如下：

1）工作零线 N 与专用保护线 PE 相连。当线路不平衡电流比较大时，电气设备的接零保护受到零线电位的影响。从配电箱至后面的 PE 线上没有电流，即该段导线上没有电压降，因此，TN-C-S 系统可以降低电动机外壳对地的电压，然而又不能完全消除这个电压，这个电压的大小取决于负载不平衡的情况及线路的长度。负载越不平衡，设备到中性点的距离越长，设备外壳对地电压偏移就越大。所以要求负载不平衡电流不能太大，而且在 PE 线上应做重复接地。

2）PE 线在任何情况下都不能进入剩余电流动作保护器，因为线路末端的剩余电流动作保护器动作会使前级剩余电流动作保护器跳闸，造成大范围停电。

3）对 PE 线除了在总箱处必须和 N 线相连以外，其他各分箱处均不得把 N 线和 PE 线相连，PE 线上不许安装开关和熔断器。

通过上述分析，TN-C-S 供电系统是在 TN-C 系统上临时变通的做法。当三相电力变压器工作接地情况良好、三相负载比较平衡时，TN-C-S 系统在施工用电实践中还是可行的。但是，在三相负载不平衡、建筑施工工地有专用的电力变压器时，必须采用 TN-S 方式供电系统。

4.4　过电压保护

在电力系统内部，由于断路器的操作或系统故障，使系统参数发生变化，由此而引起的电力系统内部电磁能量转化或传递的过程中，将在系统中出现过电压。这种过电压称为“内部过电压”。按产生原因可将内部过电压分为操作过电压和暂时过电压。此外，由于雷电的活动也会在设备上产生过电压，这种过电压又称为外部过电压（大气过电压），一般包括直击雷过电压和感应雷过电压，当这些过电压沿着线路传到其他设备时，又以另一种形式作用于电气设备，称为雷电侵入波。也就是说，电力系统过电压一般分为内部过电压和外部过电压。

4.4.1　内部过电压

1. 操作过电压

操作过电压即电磁过渡过程中的过电压。一般持续时间在 0.1s（5 个工频周期）以内。操作过电压是在电力系统中由于断路器操作和各种故障产生的过渡过程引起的。这种过电压通常带有衰减振荡的性质。与暂时过电压相比，其持续时间较短，衰减较快；与雷电过电压相比，其持续时间则长得多。

常见的操作过电压有以下几种：中性点不接地系统中的电弧接地过电压、切除空载线路过电压、切除空载变压器过电压、空载线路合闸过电压等。操作过电压的幅值和持续时间与电网结构及其参数、断路器性能、系统的接线及运行操作方式等因素有关。

目前采取的有效措施主要有：线路上装设并联电抗器、采用带有并联电阻的断路器以及磁吹阀型或氧化锌避雷器等。此外，在超高压电网中，工频电压升高常和操作过电压同时发生，二者叠加起来就增大了操作过电压的倍数。

2. 暂时过电压

暂时过电压包括谐振过电压及工频电压升高（又称“工频过电压”）。它一般在操作或故障之后形成的振荡频率和电源频率接近或相等时，发生谐振现象，形成周期性的过电压。一般持续时间较长，如不采取措施消除，可达几秒甚至更长。暂时过电压具有电源或其谐波的频率，而且是不衰减或弱衰减的。由空载线路的电容效应、不对称接地故障以及甩负荷使发电机加速而产生的工频电压升高都是常见的暂时过电压。它们的倍数虽然不高，一般不会对电气设备的绝缘造成危害，但却是决定过电压保护装置工作条件的重要依据。电力系统在一定条件下可能发生线性或非线性（铁磁）谐振过电压，也属于暂时过电压的一种。这种过电压幅值较高，持续时间较长。其频率可以是工频基波，也可以是高次或分次谐波。

无论是操作过电压还是暂时过电压，它的大小都和系统最大工作相电压有关。操作过电压相对地的电压值一般可参考以下值：

对于35~60kV系统（非直接接地），取$4.0U_{XG}$（U_{XG}为系统最大工作相电压）；

对于110~220kV系统（直接接地），取$3.0U_{XG}$；

对于110~154kV系统（非直接接地），取$3.5U_{XG}$。

4.4.2 外部过电压（雷电过电压）

雷云带有电荷后，其电荷集中在几个带电中心，它们的电荷数也不完全相等。当某一点的电荷较多，且在它附近的电场强度达到足以使空气绝缘破坏的强度（25~30kV/cm）时，空气开始游离。当某一段空气游离后，这段空气就由原来的绝缘状态变为导电性的通道，称为“先导放电通道”。它是从云中带电中心向地面发展的。由于通道的一端和云中某一带电中心相连，而它又具有导电性，故云中的电荷也沿通道向下运动，近似均匀分布于通道的表面上。在先导通道下方的某一处（地面上或地面上的架空导线上），由于静电感应，将有一个电荷分离过程，与先导通道同号的电荷被推斥而远离通道；与先导通道电荷异号的电荷将集中在地面上或架空线上的某一处，成为束缚电荷。这一过程称为先导放电。

当先导发展到接近地面时，先导通道的头部与异号感应电荷的集中点间的距离很小时，由于其一端为雷云的对地电位，另一端为地电位，故剩余的空气间隙中的电场强度达到极高的数值，高场强使空气强烈电离。游离后产生正、负电荷即高密度的等离子区，此区域沿先导通道自下而上迅速传播形成一条高电导率的等离子体通道，使先导通道以及雷云中的电荷与大地的电荷相中和，这就是主放电过程。放电会产生强烈的光，就是常见的电闪。主放电发展的速度比先导发展速度大得多，时间极短，电流极大，温升很高，可达到20000℃，空气受热急剧膨胀，随之发生爆炸般的轰鸣声，因而出现了强烈的雷鸣，这一过程称为主放电。当主放电通道贯穿整个间隙时，击穿过程完成。

由于云中同时可能有几个带电中心存在，故雷电往往是重复的。

主放电过后，电流逐渐减小，电压显著降低，但放电仍在持续着，这一过程称为余辉放电；当电流减少一定值后，空中聚积的能量基本被释放，称为第一次主放电。一般会经过多次放电才能把空中聚积的能量释放完。对设备最危险的是主放电时的电流，其幅值很高，且有很大的上升速度（陡度）。发生主放电时，先导通道的电荷被剧烈地中和，未受雷击的导体上束缚电荷就成了自由电荷；由于电流的突然增加，被击点周围的磁场也有很大变化。

综合分析可知，雷电从空中发展到地面一般经过三个阶段：初级先导、主放电和余辉放电。对于比较强的雷电，需要经过几次主放电才能把积蓄的能量释放出去，一部分以光、声、热等的形式释放出去，另一部分通过被击物体释放到大地或物体中。

1. 直击雷过电压

雷云带有大量电荷，当带不同电荷的雷云相遇时，雷云之间便会产生放电（中和）现象；低空中的雷云还会直接对建筑物或其他物体放电。当遭受雷击而通过强大的雷电流时，便会造成巨大损失。架空线路和露天变配电所都在室外，遭受雷击的机会就比较多。如果雷云直接对导线放电，雷云中的大量电荷将聚集到导线上，就会产生直击雷过电压，其数值可高达数百万伏。

2. 感应雷过电压

当架空线路上空出现雷云时，它会使线路和线路附近的物体感应出大量电荷，这些电荷会经过导线的对地电阻流入大地。雷云对线路附近的大地或物体放电后，雷云电荷便消失。此时，原来导线上的束缚电荷就会因失去外力束缚而成为自由电荷。由于它们本身互相排斥，就会向线路两端以很高的速度运动，从而形成感应过电压，其幅值最高可达 500～600kV。

3. 雷电侵入波

雷电侵入波也称为高电位侵入波，是指由于架空线路或架空金属管道上遭受直击雷或感应雷而产生的高压冲击雷电荷，可能沿线路或管道侵入室内。据统计，在电力系统中，由于雷电波侵入而造成的雷害事故，约占雷害总数的一半以上。

4.5 防雷保护

4.5.1 变电所的防雷保护措施

1. 变电所的防雷原则

变电所的雷害可能来自两个方面：一是雷直击于变电所、发电厂；二是雷击输电线路后产生的雷电波侵入变电所或发电厂。对于城市轨道交通供电系统，特别是对于地面变电所，必须加以防范。

雷击输电线路会产生两种后果：线路发生短路接地故障；产生的雷电波侵入变电所。对于线路防雷措施，一般按照以下 4 个原则：

1）防止雷击导线。沿线架设避雷线，保护导线不受直接雷击（因为雷击导线时，可能产生很高电位，极易引起绝缘子的闪络）。避雷线主要用于铁塔及钢筋混凝土杆的线路上。

2）防止避雷线受雷击后引起绝缘闪络。避雷线遭雷击后，雷电流沿避雷线流入杆塔。此时，由于杆塔或接地引下线的电感，以及接地电阻上的压降，使杆顶电位提高，有可能使绝缘子串闪络，即“反击”。为防止反击，需改善避雷线的接地，适当加强绝缘，个别杆塔还可使用避雷器。

3）防止雷击闪络后建立工频短路电弧。即使绝缘子串闪络了，也应使它尽量不转为稳定的工频电弧。若工频电弧建立不起来，线路就不会跳闸。因此，可以适当增加绝缘子片数，减少绝缘子串的工频电场强度，可减少雷击闪络后转变为稳定电弧的可能性；或电网的中性点采用不接地或经消弧线圈接地，当线路绝缘发生单相对地冲击闪络时，电弧自行熄灭。

4）防止线路中断供电。为使线路跳闸后，也能保证不中断供电，可采用自动重合闸或双回路、环网供电等措施。

对入侵波防护的主要措施是在变电所内安装阀型避雷器以限制电气设备上的过电压峰值，同时在变电所、发电厂的进线段上采取辅助措施以限制流过避雷器的雷电流和降低侵入波的陡度。对于直接与架空线路相连的旋转电机，还应在变压器母线上装设电容器以降低侵入波陡度，以保护变压器匝间绝缘和中性点绝缘不受损坏。

2. 变电所防雷保护

（1）装设避雷针保护整个变配电所建筑物以免遭直接雷击　避雷针可防护直击雷，其保护范围应合乎实际要求（计算方法可参见专门书籍或过电压保护规程）。避雷针可单独立杆，也可利用户外配电装置的构架或投光灯的杆塔；但变压器的门型构架不能用来装设避雷针，以防止雷击产生的过电压对变压器闪络放电。

（2）装设架空避雷线及避雷器作为变电所进出线段的防雷保护　35kV 电力线路一般不采用全线装设架空避雷钱的方法来防止直击雷，但为防止变电所附近线路上受到雷击时雷电压沿线路侵入变电所损坏设备，需在变电所进出线 1～2km 段内装设架空避雷线作为保护，以使该段线路免遭直接雷击。为使上项保护段以外的线路受雷击时侵入变电所内的过电压有所限制，一般可在架空避雷线的两端装设管型避雷器，其接地电阻不得大于 10Ω。进出线段的防雷保护接线方式如图 4-16 所示。保护段以外的线路受到雷击时，雷电波到管型避雷器 FA3 处即行对地放电，从而降低了雷电压值。FA2 只有当变电所内高压断路器经常断开，而线路又可能带有电压时才安装，其作用是防止侵入雷电波在断开的断路器处产生过电压而击坏断路器。

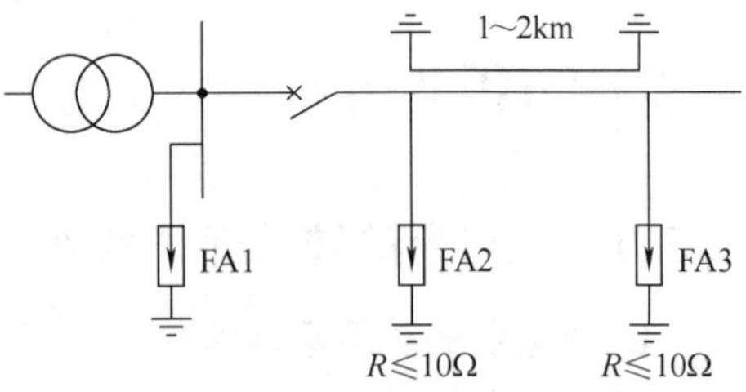

图 4-16　35kV 变电所防雷

FA1—阀型避雷器　FA2、FA3—管型避雷器

对于电压为 35kV、容量为 3200kV · A 以下的一般负荷变电所，可采用简化的进出线段保护接线方式，即不加设架空地线，如图 4-17 所示。

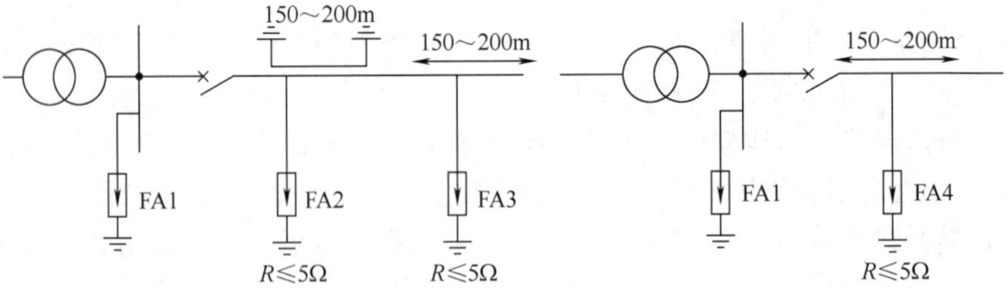

图 4-17　变电所防雷

FA1—阀型避雷器　FA2、FA3—管型避雷器　FA4—保护间隙

对于 10kV 及以下的高压配电线路进出线段，其防雷保护可只装设 FZ 型或 FS 型避雷器，以保护线路断路器及隔离开关，如图 4-18 所示。

（3）装设阀型避雷器对沿线路侵入变电所的雷电波进行防护　变电所的进出线段虽已

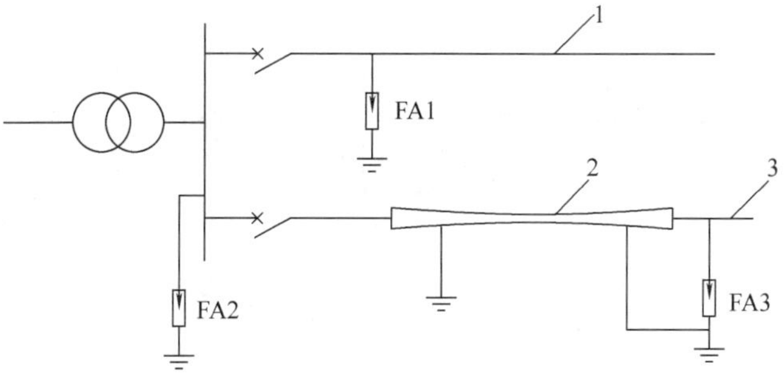

图 4-18　10kV 变电所防雷

1—架空电力线路　2—电缆出线　3—架空电力线路

采取防雷措施，且雷电波在传播过程中也会逐渐衰减，但沿线路传入变电所内的部分，其过电压对所内设备仍有一定危害，特别是对价值最高、绝缘相对薄弱的主变压器更是这样。故变电所母线上，还应装设一组阀型避雷器进行保护。对于 6 ~ 10kV 变电所，阀型避雷器与被保护变压器间的电气距离，一般不应大于 5m。为使任何运行条件下所内变压器都能得到保护，可采用分段母线，且每段母线都应装设阀型避雷器。

对于 35kV/0.4kV 配电变压器，其高低压侧都要装设阀型避雷器，此外还要在 35kV/0.4kV 配电变压器与避雷器之间，增设一组电感线圈。一般直径为 20cm，匝数为 30 匝，长度为 24cm，电感容量约为 10μH，以限制雷电侵入波的陡度和幅度。

对于 6 ~ 10kV/0.4kV、Yyn0 联结的配电变压器，为防止雷电侵入波损坏变压器，高压侧应装设阀型避雷器；为提高保护效果，保护装置要安装在高压熔断器的内侧。避雷器的接地线应与变压器中性点及金属外壳连接在一起后共同接地。要求接地阻值要低，防止出现过高的残压。变压器的绝缘所承受的电压应大于或接近于避雷器的残压。

对于 6 ~ 10kV/0.4kV、Yyn 联结的配电变压器，若用于低压侧中性点不接地的系统，除满足上述要求外，还要在中性点设置保护间隙，而且保护间隙的一端必须和总接地网相连。正常情况下，击穿熔断器处在绝缘状态，系统不接地；当高压窜入低压时，击穿熔断器的空气隙被击穿，故障电流经接地装置泄入大地，该电流即为高压系统的接地短路电流，它可以引起高压系统的继电保护装置动作，切除故障。

4.5.2　变压器的防雷保护措施

根据过电压规程规定：“配电变压器的高压侧一般应采用阀型避雷器保护，避雷器的接地线和变压器低压侧的中性点以及变压器的金属外壳三点应连在一起接地。”城市轨道交通供电系统中，一般采用这种保护方式。避雷器、低压绕组和变压器外壳三点共同接地如图 4-19所示。

这种保护方式的特点可归纳为：高压侧采用阀型避雷器保护。三点共同接地，即避雷器的接地线和低压绕组的中性点及变压器金属外壳连接在一起。其目的是为了防止流经避雷器的雷电流在接地电阻上的压降施加在变压器绕组上。

运行经验表明，即使采用图 4-19 所示的保护接线方式，如不接低压避雷器，对绝缘正常的变压器也会发生雷击损坏事故。因此，对于配电变压器的防雷应引起广泛的重视。

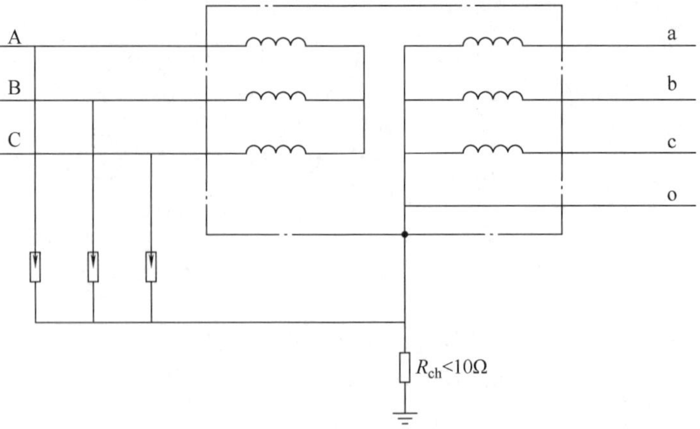

图 4-19 避雷器、低压绕组和变压器外壳三点共同接地

4.5.3 供电系统防雷措施方案

1. 系统绝缘能力

不超过 220kV 电压范围内的设备绝缘水平主要由雷电过电压决定，但有时也要估计操作过电压的影响。当设备绝缘较弱或操作频繁，且操作电器又不够完善（如重击穿率不够低）时，设备在操作、谐振过电压下也可能有较高的事故概率。

（1）自恢复和非自恢复绝缘　根据绝缘在试验中发生破坏性放电的特征，绝缘分成自恢复绝缘和非自恢复绝缘。一台设备的绝缘结构总是由自恢复和非自恢复两部分组成的。因此，一般不能简单地把一台设备的绝缘说成是自恢复或非自恢复型的。对自恢复绝缘，可在有一定放电概率的条件下进行试验；对非自恢复绝缘，多次加某一电压，如额定冲击耐受电压，绝缘虽未必放电，但可能发生不可逆的劣化，故对非自恢复绝缘只能施加有限次数的冲击进行试验。绝缘类型的不同，只决定了试验类型的不同，并不要求两者具有不同的冲击耐受水平。

（2）工频电压和暂时过电压下的绝缘性能　通常，仅当设备绝缘特性的逐步劣化或严重的环境条件使绝缘能力异常地下降时，才会使它在正常运行工频电压和暂时过电压下击穿。设备绝缘的污秽程度对绝缘性能的影响，严格来讲是随机的。

（3）在冲击电压下自恢复绝缘破坏性放电的概率　给定的绝缘对一定波形和幅值的冲击电压 U 的耐受能力，在大多数情况下，是一个随机现象，只能按统计的方法用一条所加电压与放电（或耐受）概率间相互关系的曲线来表示，通常假定为正态概率分布曲线。但对现场运行的设备，更有意义的是绝缘设备在长时间范围 T 内的施加电压与放电概率的关系 $P_T(U)$。$P_T(U)$ 以环境条件和绝缘状况为随机变量，并假定 $P_T(U)$ 仍符合正态分布，且其 50% 的放电电压等于 $U_T(50\%)$。

（4）带有绕组的设备　对于带有电压绕组的设备，如变压器，如果按能耐受雷电冲击全波设计，则在一高幅值的截波冲击作用下，可能会在相邻的线匝和线盘间出现比冲击全波时更高的电压，受到一定程度的损伤。在变电所中，所有的对地闪络都会导致在变压器等有绕组的设备端部对地出现不同幅值、陡度和过零系数的截断冲击波。

2. 工作电压与耐受电压之间的配合

（1）设备绝缘耐受各种电压的能力　在不同电压范围内，对绝缘水平起控制作用的过电压类型不同。3～220kV 设备的额定雷电冲击耐受电压乘以 0.83 与设备最大相电压峰值之比远超过预期操作过电压水平，其绝缘水平主要由雷电过电压决定，而且绝缘在典型的操作冲击下的击穿电压总是比工频电压的峰值高。

（2）工频运行电压及暂时过电压设计绝缘　设备绝缘应能在设备最高相电压下长期运行。对容易被污染的设备外绝缘，其污秽水平的选择、适宜的试验方法等，应由有关设备标准规定，但应注意以下几点：确定污秽水平时，应注意外绝缘类型差异的影响；试验方法应能重复及模拟设备安装处的自然条件；如暂时过电压水平较高，又经常发生，则需考虑它对污秽试验方法的影响；当污染水平较高，要求设备有足够的耐污秽性能是不可能的或极不经济时，可考虑采用其他防污秽措施，防止出现污秽闪络。

（3）绝缘配合原则　① 根据系统电压和保护装置的特性来确定设备绝缘水平，即进行绝缘配合时，应全面考虑设备造价、维修费用以及故障损失三个方面，力求取得较高的经济效益。② 直流 1500V 电压等级的绝缘水平采用目前使用设备的绝缘水平，35kV 电压等级的绝缘水平参照 GB/T 50064—2014《交流电气装置的过电压保护和绝缘配合设计规范》选取配合系数。③ 变电所电气设备应能承受一定幅值和时间的工频过电压和谐振过电压。④ 变电所中的电气设备以避雷器雷电保护水平为基础进行配合。

根据以上的原则，在设置变电所电气设备的绝缘配合时，主要采取以下措施：

1）为保证变压器内绝缘在正常运行工频电压作用下的工作可靠性，应进行长时间工频耐压试验。变压器耐压值为 1.5 倍系统最高相电压。

2）变电所电气设备应能承受一定幅值和时间的工频过电压和谐振过电压。

3）变压器内、外绝缘的全波额定雷电冲击耐压与变电所避雷器标称放电电流下的残压间的配合系数取 1.4。

4）高压开关、电流互感器、母线支持绝缘子、电缆及其附件等的全波额定雷电冲击耐压与避雷器标称放电电流下的残压间的配合系数取 1.4。

35kV 交流系统绝缘配合示意图如图 4-20 所示。

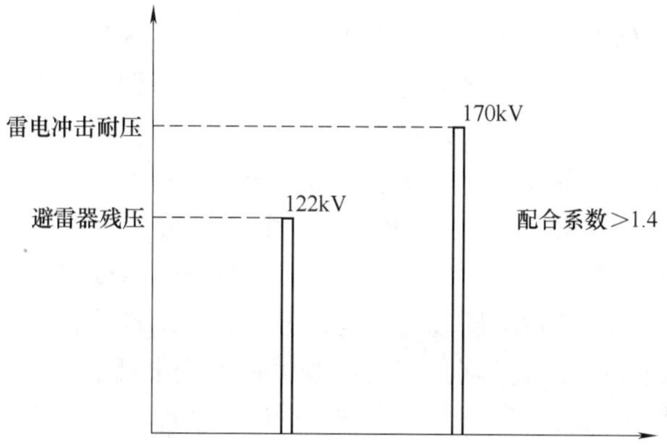

图 4-20　35kV 交流系统绝缘配合示意图

直流 1500V 绝缘配合示意图如图 4-21 所示。

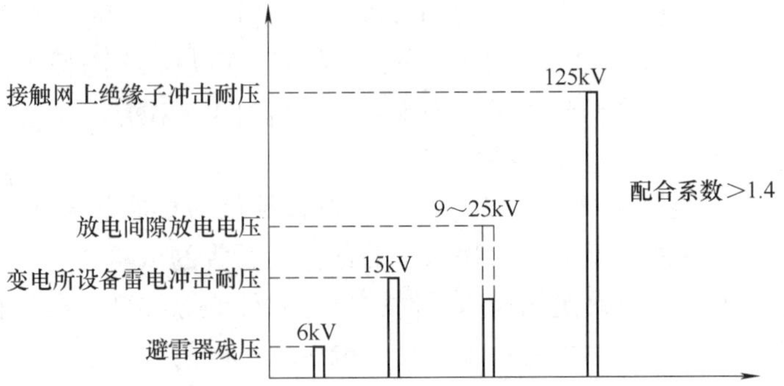

图 4-21　直流 1500V 绝缘配合示意图

3. 系统防雷与限制过电压方案

根据城市轨道交通供电系统的实际情况，一般采取以下具体措施：

1）在全线牵引降压混合变电所和降压变电所的 35kV 母线上设置避雷器，防止雷电侵入波对设备的损坏。

2）在牵引变电所整流器正、负极间设置避雷器，防止过电压对设备的损坏。

3）在牵引变电所直流 1500V 母线上设置避雷器，防止过电压对设备的损坏。

4）在牵引变电所直流馈出线与接触网交界处的隔离开关处安装避雷器，以限制雷电波或过电压损害变电所设备。

5）接触网所有不带电金属部分均与架空地线连接，架空地线与牵引变电所内的接地网相连。

6）车辆段出入线和试车线，在接触网上方单独架设避雷器，架空地线每隔 200 ~ 250m 接地，接地电阻不大于 10Ω。

7）在隧道洞口的接触网上设置氧化锌避雷器，以限制雷击。

8）在隧道外架空地线与牵引变电所的接地网相连，每隔 200m 通过放电间隙与接地极相连，提高隧道外架空地线的安装高度兼作避雷线。

9）在隧道外车站两端、高架桥的最高处、隧道外空旷地段每隔 500m 处设置避雷器，保护接触网设备不受大气过电压冲击。

10）在轨道旁边电信设备的接地不能直接和接触网架空地线连接，避免雷击。

城市轨道交通供电系统过电压保护及限制过电压措施分别从变电所、接触网、车辆段和接地系统几方面着手，变电所内防雷及过电压保护具体措施如下：35kV 每段母线均设置一台氧化锌避雷器，氧化锌避雷器与变压器或电压互感器间的最大电气距离不宜超过 10m；整流器正、负母线间设置避雷器；直流 1500V 正母线对地间安装避雷器，正、负极之间的过电压保护配合按整流器最高耐受电压设计；0.4kV 每段母线均设置一台氧化锌避雷器。

电气设备在运行中承受的过电压包括雷电过电压和内部操作过电压，根据这种情况，在下列地方应设置能防止过电压的设施：一是在地面牵引变电所直流馈线出口处设置避雷器，限制雷电的入侵，保护牵引变电所的供电设备，同时地面牵引变电所应考虑安装如避雷针等其他防雷措施，而且防雷接地电阻应小于 10Ω；二是在地下牵引变电所，在接触网由地面进入隧道处设置避雷器，限制雷电的入侵，保护牵引变电所的供电设备；三是在牵引变电所的 35kV 母线设避雷器。此外避雷器应设有计数器，用以记录避雷器的动作次数。

【实践操作】

1. 操作练习

1）教师带队现场学校教学主楼的接地情况。

2）回家认真了解家庭接地情况。

2. 书面练习

1）电力系统中性点的运行方式有几种？

2）流散电阻及接地电阻是如何定义的？

3）城市轨道交通供电系统的接地原则及构成是什么？

4）城市轨道交通供电系统变电所接地的基本要求是什么？

5）解释 TN-C-S 方式供电系统。

6）解释 TN-S 方式供电系统。

7）入侵波是如何形成的？有何危害？如何防护？

8）35kV 侧小电阻接地系统有何特点？它是如何实现的？

9）过电压有几种？是如何产生的？

10）消弧线圈的作用是什么？

11）变电所是如何防雷的？

12）直击雷过电压有何特点？如何形成？

13）感应雷过电压有何特点？如何形成？

【评价跟进】

1. 教师的评价

由教师在完成本章的教学任务后填写，在相应表格中画"√"。

评 价 项 目		教师的评价			
序号	题　目	好	较好	一般	较差
1	对本章教学过程的控制				
2	在本章教学过程中，学员的参与情况				
3	学员对本章知识学习后的效果反馈				
教师对本章教学的总结评价意见及跟进措施					

2. 学员的评价

由学员在完成本章的教学任务后填写，在相应表格中画“√”。

评 价 项 目		学员的评价			
序号	题　目	好	较好	一般	较差
1	在本章教学执行过程中教师的表现				
2	本章教学内容与社会实际需求的联系情况				
3	自己在本章学习过程中的表现				
学员对本章教学的总结评价意见及跟进措施					

第5章 供电保护及测控系统

【问题导入】

为确保城市轨道交通供电系统的正常可靠运行，供电保护及测控系统是城市轨道交通系统不可或缺的。没有保护的电力系统是裸系统，任何一个小问题就会摧毁整个系统，是无法工作的。因此保护及测控系统在电力系统中就显得特别重要。了解供电保护及测控系统对于从事供电专业的人员至关重要。

【学习目标】

1. 掌握供电保护的种类。
2. 掌握各种保护的特点和应用。
3. 掌握城市轨道交通供电系统各种保护的配置情况。

【教学建议】

1. 重点讲解各种保护的作用。
2. 建议学生利用学过的保护开发一些小的控制系统。

【理论知识】

5.1 继电保护及其配置

城市轨道交通供电系统是电力系统的一部分，它包括变电、输电、配电和用电环节。它能否安全、稳定、可靠地运行，不但直接关系城市轨道交通企业用电的畅通，而且还会影响电力系统能否正常运行。因此要全面地理解和执行电业部门的有关标准和规程以及相应的国家标准和规范，确保城市轨道交通供电系统的正常运行，其意义就非常重要。

城市轨道交通供电系统中包括一次系统和二次系统，总的来说一次系统比较简单、更为直观，设置上较为容易；而二次系统相对较为复杂，并且二次系统包括了大量的继电保护装置、自动装置和二次控制、显示回路。继电保护装置就是在供电系统中用来对一次系统进行监视、测量、控制和保护的设备，由微机系统、继电器、电源系统等组成的一套专门的自动装置。为了确保城市轨道交通供电系统的正常运行，必须正确地设置继电保护装置。

城市轨道交通供电系统继电保护功能的实现方法有两种：一种是通过继电器等实体的二次设备或者回路构成保护；另一种是采用和其他设备融合度较高的微机保护方式。目前，城市轨道交通供电系统继电保护功能均采用后者。

城市轨道交通供电系统变电所采用全所综合自动化系统，其控制、保护采用分散式布置，控制、保护装置均安装于开关柜内，可实现对供电系统设备的控制、保护和监视及运行数据的采集等多个功能。

5.1.1 城市轨道交通供电系统的继电保护

1. 城市轨道交通供电系统的工况

(1) 供电系统的正常运行　这种状况指系统中各种设备或线路均在其要求的状态下进行工作；各种信号、指示和仪表均工作在允许范围内。其含义是各种参数工作在规定或设计的范围内；各开关设备均工作在所处模式所规定的极限状态下。

(2) 供电系统的故障　这种状况指某些设备或线路出现了危及自身或系统的安全运行，并有可能使事态进一步扩大。

(3) 供电系统的异常运行　这种状况指系统的正常运行遭到了破坏，但尚未构成故障。其含义是虽然系统仍然能工作，但已经处于临界状态，不允许持续较长时间，电力人员应必须及时处理。

2. 供电系统继电保护装置的任务

1) 在城市轨道交通供电系统中运行正常时，它应能完整、安全地监视各种设备的运行状况，为值班人员提供可靠的运行信息。

2) 供电系统中发生故障时，它应能自动、迅速、有选择性地切除故障部分，并能保证非故障部分继续运行。

3) 当供电系统中出现异常运行工作状况时，它应能及时、准确地发出信号或警报，通知值班人员及时处理。

不难看出，在城市轨道交通供电系统中装设继电保护装置的主要作用是通过缩小事故范围或预报事故的发生，来达到提高系统运行的可靠性，并最大限度地保证供电的安全和不间断。因此，在城市轨道交通供电系统中的继电保护装置就成了保证供电系统安全可靠运行的重要组成部分。

3. 继电保护装置的基本要求

对继电保护装置的基本要求有4点：选择性、灵敏性、速动性和可靠性。实际上这4个要求主要是针对动作于跳闸的继电保护装置而言的。

(1) 选择性　当供电系统中发生故障时，继电保护装置应能有选择性地将故障部分切除，也就是说仅将故障设备从系统中切除。应该首先断开距离故障点最近的断路器，以保证系统中其他非故障部分能继续正常运行。

(2) 灵敏性　灵敏性指继电保护装置对故障和异常工作状况的反应能力。保护装置灵敏与否，一般用灵敏度来衡量。保护装置的灵敏度应根据不利的运行方式和故障类型进行计算。灵敏度 K_m 为被保护区发生短路时，流过保护安装处的最小短路电流 $I_{d.min}$ 与保护装置一次动作电流 I_{dz} 的比值，即

$$K_m = I_{d.min}/I_{dz}$$

灵敏度越高，则反应轻微故障的能力越强。各类保护装置灵敏度的大小，根据保护装置的不同而不尽相同。对于多相保护，I_{dz} 取两相短路电流最小值 $I_{dz(2)}$；对于10kV不接地系统的单相短路保护，取单相接地电容电流最小值 $I_{c.min}$。

(3) 速动性　速动性是指保护装置应能尽快地切除短路故障。缩短切除故障的时间，就可以减轻短路电流对电气设备的损坏程度，加快系统电压的恢复，从而为电气设备的自起动创造了有利条件，同时还提高了发电机并列运行的稳定性。

故障的切除时间是指保护装置的动作时间与断路器的跳闸时间之和。由于断路器一经选定，其跳闸时间就已确定，目前我国生产的断路器跳闸时间均在 0.02s 以下。所以实现速动性的关键是选用的保护装置应能快速动作。

（4）可靠性　保护装置应能正确地动作，并随时处于准备状态。为确保保护装置动作的可靠性，要求保护装置的设计原理、整定计算、安装调试要正确无误；同时要求组成保护装置的各元件的质量要可靠、运行维护要得当、系统应尽可能的简化有效。在系统出现故障时，相关保护设备应及时准确地动作，其他保护设备不动作；在系统正常或出现瞬时性故障时，相关保护设备或其他保护设备应不动作。应该动作时，必须及时准确地动作，即不拒动，也称为信赖性；不应该动作时，相关保护设备或其他保护设备应不动作，也就是不误动，又称安全性。正确动作率为

$$\text{正确动作率}=\frac{\text{保护装置正确动作次数}}{\text{保护装置总动作次数}}\times 100\%$$

4. 继电保护的基本原理及分类

电力系统中的故障种类很多，但最为常见、危害最大的应属各种类型的短路事故。一旦出现短路故障，电流将急剧增大、电压将急剧下降、电压与电流之间的相位角将发生变化，同时还伴随系统的振荡，引起系统运行的不稳定。能够区分正常运行与故障、不正常运行之间差别的可测参变量，原则上都可以构成继电保护的基本原理。继电保护的常用区别特征是：电流、电压、电流变化率、短路功率方向、阻抗和谐波等。继电保护的分类如下：

（1）按原理分　根据电力系统中不同的物理量变化为基础，利用正常运行和故障时各物理量的差别就可以构成各种不同原理和类型的继电保护装置。如反映电流变化的电流保护，有定时限过电流保护、反时限过电流保护、电流速断保护、过负载保护和零序电流保护、电流变化率和增量保护等；反映电压变化的电压保护，有过电压保护和欠电压保护；既反映电流的变化又反映电压与电流之间相位角变化的方向过电流保护；反映电压与电流之间比值，也就是反映短路点到保护安装处阻抗的距离保护；反映输入电流与输出电流之差的差动保护，其中又分为横联差动和纵联差动保护；用于反映系统中频率变化的周波保护；专门用于反映变压器内部故障的气体保护（俗称瓦斯保护），其中又分为轻气体和重气体保护；专门用于反映变压器温度变化的温度保护等。

（2）按装置的结构分　继电保护按装置的结构可分为电磁式、感应式、整流式、晶体管式、集成电路式和微机式等，目前主要是集成电路式和微机式，其他只是部分采用。

（3）按照作用分类　按照作用分类，继电保护主要包括以下几种：

1）主保护和后备保护：供电系统中的电气设备和线路应装设短路故障保护。短路故障保护应有主保护、后备保护，必要时可增设辅助保护。当在系统中的同一地点或不同地点装有两套保护时，其中有一套动作比较快，而另一套动作比较慢；动作比较慢的就称为后备保护。即为满足系统稳定和设备的要求，能以最快速度有选择地切除被保护设备和线路故障的保护，就称为主保护；当主保护或断路器拒动时，用以切除故障的保护，就称为后备保护。后备保护不应理解为次要保护，它同样是重要的。后备保护不仅可以起到当主保护应该动作而未动作时的后备作用，还可以起到当主保护虽已动作但最终未能达到切除故障部分的作用。除此之外，它还有另外的意义。为了使快速动作的主保护实现选择性，从而就造成了主保护不能保护线路的全长，而只能保护线路的一部分。也就是说，会出现保护的死区。这一

死区就必须利用后备保护来弥补。后备保护又分为两种：一是近后备保护，是当主保护或断路器拒动时，由本级电气设备或线路的另一套保护实现后备的保护；二是远后备保护，是当主保护、近后备或者断路器拒动时，由相邻设备或线路的保护来实现的后备保护。

2）辅助保护：为补充主保护和后备保护的性能或当主保护和后备保护退出运行而增设的简单保护。

3）异常运行保护：反映被保护电力设备或线路异常运行状态的保护。

5.1.2 继电保护配置

继电保护的配置方式与供电系统运行方式、电压等级、系统接地方式和供电系统故障率有直接关系。一般配置方式如下：

1）35kV 环网电缆设置光缆纵联差动保护、过电流保护、零序电流保护；35kV 母联开关设置过电流保护、零序电流保护。

2）35kV 母线设置过电压、欠电压保护。

3）牵引变压器设置电流速断保护、过电流保护、零序电流保护、温度保护、过载保护。

4）整流机组设置整流器二极管保护。

5）主变压器设置了轻气体保护、重气体保护、零序保护和纵差保护；动力变压器设置电流速断保护、过电流保护、过载保护和温度保护。其中，差动保护和重气体保护为主变压器主保护，电压闭锁的过电流保护为其后备保护，零序过电流和零序电压保护为辅助保护。

6）直流馈线设置大电流脱扣保护、双边联跳保护、$\mathrm{d}i/\mathrm{d}t$ 和 ΔI 保护、定时限过电流保护、欠电压保护、热过载保护。另设置直流设备框架泄漏保护供全所直流设备共用。

1）35kV 母联开关设置自动投入装置。

2）所间设置双边联跳保护。

3）直流馈线设置带有判断故障性质的自动重合闸装置。

4）交流自用电的两路电源设置自动投入装置。

5）直流自用电的两路电源设置自动投入装置。

5.1.3 35kV 交流系统保护配置分析

轨道交通工程采用集中供电时，中压系统采用 35kV 电压等级供电，环网接线，开环运行。由于两相邻变电所间距较短，最长距离为 3.37km，35kV 环网各点的线路阻抗相差不大，致使环网上不同地点的短路电流值相差也很小。如选择电流速断保护作为 35kV 环网的主保护，则不能满足选择性要求；如采用距离保护，因为线路短，距离保护相对误差率很大；过电流保护虽然可通过上下时限的配合满足保护的选择性要求，但势必延长了故障切除时间，不能满足保护的速动性，影响供电可靠性并对供电设备的绝缘及寿命造成不利影响，故过电流保护只能作为后备保护。采用线路纵联差动保护，当保护区域内电缆发生故障时，线路纵联差动保护能使故障区域内电缆两头的断路器瞬时跳闸，满足保护的选择性和速动性，提高了系统供电可靠性。因此，将线路纵联差动保护作为 35kV 环网电缆相间及接地故障的主保护，过电流保护和零序电流保护作为相间及接地故障的后备保护可满足 35kV 环网在各种运行方式下继电保护装置的 4 点基本要求，即可靠性、选择性、速动性和灵敏性。

5.1.4 直流系统保护配置分析

1. 直流系统保护配置应考虑的主要因素

各种保护之间的相互配合关系，保证在直流系统发生短路故障时能可靠地切除故障；保证列车正常运行时不会误跳闸而影响列车运行，能够避免列车起动时起动电流的影响和列车过接触网分段时冲击电流的影响；考虑某些特殊故障形式下的保护，如接触网与架空地线、电缆支架、屏蔽门的短路等。

2. 开关柜保护的常见的配置

馈线柜设置了大电流脱扣保护、电流上升率 $\mathrm{d}i/\mathrm{d}t$ 和电流增量 ΔI 保护、接触网热过载保护、双边联跳保护。此外设置了具有在线检测功能的自动重合闸功能。

进线柜设置了大电流脱扣保护和逆流保护。负极柜设置了框架保护。

3. 直流 1500V 馈线保护配置

直流 1500V 馈线的保护配置应保证直流供电系统正常及越区供电情况下接触网在近端、中部及远端发生短路故障时均能快速跳闸。不同的地铁牵引供电系统，直流牵引系统的保护配置可能不同，但保护的作用是相同的。早期的直流供电系统采用直流 750V 接触轨受电，且缺少性能优越的保护装置，一般仅设电流速断和过电流保护，由于短路电流相对较小，短路电流很难与牵引负荷电流区分开来，保护效果不理想，为此增加了直流双边联跳保护。

采用直流 1500V 架空接触网受电，在牵引变电所近端发生故障时，短路电流很大，电流速断和过电流保护可以切除故障；当故障发生在牵引变电所的中、远端时，短路电流相对变小，电流速断和过电流保护可能不会动作，采用反应故障电流上升率 $\mathrm{d}i/\mathrm{d}t$ 和电流增量 ΔI 的保护可以切除故障。因此在直流牵引供电系统中，配备大电流脱扣保护、$\mathrm{d}i/\mathrm{d}t$ 和 ΔI 保护、直流双边联跳保护和欠电压保护，能保证安全、可靠的供电要求。直流牵引供电系统通过快速断路器来切除故障，快速断路器本身装有大电流脱扣，它对近端短路故障较灵敏。大电流脱扣保护利用磁脱扣原理，所以短路点距变电所越近，电流上升率越大，断路器的脱扣跳闸时间越短，即具有反时限特性。直流快速断路器所具有的这些特性，能使断路器在接触网发生近端短路时快速跳闸。故选择直流快速断路器本体的大电流脱扣保护，作为接触网近端短路的主保护。当直流短路电流上升率达到 5×10^6A/s 时，直流快速断路器跳闸动作，固有时间仅 3 ~4ms。

对于中、远端短路故障，大电流脱扣保护也可能启动，但由于中、远端短路电流小，因此大电流脱扣保护动作时间相对较长，对故障切除不利，就需由 $\mathrm{d}i/\mathrm{d}t$ 和 ΔI 保护动作来尽快切除故障，故选择电流上升率 $\mathrm{d}i/\mathrm{d}t$ 和电流增量 ΔI 保护，作为接触网中、远距离短路故障的主保护。$\mathrm{d}i/\mathrm{d}t$ 和 ΔI 保护的作用相似，但动作的原理和动作的条件不同，在近、远端的保护作用也略有不同。

当电流上升率 $\mathrm{d}i/\mathrm{d}t$ 大于某一设定值 E 时，保护启动。经过 ΔT 时间之后，存在三种情况：若 $\mathrm{d}i/\mathrm{d}t$ 大于 E 值，$\mathrm{d}i/\mathrm{d}t$ 保护动作；若 $\mathrm{d}i/\mathrm{d}t$ 小于 E 值，$\mathrm{d}i/\mathrm{d}t$ 保护返回；若 ΔI 大于 E 值，ΔI 保护动作。可见，当远端短路时，一般由 $\mathrm{d}i/\mathrm{d}t$ 保护发挥主导作用；在近、中端短路时，一般是 ΔI 保护起作用。

$\mathrm{d}i/\mathrm{d}t$ 和 ΔI 保护的出口回路并联，任一保护动作可直接动作于直流断路器跳闸。需要说明的是，当 $\mathrm{d}i/\mathrm{d}t$ 和 ΔI 都满足动作要求时，一般由于 $\mathrm{d}i/\mathrm{d}t$ 时间延时较长，而 ΔI 时间延时

较短，因此 ΔI 首先作用于直流断路器，使直流断路器分闸。也就是说从满足条件开始，受控设备开始动作。如 $\mathrm{d}i/\mathrm{d}t$ 整定为 40A/ms，延时 $T=30\text{ms}$；$\Delta I=4000\text{A}$，延时 $T=5\text{ms}$。对于比较近的短路故障，ΔI 因为会很快满足条件，因此率先动作；而对于比较远的短路故障，ΔI 在特定的时间内，没有满足要求，但如果判断出此时的 $\mathrm{d}i/\mathrm{d}t$ 大于车辆起动时的电流变化率，就立即动作切除故障。

为了保证直流供电的安全、可靠，直流馈线还可配置定时限过电流保护和欠电压保护，作为大电流脱扣、$\mathrm{d}i/\mathrm{d}t$ 和 ΔI 保护的后备保护。直流馈线还设置双边联跳保护，当某一端直流馈线开关保护动作时，通过直流双边联跳保护，可使对侧馈线断路器跳闸。

4. 直流馈线保护的配合和整定方法

供电臂上不同地点短路时，短路电流在 A、B 牵引变电所馈线上的分配以及各种馈线保护配合如图 5-1 所示。由于各种保护相互配合，保证了接触网在近端、中部及远端发生短路故障时，断路器均能快速跳闸。

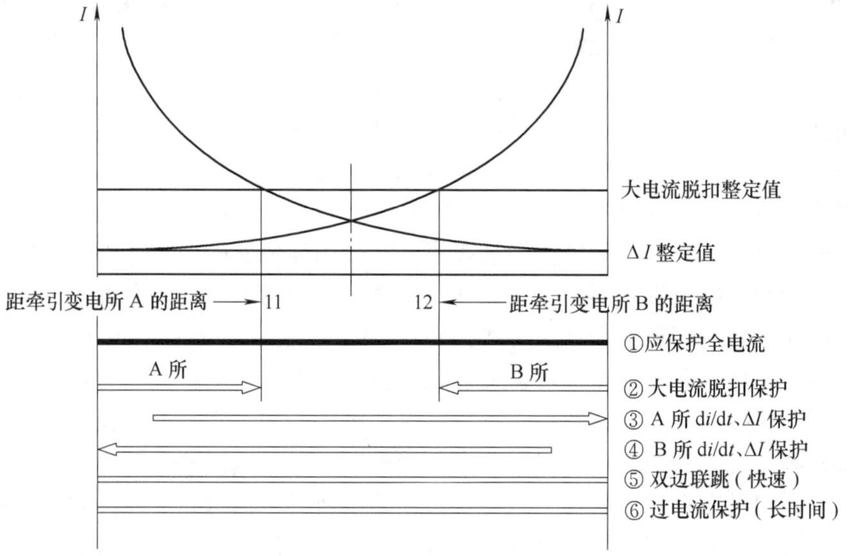

图 5-1 各种馈线保护配合图

（1）大电流脱扣保护的整定方法 大电流脱扣保护作为牵引变电所的近端保护，其整定值按直流馈线峰值电流设定，该值应躲过车辆起动电流的最大值。

（2）$\mathrm{d}i/\mathrm{d}t$ 和 ΔI 保护的整定方法 $\mathrm{d}i/\mathrm{d}t$ 和 ΔI 保护是供电臂的中、远端短路的主保护。该保护应设定 $\mathrm{d}i/\mathrm{d}t$ 保护的 E 值（启动值）、F 值（返回值）、ΔT 值（延迟时间）、ΔI 值以及 ΔI 保护的延迟时间 $t_{\Delta I}$ 值。$\mathrm{d}i/\mathrm{d}t$ 保护值应大于车辆电流的变化率并小于最小短路电流的变化率，由于车辆电流的最大变化率远远小于最小短路电流的变化率，因此整定值选取范围较大。为了避免车辆起动时引起该保护的误动作，E 值选取 $t=0$ 时的 $\mathrm{d}i/\mathrm{d}t$ 值，而 F 值选取车辆起动电流的变化率。

为了满足选择性的要求，避免误动作，ΔI 值应尽可能大。但若设置过大，就不能保护远端，因此应根据实际情况选取。由于动车内有滤波器，带有电感和电容，车辆受电弓经过分段绝缘器时，滤波器有一个充电时间，因此 $\mathrm{d}i/\mathrm{d}t$ 的 ΔT 和 ΔI 的 $t_{\Delta I}$ 应大于车辆滤波器而引起谐振的误动时间。由于谐振波半个周期时即过零点，使得 di/dt 在过零时因小于 F 值而返回，所以只要保证 ΔT 和 $t_{\Delta I}$ 大于半个谐振周期即可避免 di/dt 和 ΔI 保护不受车辆谐振的影响。

（3）定时限过电流保护的整定方法　定时限过电流保护是大电流脱扣保护、di/dt 和 ΔI 保护的后备保护。为了扩大保护范围，定时限过电流保护整定值应尽量小，但要躲开过载电流，一般按馈线最大负载计算；时间应大于上述两种保护的动作时间。

（4）欠电压保护的整定方法　欠电压保护也是馈线的后备保护，其整定值应低于车辆受电回路欠电压保护的整定值，动作时间应考虑车辆起动时电压的下降时间和直流馈线主保护的跳闸时间。

5.1.5 接触网热过载保护

接触网热过载保护与接触网和馈线电缆长期允许温度、负载电流、环境温度、风速、接触网材料以及使用条件密切相关。一般正线接触网采用刚性悬挂，其截面积和耐热能力远远大于柔性悬挂导线，可不设热过载保护。在柔性悬挂接触网区段，当接触网长期通过大负载电流时，会使接触网导线发热变软甚至断线。一般柔性悬挂接触网仅限于车辆段及其出入线，负载电流较小，也可不设热过载保护。考虑到一般直流成套保护装置均带有热过载保护功能，取消此功能不会减少设备的投资，故仍采用热负载保护。

5.1.6 逆流保护

正常时整流机组的电流是由交流侧流向直流侧，逆流是指电流由整流机组的直流侧流向交流侧。当整流机组具有逆变功能时，车辆的再生制动能量可以反送给系统，但由于普通的整流器逆变反送给系统的再生制动电能含有较大的谐波成分，电力系统不允许，因此目前国内城市轨道交通所使用的整流器都不具备逆变功能。目前整流机组的逆流保护并不是真正意义上的逆流保护，它仅能保护整流器出线至进线开关间的短路，其保护范围被其他保护所覆盖，国内有些城市的地铁并未设置逆流保护。若进线开关采用电动隔离开关，则不设逆流保护；若进线开关采用快速断路器，则应设逆流保护。

5.1.7 双边联跳保护

对于采用双边供电的接触网，直流双边联跳保护是广泛使用的一种保护手段。当采用双边供电时，一个供电区内的接触网由两个变电所向动车组提供电源，当其中一个所的直流馈线断路器因为某些保护跳闸的同时，还会发出联跳指令，使为同一个供电区供电的直流馈线断路器都跳闸。图 5-2 所示为双边联跳保护的工作原理示意图。

双边联跳保护能切除故障电流特别小的远端短路故障，跳闸命令是由感知到较大近端短路故障电流的相邻站发出的。只要给一段接触网供电的两个牵引变电所中有一个正确跳闸，另一个也会立刻跳闸，因而可靠性很高。双边联跳保护的原理如下：

图 5-2 显示了一条接触网的两段，左边一段由牵引变电所 A 和 B 供电，右边一段则由变电所 B 和 C 供电。当短路点发生在靠近变电所 A 的位置时，变电所 A 的大电流脱扣保护首先动作，而变电所 B 则由于短路电流小等因素，大电流脱扣和 di/dt 等保护均无法动作，位于变电所 A 的双边联跳保护则发出联跳命令，使变电所 B 的 D213 开关跳闸。这样就把整个

故障区间切除了。如果此时变电所 B 已经退出运行，则变电所 B 越区隔离开关已经合上，双边联跳保护将根据变电所 B G2133 的位置判断，此时该区段由变电所 C 越区供电。那么变电所 A 通过电缆发出命令，让另一端的变电所 C 的 D213 开关跳闸。

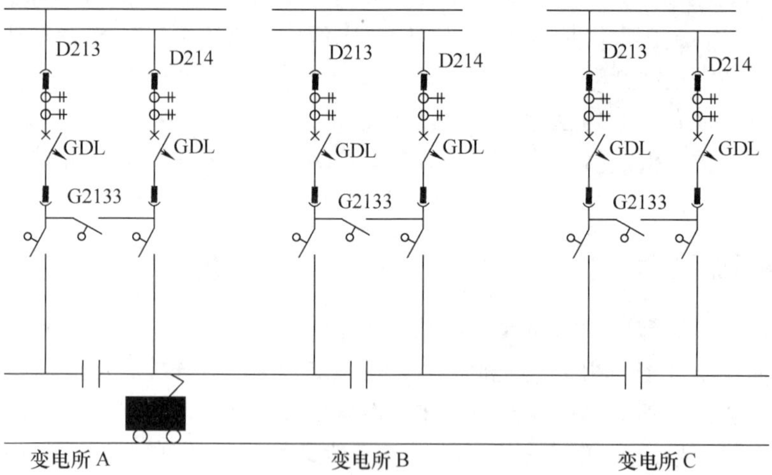

图 5-2　双边联跳保护的工作原理示意图

目前在我国双边联跳是采用电缆来实现的，这种方式简单、直观、可靠。随着光缆应用的普及，因其具有低成本化和抗干扰能力强的优点，已逐渐开始采用光缆取代电缆实现联跳。35kV 电缆的差动保护采用光缆而双边联跳不采用光缆，是因为当牵引变电所采用大双边供电时，电缆联跳回路能够简单地随着大双边供电方式的切换而自动切换，光缆联跳回路也能够实现切换，但相对复杂一点。

5.1.8　直流过电流保护

直流过电流保护的动作时间较长，即有足够的时延，动作值小于大电流脱扣保护的整定值。当发生故障，而其故障电流并没有达到大电流脱扣保护的动作值时，此时大电流脱扣保护不动作。如果其他保护也没有可靠动作，那么，当整定时延到达时，直流断路器就会发生跳闸。

5.2　电磁型继电器

以电磁铁为主体的继电器统称为电磁型继电器。这种继电器构造简单，便于维护，动作可靠，输出功率大，因此，它不仅是构成电磁型继电保护装置的主要元件，而且在其他类型（例如晶体管型）的继电保护装置中，也常用它作为装置的出口继电器。目前，在微机保护中，继电器的应用主要集中在出口电路，用于扩展节点容量、隔离电路等。

5.2.1　电磁型继电器

电磁型继电器是通过电磁铁的电磁力使其可动的机械部分运动，并带动继电器的触点转换，实现输出信号的改变，通过这些触点可以接通或者断开外电路。

由于各种电磁型继电器的用途不同，所要求的性能也不同，因此电磁铁系统的构造也不同。电磁型继电器通常制作成图 5-3 所示的三种形式，即螺线管式、拍合式和转动舌片式。

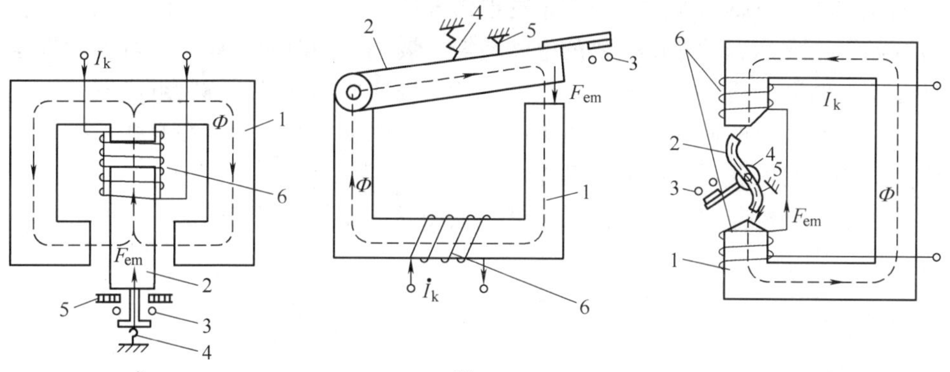

图 5-3　电磁型继电器的原理结构图

a）螺线管式　b）拍合式　c）转动舌片式

1—电磁铁心　2—可动衔铁　3—常开触点或者常闭触点　4—反作用弹簧　5—止挡　6—线圈

不论何种形式的电磁继电器，基本都由电磁铁心、可动衔铁、线圈、触点、反作用弹簧、止挡等部分组成。

当继电器的线圈接入电流 I_k 时，电磁铁心中就会产生磁通 Φ 和电磁力 F_{em}，如果电磁力大于弹簧的反力，则可动衔铁被吸动，并带动继电器的触点切换。

由电工学原理可知，交直流电磁铁的吸力 F_{em} 与磁通密度 B 或磁通 Φ 的二次方成正比，其基本表达式为

$$F_{em}=\frac{B^2S}{2\mu_0}=\frac{\Phi^2}{2\mu_0S} \qquad (5\text{-}1)$$

式中　S——铁心的截面积；

μ_0——真空的磁导率。

由于磁路存在气隙而不饱和，且线圈的匝数一定，故磁通 Φ 与线圈电流成正比。因此，电磁力 F_{em} 或者电磁转矩 M_{em} 与电流的二次方成正比，即

$$M_{em}=KI_k^2 \qquad (5\text{-}2)$$

式中　K——比例系数。

式（5-2）说明：

1）当继电器制成后，在其参数一定的情况下，比例系数 K 为常数，因此，电磁转矩的大小主要取决于线圈中电流的大小。

2）当磁路未饱和时，作用在衔铁上的电磁转矩与线圈电流的二次方成正比。线圈电流可以是交流，也可以是直流。应注意的是：当线圈接入交流电流时，I_k 是有效值，M_{em} 是平均值。

3）不论 I_k 是正值或负值，M_{em} 总是正值，即电磁型继电器是没有极性的。

当电磁转矩达到足以克服弹簧的反力矩时，可动衔铁被吸引，带动继电器的触点切换（闭合或断开），这种现象称为继电器动作。

继电器动作后，如果减小电磁转矩，直至小于弹簧的反力矩时，可动衔铁在反力弹簧的作用下返回起始位置，这种现象称为继电器返回。

由于继电器线圈电感的作用，线圈中的电流和磁通的变化都是缓变的。因此，从继电器线圈受电开始，直至达到动作所需要的电磁转矩需要一定的时间，而且，可动衔铁运动直至触点转换也需要时间，通常把线圈受电至触点转换完成所需的时间称为继电器的固有动作时间。为了提高保护装置的速动性，应尽量减少继电器的动作时间。但在某些情况下，也利用继电器本身的动作时间获得保护装置动作所需要的延时。

常用的电磁型继电器主要有电流继电器、电压继电器、时间继电器、中间继电器和信号继电器等。

5.2.2 电流继电器

1. 结构及工作原理

电流继电器是反应电流增大而动作的继电器，常用作电流保护的测量元件。

电流继电器的类型很多，但基本结构类同。现以使用较多的 DL-10 型电流继电器为例简要说明如下。

如图 5-4 所示，继电器衔铁为转动舌片式。铁心上有两个电流线圈，以便于根据需要进行串联或并联。当线圈电流增加到一定值时，电磁转矩克服螺旋弹簧（游丝）的反力矩，使 Z 形衔铁沿顺时针转动，可动触点断开，同时使静触点闭合（接通），继电器动作。

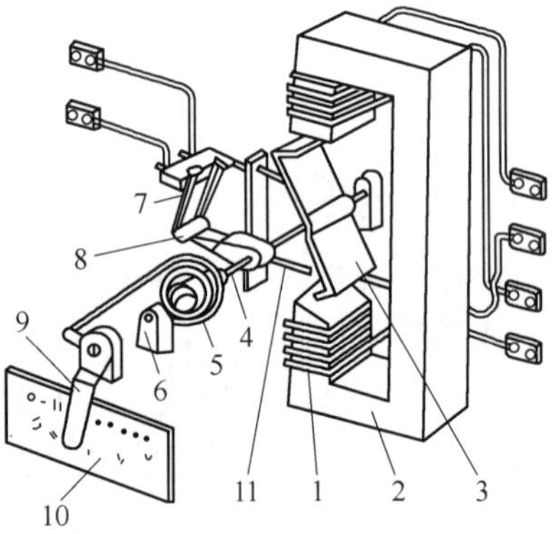

图 5-4　DL-10 型电流继电器结构图

1—线圈　2—铁心　3—Z 形衔铁　4—轴　5—反作用弹簧　6—轴承　7—静触点　8—动触点　9—动作电流调节把手　10—标度盘　11—限制螺杆

2. 动作电流、返回电流、返回系数

能使继电器动作的最小电流，称为继电器的动作电流，用 $I_{op.k}$ 表示。通过旋转调节把手，可以调节螺旋弹簧的反力，即可调节动作电流。能使继电器返回的最大电流称为返回电流，用 $I_{re.k}$ 表示。因为继电器动作后，衔铁与铁心间的气隙减小，磁通和电磁转矩增加，故只有比动作电流更小时，弹簧才能克服电磁转矩使衔铁返回，所以返回电流总是小于动作电流。

返回电流与动作电流之比称为返回系数，用 K_{re} 表示，显然

$$K_{re}=\frac{I_{re.k}}{I_{op.k}}<1 \tag{5-3}$$

通常 K_{re} 在 0.85 ~ 0.9 之间。如果此值过大，继电器动静触点之间的压力减小，动作不可靠，但返回系数太小，继电器就不能灵敏返回。

电流继电器的衔铁采用旋转的 Z 形舌片，其特点是转动惯量少，所以不仅动作功率小，而且由于衔铁极薄，易于饱和，动作后的磁通不会增加太多，故返回电流较大，返回系数较高。

实际使用中，由于转动舌片摩擦阻力矩的增加，致使继电器的动作电流增大，返回电流减小，故继电器的返回系数可能减小，因此需定期测试调整。

3. 调整返回系数的方法

调整返回系数的方法有三种：

1）改变舌片的起始角和终止角。调整继电器左上方的舌片起始位置限制螺杆，以改变舌片起始位置角。由于此时能改变动作电流而对返回电流几乎无影响，故返回系数得到了调整。舌片起始位置离开磁极的距离越远，返回系数越小；反之，返回系数越大。

调整继电器右上方的舌片终止位置限制螺杆，以改变舌片终止位置角。舌片终止位置与磁极的间隙越大，返回系数越大；反之，返回系数越小。

2）不改变舌片的起始角和终止角，而改变舌片两端的弯曲程度以改变舌片与磁极的距离，也能达到调整返回系数的目的。该距离越远，返回系数越大；反之，返回系数越小。

3）适当调整触点压力也能改变返回系数，但应注意触点压力不宜过小。为了调整继电器的动作值，可针对不同情况采取不同的方法。当继电器的调整把手在最大刻度值附近时，主要调整舌片的起始位置。为此，可调整左上方的舌片起始位置限制螺杆。当动作值偏小时，使舌片的起始位置远离磁极，反之，则靠近磁极。当继电器的调整把手在最小刻度值附近时，主要调整弹簧以改变动作值。

4. 整定

继电器的整定，是通过改变调整把手的位置，来改变螺旋弹簧的反力，从而设定继电器的反力矩。当继电器两线圈串联时，继电器的整定电流与面盘刻度值相当，当继电器两线圈并联时，继电器的整定电流是面盘刻度值的一倍，即将面盘刻度值乘以 2。应该指出，调整把手所指示的整定电流值是一个很不精确的值，实际整定电流要通过测量得到。

5. 有关技术参数

（1）技术指标及数据

1）触点形式和数量。

2）动作误差。每整定值的动作误差均不大于 ±6%。

3）刻度误差。继电器刻度最大误差均不大于 6%。

4）变差。动作电流值的变差（两次动作电流之间的差值）不大于 6%。

5）返回系数。返回系数不大于 0.8，最大整定电流为 200A 时的返回系数不大于 0.7。返回系数可通过调节衔铁动作前后的气隙进行校正。

6）动作时间。在 1.1 倍动作值时，动作时间不大于 0.12s；在 2 倍动作值时，动作时间不大于 0.04s。

7）过电流能力。线圈串联，从整定值均匀地上升至继电器的最大电流时，继电器不应有使常开触点不工作的振动。经 5 次后，继电器仍能满足本技术条件的要求。

8）触点稳定性。当加 1.75 倍整定值或更高时，继电器的常开触点应无抖动地闭合。

9）绝缘电阻。当周围空气的相对湿度不大于 85% 时，继电器的电路对外壳（外壳上的非导电金属部分）的绝缘电阻，用 500V 绝缘电阻表测量应当不小于 300MΩ；继电器的导电部分对外壳（外壳上的非导电金属部分）的绝缘，能耐受 50Hz、交流电压 2kV、历时 1min 的试验。

10）触点断开容量。当电压不大于 250V 及电流不大于 2A 时，触点的断开功率在具有电感负荷的直流电路（时间常数不大于 5×10^{-3}s）中为 50W，在交流电路中为 250V·A。

（2）电流继电器的技术参数　电流继电器的触点分为常开（动合）和常闭（动断）两种。所谓常开触点，就是指继电器的衔铁未被吸合时，处于断开状态的触点；所谓常闭触点，就是指继电器的衔铁未被吸合时，处于闭合状态的触点。

继电器的内部接线通常表示在一个方框内。作为一个实例，图 5-5a 绘出了 DL-32 型电流继电器的内部接线图，图中的两个矩形小方框，表示继电器的两个线圈。②、⑥和④、⑧分别为两个线圈的接线端子。①、③和⑤、⑦分别为常开和常闭触点的接线端子。由于电流继电器线圈的容量较小，故通常都是通过电流互感器反映线路电流。图 5-5b 为电流继电器 KA 与电流互感器 TA 的接线图。

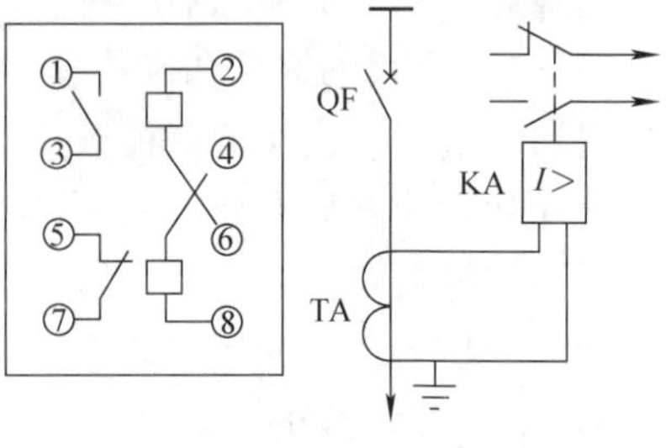

a)　　b)

图 5-5　DL-32 型电流继电器的接线图

a）内部接线图（正视）

b）与电流互感器连接图

DL 系列继电器的主要技术数据见表 5-1。

表 5-1　DL 系列继电器的主要技术数据

型　号	整定范围/A	长期允许电流/A		型　号	整定范围/A	长期允许电流/A	
		串　联	并　联			串　联	并　联
DL-20C	0.0125～0.05	0.08	0.16	DL-31 DL-32 DL-33 DL-34	0.0125～0.05	0.08	0.16
	0.05～0.2	0.3	0.6		0.05～0.2	0.3	0.6
	0.15～0.6	1	2		0.15～0.6	1	2
	0.5～2	4	8		0.5～2	4	8
	1.5～6	6	12		1.5～6	10	20
	2.5～10	10	20		2.5～10	10	20
	5～20	15	30		5～20	15	30
	12.5～50	20	40		12.5～50	20	40
	25～100	20	40		25～100	20	40
	50～200	20	40		50～200	20	40

6. 继电器的测试

电流继电器测试接线，如图 5-6 所示。

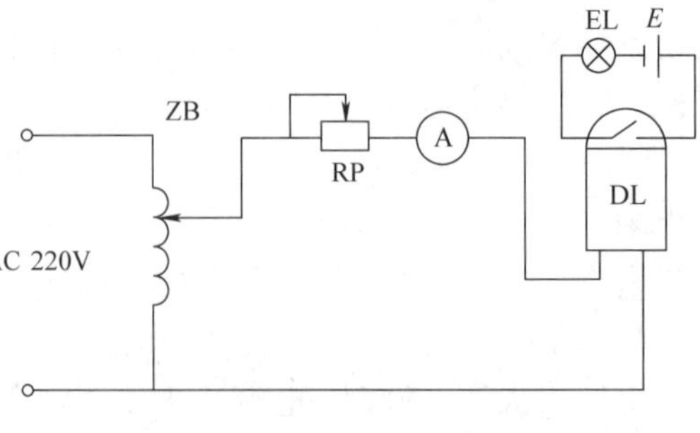

图 5-6　电流继电器测试接线图

5.2.3 电压继电器

1. 结构及工作原理

电压继电器与电流继电器的结构及工作原理基本相同，所不同的是电压继电器测量的是线路电压，因而继电器的线圈是电压线圈，线圈阻抗大，导线细而匝数多。

电压继电器分为过电压继电器和欠电压继电器两种。

过电压继电器的动作和返回的概念与电流继电器类似，其返回系数 K_{re} 等于返回电压 $U_{re.k}$ 与动作电压 $U_{op.k}$ 之比，即

$$K_{re}=\frac{U_{re.k}}{U_{op.k}}<1 \tag{5-4}$$

欠电压继电器的动作和返回与过电压继电器的动作和返回的概念正好相反，即当电压降低，电磁力减小使衔铁返回时，称为继电器动作；而当电压升高，衔铁被吸动时，称为继电器返回。显然返回电压高于动作电压，故返回系数为

$$K_{re}=\frac{U_{re.k}}{U_{op.k}}>1 \tag{5-5}$$

K_{re} 一般不大于 1.2。K_{re} 越小，继电器越灵敏。

在继电保护中，欠电压继电器的应用较为普遍，而且多用其常闭触点，即电压降低时，常闭触点闭合，并启动保护装置或自动装置。

2. 触点工作可靠性的检验

在电压（电流）继电器的电气特性中，检查和消除触点的振动是一项重要内容。因为继电器由于触点振动会使其烧坏或变形，从而使保护装置拒绝动作。

5.2.4 中间继电器

中间继电器在继电保护装置中起桥梁作用，当需要同时闭合或断开几条独立回路，或者要求比较大的触点容量去闭合或断开回路时，经常采用中间继电器。中间继电器的特点是触点容量大，触点数目多。

中间继电器的电磁铁多做成拍合式结构，现以图 5-7 所示 DZ-10 型中间继电器的原理结构图为例简要说明如下。

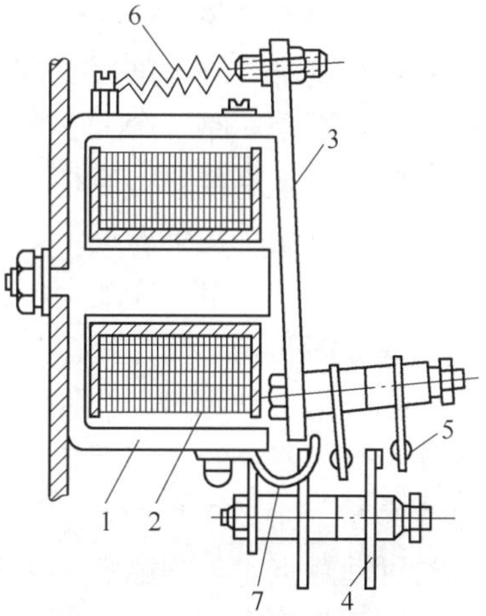

图 5-7　DZ-10 型中间继电器的原理结构图

1—铁心　2—线圈　3—衔铁　4—固定触点　5—动触点　6—弹簧　7—衔铁行程限制器

图中，当线圈接入一定的直流电压时，衔铁被吸向铁心。这时装在衔铁上的动触点与固定触点接通。当线圈失电后，继电器衔铁在弹簧的作用下返回起始位置。

线圈的作用是当继电器动作后，其瞬时动合触点将线圈接通。这样即便是启动线圈回路断开后，继电器仍能在线圈的作用下，保持在动作状态。

图 5-8 绘出了 DZB-217 型中间继电器的内部接线图。图中 U 为启动线圈，I 为保持线圈。该型继电器附有动作信号指示与复归机构，并带有一对机械保持触点以接通

远方信号。使用这种继电器可以省掉信号继电器。这对提高保护装置的可靠性、简化接线、降低成本具有一定的意义。

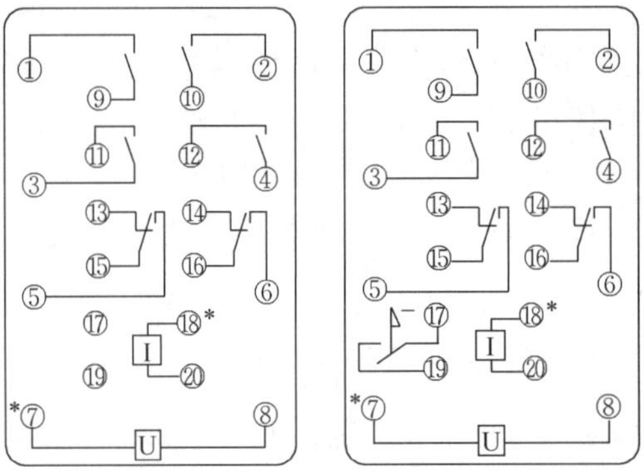

a) b)

图 5-8 DZB-217 型中间继电器的内部接线图

5.2.5 信号继电器

1. 结构及工作原理

信号继电器是用于标志保护或自动装置动作的继电器。DX-30 系列信号继电器包括 DX-31BH、DX-32AH、DX-32BH 和 DX-33H 四个品种，用于直流操作的保持电路中，作为动作指示器。

图 5-9 为 DX-31 型信号继电器的外观结构。继电器采用 JK-01K/H 壳体，具有嵌入式后接线（JK-01K）和凸出式后接线（JK-01H）两种结构形式。

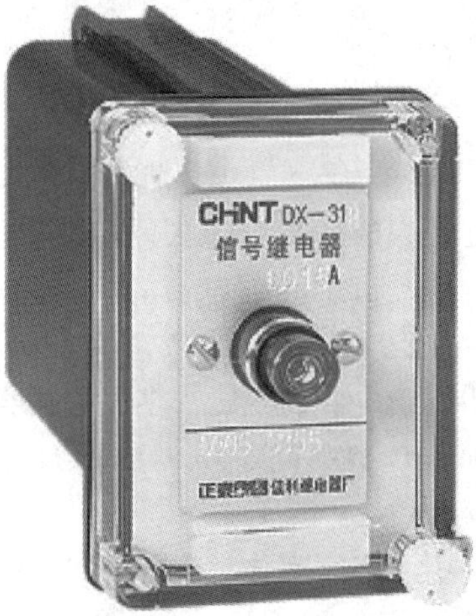

图 5-9 DX-31 型信号继电器的外观结构

继电器动作时，其正面本身有机械指示（掉牌）或灯光指示，同时它的保持触点接通有关灯光或音响报警回路。DX-31 型信号继电器的机械指示装置不是采用掉牌，而是利用弹簧将指示装置弹出，复归时用手按下即可。DX-32 型信号继电器具有灯光信号，由电压线圈保持，电动复归。

现以图 5-10 所示的信号继电器结构示意图为例简要介绍工作原理。当图中的线圈 2 未通电时，衔铁 3 受弹簧 7 的作用而离开铁心 1，衔铁托住信号掉牌 6。当线圈通电吸动衔铁时，信号掉牌因失去支持而下落（掉牌），同时固定在转轴上的可动触点 4 与静触点 5 接触并保持。只有当运行值班人员转动手动复归把手 8 时，才能将掉牌重新恢复到水平位置。

2. 继电器的内部接线及接线方式

如图 5-11 所示。图中 R_f 为电压保持回路外附降压电阻，使用继电器前必须按图接入回路内。

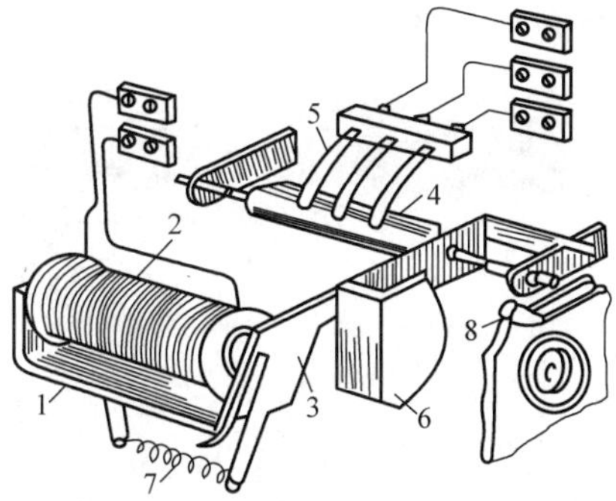

图 5-10　信号继电器结构示意图

1—铁心　2—线圈　3—衔铁　4—可动触点

5—静触点　6—信号掉牌　7—弹簧

8—手动复归把手

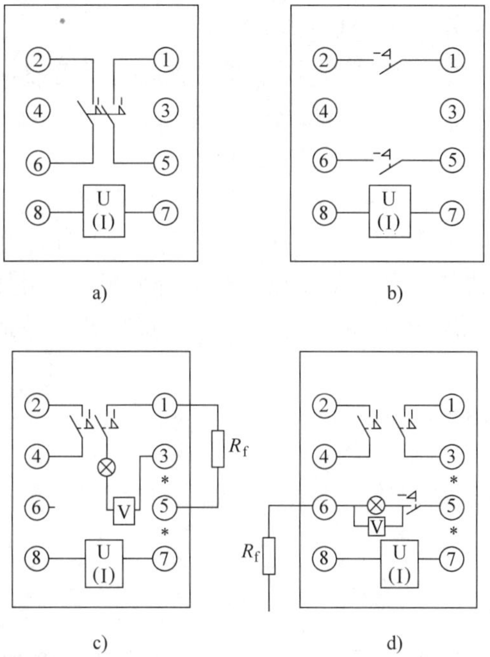

图 5-11　DX-30 系列信号继电器的内部接线图（背视）

a）DX-31B　b）DX-33　c）DX-32A　d）DX-32B

因为信号继电器有电流型和电压形两种形式，因此其接线方式也有两种：电流型信号继电器应串联接入电路，电压型应并联接入电路，如图 5-12 所示。

3. 技术参数

（1）额定值　继电器工作线圈的额定值按电压与电流分，电压额定值有 12V、24V、48V、110V、220V，电流额定值有 0.01A、0.015A、0.02A、0.025A、0.04A、0.05A、

0.075A、0.08A、0.1A、0.15A、0.2A、0.25A、0.5A、0.75A、1A、2A、4A。DX-32A 和 DX-32B 保持回路额定值为 48V、110V 或 220V。

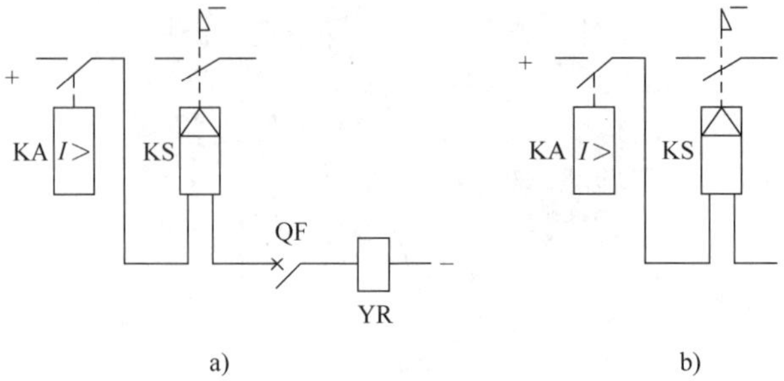

图 5-12 信号继电器的接线方式
a）串联接入 b）并联接入

（2）动作值 动作电压不大于 70% 额定电压，动作电流不大于 90% 额定电流。

（3）保持值 保持电压不大于 80% 保持回路额定电压。

（4）返回值 返回值不小于 5% 额定值。

（5）功率消耗 电流绕组不大于 0.3W，电压绕组不大于 3W；DX-32A 电压保持回路 220V，不大于 7W；110V，不大于 3.5W；48V，不大于 2W。DX-32B 电压保持回路 220V，不大于 12W；110V，不大于 7W；48V，不大于 3W。

（6）触点容量 在电压不大于 250V 的直流有感负荷电路（$\tau = 5ms \pm 0.75ms$）中，触点断开容量为 30W，在交流电路中为 100V · A。触点长期允许通过电流不大于 3A。

（7）介质强度 继电器各导电电路连在一起对外露的非带电金属部分及外壳之间，应承受 2kV、50Hz 交流试验电压历时 1min 的试验，无绝缘击穿或闪络现象。

4. 使用与维护

1）检查调整动触点与静接点间隙不小于 0.8mm。

2）断电闭锁后，触点超行程不小于 0.2mm。

3）调整触点压力可改变继电器动作值（电流或电压）。

5.2.6 时间继电器

1. 结构及工作原理

时间继电器在继电保护装置中作为时限器件，用来建立保护装置动作所需要的时限。DS-38C 型时间继电器的外观如图 5-13 所示。

电磁型时间继电器由电磁机构和钟表机构两部分构成。图 5-14 为 DS-110 系列时间继电器的原理结构。它的电磁机构是螺管线圈式，线圈接直流电压。当线圈 1 接入起动电压后，衔铁 3 即被吸入螺管线圈中，托在衔铁上的曲柄销 9 被释放，在主弹簧 11 的作用下，使扇形齿轮 10 沿顺时针方向转动，并且带动齿轮 13，延时可动触点 22 及与它同轴的摩擦离合器 14 也开始逆时针方向转动。摩擦离合器转动后，使摩擦离合器 14 外层的钢环紧卡主齿轮 15，因此主齿轮就随着转动。此轮带动钟表机构的齿轮 16，经钟表机构的中间齿轮 17、18，而使摆轮 19 与摆卡 20 的齿接触，使之停止转动，但在摆轮的压力下摆卡偏转离开摆轮，所以摆轮就转过一个齿。如此往复进行，就使延时可动触点 22 以恒速转动。经一定时间后，延时可动触点 22 与延时固定触点 23（即静触点）接触，即继电器动作。改变静触点的位置，即改变动触点到静触点之间的距离，就可以调节时间继电器的动作时限。

当线圈上的电压消失后，在返回弹簧 4 的作用下，继电器的衔铁和杠杆又返回到原始位置。因为返回时摩擦离合器沿逆时针方向转动，离合器与主齿轮脱离，如图 5-14c 所示，此时钟表机构不起作用，这就保证了继电器返回是瞬时的。

图 5-13　DS-38C 型时间继电器的外观图

时间继电器的返回，是通过保护装置起动器件（如电流继电器）的触点将其线圈上的电压全

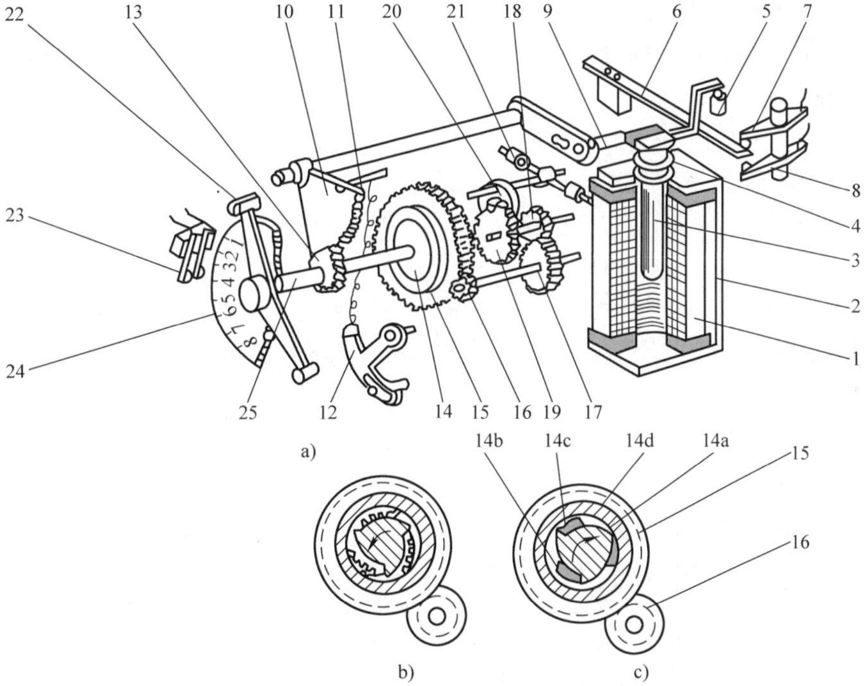

图 5-14　DS-110 型时间继电器的原理结构图

a）继电器的结构　b）工作情况下的摩擦离合器　c）返回情况下的摩擦离合器

1—线圈　2—磁路　3—衔铁　4—返回弹簧　5—轧头　6—可动瞬时切换接点　7、8—固定瞬时切换接点　9—曲柄销　10—扇形齿轮　11—主弹簧　12—变弹簧拉力的卡板　13—齿轮　14—摩擦离合器（14a—凸轮，14b—钢球，14c—弹簧，14d—钢环）　15—主齿轮　16—钟表机构的齿轮　17、18—钟表机构的中间齿轮　19—摆轮　20—摆卡　21—重锤　22—延时可动触点　23—延时固定触点　24—标度盘　25—继电器的主轴

部撤除来完成的，所以时间继电器不要求很高的返回系数。因此，时间继电器的电磁机构通常不是采用转动舌片式，而是采用螺管线圈式。这种电磁机构的优点是：当继电器动作后，磁路磁阻显著减小，磁通增加较多，触点压力较大，因而继电器的触点容量将大大提高。

2. 动作时间的检验

在做定期检验时，继电器在整定位置加以额定电压测量动作时间3次，取平均值，要求测量值与整定值的误差应不超过0.07s。对新安装的继电器，还需在额定电压下测定最大与最小刻度位置的动作时间。

当测得的时间与刻度值不符时，可按下列步骤调整。

首先移动刻度盘使其满足要求，如为DS-115～DS-116（DS-125～DS-126）型时间继电器，当移动刻度盘满足延时触点的要求后，再调整滑动触点的静触点弹片，以满足要求。

若继电器全刻度误差超过下列数值时：对于DS-111型为（1.3±0.05）s；对于DS-112型为（3.5±0.1）s；对于DS-113型为（9±0.15）s，应对钟表机构进行调整，其调整方法如下所述：

1）调整钟摆偏心轴承，使钟摆与摆齿啮合适当，不宜过深或过浅，以防止卡死或打滑。

2）调整钟摆摆锤的远近。若时间短，可调远些；若时间长，可调近些。

3）调整钟表弹簧的拉力。若时间短，可放松些；若时间长，可拉紧些。但松紧要适当。

3. 有关技术参数

时间继电器一般有一对延时主触点、多对瞬时触点和多对切换触点。延时主触点又分为延时常开和延时常闭两种。

图5-15a所示为几种DS-30型时间继电器的内部接线图，端子①、②或⑦、②接继电器的线圈，端子④、⑫接延时常开触点，③、⑪为滑动延时触点，另外还有两对切换触点。

时间继电器的电磁线圈有直流电源和交流电源两种供电方式。采用交流电源供电的继电器，其内部装有桥式整流器，如图5-15b所示。型号中的第二位数字表示延时范围及电源种类。

为了缩小时间继电器的尺寸，它的线圈一般按短期接入额定电压来设计。当需要较长时间（大于30s）接入额定电压时，应当在线圈回路中串联一个附加电阻R_{add}，图5-15c所示。

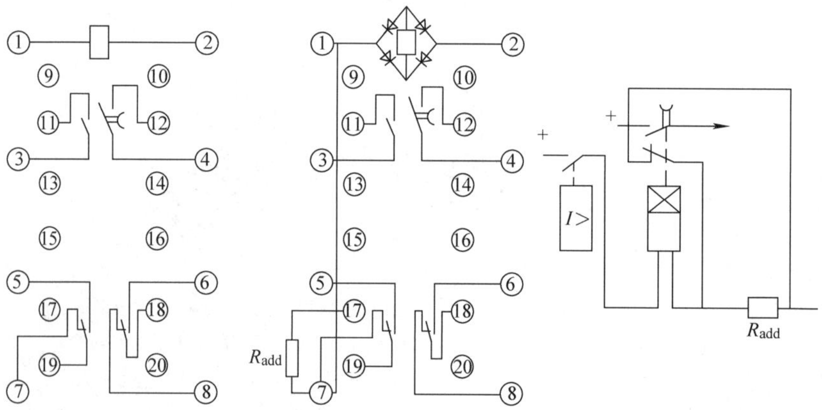

a) b) c)

图5-15 时间继电器接线图

a）DS-31～DS-34/2型时间继电器内部接线图（正视） b）DS-35～DS38C/2型时间继电器内部接线图（正视）

c）时间继电器接入附加电阻的电路

在继电器动作前，此电阻被继电器的瞬动常闭触点短接；当继电器动作后，它的瞬动常闭触点断开，将电阻串入线圈回路，以限制线圈电流。这种能长期工作的继电器，其型号后面标有“C”。当电阻接入后，虽然线圈电流减小，但由于时间继电器的返回电流很小，故继电器仍能保持在动作状态而不会返回。

4. 继电器的测试

时间继电器测试接线如图 5-16 所示。

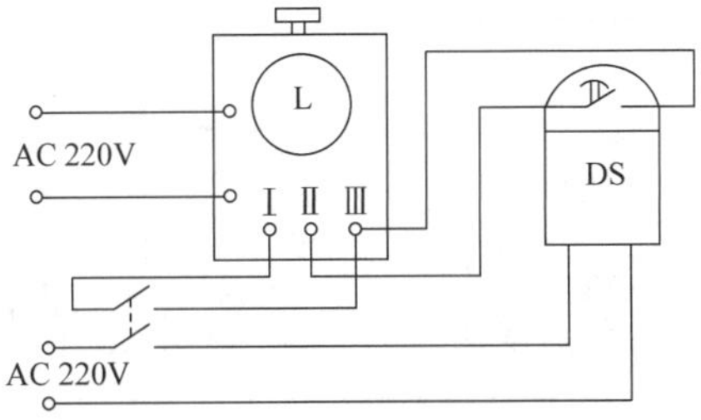

图 5-16　时间继电器测试接线图

5. 使用与维护

1）使用时应注意继电器的额定工作方式，若将短时工作的继电器用于线圈回路长期带电的场合，则继电器线圈必过热而损坏；长期工作的继电器有外附电阻，在使用时应按图 5-11d 中 R_f 的位置接入。

2）继电器应装在与水平面垂直的屏板上，并且在投入运行前应使继电器通电动作，以免由于各运动部位不能复归至原位而引起延时的误差。

3）在维修继电器时，其钟表机构部分各零件应使用航空汽油清洗之后，在各可动部位（滑动接触部位）点以适量 4#航空仪表油；在由电磁直接带动的凸轮与扇形齿板间涂以低温脂；电磁部分动铁心及线圈管中应擦拭清洁。

5.2.7　常用继电器线圈、触点的图形

为了区别继电器线圈的形式和性能，通常在线圈符号内注有各种标记，见表 5-2。

表 5-2　几种常用继电器线圈、触点的图形

线圈类		触点类	
名　称	图　形	名　称	图　形
线圈的一般形式	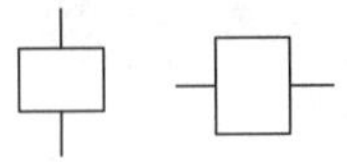	瞬时常开触点（动合接点）	
线圈的引出线位于图形的一侧	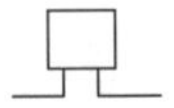	瞬时常闭触点（动断接点）	
当需指出继电器为双线圈时	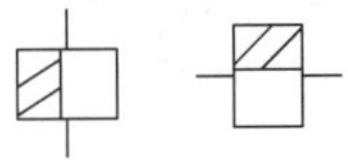	先断后合的瞬时切换触点	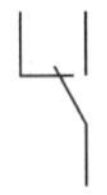
当需指出继电器为 3 线圈时	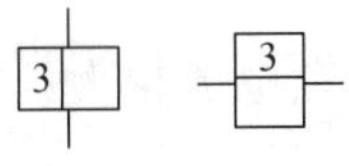	延时闭合的常开（动合）触点	
当需指出线圈为电流线圈时	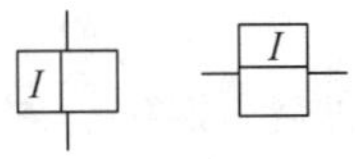	延时断开的常闭（动断）触点	

（续）

线圈类		触点类	
名称	图形	名称	图形
当需指出线圈为电压线圈时	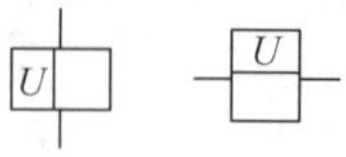	延时断开的常开（动合）触点	
缓吸线圈（延时闭合）	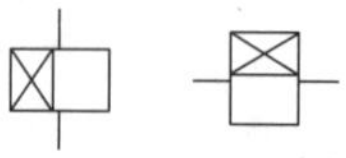	延时闭合的常闭（动断）触点	
缓放线圈（延时断开）	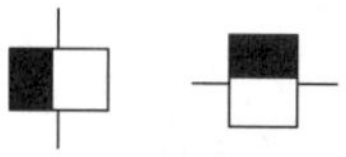	瞬时闭合的常开保持触点	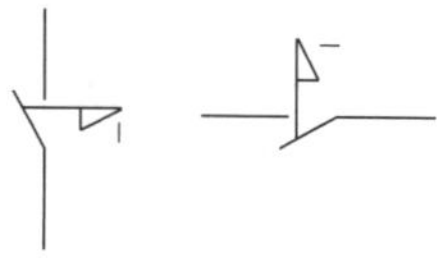
快速动作继电器线圈	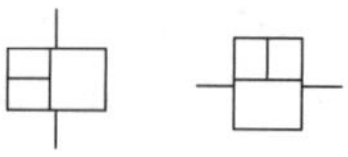		
有机械保持触点的继电器线圈	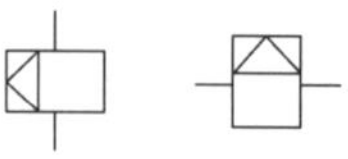	压力触点重气体触点	
极化继电器线圈	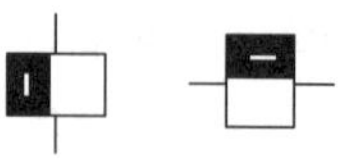	温度触点	
功率方向继电器线圈	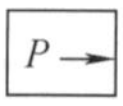	轻气体触点	
自动重合闸继电器	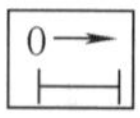		
阻抗继电器线圈	Z		
差动继电器线圈	I_d		

5.3 交流牵引供电系统的保护方式

5.3.1 限时过电流保护

系统中发生短路时，其特征之一就是线路中的电流剧增。过电流保护就是利用这一特征在电流增长到超过事先按最大负载电流整定的数值而引起动作的一种保护装置。它按时限特性可分为反时限过电流保护和定时限过电流保护。

1. 反时限过电流保护

继电保护的动作时间与短路电流的大小有关，短路电流越大，动作时间越短；短路电流越小，动作时间越长，这种保护就叫作反时限过电流保护。

2. 定时限过电流保护

继电保护的动作时间与短路电流的大小无关，时间是恒定的，时间是靠时间继电器的整定来获得的，时间继电器在一定范围内是连续可调的，这种保护方式就称为定时限过电流保护。

保护装置的动作时间只取决于时间继电器的预先整定时间，而与被保护回路的短路电流大小无关，所以这种过电流保护称为定时限过电流保护。

（1）电流的整定　过电流保护装置中的电流继电器动作电流的整定原则，是按照躲过被保护线路中可能出现的最大负荷电流来考虑的。也就是只有在被保护线路故障时才起动，而在最大负荷电流出现时不应动作。为此必须满足以下两个条件：

1）在正常情况下，出现最大负荷电流时（电动机的起动和自起动电流以及用户负荷的突增和线路中出现的尖峰电流等）不应动作，即

$$I_{dz} > k_s I_{fh.max} \tag{5-6}$$

式中　I_{dz}——过电流保护继电器的一次动作电流；

$I_{fh.max}$——最大负荷电流；

k_s——电动机自起动系数。

2）保护装置在外部故障切除后应能可靠地返回。因为短路电流消失后，保护装置有可能出现最大负荷电流，为保证选择性，已动作的电流继电器在这时应当返回。因此保护装置的一次返回电流 I_f 应大于最大负荷电流 $I_{fh.max}$。因此，定时限过电流装置电流继电器的动作电流 $I_{dz.j}$ 为

$$I_{dz.j} = \frac{K_k K_{jx}}{K_f N_{Lh}} I_{fh.max} \tag{5-7}$$

式中　$I_{dz.j}$——继电器动作电流；

$I_{fh.max}$——最大负载电流；

K_k——可靠系数，考虑到继电器动作电流的误差和计算误差而设，一般取为 1.15～1.25；

K_{jx}——由于继电器接入电流互感器二次侧的方式不同而引入的一个系数，电流互感器为三相完全星形接线和不完全星形接线时，$K_{jx}=1$，为三角形接线和两相电流差接线时，$K_{jx}=\sqrt{3}$；

K_f——返回系数，一般小于 1，通常取 0.85；

N_{Lh}——电流互感器的额定电流比。

（2）动作时限的整定原则　为使过电流保护具有一定的选择性，各相邻元件的过电流保护应具有不同的动作时间。在线路 X_{L-1}、X_{L-2}、X_{L-3} 的靠近电源端分别装有过电流保护装置 1、2、3，如图 5-17 所示。当 D1 点发生短路时，短路电流由电源提供并流过保护装置 1、2、3，当短路电流大于它们的整定值时，各套保护装置均起动。但按选择性的要求，应只由保护装置 3（离故障点最近）动作于跳闸。在故障切除后，保护装置 1、2 返回。因此就必须使保护装置 2 的动作时间较保护装置 1 长一些；而保护装置 3 又要比保护装置 2 长一些，并依次类推。

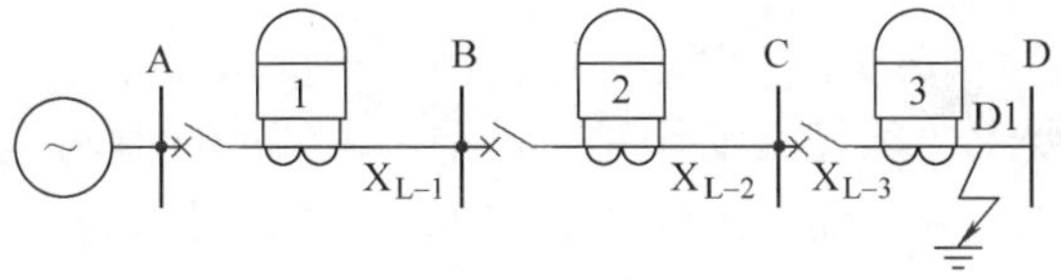

图 5-17　过电流保护配合

1—电流速断保护　2—略带时限的电流速断保护　3—定时限过电流保护

不难看出，各级保护装置的动作时限是由末端向电源端逐级增大的。也就是越靠近电源端，保护的动作时限越长，和阶梯一样，故称为阶梯性时限特性。各级之间的时限均差一个固定的数值，称为时限级差。对于定时限过电流保护的时限级差一般为0.5s；对于反时限的时限级差一般为0.7s。越靠近电源端，线路的阻抗越小，短路电流将越大，而保护的动作时间越长。也就是说，过电流保护存在着缺陷。这种缺陷就必须由电流速断保护来弥补。

（3）过电流保护的保护范围　过电流保护可以保护设备的全部，也可以保护线路的全长，还可以作为相邻下一级线路穿越性故障的后备保护。

5.3.2　电流速断保护

电流速断保护是一种无时限或略带时限动作的电流保护。它能在最短的时间内迅速切除短路故障，减小故障持续时间，防止事故扩大。电流速断保护又分为瞬时电流速断保护和略带时限的电流速断保护两种。

电流速断保护简单可靠，完全依靠短路电流的大小来确定保护是否需要启动。它是按一定地点的短路电流来获得选择性动作，动作的选择性能够保证，动作的灵敏性能够满足要求，整定调试准确和方便。

1. 瞬时电流速断保护

瞬时电流速断保护与过电流保护的区别，在于它的动作电流值不是躲过最大负荷电流，而是必须大于保护范围外部短路时的最大短路电流，即按躲过被保护线路末端可能产生的三相最大短路电流来整定，从而使速断保护范围被限制在被保护线路的内部，从整定值上保证了选择性，因此可以瞬时跳闸。当在被保护线路外部发生短路时，它不会动作，所以不必考虑返回系数。由于只有当短路电流大于保护装置的动作电流时，保护装置才能动作，所以瞬时电流速断保护不能保护设备的全部，也不能保护线路的全长，而只能保护线路的一部分。对于最大运行方式下的保护范围，一般能达到线路全长的50%即认为有良好的保护效果；对于在最小运行方式下的保护范围，能达到线路全长的15%～20%认为有良好的保护效果。保护范围以外的区域称为“死区”。因此，瞬时电流速断保护的任务是在线路始端短路时能快速地切除故障。

当线路故障时，瞬时电流速断保护动作，运行人员根据其保护范围较小这一特点，可以判断故障发生在线路首端，并且靠近保护安装处；如为双电源供电线路，则由两侧的瞬时电流速断保护同时动作或同时都不动作，可判断故障发生在线路的中间部分。

2. 略带时限的电流速断保护

瞬时电流速断保护最大的优点是动作迅速，但只能保护线路的首端。而定时限过电流保护虽能保护线路的全长，但动作时限太长。因此，常用略带时限的电流速断保护来消除瞬时电流速断保护的“死区”，要求略带时限的电流速断保护能保护全线路。因此，它的保护范围就必然会延伸到下一段线路的始端去。这样，当下一段线路始端发生短路时，保护也会启动。为了保证选择性的要求，须使其动作时限比下一段线路的瞬时电流速断保护大一个时限级差，其动作电流也要比下一段线路瞬时电流速断保护的动作电流大一些。略带时限的电流速断保护可作为被保护线路的主保护。略带时限的电流速断保护的原理接线和定时限过电流保护的接线方式完全相同。一般情况下其动作电流可按下式整定：

$$I_{DZ} = K_k I'_{DZ} \tag{5-8}$$

式中　I_{DZ}——略带时限的电流速断保护动作电流（A）；

K_k——可靠系数，考虑到计算误差而设，通常取 1.1 ~ 1.15；

I'_{DZ}——下一相邻线路的瞬时电流速断保护动作电流（A）。

如图 5-17 所示，假设 1 是略带时限的电流速断保护，2 是电流速度保护，那么 $I_{DZ.A}$ 大于 $I_{DZ.B}$，$I_{DZ.A}=\dfrac{K_K I_{DZ.B}}{K_b}$（$I_{DZ.A}>I_{DZ.B}$），其中 K_b 是分支系数，如果 B 处没有分支电源和平行线路，则 $K_b=1$，理论上，$K_b=\dfrac{I_{BC}}{I_{AB}}$。

5.3.3　三段式过电流保护装置

一般情况下，为了对线路进行可靠而有效的保护，也常把瞬时电流速断保护（或略带时限的电流速断保护）和定时限过电流保护相配合构成两段式电流保护。

对于第一段电流保护，究竟采用瞬时电流速断保护，还是采用略带时限的电流速断保护，可由具体情况确定。如用在线路和变压器组接线，以采用瞬时电流速断保护为佳。因在变压器高压侧故障时，切除变压器和切除线路的效果是一样的。此时，允许用线路的瞬时电流速断保护，来切除变压器高压侧的故障。也就是说，其保护范围可保护到线路全长并延伸到变压器高压侧。这时的电流保护可以作为主保护；第二段一般均采用定时限过电流保护作为后备保护，其保护范围含线路和变压器组的全部。

通常，如果被保护线路较短，第一段电流保护均采用略带时限的电流速断保护作为主保护；第二段采用定时限过电流保护作为后备保护。采用三段式电流保护时，任何一段保护都作用于三相断路器。

在实际中，还常采用三段式电流保护，就是以瞬时电流速断保护作为第一段，以加速切除线路首端的故障，用作辅助保护；以略带时限的电流速断保护作为第二段，以保护线路的全长，用作主保护；以定时限过电流保护作为第三段，以作为线路全长和相邻下一级线路的后备保护。对于供电线路（含 35kV）今后宜选用两段式或三段式电流保护。因为这种保护的设置可以在相邻下一级线路的保护或断路器拒动时，本级线路的定时限过电流保护动作，起到远后备保护的作用；本级线路的主保护（瞬时电流速断或略带时限的电流速断保护）拒动时，则本级线路的定时限过电流保护可以动作，以起到近后备的作用。应注意的是，三段式电流保护中，它的每一段关系都是并列关系，也就是说它们都指挥控制同一个断路器。但同一时刻，只有一段保护发出命令，不允许两个或以上的保护同时动作，否则就必须重新整定。三段式电流保护的每一段之间还有互相补充和配合的关系。电流速断保护失效，略带时限的电流速断保护来弥补。如略带时限的电流速断保护也失效，就由定时限过电流保护来弥补。倘若定时限过电流保护也失效，就由下一段的定时限过电流保护作后备。

5.3.4　零序电流保护

电力系统中，发电机或变压器的中性点运行方式有中性点不接地、中性点经消弧线圈接地和中性点直接接地三种方式。10kV 系统采用的是中性点不接地的运行方式。系统运行正常时，三相是对称的，三相对地间均匀分布有电容。在相电压作用下，每相都有一个超前 90°的电容电流流入地中。这三个电容电流数值相等、相位相差 120°，其和为零，中性点电

位为零。理论上对于三相对称系统，网络中任何处的三倍零序电流满足

$$3\dot{I}_0 = \dot{I}_A + \dot{I}_B + \dot{I}_C \quad (5\text{-}9)$$

当系统出现非全相运行或断路器三相触头不同时合闸时，零序电流就不为零，而在系统正常运行、过负荷、振荡和相间短路时，不会出现零序电流，保护不动作。构成零序电流保护的有零序电流互感器（也可以用零序电流滤波器）和零序电流继电器。它们可安装在任何地方，一般对于架空线路采用零序电流滤波器，对于电缆则采用零序电流互感器。零序电流保护也分为无时限电流速断、带时限电流速断和零序过电流保护。

当网络比较复杂、出线较多、可靠性要求高，采用绝缘监察装置不能满足运行要求时，可采用零序电流保护装置。它是利用接地故障线路零序电流较非接地故障线路零序电流大的特点构成的一种保护装置。零序电流保护一般使用在有条件安装零序电流互感器的电缆线路或经电缆引出的架空线路上。当在电缆出线上安装零序电流互感器时，其一次侧为被保护电缆的三相导线，铁心套在电缆外，其二次侧接零序电流继电器。当正常运行或发生相间短路时，一次电流为零。二次侧只有因导线排列不对称而产生的不平衡电流。当发生一相接地时，零序电流反映到二次侧，并流入零序电流继电器，使其动作发出信号。在安装零序电流保护装置时，特别要注意的一点是：电缆头的接地线必须穿过零序电流互感器的铁心。这是由于被保护电缆发生一相接地时，全部靠穿过零序电流互感器铁心的电缆头接地线通过零序电流起作用。否则互感器二次侧也就不能感应出电流，因而继电器也就不可能动作。不难理解，当某一条线路上发生一相接地时，非接地线路上的零序电流为本身的零序电流。因此，为了保证动作的选择性，在整定时，保护装置的起动电流 I_{dz}应大于本线路的电容电流，即

$$I_{dz} = K_h \times 3UC_0 = K_h I_0 \quad (5\text{-}10)$$

式中 I_{dz}——保护装置的起动电流；

K_h——可靠系数，如无延时，考虑到不稳定间歇性电弧所发生的振荡涌流，取 4 ~ 5，如延时为 0.5s，则取 1.5 ~ 2；

U——相电压值；

C_0——被保护线路的每相对地电容；

I_0——被保护线路的总电容电流。

整定后，还需校验在本线路上发生一相接地时的灵敏度 K_{1m}，由于流经接地线路上的零序电流为全网络中非接地线路电容电流的总和，可用 $3U(C_s - C_0)$ 表示，因此灵敏度为

$$K_{1m} = 3U(C_s - C_0)/(K_h \times 3UC_0) = I_{0s} - I_0/I_{dz} \quad (5\text{-}11)$$

式中 C_s——同一电压等级网络中，各元件每相对地电容之和；

I_{0s}——与 C_s相对应的对地电容电流之和。

对于架空线路，由于没有特制的零序电流互感器，如欲安装零序电流保护，可把三相三只电流互感器的同名端并联在一起，构成零序电流过滤器，再接上零序电流继电器。其动作电流整定值中，要考虑零序电流过滤器中不平衡电流的影响。

5.3.5 电流增量保护

在我国早期的城市轨道交通直流牵引供电系统中，通常采用大电流脱扣和过电流保护相

互配合实现对牵引网的保护，如早期的北京地铁、天津地铁等。大电流脱扣属于断路器的本体装置，它采用电磁脱扣原理，短路点距变电所越近，短路电流的上升率越大，电磁脱扣跳闸时间也将越短，因而大电流脱扣主要用于近端短路保护。而对于短路点在远端的情况下，由于短路电流相对较小，大电流脱扣的时间也较长，甚至于不能有效保护，过电流保护虽能有效地保护到线路的末端，但其延时较长，保护的速动性有所降低。

随着近几年我国城市轨道交通的迅速发展，一种反应电流变化趋势的保护，即 DDL 保护，又称为电流变化率（$\mathrm{d}i/\mathrm{d}t$）和电流增量（ΔI）保护，逐渐成为直流牵引网末端短路的主保护。

直流牵引供电系统不同于交流牵引供电系统，在交流牵引供电系统中利用交流电的特性可以有各种不同形式的保护装置，而直流牵引供电系统机车取流不是总保持在一个水平上，因受到机车起步、加速等操作环节的影响，电流变化频繁而复杂。所以采用 DDL 保护功能，用于牵引直流供电系统中作为主保护，主要就是通过分析电流上升率 $\mathrm{d}i/\mathrm{d}t$、电流增加持续的时间 t 和电流增量 ΔI，检测远距离短路故障，其故障电流低于断路器的大电流脱扣整定值。该保护需整定的参数有 6 个，即保护装置起始门限 E、保护装置复位门限 F、最大电流增量 $\Delta I_{\max}$、最大电流增量延时 $t_{\Delta I\max}$、最小电流增量 $\Delta I_{\min}$、最小电流增量延时 $t_{\Delta I\min}$。

1. 电流增量保护原理

保护装置不断地连续检测馈线电流 I_f 及其电流变化率 $\mathrm{d}i/\mathrm{d}t$，并将 $\mathrm{d}i/\mathrm{d}t$ 与设定值 E 和 F 比较，若 $\mathrm{d}i/\mathrm{d}t > E$，则开始测量电流增量（$\Delta I$）和时间（$t$）：当 $\Delta I > \Delta I_{\max}$ 设定值时，则经一段时间 $t_{\Delta I\max}$ 延时后 ΔI 保护出口并使开关跳闸；当 $t > T$ 设定值，且 $\Delta I > \Delta I_{\min}$ 设定值时，则 $\mathrm{d}i/\mathrm{d}t$ 保护出口并使开关跳闸。如果在检测到 $\Delta I_{\max}$ 设定值或 t 前，$\mathrm{d}i/\mathrm{d}t < F$ 并保持 $t_{\Delta I\max}$ 时间，则测量值 ΔI 和 t 归零，进行重新测量。

直流牵引供电系统模型可描述为一个多直流电流供电系统，当短路发生时，其等效回路为两个直流电源和电阻、电感的串联回路，如图 5-18 所示。

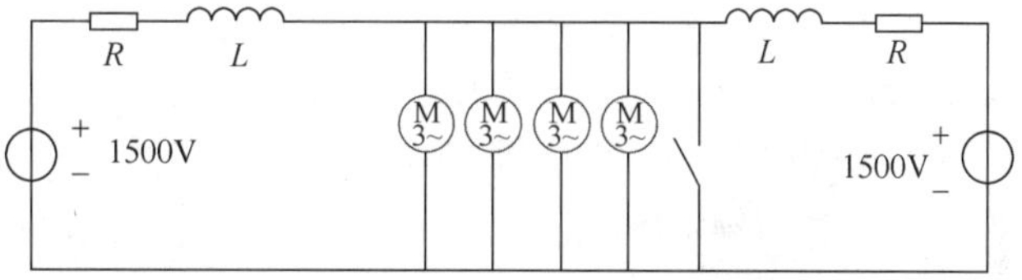

图 5-18　双边供电直流馈线保护分析的等效电路

R—线路等效电阻　L—线路等效电感　M—动车组异步交流电动机

根据电路原理，有

$$\frac{\mathrm{d}i}{\mathrm{d}t} = \left(-\frac{1500}{R}\right)\left(-\frac{R}{L}\right)\mathrm{e}^{-\frac{R}{L}t} = \frac{1500}{L}\mathrm{e}^{-\frac{R}{L}t} \tag{5-12}$$

式中　L——回路的等效电感；

R——系统的等效电阻。

2. 电流增量保护的整定

（1）E 和 F 的设定　斜率 E（单位为 kA/s 或 A/ms）为保护装置的起始门限，当 $\mathrm{d}i/\mathrm{d}t > E$ 时，保护装置起动。短路情况下的初始斜率可由 $t=0$ 计算得出，为保证保护装置的可靠起动，$t=0$ 时的 $\mathrm{d}i/\mathrm{d}t$ 应大于 E。另外考虑到短路故障发生时已存在一牵引电流，也就是在 $t=0$时，$I > I_0$，I_0是牵引电流，这样初始斜率将会小于在极端条件下（$t=0$ 时，$i=0$）计算出的值。因此在通常情况下可将 E 设定为初始斜率，计算值为 $t=0$ 时的一半，来满足通常牵引负荷电流状况下保护检测的要求。为了能够辨识出任何情况下的短路故障，当牵引电流较高时，可以适当降低设定值，但必须避免与列车正常牵引负荷电流混淆。

斜率 F（单位为 kA/s 或 A/ms）为保护装置的复位门限，当 $\mathrm{d}i/\mathrm{d}t < F$ 时，保护装置复

位，这一斜率值标志着短路故障的结束。F 值可适当降低以提高 DDL 保护精度，也就是说可更准确地辨识出发生在线路末端的短路故障。

（2）ΔI_{max} 和 $t_{\Delta Imax}$ 的设定　ΔI_{max} 这一参数应在机车运行情况下对系统进行全面测试得出，通常建议此参数可在最大牵引电流和短路电流之间或短路情况下 E 和 F 值所对应的电流之间选取，但不应小于机车起动电流。$t_{\Delta Imax}$ 这一参数与 ΔI_{max} 有关，表示保护动作的延时并可以消除寄生电流。

（3）T 和 ΔI_{min} 的设定　T 这一参数值可改变 DDL 中 $\mathrm{d}i/\mathrm{d}t$ 保护的动作检测值，当电流斜率大于斜率 E 时，开始进入 DDL 保护分析过程，当分析持续时间 $t = T$ 时保护动作，在此期间电流增量小于等于 ΔI_{max}，电流斜率值大于 F。通常 T 值为1.5 倍的短路时间常数或短路情况下 $\mathrm{d}i/\mathrm{d}t$ 值从 E 到 F 所经历时间的 80%。电流增量保护中，$\mathrm{d}i/\mathrm{d}t$ 保护动作的必要条件是从分析计算开始持续的时间 $t = T$ 时电流增量大于 ΔI_{min}，ΔI_{min} 的最大值应小于或等于线路末端短路电流或大于机车辅助电流。

3. 保护的校验

增量保护的校验主要考虑以下两个方面：一是电流增量保护应保护到线路的末端，因而应计算线路末端的短路电流及其变化率，以校验电流增量保护的可靠性；二是电流增量保护还应考虑与机车的配合关系，并应躲过机车的起动电流和冲击电流对保护装置的影响，以保证电流增量保护装置的选择性。

5.3.6　过负荷保护

过负荷保护是为防御变压器因过负荷造成异常运行而装设的。对于三相系统而言，由于大多数情况下，都是三相对称的，故过负荷保护只要接入一相电流，通过电流继电器就可以实现，并经过一定的延时作用于信号，告知值班人员。

通常配电线路、变压器等均设置过负荷保护。对于变压器而言，保护装置的动作电流应躲过变压器的额定电流。需要注意的是，过电流保护和过负荷保护是有显著区别的：一是整定动作值不同，二是动作时间不同。过负荷保护的整定值比过电流保护的整定值要低得多，但要大于正常负荷（通常选取一个系数），防止设备过负荷运行，而且为了躲过设备起动电流还要加入一定的延时，防止因瞬暂态造成过负荷保护误动。当某种原因使过电流保护拒动时，过负荷保护还可作为过电流保护的后备保护。当然二者之间的相同点是：都是以电流的变化作为动作与否的依据。

5.4　直流牵引供电系统的保护方式

直流牵引供电系统保护装置的主要功能是为了防止列车接触线上的短路和过负荷现象，保护算法和定值整定应躲过列车线路上的正常操作，如列车加速等所引起的电压、电流的波动值，这一点与交流保护装置有很大的区别。总的来说，直流保护装置应具有以下保护功能：大电流 I_{max} 保护、电流上升值 ΔI 保护、电流变化率 $\mathrm{d}i/\mathrm{d}t$ 保护、定时限过电流保护、欠电压保护、电缆温度保护等。此外，直流保护装置也应具有交流微机保护测控的很多功能，如电压电流的测量显示、事件的存储、功率能量的测量以及与后台机的通信功能等。

1. 直流速断保护

直流速断保护即最大电流 I_{max} 保护，类似于交流保护中的延时速断电流保护，保护原理比较简单，如图 5-19 所示，只要设置电流动作值 I_{max} 和动作延时时间 $t_{I_{max}}$ 即可，在一般情况下，$t_{I_{max}}$ 可设置为零，它的单位为 ms，可以以 0.1ms 的分辨率进行调整，以达到快速跳闸的目的。它的动作条件是：电流超过 I_{max} 且持续的时间超过 $t_{I_{max}}$。它是直流断路器本身自带的一种大电流脱扣保护。

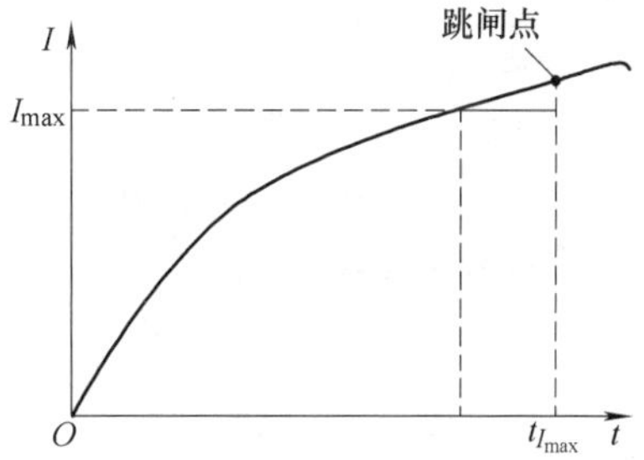

图 5-19　直流速断保护

2. 电流上升值 ΔI 保护

当保护装置安装点附近发生短路故障时，装置检测到的电流上升率将会很大，因此可利用电流的上升变化量 ΔI 作为判据，在短路电流未达到它的最大峰值以前判断出故障并跳闸，从而更加有效地保护整个供电系统和列车的安全运行。

电流步进变化值 ΔI 保护的有 4 个定值：ΔI、$t_{\Delta I}$、$\mathrm{d}i/\mathrm{d}t$ 和 $t_{\mathrm{d}i/\mathrm{d}t}$，当电流上升率大于 $\mathrm{d}i/\mathrm{d}t$ 设定值时，保护算法开始计算 ΔI 的起始点，在到达 ΔI_{max} 期间，若电流上升率一直大于 $\mathrm{d}i/\mathrm{d}t$ 的设定值，那么经 $t_{\Delta I}$ 延时后，保护将发跳闸信号。

3. 电流变化率 di/dt 保护

当短路故障发生在远离保护装置安装处时，装置检测到的短路电流将会很小，ΔI 保护将不再适用，针对这一现象，可采用 $\mathrm{d}i/\mathrm{d}t$ 保护算法。

电流变化率 $\mathrm{d}i/\mathrm{d}t$ 保护的原理较为直观，如图 5-20所示，当电流变化率 $\mathrm{d}i/\mathrm{d}t$ 持续大于定值，经跳闸延时 $t_{\mathrm{d}i/\mathrm{d}t}$ 后，保护将发跳闸命令。对于图 5-20 中的曲线①，在 A 点处 $\mathrm{d}i/\mathrm{d}t$ 大于定值，保护启动，经延时在 B 点处将发跳闸命令；曲线②是列车加速时的电流变化图，由于 $\mathrm{d}i/\mathrm{d}t$ 未超过定值，故保护不动作。

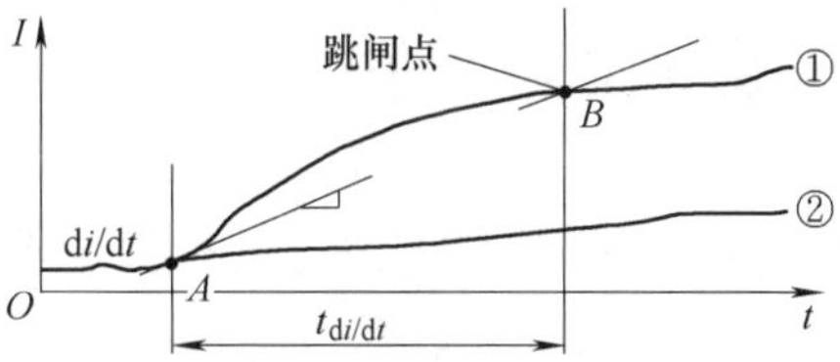

图 5-20　di/dt 保护

4. 定时限过电流保护（直流过电流保护）

当直流线路发生长时间的非正常的电流增大时，可以设置定时限过电流保护，它有两个定值：过电流定值 I 和过电流延时时间定值 t_I。保护原理与大电流脱扣保护类似，不同之处是动作值整定时 I 要小于 I_{max}，而过电流延时 t_I 的单位是 s，远远大于 $t_{I_{max}}$，一般为 20～30s。图 5-20 中曲线①为非正常的电流增大，在 A 点将会跳闸；曲线②为列车加速过程的电流变化曲线，通过定值 I 和 t_I 的整定，就可以躲过保护动作。逻辑关系是：当电流大于过电流定值 I，且持续的时间大于 t_I 时，则定时限过电流保护动作，切断电源。它的优点是可以保护整个线路，缺点是动作时间较长，可能会延误，造成故障范围扩大。

5. 欠电压保护（直流欠电压保护）

当接触线的电压低于某一定值或者高于某一定值，经延时后电压仍未达到正常值时，保护装置要发出跳闸命令，这就是欠电压保护，其保护原理如图 5-21 所示。

当某段线路已从另一端受电时，如果整流器电压与馈线电压之间的电压差有引起大电流的危险，则断路器不能合闸。测量接触网电压 U_f 和整流器电压 U_r，若 $U_r - U_f$ 小于设定值 ΔU_{r-f}，

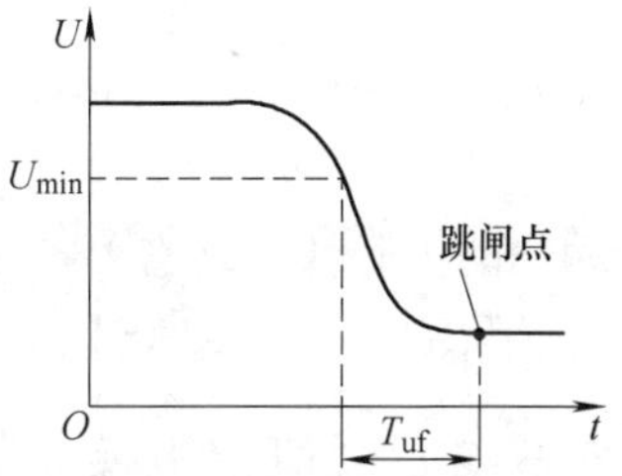

图 5-21　欠电压保护

断路器可以合闸；若 U_r-U_f 大于设定值 ΔU_{r-f}，合闸程序终止，并显示“闭锁”信号。检测远距离电源点的电压，如测量 U_f 小于设定值 U_{fLow}，且时间大于设定值 T_{uf}，则使开关跳闸，即线路电压已无法满足车辆的要求，必须停止运行。

直流欠电压保护一般作为电流变化率 $\mathrm{d}i/\mathrm{d}t$ 保护的后备保护。

6. 热过载保护

当直流线路处于过载状态时，即使没有任何短路故障发生，接触线或进线电缆的温度也会上升，因此可以通过检测电缆温度，设定温度上限发跳闸命令来完成此项保护功能。需要说明的是，由于电缆温度不是直接从传感器测得的，而是从电流值、电缆物理参数以及周围环境温度中计算得到的，因此需要建立适当的电缆温度数学模型，并设定正确的系数，如电缆电阻率、电缆温度常数以及周围温度参数等，才能得到正确的结果。

此功能对断路器、供电线路（电缆、接触网）等提供热过载保护。因为长期大电流会使供电导体发热，从而可能导致接触网变软。主要原理是连续测量馈线电流，计算热载 E_t，E_t 为被保护装置的额定电流 I_n 和热时间常数 T 的函数。保护设备设定的初始值 $E_{to}=0.98E_B$，E_B 为设定的报警值。当断路器合闸后馈线电流过大，当达到 E_B 时发出警报。如果 E_t 继续上升，当 $E_t\geqslant 1.01E_B$ 时，保护设备发出指令使开关跳闸，同时可发出闭锁信号，只有当 $E_t<E_B$ 时，断路器才能重新合闸。

热过载保护作为电流变化率 $\mathrm{d}i/\mathrm{d}t$ 保护的辅助保护。

5.5 微机保护

5.5.1 微机继电保护的基本原理

微机继电保护系统是由计算机及配置的支持和外围部件所构成的一个实时控制系统。计算机继电保护系统担负着分析电力系统中有关电量及其变化，判定电力系统中是否发生了短路故障的任务。也就是说，微机保护是指将计算机、微控制器等器件作为核心部件构成的继电保护。

微机继电保护装置与传统式继电保护装置的区别主要在比较环节上。前者是对数值进行运算和比较来判定短路故障，一般通过软件来实现；而后者是通过某种物理量（如力、力矩等）之间大小的比较来判定短路故障，主要靠硬件具体设备完成。因此，前者的可靠性更高，而后者对设备依赖性更高。

微机继电保护系统的工作原理体现在两个方面：一是当电力系统正常运行时，计算机建立与运行人员之间的联系，可进行整定值修改、时钟校正、打印整定值或显示当前的运行量；二是当电力系统出现短路故障时，计算机立即中断当前的工作，转入执行事故分析处理程序（亦称中断服务程序）。由模拟量的转换通道完成对电流、电压模拟量故障信号的变换，再经采样和 A-D 转换器变成数字量信号送入计算机。计算机按预定的分析处理程序进行运算（执行保护算法），运算结果与整定值比较，判断是否发生了短路故障。为保证保护动作的正确性，还需要把断路器位置及其他辅助开关（如转换开关、连接片等）的状态由开关量输入通道送入计算机。最后由开关量输出通道送出断路器事故跳闸的命令。

5.5.2 微机继电保护的特点

微机继电保护系统与传统式继电保护装置相比较，具有如下特点：

1）可实现多种功能。微机继电保护系统除实现保护功能外，还可实现诸如测量、监视及人机对话等功能。它还可以和远动系统一起实现异地控制和监视，实现远方的操作和修改。它和打印机、显示设备等人机交互设备联机后，可以在系统发生故障时，提供许多可靠的信息。对于线路，还可以对故障点进行测定，有利于及时排除故障，同时也有利于提高生产效率，便于对工作人员的实际工作情况进行实时记录。

2）可获得多种保护特性，且容易获得较复杂的保护特性。对传统式继电保护装置，不同的保护特性需用不同的电气线路，即具有不可替代性。计算机继电保护装置是对某几种数学模型对应的软件（几种保护算法）进行编号来实现多种保护特性。简单保护特性与复杂保护特性的不同仅在于软件编号上，几乎不增加装置的复杂程度。

3）微机保护装置的性能参数更稳定，运行中的整定调试工作量更少。传统式继电保护装置由机械部件或电阻、电容、半导体元器件等构成。机械部件在运行过程中的磨耗，电阻等元件的老化使参数发生变化等，都会对保护装置的性能参数（如动作特性、整定值、返回系数等）产生影响，严重时可引起保护装置的误动或拒动。微机继电保护装置的动作特性及整定值等是由编制好的程序确定并保存下来的，只要能确保程序和数据不丢失，则保护装置的性能参数就不会变化。另外，对传统式继电保护装置，有较大的整定调试及检修工作量；而微机继电保护装置配有较完善的服务程序支持，其检调过程较简单。

4）微机继电保护装置有较高的可靠性。机电式继电保护装置一般不具备检查自身故障的能力；晶体管式继电保护装置配置巡检设备后，可检出设备故障并闭锁跳闸出口回路；计算机继电保护装置配置有功能较强的自检系统，能检出故障硬件，并给出报警信号，同时闭锁跳闸出口回路。

5）具有自诊断功能。

6）微机继电保护装置的弱点如下：微机继电保护装置受环境温度、湿度、电磁干扰等的影响较大，对使用者的操作和维护技术要求较高。

目前微机保护已成为电力系统保护的主体。由于微机继电保护装置具备了多种功能和优良的性能指标，因此微机继电保护装置将获得更广泛的应用。

5.5.3 微机保护装置的功能

微机保护装置具有继电保护的基本功能，还具有故障量的自动打印记录、装置的自检自纠及人机对话功能。

1. 继电保护功能

该功能的实现是将被保护设备的运行量电流和电压经输入信号处理系统转变为离散数字信号，经数字滤波、执行保护算法并经比较判断后，以决定是否提供跳闸命令和动作信号。所有保护元件的动作特性、数字滤波、保护运算等均由软件实现。

2. 故障量的自动打印记录功能

微机保护装置除能提供跳闸命令和动作信号外，还能将故障参数及保护的动作情况（如短路故障发生的时间，何种保护元件动作，故障线路的编号，故障时的电流、电压值及短路电抗或故障点距离）由打印机记录下来，供故障分析处理用。

3. 装置的自检自纠功能

微机成套保护装置是一个比较复杂的系统，为了防止装置拒动和误动的发生，应能对装置硬件的完好性进行检测。装置的自检自纠功能一般由硬件与软件配合实现，能在装置运行中检测出装置内部器件，如 CPU、存储器、A-D 转换器、打印机接口等是否有故障。若检测到故障，首先闭锁保护出口，并经自检自纠电路给出报警信号，并由打印机打印自检结果。

4. 人机对话功能

通过装置配置的键盘和显示器可实现人机对话功能。用键盘数字键和功能键的操作，可实现运行量的实时显示，整定值的输入、显示、修改及打印等。

5.5.4 微机保护装置的硬件结构

目前，微机保护装置均采用标准机箱、插拔式结构，以便于运行维护和提高装置的可靠性。这种结构是把整个硬件逻辑网络按照其功能和电路划分为若干部分，并把每个部分做在一块插件板上，插入机箱内相应的插座，再由各插座间的连线（电源线、控制线、数据及地址线）将各插件板构成整体并实现到端子排的连接。

微机保护装置作为一套实时监控系统，一般由下述插件构成：CPU 插件、人机对话辅助插件、数据采集系统插件、开关量（数字）输入输出系统插件、电源插件等。

微机保护框图如图 5-22 所示。

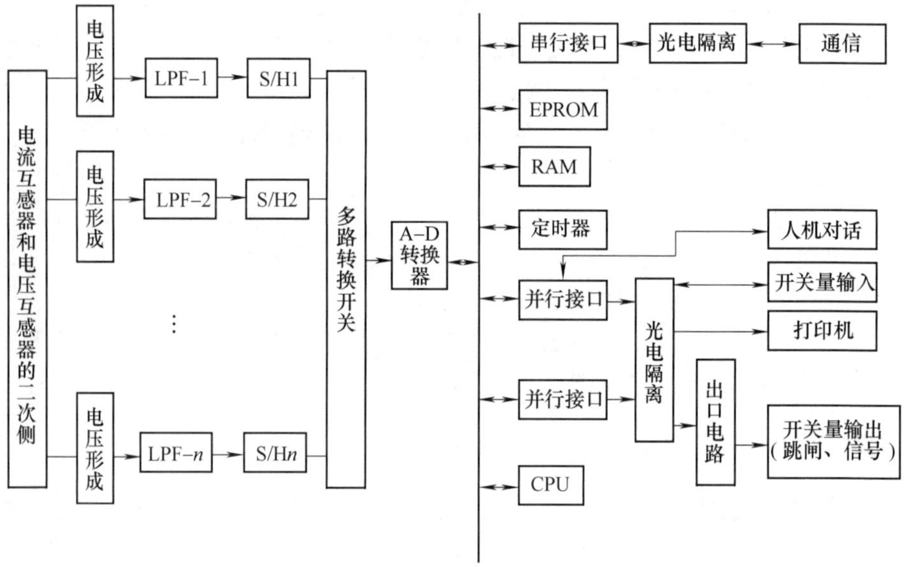

图 5-22 微机保护框图

1. CPU 插件

CPU 插件是微机保护装置的核心部分，由它通过各种功能软件控制整套硬件系统的工作。CPU 板由单片机、程序存储器 EPROM、定值及常数存储器 EEPROM、数据存储器 RAM、硬件自检自纠电路、开关量并行 I/O 接口及打印机、键盘、显示器接口等芯片构成。

（1）单片机　在构成微机保护装置时，应根据处理速度和能力来选择机型，如程序存储器、数据存储器的存储空间，I/O 接口的数量，指令系统的功能。另外还应考虑芯片的配套性、通用性、系统的可维护性及性价比等。

（2）程序存储器　不同的单片机在程序存储器的设计上不尽相同。目前使用较多的是片内没有程序存储器的单片机，使用时需要外加程序存储器。虽然增加了电路的复杂程度，但应用灵活方便，成本也比较低。程序存储器常采用 EPROM 芯片。

（3）定值存储器　目前，定值存储器常采用 EEPROM 型可擦可编程只读存储器。它可在单一 5V 电源下反复读写，无需特殊读写电路，写入成功后，即使断电也不会丢失数据。EEPROM 在设计时为了写入方便，都带有地址、数据锁存功能，当其得到一条有效写命令（由整定管理程序得到）之后，相应的地址与数据将会被锁存 5ms 左右，保证在写周期所要求的约 300μs 内不允许再有任何读写操作。另外，在微机保护装置正常运行时，也不允许有写操作，为此可设一写控制开关，运行中将开关置“禁止”位。

（4）数据存储器　单片机内一般设有一定存储容量的数据存储 RAM。从提高运算速度上看，应优先选用片内 RAM 容量大的单片机。如片内容量不够，可考虑扩展片外数据存储器，但须注意单片机的寻址范围。片外数据存储器主要用于存放经 A-D 转换后的数字量和中间运算量。

2. 开关量输入、输出插件

在微机继电保护装置中，为了实现对开关（断路器、隔离开关等）的正确控制（正常的分、合闸操作和保护跳闸），需要将各开关的位置状态送入 CPU。开关量输入接口的作用是暂存各开关的位置状态以便随时提供给 CPU，并通过该接口实现 CPU 与开关设备间的隔离。

1）开关量输入接口一般采用可编程并行接口芯片，如 8255 芯片。该芯片具有多个输入口，由片选控制信号和读控制信号共同决定对芯片数据的读出，由地址线决定对某个端口的读操作（端口的选择由初始编程的端口地址决定）。

各开关的位置状态信号是经过光电隔离后送入输入接口芯片的。由于采用了光电隔离，因此开关动作时的振动干扰不易进入弱电系统。开关接点一般来自其分、合闸位置监视继电器的接点，其输出经缓冲器送至开关量输入接口芯片。

2）数字量（开关量）输出接口属于开关量输出部件，如分、合闸操作继电器、信号继电器等用于开关的分、合闸操作及其信号。由 CPU 送出的操作命令（数字量）也经过开关量输出接口芯片并由光电隔离电路作用于开关量输出部件。

3. 人机对话辅助插件

键盘和显示器用于实现人机对话功能。键盘是由若干个按键（数字键及功能键）组成的开关矩阵。在微机保护装置中，常采用由软件识别按键闭合的非编码键盘。非编码键盘只提供行和列的矩阵，其工作会靠软件安排。

单片机对非编码键盘有三种控制方式：一种是程序控制扫描方式，即只有当单片机空闲时，才调用键盘扫描子程序，响应键盘的输入请求；第二种为定时扫描方式，即每隔一定时间对键盘扫描一次，它是利用单片机内部定时器产生 10ms 的定时中断，当 CPU 响应定时器溢出中断申请后，对键盘进行扫描；第三种为中断扫描方式，当有键闭合时，即发出中断申请，CPU 响应中断，执行中断服务程序，判别按键号并进行键处理。键盘上各命令键（功能键）均有其服务程序，当按下某键时，启动该服务程序，实现键控功能。

显示器一般使用 6 位 LED 八段显示器，可采用动态扫描显示。在微机保护装置中，键盘及显示器的扫描可合用一个驱动器及驱动器端口（如 8255A 端口），但键信息的输入和显示器的字型码的输出却经过不同的端口。

4. CPU与外围器件的接口

在微机保护装置中，CPU的外围器件包括RAM（外部）、整定值存储器EEPROM、键盘及显示器、开关量（数字量）输入输出部件、A-D转换器等。

在微机保护装置中，由于外围器件较多，为实现CPU对外围器件的控制和信息交换，CPU需要一定数量的端口。CPU把由程序存储器得到的每一条操作指令进行译码，地址码的输出分别由地址译码器译码和地址锁存器锁存，其输出分别用于片选、端口选择和某个外围器件（其接口芯片）的寻址，每一个外围器件的接口芯片都有其确定的端口地址分配（由初始化编程决定）和寻址范围（如ZK、1000H～17FFH）。CPU的端口是双向的地址-数据输入/输出口。需要注意的是，随着微电子技术的发展，计算机系统中可能包含多个计算机器件，如数字信号处理器（DSP）。

5. 数据采集系统插件

数据采集系统通常包括三种插件，即模拟输入变换插件、模拟低通滤波插件、采样及A-D转换插件。

（1）模拟输入变换插件　模拟输入变换插件也称为交流量输入插件，其主要任务是将电流、电压互感器送来的5A、100V信号转换成适合A-D转换器的电压量，并担负着将弱电系统同强电系统隔离的任务。它主要由辅助交流器、辅助变压器以及变送器等组成。

对不同的微机保护装置，由于被保护对象的数目以及保护方式的不同，因此模拟输入变换插件上有不同数目的输入通道，分别承担着对各路电流、电压量的输入变换任务。

（2）模拟低通滤波插件（LPF）　在牵引供电系统微机保护装置中，一般采用无源低通滤波电路。实际使用中只要将低通滤波器按照所需通道数加以组合即可。

（3）采样及A-D转换插件　该插件完成将模拟量转换成数字量的任务，它是在CPU及其软件和外围双稳触发电路的共同控制下，以一定的采样频率将各通道的模拟量逐一转换成数字量，并存入数据存储器中。

采样及A-D转换插件由采样保持（S/H）器、LPF、多路转换器、A-D转换器、数据输出锁存器、通道地址锁存与译码器和外围控制电路等构成。

6. 电源插件

主要为各器件提供满足要求的高精度的电源，一般是直流电源，可以有多路输出。

5.5.5 主要回路简介

1. 数据采集系统

数据采集是保护的基础。数据采集系统包括电压形成、模拟滤波、采样/保持、多路转换，以及A-D转换等功能模块，能将输入模拟量准确地变换成所需数字量。

（1）电压形成回路　微机保护要从被保护的电力线路或设备的电流互感器、电压互感器或其他交换器上取得信息。但这些互感器的二次侧数值、输入范围对典型的微机电路并不适应，故需要降低和变换。实现这一任务的器件设备是交流电流变送器和交流电压变送器。它可以进行线性变换，把其他电压互感器、电流互感器的输出按照线性关系变换成±5V或者±10V。同时这些变送器还起到隔离和屏蔽的作用。需要注意的是，随着微电子技术的发展以及光学、电子式互感器的应用，其输出本身就是数字编码信号，因此可由读取编码电路代替采集电路。

（2）多路转换　一个多路选一的开关设备。它可以实现多个模拟量共享一个 A-D 转换器的作用，当然是分时共享，可以减少设备，提高 A-D 转换器的利用率，降低系统的成本。但是需要注意的是，对一些需要同时给出的量，如计算阻抗、功率时的各个电量，需要是同一时刻的电量，因此必须在同一时刻进行采集，然后分别进行转换，输送到特定的单元，进行计算分析。

（3）A-D 转换　它可以将模拟量转换成数字量。一般来说，任何一个 ±5V 或者 ±10V 的模拟量，都可以变换成 4 位、8 位、12 位、16 位、24 位、48 位等不同的数字量，但变换的数字量位数越多，精度就越高，误差就越小。当然器件的价格就越高。A-D 转换需要一定的时间，此外，在相同的精度下，转换的时间越小，器件的性能越好，越适用于需要快速采集的场合。

2. 开关量输入系统

开关量输入系统一般可以分为以下两大类：一是安装在装置面板上的触点，如键盘触点和转换开关等；二是从装置外部经过端子排引入的触点，如继电器的触点以及开关设备的辅助触点。对于第二类，一般要加光电隔离装置，防止不同系统之间的电能损坏器件。一般可以采用并行接口对一排同一性能的开关状态，一次读入到特定的单元，然后再进行处理。

如图 5-23a 所示，光耦合式处理电路的主要器件是光隔离器（OI），它由发光二极管和光敏晶体管组成。S 断开，光隔离器不通电，光敏晶体管截止，VT 也截止，输出 u_o 为低电平；S 合上，光隔离器通电，晶体管导通，5V 电源接到 VT 上，因此 VT 导通，输出 u_o 为高电平。

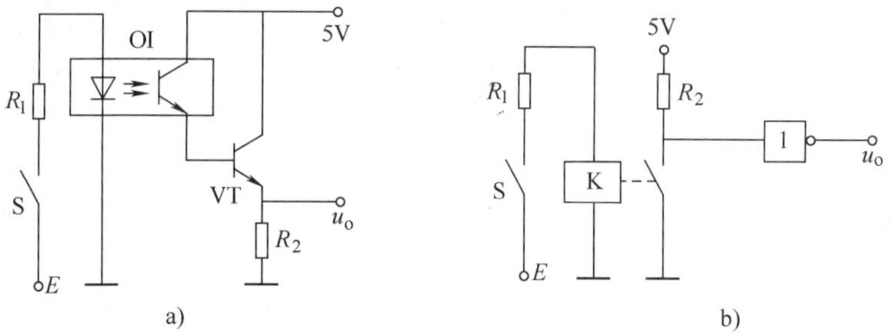

图 5-23　开关量输入系统

a）光耦合式　b）继电器耦合式

继电器耦合式信号处理电路如图 5-23b 所示。当开关（触点）S 断开时，继电器 K 线圈不通电，其触点断开，“非”门输入为高电平，输出 u_o 为低电平；当开关（触点）S 接通时，继电器励磁，其结果输出 u_o 变为高电平。

3. 开关量输出系统

开关量输出系统一般包括保护的跳闸出口以及本地的中央信号等。开关量输出通道传送的开关量信号，经转换和增大驱动能力后，用以控制断路器或开关的开、合，实现变压器组的自动起停和切换，以及控制电动机的起动或停止等。同时也送往监控主机，后者给出相应位置信号和音响报警信号，显示变电所的运行状态。因此，开关量输出通道是微机输入、输出系统中很重要的组成部分。它需要解决两个问题：一是正确输出开关量数值；二是必须把开关量输出到特定的设备上，也就是说找到接收者，不能发生错误传输和接收。否则，就会发生混乱。

开关量输出系统框图如图 5-24 所示，它由并行接口、控制器单元、输出寄存器和驱动控制电路等器件构成。

由并行接口负责把数据按照一定格式和确定的含义进行传输，而输出则负责把特定的数

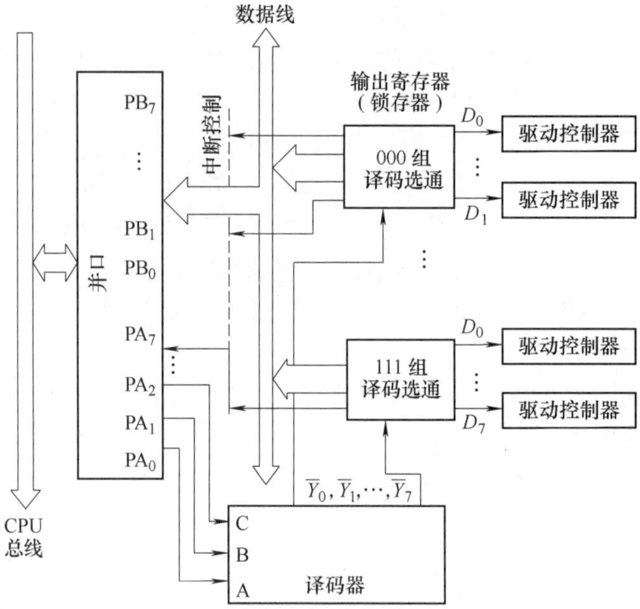

图 5-24　开关量输出系统框图

据传输到对应的驱动控制器上。输出的 8 位数字量为 D_0，D_1，…，D_7，这 8 位数字量通过并行 PA_0，PA_1，…，PA_7输出，但是对应的有两组驱动控制电路，具体送到哪一组上则由译码选通（输出寄存器）来控制，而译码选通（输出寄存器）何时工作则由译码器控制。译码器是一个 3/8 译码器，当输入 000 时，$\overline{Y}_0$为 0，而$\overline{Y}_1$ ~ $\overline{Y}_7$均为 1，此时对应的 000 组译码选通（输出寄存器）工作，将 D_0，D_1，…，D_7输送到对应的 8 个驱动控制器上。而001 ~ 111 其他 7 个译码选通（输出寄存器）都不工作。

一般可采用并行接口输出，为了增加抗干扰能力，最好也要经过光电隔离装置。其次还要进行信号的放大处理。由于微机的弱电信号输出难以驱动大型的设备，因此需要逐级的放大，最后达到控制开关设备的目的。

如图 5-25 所示，定义 8031 的 P3. 2、P3. 3、P3. 4、P3. 5 为输出，而 ULN2003 就是一个放大驱动元件，它可控制继电器是否动作。而中间继电器的触点可以控制断路器的操作电源，从而控制合闸线圈和分闸线圈是否受电，进而控制开关的分、合。

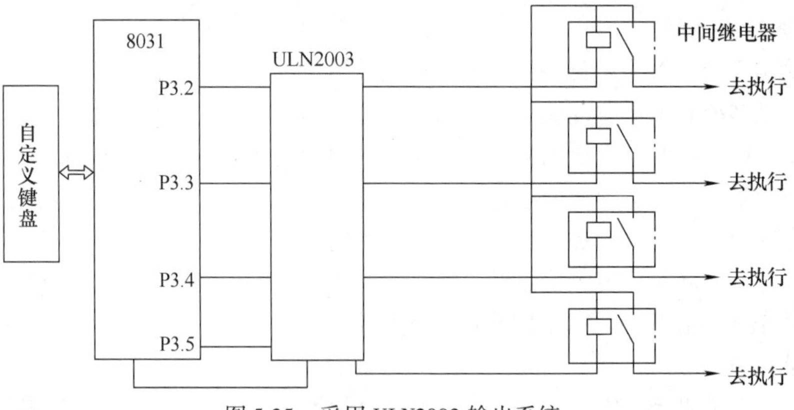

图 5-25　采用 ULN2003 输出系统

图 5-26a 所示是光电隔离式驱动控制电路，它输出的是电平信号。当计算机输入高电平时，B 输出为 0V，此时 5V→R_1→发光二极管→0V，构成一个电路，发光二极管发光，光隔离器接通，“非”门输出 u_o为高电平；当计算机输入低电平时，光隔离器不工作，二极管不发光，“非”门输入为高电平，“非”门输出 u_o为低电平。

图 5-26b 所示是光电隔离与中间继电器（或干簧继电器）式驱动控制电路，它输出触点信号（称为空触点），用以闭合断路器的跳（合）闸出口继电器回路。对于中间继电器式，当 A 的输出为低电平时，二极管发光，电源 E 和 $-E$ 就接到了继电器上，继电器受电，常开触点闭合，可以通过此对触点控制其他电路。

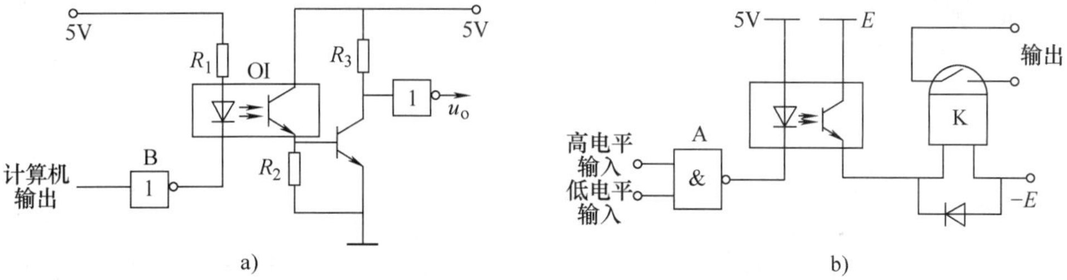

图 5-26　光电隔离式和继电器耦合式驱动控制电路
a）光电隔离式　b）光电隔离与中间继电器式

5. 5. 6　网络化结构设计

随着计算机技术的发展，微机保护硬件系统多采用多重化模块设计，而各模块之间均以网络化作为连接的纽带，极大地减少了模块之间的连接导线，提高了可靠性；同时，每个模块仅相当于网络的一个智能节点，可以方便地实现模块的增减和升级，满足各种各样的功能配置要求，可以为不同的客户提供不同的特色服务，这样的设计让微机保护更灵活。

网络化结构框图如图 5-27 所示。

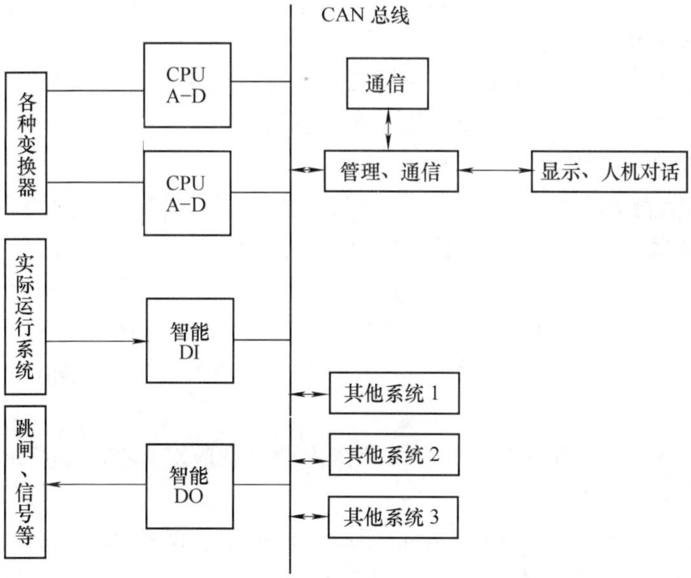

图 5-27　网络化结构框图

中断服务程序如下：

```
MOV   DPTR, #0FEFF
MOVX  A, @DPTR,
MOV   40H, A                  ; 存转换数据
MOV   A, 01H
MOVX  @DPTR, A                ; 启动第一路转换
RETI
```

5.6 变电所综合自动化系统

5.6.1 综合自动化概述

在变电所中应用分布式多微机系统完成一次设备的监视、控制、数据采集、时间顺序记录和屏幕显示、打印等功能，一般称为微机监控系统。在微机监控系统的基础上，介入微机保护和自动装置（含远动 RTU），承担整个变电所信息处理、与上层调度通信以及全部监控、中央信号和保护自动化的功能，这种一体化综合系统称为变电所综合自动化。微机变电所综合自动化系统构成框图如图 5-28 所示。

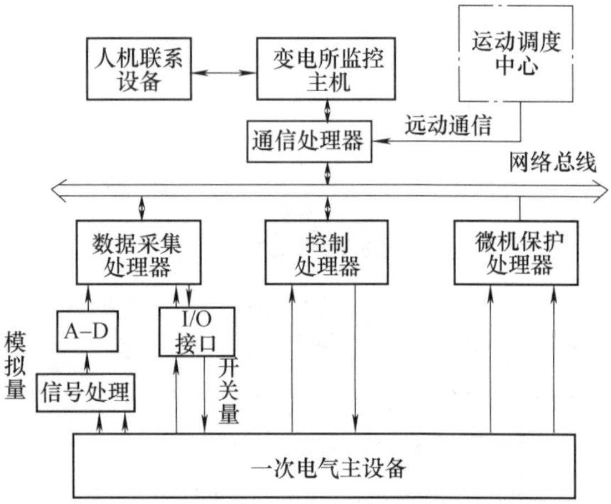

图 5-28 微机变电所综合自动化系统构成框图

人机联系设备包括显示器、键盘、打印机、模拟屏和蜂鸣器等，变电所监控主机完成主要的复杂系统工作。而各处理器则完成特定的任务，如数据采集、控制处理、保护处理、通信处理等，它们需在变电所监控主机指挥下完成工作，也可以自己独立处理一些工作，就像一个智能外设。

该系统的主要确定原则是：

1）由于采用信息传输的分时制，有效地利用通信联系在各功能模块间以及各功能模块与监控主机之间传送监控、保护公用数据信息和控制命令是经济、合理的，可增强系统的整体功能。

2）除特殊的电能测量精度、谐波测量精度与实时录波器对带宽要求比微机保护要求高，需另考虑数据采集系统外，多数情况下，保护功能模块的输入、输出通道，完全能满足监控功能的需要。

3）为保证保护动作的可靠性，跳、合闸执行继电器应对保护和监控系统分别设置，以免由于频繁操作而影响保护的正确动作。

4）综合利用全系统的硬件冗余和通信手段，使控制、保护功能的配置灵活性增大，并增强了后备功能（例如不同设备保护的互为后备）。

该系统的主要特点如下：一是综合自动化系统的信息流是数字量，取代了传统二次系统

的模拟量信息；二是增强了变电所整体功能；三是设备操作、故障状态采用屏幕监视，值班人员面对大屏幕显示器进行变电所所有设备的全面监视与操作；四是运行管理智能化、自动化；五是综合自动化系统工作的可靠性、精确性大大提高；六是经济上合理；七是根据变电所工作环境的变化，必须采取有效的抗干扰、抗温度变化、抗震等措施。

5.6.2 综合自动化系统功能要求

为保障一次系统的正常运行，及时了解一次系统的运行状况，为工作人员提供可靠的运行信息，以便工作人员采取科学的处置方式；此外，当系统出现故障时，能够自动、迅速地切除故障，缩小故障的范围。为此服务于一次系统的变电所二次回路及微机综合测控/保护单元（综合自动化系统）应具有以下功能。

1. 保护功能

保护功能是综合自动化系统的基本功能，也是其主要功能。为了保证牵引供电系统的正常运行，一般设置了以下保护：

1）反应电流上升率 di/dt 和电流增量 ΔI 的保护，主要用于馈线和接触线的保护，防止线路故障造成大面积的停电，甚至设备的损坏。

2）直流双边联跳保护，其功能是通过联跳电缆及两侧直流开关柜中配置的联跳继电器来实现的。它加速了故障处理的速度，弥补了反应电流上升率 di/dt 和电流增量 ΔI 保护的不足。

3）牵引供电系统变电所直流馈线还配备反应热效应的接触网过载保护，防止直流馈线因过载而造成的机械故障，延长直流馈线的使用年限。

4）同时配置定时限过电流保护作为辅助后备保护。虽然其动作时间较长，但可以保护处于保护范围内的所有设备，可靠性较强。

5）对于双边联跳和框架保护联跳，应能提供独立输出接点，可驱动直流 110V 联跳继电器。

2. 信息采集功能

综合自动化系统应具有信息采集功能。信息包括电量信息和非电量信息。电量信息包括连续变化的模拟量信息和位置开关信息。非电量信息包括温度、压力、声音和气味等。这些信息对于正常了解系统的状况非常重要，因此必须集中采集，及时上报。一是采集断路器和手车的位置信号、开关柜内的所有事故、报警信号；二是采集电流、电压、功率因数、有功电能/功率、无功电能/功率等模拟量信号。

3. 控制功能

通过采集的信息，了解了系统的状况，就可以对系统进行科学的干预和管理，选择最佳的运行模式。这种控制功能可通过系统的自动化设备来实现，在保护的指令下或者在上级调度命令的指示下，由自动化设备根据命令完成操作控制任务。因此综合自动化系统必须具有控制功能。变电所的控制功能一般包括以下几项：一是通过保护装置可在当地或者远方对断路器进行控制，当地/远方转换开关应带锁，可以互相转换，也可以对一些模拟量进行远方或者当地的调整；二是保护装置具有可编程的光隔离数字量输入、继电器输出，数字量输入回路不少于 20 路，数字量输出回路不少于 16 路，通过继电器输出回路可以实现控制的完成；三是不经线路测试，“直接合闸”功能。

4. 自动装置功能

综合自动化系统具有通过线路测试回路，判别故障性质的自动重合闸功能。正常操作断路器合闸时，应能对线路进行多次测试，通过电流和电压的测量，计算线路残余电阻（具体在设计联络中确定）。线路正常时允许合闸，如线路存在持续性故障，可闭锁合闸。当接触网发生故障时，断路器分闸，启动线路测试，并根据测试结果判别故障性质，如故障是瞬时性的，自动重合闸将使断路器重新合闸；如故障是永久性的，直流断路器不进行重合闸。框架保护不启动线路测试及重合闸。测试次数、测试时间及门限值可调。

5. 测量功能

对系统的运行参数进行采集，测量值可在开关柜当地显示并同时通过变电所监控网络上传至远方控制指挥中心。

6. 显示功能

显示功能既可以当地显示，对于某些重要的信息也可以传到远方调度中心显示。

在开关柜当地可显示以下信息：断路器位置，分闸/报警信号，故障总信号，永久性短路信号，线路测试状态及结果，重合闸成功/失败指示，测量值。

7. 当地和远方的通信功能

装置应具有与当地 PC 和所内综合自动化通信网络进行通信的两个独立的标准通信接口，实现对保护的编程、调试、整定、就地访问和采集的开关位置、事故、预告信息、运行参数的上传以及远方控制指挥中心对供电设备的监视控制等远动功能。

8. 事件记录功能

记录的事件应包括多种状态发生变化的事件，所有事件可从面板显示器或通信口当地/远方调出查看，像在投标文件中应说明其装置可记录的事件种类以及能储存的最新事件数量。

9. 故障录波功能

故障录波应可记录电流、电压等模拟量信号和断路器位置等状态量信号，录波数据可以波形方式输出。故障录波的启动方式可由用户设定，故障前后记录的周波数可调。

5.6.3 测量与计量配置

牵引降压混合变电所和降压变电所的电气测量与计量项目的设置应符合相关规定，所有测量与计量均在开关柜当地显示并通过电力监控系统送往控制中心电调台。

一般 35kV 进、出线及联络线设置电流测量设备；35kV 母线设置电流测量和电压测量设备；35kV/0.4kV 变压器设置电流测量、有功功率、有功电能和功率因数测量设备；整流机组交流侧设置电流测量、有功功率、有功电能测量设备；整流机组直流侧设置电流测量、电压测量设备；直流 1500V 母线设置电压测量设备；直流 1500V 馈线设置电流测量设备；回流线设置电流测量设备。

5.6.4 供电系统继电保护及自动装置设置方案

城市轨道交通变电所的继电保护及监控方式通常采用全所综合自动化。变电所综合自动化是将变电所的二次设备，包括控制、信号、测量、保护、自动装置及远动装置等，通过计算机技术、通信技术和网络技术，经过功能组合和优化设计，实现变电所的监视、测量、控制和保护的一种综合性的自动化系统。

变电所综合自动化系统应具有对供电系统及设备的故障切除、报警信息的发送功能，以保证供电系统的安全运行。保护配置方案应在满足供电系统对继电保护的“四性”，即可靠性、选择性、灵敏性、速动性要求的前提下，力求简化配置。保护功能应具有独立性。

系统主要继电保护功能和自动装置配置如下：

1）110kV 线路：设置了纵联差动保护和过电流保护。

2）110kV/35kV 主变压器：设置了气体保护、差动保护、过载保护、温度保护、电压闭锁过电流保护和压力保护。

3）110kV/35kV 主变压器 35kV 侧：设置了零序电流保护和过电流保护。

4）35kV 母联：设置了限时速断保护、过电流保护。

5）主变电所 35kV 馈线线路：设置了导引线纵联差动保护、过电流保护和零序电流保护。

6）牵引降压变电所 35kV 进出线：设置了导引线纵联差动保护、过电流保护和零序电流保护。

7）牵引降压变电所母联：设置了限时电流速断保护和过电流保护。

8）整流机组：设置了电流速断保护、过电流保护、过载保护、零序电流保护、牵引变压器温度等常规的变压器保护和整流器二极管保护。

9）直流馈线：设置了大电流脱扣保护、电流速断保护、$\mathrm{d}i/\mathrm{d}t$ 和 ΔI 保护、接触网热过载保护、直流双边联跳保护。

10）牵引变电所直流开关柜：设置了框架泄漏保护。

11）城市轨道交通供电系统一般设置以下自动设备：110kV 主变电所 35kV 母联设置自动投入装置，牵引降压变电所 35kV 母联开关设置自动投入装置，直流 1500V 馈线设置带有能判断故障性质的自动重合闸装置，0.4kV 母联开关设置自动投入装置，直流电源设备的两路电源间具有自动投入功能，交流自用电的两路电源间也具有自动投入功能。

5.6.5 与远动系统或者电力监控系统相适应的一体化综合系统

变电所实现综合自动化是远动系统的基础，其目的也是为了和远动系统相适应。没有远动系统，变电所自身综合自动化就失去了很大的意义，自动化设备的投入也失去了很多价值。为了使二者很好地衔接，要进行一体化综合统一设计，共享一些信息，合并一些相近工作，这对于充分发挥设备的效能，提高控制、监视水平和保护效率具有积极的意义，对于节约成本也有一定的意义。但为了确保供电系统的安全，继电保护系统应相对独立，即远动系统对其影响几乎为零。没有远动系统的情况下，继电保护系统仍然能够正常工作。它们之间既相互独立，又相互联系。互相之间都有接口相连，既可以实现远动工作模式，也可以实现其他工作模式。

下面以无人值班的变电所为例介绍。

1. 无人值班变电所电气设计

1）在满足供电要求的情况下，简化接线，以提高供电的可靠性，方便远方监控。

2）交流自用电系统母线采用单母线分段接线，重要所用电回路由不同的母线段以双回路供电。

3）自用电直流母线采用分段单母线，蓄电池能够切换至任一母线段。

4）直流电源具有自动调节功能，充电装置采用智能化电源装置，充电、浮充电合用一套整流装置。

5）蓄电池组的容量满足全所事故停电 2h 的放电容量，并在放电末期满足最大冲击负荷的要求。

6）所内控制方式作为远方遥控的备用控制手段，控制电路应为强电直接控制电路，远方和当地控制设操作切换闭锁。

7）断路器控制回路的监视信号发往电调台。

8）配电装置装设防止电气误操作的机械闭锁装置。闭锁回路的电源与继电保护、控制信号回路的电源分开。

9）主变电所主变压器有载分接开关调节、并联电容器组投切、蓄电池充放电采用自动控制，有载分接开关调节、并联电容器组投切还能够由电调台控制。

10）事故照明总开关装在变电所入口处的内侧，由人工开启，事故照明能够维持 1h。

11）继电保护装置应具有远方复归功能。

12）变电所的其他设计满足相关规范和行业标准的要求。

2. 无人值班变电所建筑及其配套设施的设计

1）变电所具有安全防盗的设计措施。

2）配电装置室满足设备布置及巡视、维护的要求。

3）在满足设备温度要求的情况下，适当放宽对室内温度的要求。

4）通风和报警设施符合 GB 50229—2006、DL/T 5035—2004、DL 5053—2012 的要求。

3. 无人值班变电所的电气设备

要实现变电所无人值班，必须有可靠的一、二次设备。电气设备选用干式、无油、可靠性高、免维护或少维护的优质产品。

1）变压器采用干式变压器，防火性能好。

2）35kV 开关采用 SF_6 成套柜，防火性能最佳。

3）直流柜采用中外合资企业产品或进口产品，可靠性高，维修量小。

4）直流电源屏采用稳压、稳流精度高，体积小、质量小、效率高、输出纹波及谐波失真小、监控系统较完善、自动化程度高的高频开关电源；蓄电池采用阀控式铅酸免维护蓄电池。

4. 电力监控和变电所综合自动化系统的功能要求

（1）信息传递功能　信息传递的途径有两种：一是变电所综合自动化系统与控制中心主控系统间的信息传递；二是调度与检修人员间的电话联系。必须保证与运行密切相关的信息传递和交换及时、准确，执行无误。

（2）无人值班变电所抗干扰性能　无人值班变电所的微机保护和监控系统的无故障运行受到来自两方面的干扰：一是设备元器件的损坏，二是内外界干扰引起的功能差错。要提高无人值班变电所运行的可靠性，必须科学地解决好这两方面的问题。

干扰对微机保护和监控系统影响很大，因此就必须采取防范措施，保证设备的正常运行。由于干扰是由干扰源、传播途径和敏感器件三部分构成的，通常称为干扰的三要素，要解决干扰问题，必须从这三处入手：①抑制干扰源，抑制干扰源就是尽可能地减小干扰源的

du/dt、di/dt。减小干扰源的 du/dt 主要是通过在干扰源两端并联电容来实现。减小干扰源的 di/dt 则是在干扰源回路串联电感或电阻以及增加续流二极管来实现。②切断干扰传播途径。干扰源对变电所自动化系统的干扰传播路径可分为传导干扰和辐射干扰两类。所谓传导干扰是指通过电源线路、接地线和信号线传播到敏感器件所造成的干扰。所谓辐射干扰是指通过空间辐射传播到敏感器件的干扰。切断干扰传播路径的常用措施有隔离、屏蔽、滤波和接地。③提高设备本身的抗干扰能力。提高设备本身的抗干扰性能，可使设备尽量减少对干扰噪声的拾取，以及从不正常状态尽快恢复，通常采取硬件抗干扰和软件抗干扰。硬件抗干扰是指提高敏感器件的抗干扰性能，软件抗干扰是指在软件设计中采取针对性措施，防止窜入微机保护和控制装置内部的干扰信号。

（3）视频监控和在线监测　所谓视频监控，就是为加强对无人值班方式下变电所的监视，全线设一套安全视频监控系统，用于对变电所设备的运行状况和环境进行监视；在变电所各种电气设备的重要场所设置多组摄像头和工作云台，用于现场图像监视；对重要发热设备采用红外热成像及红外测温技术进行温度场的监测。系统既具备安全环境的监视功能，也具备对设备状态的监视功能。

5. 无人值班变电所的运行管理

无人值班变电所必须建立一套行之有效的运行管理制度，并以此来规约与变电所运行相关的部门，建立无人值班变电所的正常巡视、维护、倒闸操作及事故处理等运行管理机制。

1）无人值班变电所设备的管理者是供电车间，供电车间变电所巡检组必须确保一、二次设备处于良好的运行状态，定期巡视的内容除变电所一、二次设备外，还包括所内自动化设备。

2）无人值班变电所的消防、保卫工作，由无人值班变电所保卫人员负责或由车站值班人员负责。

3）无人值班变电所发生事故时，调度员根据远动信息判断，对可遥控操作的开关进行操作，隔离故障点，尽快恢复供电，同时通知供电车间人员到现场处理。

4）供电车间的检修、抢修人员在变电所作业时服从电调台当值调度员指挥。

5）供电车间人员在变电所作业时接受电力调度员的操作命令，担任操作及监护人，发生事故时负责组织与指挥变电所的事故处理，对变电所自行管辖设备的操作发布操作命令，以及担任工作许可人。

6）发生远动信息中断时，当值调度员应立即通知供电车间派人员到现场，并将无人值班变电所转换为就地控制，由供电车间人员临时值班运行，同时通知自动化车间派人协助处理。当处理正常后，由供电车间汇报给电调台，经同意后，将变电所转入无人值班状态运行。

5.7　钢轨电位限制装置

5.7.1　钢轨对地电位升高的主要因素

由于直流1500V牵引供电系统采用“浮空”供电方式，即直流1500V正极与接触网相连，负极与钢轨相连，钢轨采用绝缘安装方式以减少杂散电流流向大地，形成泄漏电流。这样做，虽然减少了杂散电流对土建结构钢筋、钢轨、设备金属外壳及其他地下金属管线产生腐蚀，但是也为钢轨电位的升高提供了条件，增加了不安全因素。

机车在线路上起动、运行或发生系统短路故障时，钢轨对地将会产生电位差。当行车密度增加或接触网与钢轨发生短路，或者直流设备发生框架泄漏故障，或者牵引变电所整流变压器二次侧交流系统发生单相接地短路时，钢轨对地电位就会上升。有时钢轨对地电位较高，甚至超过安全电压。又由于列车车体与走行轨可靠接触，当列车停靠车站站台时，列车与站台（可视为大地）之间的电位差将会很大，如果超过允许范围（德国 DIN 标准规定为 90V 以下，我国国家标准 GB/T 10411—2005 规定：在最大负载时，钢轨上任意一点对地电位差应不大于 60V），将危及乘客的人身安全。为此，在每座车站及车辆段的走行轨与大地之间安装两套钢轨电位限制装置。一旦走行轨与大地之间的电压超过安全值，走行轨与大地自动短路，使危险电压消失。此外，还对站台边缘 2m 宽范围内的站台混凝土地平面进行绝缘处理，然后再铺花岗石，进一步保障乘客的安全。

钢轨对地电位升高有以下主要原因：

1. 正常运行引起的电位异常

正常运行状态下，供电区段内列车运行时，钢轨中流过牵引负荷电流，造成钢轨对地电位的升高（正值或负值）。钢轨对地电位的大小，主要与线路上机车的数量、负荷电流、牵引所间距、钢轨对地间的过渡电阻等因素相关。

2. 故障引起的电位异常

当发生以下故障时，引起钢轨对地电位的陡升。

1）接触网与钢轨发生短接。

2）接触网对架空地线（地）发生短路故障。

3）直流设备发生柜架泄漏故障。

4）牵引变电所整流变压器二次侧交流系统发生单相接地短路。直流系统发生故障时，必须在短时间内切除故障或降低钢轨对地电位，以保证人身及设备安全。

5.7.2 钢轨电位限制装置

钢轨电位限制装置主要用于保护乘客和运营管理人员的安全，使他们免受存在于车体（运行轨道）和建筑物（车站、车场和梁体）之间的高接触电压的伤害。当发生超出安全许可的接触电压时，钢轨电位限制装置就将钢轨与大地短接，从而保证人员和设施的安全。

1. 钢轨电位限制装置的动作特性

钢轨电位限制装置（OVPD）安装在各个车站及停车场内，监测钢轨与地之间的电压。如果该电压超过整定值，钢轨电位限制装置将动作，将钢轨与地短接。同时，监测流过钢轨电位限制装置中（钢轨与地之间）的电流。当该电流低于整定值时，钢轨电位限制装置将自动复位，断开钢轨与地的连接，为下次动作做好准备。

钢轨电位限制装置的基本参数如下：

系统电压：1500V；

系统最高工作电压：1800V；

装置电压调节范围：50～90V；

动作时间：≤0.1s；

动作次数：100 次/天。

此外应能承受 70kA（200ms）电流，短路连续电流为 1000A，应有电压、电流、最大动作值的记录，可手动复归。

钢轨电位限制装置一旦测出钢轨对地电位超过一定值，就立即动作，将钢轨与大地短接，其动作时间也必须满足要求。一般其作用电压和动作时间满足表 5-3 中的关系。

表 5-3　作用电压-时间特性标准

动作时间/s	0.02	0.05	0.1	0.2	0.3	0.4	0.5
装置两端电压/V	940	770	660	535	480	435	395

2. 装置构成

钢轨电位限制装置（OVPD）主要有两种类型：接触器型和晶闸管接触器组合型。

接触器型钢轨电位限制装置，是在检测到轨地电位值高于整定值时，接触器动作将钢轨与地短接，其动作时间为 150～200ms。

晶闸管接触器组合型钢轨电位限制装置由晶闸管回路及接触器回路两个主回路构成。当检测到轨地电位值高于整定值时，晶闸管快速导通，同时起动接触器动作，将钢轨与接地极短接，因此其动作时间非常短（约为 3ms）。晶闸管接触器组合型钢轨电位限制装置一般由直流接触器、晶闸管回路、测量和操作回路、接口端子、显示设备等构成，采用闭环控制，即使失去辅助电源，也可以保持钢轨和大地短接，保证安全。

3. 工作状况

在正常运行状态下，钢轨电位限制装置的直流接触器触头是断开的，晶闸管也处于不导通状态。

在不正常运行状态下，钢轨与大地之间的电压通过三级独立的电压测量元件，来检测、显示和判断，并通过相应的控制系统，将短路设备与大地有效短接，从而保护人身安全。

1）第一级，电压检测数值大于 90V，延时短接。

如果钢轨电位限制装置一旦测出钢轨对地电位超过或等于第一级设定值，则经过 0.8s 延时，直流接触器将钢轨与大地短接。经过特定的时间整定值后，一般 10s 后，恢复断开。当短路设备在 60s 连续有三次动作时，则短路设备不再断开。若连续两次的动作时间间隔大于 60s，则重新计数。

2）第二级，电压检测数值大于 150V，无延时短接。

如果钢轨电位限制装置一旦测出钢轨对地电位超过或等于第二级设定值 150V，则直流接触器无延时永久合闸，不再恢复断开。

3）第三级，电压检测数值大于 600V，报警。

如果钢轨电位限制装置一旦测出钢轨对地电位超过或等于第三级设定值，此时晶闸管回路立即将钢轨与大地短接，然后起动直流接触器合闸。接触器合闸后，晶闸管回路立即恢复高阻状态，此时接触器闭锁，永远处于合闸状态。接触器的合闸时间不大于 100ms。若短路装置后，钢轨与地电位之间仍有较大的电压，则发出故障信息。

当钢轨电位限制装置达到预先设定的连续短路次数后，该装置进入闭锁状态（恒定合闸状态）。

5.7.3 钢轨电位限制装置的几个主要技术问题

1）钢轨电位限制装置承受的最大短路电流。

直流牵引供电系统中，钢轨电位限制装置承受短路电流最严重的情况是发生框架泄漏故障或接触网与架空地线短路时。当钢轨电位限制装置动作后，晶闸管主回路中通过的短路电流为本所整流机组提供的短路电流及相邻牵引所提供的短路电流之和。因此在选取钢轨电位限制装置时，它承受短路电流的能力应能满足最严重故障时的短路电流而不致损坏。

2）钢轨电位限制装置晶闸管承受的时间。

当发生框架泄漏故障时，晶闸管回路导通，框架保护电流元件测出泄漏电流。从启动框架保护到本所交流侧断路器及直流断路器全部跳闸的时间为120～170ms，而接触器的动作时间为150～200ms。因此，晶闸管回路承受短路电流的持续时间应为晶闸管回路导通后一直到接触器回路合闸的时间。

3）当发生框架泄漏故障或接触网与架空地线短路故障时，整个线路钢轨（负极）与地电位差将发生陡升，引起其他牵引所的框架保护电压元件的误动，可能扩大事故范围。因此必须加以研究，绝不能出现由于钢轨电位限制器整定不合理或者发生拒动，而造成电压型框架泄漏设备动作，造成牵引变电所所供接触网区间失电的严重后果。

5.8 框架泄漏保护

5.8.1 框架泄漏保护说明

导体的直流电阻比交流阻抗小得多，1500V直流系统若发生金属性短路，短路电流可达到几万安，足以摧毁直流设备，并发生爆炸、火灾等严重后果。采取绝缘安装可以极大地减小直流系统对金属外壳的短路电流，但金属外壳的绝缘安装会危害工作人员的人身安全。因此相关标准规定250V以上具有单级的直流开关设备，应采用绝缘安装，并建议配置框架保护或绝缘监察。

绝缘安装不仅要保证直流设备外壳的对地绝缘，还要在许多方面采取特殊处理措施：

1）直流设备周围的地面必须绝缘，而且要留有足够的面积，以免人触及设备外壳时发生电击。

2）直流设备上的操作把手等必须绝缘安装。

3）220V交流电源必须采用隔离变压器与系统隔离。

由于绝缘安装的设备费、建筑安装费和维护费都很高，鉴于此，近年来在欧洲广泛兴起低阻抗绝缘安装法，这种方法在美国也逐渐被推广开来，也就是将在变电所内绝缘安装的所有直流开关柜、整流器柜等直流设备的外壳通过电缆或螺栓连接在一起，只留下一点经过电缆与地网单点连接，这根电缆在接地之前，先串联一个毫安级的分流器，分流器与框架保护装置连接。这种方法与绝缘安装相比，设备费、建安费和维护费都有所降低。

为了保证直流设备的安全运行，牵引变电所在负极柜内设一套低阻抗框架泄漏保护装置，用于防止直流设备内部绝缘损坏闪络时造成人身危险。一般要求所有的直流设备机柜安装与地绝缘，并通过一个分流器接地，通过采集该分流器的电流值作为框架故障保护的启动条件。

一般情况下，框架泄漏保护由一个测量泄漏电流的元件和一个测量电压的元件组成，如图 5-29所示。

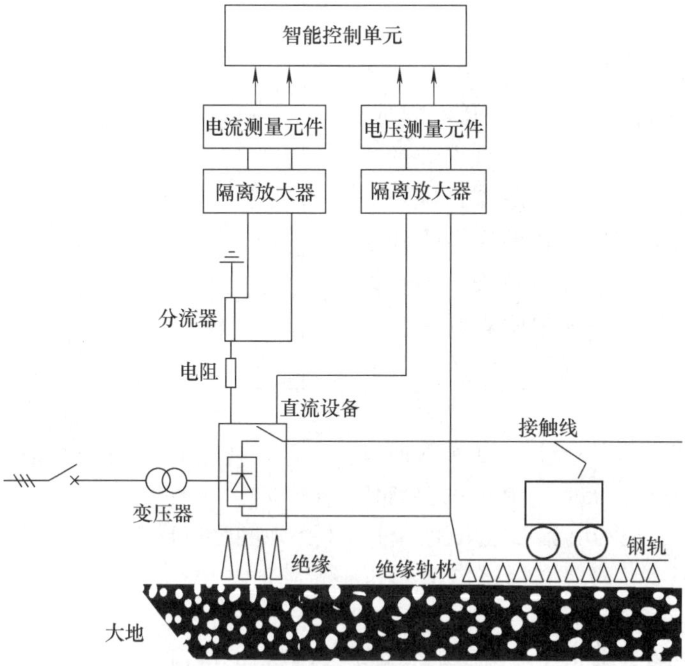

图 5-29　低阻抗框架泄漏保护装置

用于漏电流监测的分流器是低阻抗框架泄漏保护装置的测量元件，其—端接地，另一端接到隔离放大器上，通过隔离放大器测量漏电流在其两端产生的电压。也就是说，电压值和分流器的漏电流是一一对应的。通过测量电压值就可以测得流过的直流电流；电压监视设备通过隔离放大器测量回流钢轨与保护地之间的电位差，并根据分析可设定报警和触发跳闸的具体参数。

在漏电流监测中，采用绝缘方式安装的直流开关设备通过一分流器后接保护地，分流器允许通过的短路电流值按 100kA 考虑。触发跳闸保护的门限值应可调，通过调整可以满足运行的要求。

在电位差监视中，触发断路器跳闸所依据的允许接触电压，应与特性曲线符合相关规定；框架故障保护系统的响应比电压继电器快得多，响应时间与被监视电压的幅度大小无关。

如果另外还有单独的钢轨电位限制装置将运行轨与保护地短接，则电位差监视\跳闸信号将延时产生，以在二者之间进行选择。

在框架泄漏保护中，电压监视元件作为报警、跳闸信号，与钢轨电位限制装置存在一个配合的问题。通常设置为：报警 95V、1500ms 动作；跳闸 150V、900ms 动作。这只是一个参考数值，具体多大，要根据实际设定。

5.8.2 框架泄漏保护原理

框架泄漏保护原理图如图5-30所示。

低阻抗框架泄漏保护是专为直流设备配备的正极与外壳发生故障时的一种保护措施，其保护原理是当正极对外壳发生绝缘损坏时，快速切除故障，保证系统的安全运行。框架泄漏保护装置由电流元件和电压元件组成。电流元件的检测元件一端接于绝缘安装的直流开关柜外壳，另一端与变电所接地网单点相连。电压元件用来测量设备外壳与直流设备负极之间的电压，一端接于负极，另一端接设备外壳（由于外壳与地之间串联电流元件的分流器，电阻极小，可认为电压元件另一端直接接地）。

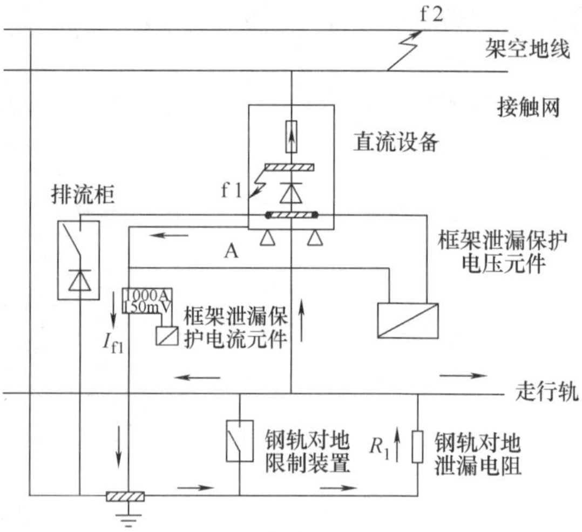

图5-30 框架泄漏保护原理图

直流系统正常运行情况下，电流检测回路中没有电流通过。当任意一个直流设备内正极对外壳短路时，接地电流通过电流元件流入接地网，再通过钢轨与地之间的绝缘泄漏电阻（或排流柜）回到负极。当泄漏电流超过整定值时，框架泄漏保护迅速切除故障。故障排除以后，须人工复归框架泄漏保护，断路器才能重新投入。

框架泄漏保护的电压元件由两段组成，Ⅰ段报警，Ⅱ段跳闸。当直流设备内正极对外壳短路时，电压元件会在负极和外壳之间检测到一个电压，当这个电压大于电压元件整定值时，电压元件在整定的时间动作跳闸，切除故障。

框架泄漏保护的电压元件的功能与轨道电位限制装置的功能基本相同，只不过框架泄漏保护是保护变电所内的直流设备，而钢轨电位限制装置保护的是钢轨，不让钢轨带过高的、影响安全的电。由于最初在直流牵引供电系统中没有钢轨电位限制装置，在框架泄漏保护内设电压元件是用于保证车站乘客的安全。

框架保护适用于直流设备的正极对机柜外壳（与大地相连）或接触网对架空地线短路时的情况。在正常无短路状态下，钢轨（负极）与地的绝缘良好，几乎没有漏电流通过A点。

当故障f1发生，即直流设备的正极对机柜外壳短路时，故障电流I_{f1}由正极通过A点，经泄漏电阻R_1回流至负极，框架保护检测位于A点的机柜外壳对地的漏电流I_{f1}，超过整定值则迅速动作。通常，在地和负极之间还安装一个排流柜，当排流柜投入运行时，其等效电阻值远小于R_1。此时回路为正极→故障A点→电流元件→接地网→排流柜→负极。那么将I_{f1}大大增加，这样，即使钢轨（负极）与地的绝缘非常良好，泄漏电阻R_1非常大，由于排流柜提供了泄漏电流I_{f1}的通道，因此大大提高了框架保护动作的灵敏性。

当故障f2发生，即接触网与架空地线发生短路时，由于A点离故障点较远，因此故障电流较小，检测A点故障电流不能检出故障，此时框架保护检测外壳和负极之间的电位差。在正常无短路状态下，外壳和负极之间的电位差很小，故障f2发生时，电位差迅速变得很大，框架保护可以迅速动作。而对于正极对机柜外壳短路的情况，若未投入排流柜，钢轨（负极）与地的绝缘亦很好，漏电流可能不足以启动框架保护，但电压元件则可使之迅速动作。通常，电流元件作为框架保护的主保护，电压元件作为后备保护。

框架保护动作的结果是迅速跳开本站内所有的直流开关、交流侧进线开关及邻近变电所向本区段供电的直流开关，并需由人工复归后方可重新合上开关。

5.8.3 框架泄漏保护和钢轨电位限制装置的关系

在设置了钢轨电位限制装置后，框架泄漏保护的电压元件与钢轨电位限制装置是并联的关系，在钢轨电位限制装置动作后，电压元件即被短接而不起作用；此外在接地网与负极间的排流二极管投入的情况下，电压元件也被旁路而不起作用。框架泄漏保护的电压元件也不能取代钢轨电位限制装置，因为框架泄漏保护的电压元件动作于跳闸，而钢轨电位限制装置只是短接钢轨和接地网，不会中断行车。

一般正常情况下，当框架保护和钢轨电位限制装置在同一电压作用下时，框架保护不动作。为便于配合，框架保护的电压元件的动作时间整定值比钢轨电位限制装置的动作时间整定值长，或者框架保护的电压整定值比钢轨电位限制装置的电压整定值高。

如果在框架泄漏保护中加入电压监视元件，并且作为跳闸的启动条件，则与钢轨电位限制装置之间有一个参数的配合问题。通过对二者用的电压监测元件的设定值不同加以选择，同时对动作延时加以区分。如框架泄漏保护设定为直流 110V 左右；而轨道电位限制装置设定为直流 90V 左右。框架泄漏保护动作延时整定约为 1.5s；钢轨电位限制装置延时整定约为 0.8s。

当发生故障时，由于电位整定值和动作延时整定值的差异，从而保证了钢轨电位限制装置优先动作，只有在大的故障情况下，电位差不能消除时才延时起动框架泄漏保护单元，从而使本站的所有直流开关和对整流器供电的中压断路器跳闸闭锁，并联跳两边相邻变电所双边供电的相关馈线快速开关。

5.8.4 排流柜与框架泄漏保护

排流柜外形如图 5-31 所示，排流柜原理简图如图 5-32 所示。

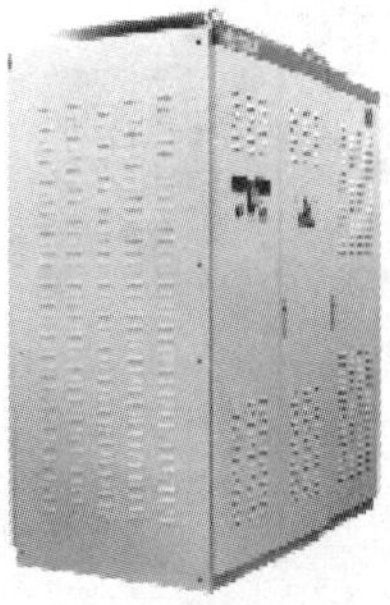

图 5-31 排流柜外形

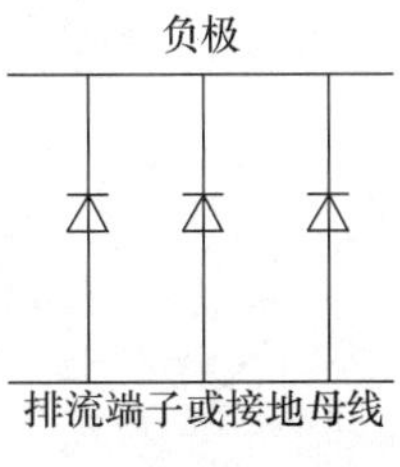

图 5-32 排流柜原理简图

排流柜是一种专设的“电旁泄”通道，排流柜安装在正线牵引变电所内，利用牵引所附近设置的道床和结构钢筋的排流端子、牵引变电所的接地母线，将杂散电流收集网同牵引变电所内排流柜连接，使结构钢筋中的杂散电流单方向回流到牵引变电所内的负极柜，即按照指定的方向流动，防止流到其他地方，这样可以防止杂散电流对结构钢筋的腐蚀。排流端子可以利用牵引变电所附近的伸缩缝连接端子。

排流柜内部电路主要由数个二极管排流支路和监测系统组成。每个二极管串有快速熔断器，当熔丝熔断后，能发出故障信号给监测系统。此外，二极管和一开关串联，负责排流柜设备的投入与退出。

排流柜是为轨道交通减少杂散电流造成的金属结构电化学腐蚀而设计的专用设备。它采用极性排流，排流柜主回路的核心元件为大功率硅二极管，利用二极管正向导通、反向截止的特性，实现了杂散电流的单向排流。当需排流的杂散电流主、辅收集网相对于负极柜母线电位为正，且大过一定的数值时，才有电流通过，把泄漏到主、辅收集网上的电流直接排到负母线上，从而减少杂散电流的腐蚀。一般情况下，设定的排流电压为0.5V。

当排流柜开始工作后，接地网与负极间的排流二极管导通，框架泄漏保护电压元件也被旁路而不起作用。

5.9 杂散电流的监测与防护

5.9.1 杂散电流的形成

直流牵引供电系统在理想的状况下，牵引电流由牵引变电所的正极出发，经由接触网、电动列车和回流轨（走行轨）返回牵引变电所的负极。但钢轨与隧道或道床等结构钢之间的绝缘电阻不是无限大，这样势必造成流经牵引轨的牵引电流不能全部经由钢轨流回牵引变电所的负极，有一部分的牵引电流会泄漏到隧道或道床等结构钢上，然后经过结构钢和大地流回牵引变电所的负极，这部分泄漏到隧道或道床等结构钢上的电流就是杂散电流，也叫作迷流。图5-33a所示为直流牵引地下杂散电流示意图。

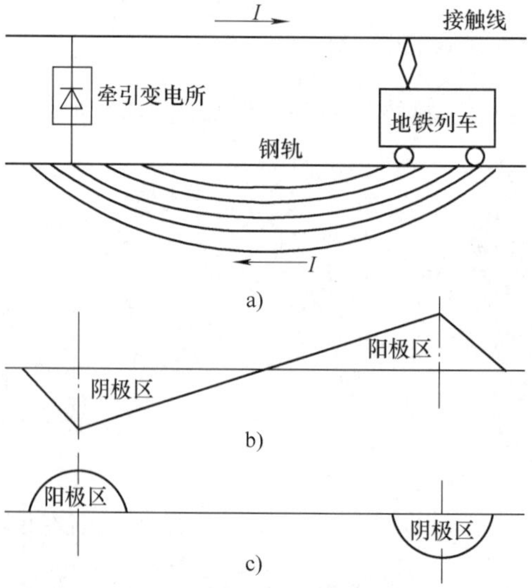

图5-33 地下杂散电流和电位

a）直流牵引地下杂散电流示意图 b）走行轨对大地电位分布图 c）地下金属体对大地电位分布图

走行轨铺设在轨枕、道碴和大地上，由于轨枕等的绝缘不良及大地的导电，地下的杂散电流如图5-33a所示那样杂散地流入大地，然后在某些地方又重新流回钢轨和牵引变电所的负极。在走行轨附近埋有地下金属管道和其他任何金属结构时，杂散电流的一部分就会由导电的金属体上流过，如图5-34所示。此时钢轨和地下金属各点对大地的电位分布如图5-33b、c所示。

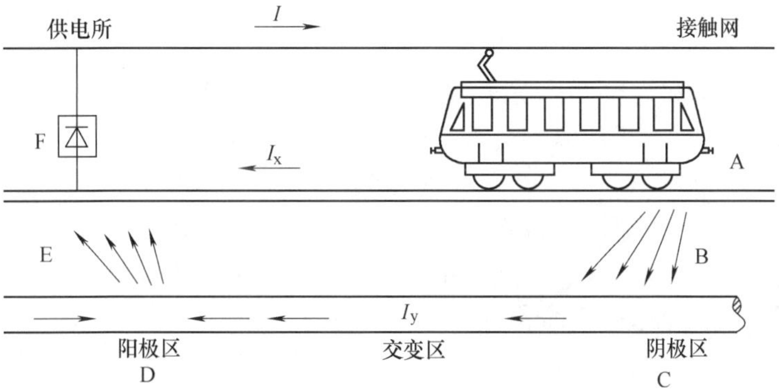

图5-34　地铁杂散电流腐蚀原理图

5.9.2　杂散电流的影响和危害

城市轨道中的杂散电流是一种有害的电流，会对地铁中的电气设备、设施的正常运行造成不同程度的影响，也会对隧道、道床的结构钢和附近的金属管线造成危害。这种危害主要表现在如下几个方面：

1）若地下杂散电流流入电气接地装置，将引起过高的接地电位，使某些设备无法正常工作。

2）若钢轨（走行轨）局部或整体对地的绝缘变差，则此钢轨（走行轨）对大地的泄漏电流增大，地下杂散电流增大，这时有可能引起牵引变电所的框架保护动作。而框架保护动作，则整个牵引变电所的断路器会跳闸，全所失电，同时还会联跳相邻牵引变电所对应的馈线断路器，从而造成较大范围的停电事故，影响地铁的正常运营。

3）对城市轨道隧道、道床或其他建筑物的结构钢筋以及附近的金属管线（如电缆、金属管件等）造成电腐蚀。如果这种电腐蚀长期存在，将会严重损坏地铁附近的各种结构钢筋和地下金属管线，破坏结构钢的强度，降低其使用寿命。

5.9.3　杂散电流腐蚀防护的原则和防护措施

城市轨道中杂散电流的腐蚀防护应遵循以下基本原则：一是治本为主，将城市轨道杂散电流减小至最低限度；二是采取措施限制杂散电流向轨道外部扩散；三是附近的地中金属管线结构，应采取有效的防蚀措施。

杂散电流防护的主要措施如下：

1）确保牵引回流系统的畅通，使牵引电流通过回流系统流回牵引变电所，从根本上减少杂散电流的产生。

2）为保护整体道床结构钢筋不受杂散电流腐蚀及减少杂散电流扩散，可利用整体道床内结构钢筋的可靠电气连接，建立主要的杂散电流收集网，收集由钢轨泄漏出来的杂散电流，在阴极区经钢轨流回牵引变电所。

3）对于需设置浮动道床的区段，浮动道床内的纵向钢筋也应设置电气连接，并和整体道床内的杂散电流收集网电气连接，使隧道内所有的道床收集网钢筋在电气上连为一体。

4）在条件允许的情况下，尽可能增强整体道床结构与隧道、车站间的绝缘。

5）为保护地下隧道、车站结构钢筋不受杂散电流腐蚀及减少杂散电流向外部的扩散，利用隧道、车站结构钢筋的可靠电气连接，建立辅助杂散电流收集网，收集由整体道床泄漏出来的杂散电流，在阴极区经整体道床和钢轨流回牵引变电所。

6）在盾构区间隧道，采用隔离法对盾构管片结构钢筋进行保护。在盾构区间相邻的车站，两车站的结构钢筋用电缆连接起来，使全线的杂散电流辅助收集网在电气上连续。

7）在高架桥区段，桥梁与桥墩之间加橡胶绝缘垫，实现桥梁内部结构钢筋与桥墩结构钢筋绝缘，防止杂散电流对桥墩结构钢筋的腐蚀。为保护高架桥梁的结构钢筋及减少杂散电流的扩散，利用桥梁顶层结构钢筋和轨道梁内结构钢筋的可靠电气连接，建立杂散电流收集网，收集由钢轨泄漏出来的杂散电流，使之在阴极区经钢轨流回牵引变电所。

8）在高架桥车站内，车站结构钢筋和车站内高架桥结构钢筋要求在电气上绝缘，防止杂散电流对车站结构钢筋的腐蚀。

9）牵引变电所设置杂散电流排流装置，以便在轨道绝缘能力降低致使杂散电流增大时，及时安装排流装置使收集网（主收集网、辅助收集网）中杂散电流有畅通的电气回路。

10）直流供电设备、回流轨采用绝缘法安装。

11）各类管线设备应尽量从材质或其他方面采取措施，减少杂散电流对其腐蚀及通过其向轨道外部泄漏。

12）轨道专业应采取以下措施：①走行回流钢轨尽量选用重型轨（如60kg/m型轨），并焊接成长钢轨。钢轨接头的电阻应小于5m长的回流钢轨的电阻值，以减少回流电阻。若采用短钢轨，则应用鱼尾板连接，并在道岔与辙岔连接部位的两根钢轨之间加焊一根$120mm^2$及以上的绝缘铜电缆连接线，并应做到焊接可靠。②钢轨与轨枕或整体道床间采用绝缘法安装，保证钢轨对轨枕或整体道床的泄漏电阻不小于15Ω·km。为了达到此要求，在钢轨与混凝土轨枕之间，在紧固螺栓、道钉与混凝土轨枕之间，以及在扣件与混凝土轨枕之间采取绝缘措施，加强轨道对道床的绝缘，以减少钢轨对地的泄漏电流。其具体做法是：钢轨下加绝缘垫；使用绝缘扣件；钢轨采用绝缘套管固定安装；轨枕下加绝缘垫；道岔处加强绝缘；在有导轨处，导轨与走行轨之间加绝缘。钢轨底部与整体道床之间的间隙不小于30mm；利用整体道床内结构钢筋形成杂散电流收集网。

13）隧道、地下车站采取的措施如下：①隧道、地下车站主体结构的防水层，必须具有良好的防水性能和电气绝缘性能；车站、隧道内应设有畅通的排水措施，不允许有积水现象。②为保护隧道、地下车站结构钢筋不受杂散电流腐蚀及减少杂散电流向外扩散，利用这些结构钢筋的可靠电气连接，建立辅助杂散电流收集网。所收集的由整体道床泄漏出来的杂散电流，经整体道床、钢轨或单向导通装置流回牵引变电所。③在盾构区间隧道，采用隔离法对盾构管片结构钢筋进行保护。④在过江隧道的轨道两端设立单向导通装置与其他线路单向隔离。⑤车站动力照明采用TN-S系统接地形式。⑥车站屏蔽门应绝缘安装并与钢轨有可靠的电气连接。

5.9.4 杂散电流的监测

1. 杂散电流腐蚀监测原理

杂散电流难以直接测量，通常利用结构钢极化电压的测量来判断结构钢筋是否受到杂散电流的腐蚀作用。极化电压的正向偏移平均值不应超过 0.5V。一般在电化学腐蚀测量中，管、地电位差的标准测量方法如图 5-35 所示。

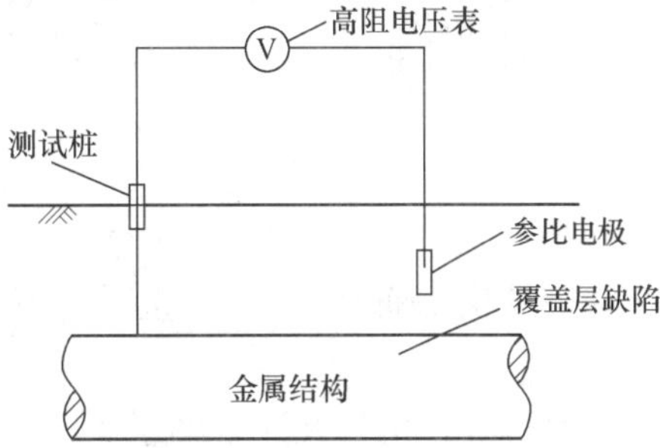

图 5-35 管、地电位差的标准测量方法

在地铁系统中，埋地金属结构对地电位的测量方法亦采用如上所述的近参比法，需要使用长效参比电极作为测量传感器，在没有杂散电流扰动的情况下，测量的电位分布呈现一稳定值，此稳定电位称为自然本体电压 U_0。当存在杂散电流扰动的情况下，测量电位出现偏离，所测电压为 U_1，其偏移值为 ΔU。一般情况下，将测量电压为正的称为正极性电压，测量电压为负的称为负极性电压。

埋地金属结构受杂散电流干扰的影响，其对地电位也就是相对于参比电极的电压会偏离自然本体电压 U_0。在杂散电流流入金属结构的部位，金属结构呈现阴极性，此部位的电位会向负向偏离，该部位的金属不受杂散电流腐蚀。在杂散电流流出金属结构的部位，金属结构呈现阳极性，此部位的电位会向正向偏离，该部位的金属受到杂散电流腐蚀的影响。

由于杂散电流的泄漏受轨道电位的影响很大，所以轨道电位的测量监测也是非常重要的。轨道电位严格意义上来讲应是以无限远的大地为基准，而钢轨电位测量以无限远的大地为基准是很难实现的，在测量中，用钢轨对埋地金属结构的电压来代表轨道电位。由于轨道电位的瞬时值变化很大，实际测量过程中，其监测和计算的参数为测量时间内的最大值 V_{max}，即半小时轨道电位的最大值。

自然本体电压 U_0是一个非常重要的测量参数，而我们探讨的测量方法最终要实现自动在线测量，所以测量装置本身应该能够测量自然本体电压 U_0。城市轨道交通的特点是一天内有几个小时的停止运营，在列车停止运行 2h 后，可以进行自然本体电压 U_0的自动测量。

2. 杂散电流监测系统

杂散电流监测系统有分散式监测系统和集中式监测系统两种。分散式杂散电流监测系统由参考电极、道床收集网测试端子、高架桥梁收集网测试端子、隧道收集网测试端子、测试盒、测试电缆、杂散电流综合测试端子箱及杂散电流综合测试装置构成。集中式杂散电流监测系统由参考电极、道床收集网测试端子、高架桥梁收集网测试端子、隧道收集网测试端子、传感器、数据转接器、测试电缆及杂散电流综合测试装置构成。

其中道床收集网测试端子、高架桥梁收集网测试端子、隧道收集网测试端子可利用伸缩缝处的连接端子，不单独引出测试端子。

（1）分散式杂散电流监测系统　分散式杂散电流监测系统采用车站（变电所）监测和控制中心集中监测两级监测系统。杂散电流防护系统主要由参比电极、测试端子、测量线、传感器、通信电缆、信号转接器和变电所监测装置组成。一般在各车站混合变电所内分别设置一台杂散电流监测装置。该装置经过通信电缆与该站及该站两端各半个区间内的转接器相连，转接器下连传感器，各监测点传感器经由测量线与该点结构钢和整体道床测试端子（地下结构测试端子）对应的参比电极相连，实现对该分区结构和整体道床结构钢筋的极化电位数据采集、数据统计并上传至转接器，再由转接器将数据整合后上传至监测装置处理。杂散电流监测装置通过变电所内的通信网络与电力监控系统接口，将处理和统计后的数据传至监控中心。

在每个车站的有效站台两端以及车站边缘约 200m 的隧道外墙及道床上设置杂散电流测量端子，上、下行各设若干处。在距离测量端子 1m 范围内分别安装参比电极，参比电极不允许与结构钢筋直接接触，道床连接端子利用临近连接端子替代，参比电极安装于道床内靠外墙侧。

每个参比电极及测量端子对应一个传感器，传感器与参比电极距离须小于 2m，传感器安装于隧道及整体道床参比电极附近的上、下行隧道外侧壁上。在每个牵引变电所所在车站的上下行站台板电缆出口附近各安装一个信号转接器，信号转接器安装于车站范围排流端子附近的隧道外墙上。牵引变电所车站的各监测点传感器采用通信电缆与相邻牵引变电所信号转接器相连。

分散式杂散电流监测原理框图如图 5-36 所示。在每个车站变电所的控制室或检修室内安装一台杂散电流测试端子箱，将该车站区段内的参比电极端子和测量端子接至接线盒，由统一的测量电缆引入变电所测试端子箱内的连接端子，将来用移动式微机型综合测试装置分别对每个变电所进行杂散电流测试及数据处理。

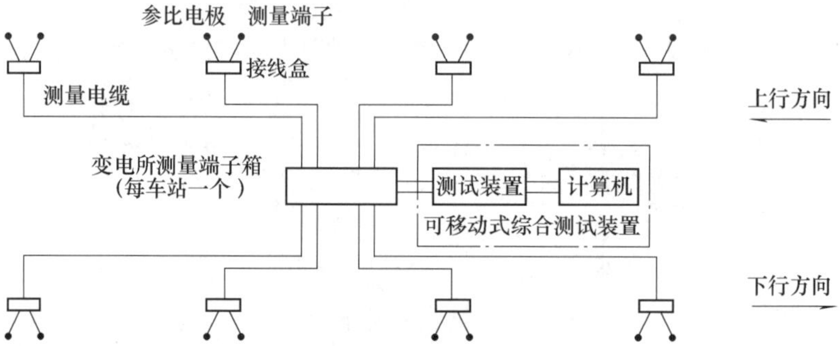

图 5-36　分散式杂散电流监测原理框图

（2）集中式杂散电流监测系统　集中式杂散电流监测原理框图如图 5-37 所示。在每个测试点，将参比电极端子和测量端子接至传感器。将该车站区段内的上、下行传感器通过测量电缆，分别连接到车站变电所的控制室或检修室内的数据转接器。车站的数据转接器通过测量电缆接至固定式杂散电流综合测试装置。综合测试装置至传感器的传输距离最远不超过 10km，由此来考虑每条线路需设置几个杂散电流综合测试室。

以上两种监测系统均能满足杂散电流监测的要求，具体采用哪种方案可根据需要进行选择。

轨道交通杂散电流构成原理图如图 5-38 所示。它主要监测整体道床排流网的极化电位、本体电位，隧道侧壁结构钢的极化电位、本体电位，监测点的轨道电位等。整个系统为一分布式计算机监测系统。传感器是一个以单片机为核心的数据采集处理系统，可以实时采集处

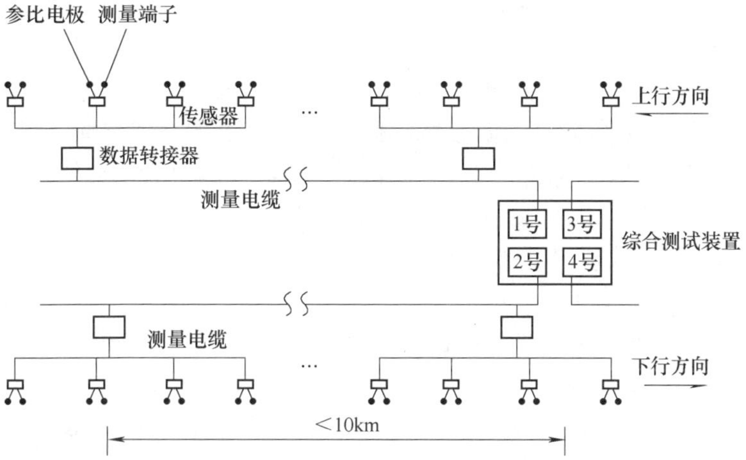

图 5-37　集中式杂散电流监测原理框图

理测量点排流网和结构钢的自然本体电压 U_0，正向平均值 U_a（+），半小时内的轨道电位最大值 V_{max}，并把采集运算得到的参数送入指定的内存存储起来。由于整个地铁线路较长，通信距离比较长，为保证传感器的数据可靠传送到中央控制室的上位机，转接器起到了通信传输的中继作用。监测装置通过转接器从各个传感器接收监测数据，同时可以计算各个供电区间的轨道与大地过渡电阻和轨道纵向电阻。上位机与监测装置连接，把所有监测点监测和计算的有关杂散电流的信息参数以数据库的形式存入计算机。上位机软件具有查询、统计和预测功能，在上位机上可以实时查询到地铁沿线杂散电流腐蚀的防护情况。

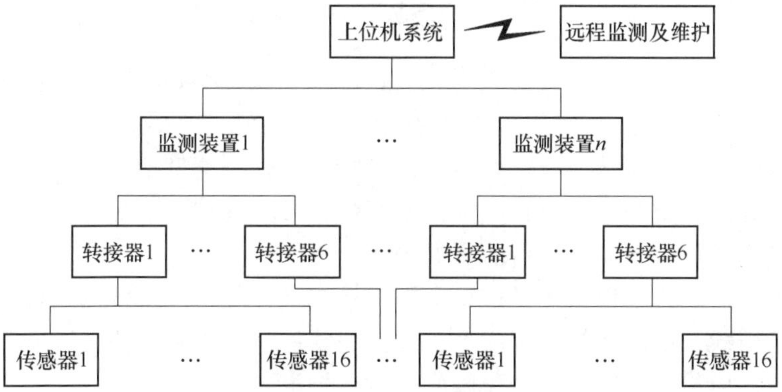

图 5-38　轨道交通杂散电流构成原理图

5.9.5　系统主要设备及安装

1. 传感器

传感器主要完成参比电极与道床及隧道侧壁结构钢筋电压信号的监测，对两个信号进行的采样速度为 256 次/s，30min 作为一个时间单元。传感器主要进行以下工作：

结构钢极化电压的测量，要进行 30min 的平均值计算，用被采样的参比电极与结构钢的电位差，减去参比电极的本体电位，再按相应的数学模型进行 30min 的平均值计算，最后得到结构钢的极化电压值。每隔 30min 把信号电压送入信号转接器内，完成模拟信号数字化后准备进行远程传输。

当接触轨停电后，传感器能自动接收监测装置发出的参比电极本体电位的校正信号，进行参比电极本体电位的自动校正。该传感器能自动识别参比电极的好坏，当参比电极发生故障时，能自动发出参比电极故障信息。已安装的传感器不能影响行车安全。

传感器安装于金属支架上，支架根据现场情况进行加工，并参照传感器外形尺寸预留固定传感器滑孔，支架与隧道壁或高架桥桥面通过膨胀螺栓固定，为防止杂散电流对支架的腐蚀，固定膨胀螺栓需加绝缘垫。

通过相应的防水接头将电缆接入传感器。预估内部接线长度，剥去该长度的电缆外绝缘皮和屏蔽层。将防水接头拧好，注意用力适当（力矩不超过 3.75N·m），保证电缆固定和防水密封。根据接线图将各芯线接入电路板中相应的接线端子，进入电路板端子的线间要防止短接。将指示灯插头插入指示灯插座。

传感器状态可通过面板指示灯和系统软件报警，当怀疑某传感器故障时，可先通过上位机调其瞬时值，无数据或数据不正确时，就地将传感器复位，检查其指示灯，判断故障类型。

2. 信号转接器

信号转接器主要用于传感器与监测装置间信号的传输转换以保证信号远距离传输，每个信号转接器可以连接多个传感器（16 个）。该装置每隔 30min 将各传感器传输的数据存储于存储器中，并送入监测装置，保证系统的实时测量。监测装置可通过该信号转接器向所连接的传感器发布校正本体电位命令。信号转接器安装后应不影响行车安全。信号转接器的施工与传感器相同。

3. 参比电极

电极采用多孔陶瓷外壳，因此在使用与安装过程中注意小心轻放，严禁撞到其他钢硬结构物上。

将参比电极陶瓷外壳涂抹薄薄一层砂浆，轻轻放入孔洞或方槽中。

将电极导线穿过套管取出，将孔洞或槽的空隙封堵，并用砂浆抹平。

对有防水要求的地方按规定进行防水处理。

安装参比电极后，将电极引线穿过钢套引向接线盒，并与接线盒内的接线端子固定；严禁用力提拉电极引线，以防断线，因为重新焊接引线后将增大电阻值，影响测量效果。

电极在埋置前应放在阴凉处，避免阳光暴晒或雨淋。

电极安装或使用一段时间之后，为了解工作是否正常，可用手提式 $Cu/CuSO_4$ 电极放置在电极埋设处上方测其电位，判断是否正常。测量时最好是断电状态，即在无杂散电流干扰的情况下进行上述测量；如果测不到电位值，则首先检查是否断线；电极安装 24h 后或者电极正常使用在停电无杂散电流干扰情况下，应每隔 10min 测其电位值，如果电位波动 $\geqslant$ 20mV，则需要更换参比电极。

4. 排流网

连接测试端子前，应对排流网进行全面测试。内容包括检查测试端子预留情况，如连接端子有无遗漏、设置位置、规格型号是否满足设计要求、连接端子是否适于测试端子连接等；还应检查主排流网和辅助排流网的电气导通情况。

根据施工图样测点位置布置，将参比电极埋设在测量端子附近，与测量端子的距离不超过1m。根据现场情况电极水平或垂直放置，在条件允许的情况下，将电极全部埋置在混凝土介质中。

在选定位置钻取直径大于60mm、深度大于160mm的孔洞（或宽度大于60mm、深度大于70mm、长度大于160mm的方槽）。除掉孔洞或方槽中的混凝土粉块或浮尘，用自来水淋湿内表面。

将事先配好的砂浆填料用蒸馏水（或干净的自来水）调匀，稠度适宜，然后将少许砂浆放入孔洞或方槽底部，将砂浆均匀涂抹在四周壁上。

轨道交通杂散电流排流监测网如图5-39所示。

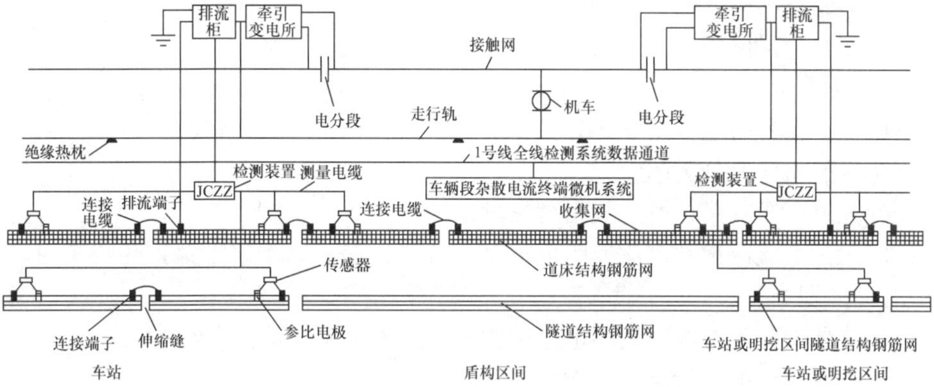

图5-39 轨道交通杂散电流排流监测网

5.9.6 杂散电流的维护

1）定期利用杂散电流综合测试装置（杂散电流监测系统）在高峰小时测试整体道床结构钢筋、车站隧道结构钢筋、高架桥梁结构钢筋相对周围混凝土介质的平均电位，以此电位作为判断有无杂散电流对结构钢筋腐蚀的依据。如测试到某段结构钢筋电位超过标准0.5V的，则该区段杂散电流超标，应对钢轨回路及钢轨泄漏电阻进行测试检查，然后结合测试结果进行维护。

2）每月定期对全线轨道线路清扫，保持线路清洁干燥，尤其是轨道扣件及钢轨绝缘垫要保持清洁干燥，不能有易导电的物质在钢轨扣件和绝缘垫表面，因为这些物质将导致轨道对地的泄漏电阻下降。

3）在前面所述监测及测试后，针对测试结果，查出引起杂散电流腐蚀的严重原因，若是由钢轨回流系统出现电气导通“断点”所引起（如钢轨间的接续线是否连接良好和脱落等），则应及时将“断点”处焊接及连接至设计要求标准；若是某处钢轨泄漏电阻太小，则应检查钢轨是否由积水、灰尘污染或钢轨安装绝缘设备破坏引起，并及时清扫或对绝缘设备维护。

4）如果全线钢轨泄漏电阻普遍降低，简单清扫或维护不能解决问题时，则应将牵引变电所的排流柜开通（如果牵引变电所内装有排流柜的话），使杂散电流收集网与整流机组负极柜单向连通，以单向排流来保护结构钢筋免受杂散电流腐蚀。

5）定期检查各杂散电流收集网之间的连接线是否连接良好、联接螺栓是否生锈等，如果这些连接部件状态不良，则应及时进行修复。

6）定期检查负回流电缆及均流电缆的连接是否良好，如有问题，要及时修复。

7）定期检查并测试单向导通装置的工作状态是否良好（检查单向导通装置中的二极管、隔离开关、消弧角等的工作状态），发现问题应及时处理。

8）定期检查杂散电流监测系统的参比电极、智能传感器、转接器及其连接是否良好，发现问题应予以处理。

【实践操作】

1. 操作练习

1）学生实验室利用继电器控制电动机、灯等设备的自主试验。

2）了解家庭为保证用电安全而采用的保护情况，并实际验证。

2. 书面练习

1）继电保护装置的基本要求是什么？

2）继电保护是如何分类的？

3）如何理解三段式保护？一般由哪三段式构成？

4）定时限过电流保护和电流速断保护有何特点？瞬时电流速断保护和略带时限的电流速断保护有何区别？

5）过电流保护装置中的电流继电器动作电流的整定原则是什么？

6）计算机继电保护的特点是什么？

7）直流牵引供电系统的大电流 I_{max} 保护有何特点？

8）直流双边联跳保护是如何工作的？设置它的意义是什么？

9）零序电流保护是如何工作的？

10）城市轨道交通供电 35kV 环网电缆配置了哪些保护？

11）城市轨道交通供电 35kV 系统配置了哪些自动装置？

12）开关量输入输出系统有几种方式？

13）模拟量输入系统由几部分构成？各起什么作用？

14）电流变化率 di/dt 和 ΔI 保护是如何工作的？各保护直流馈线的哪一部分？它们和直流开关是什么关系？

15）简述继电保护的构成及其各部分的作用。

16）保护死区是如何形成的？通过什么方法可以消除保护死区？

17）如何正确理解主保护和后备保护？

18）如何正确理解近后备和远后备保护？

19）城市轨道交通供电直流馈线配置了哪些保护？

20）城市轨道交通供电系统主变压器配置了哪些保护？

21）城市轨道交通供电系统动力变压器配置了哪些保护？

22）城市轨道交通供电牵引变压器配置了哪些保护？

23）画出采用中断方法采集两个电压点和两个电流点的框图，对应于此框图，编写出其汇编程序。

24）杂散电流是如何形成的？

25）杂散电流的危害是什么？
26）杂散电流是如何监测的？
27）杂散电流是如何防护的？
28）框架泄漏保护的构成是什么？
29）框架泄漏保护的作用是什么？
30）钢轨电位限制装置有什么作用？
31）钢轨电位限制装置如何与框架泄漏保护相配合？
32）钢轨电位限制装置的构成是什么？

【评价跟进】

1. 教师的评价

由教师在完成本章的教学任务后填写，在相应表格中画“√”。

评价项目		教师的评价			
序号	题目	好	较好	一般	较差
1	对本章教学过程的控制				
2	在本章教学过程中，学员的参与情况				
3	学员对本章知识学习后的效果反馈				
教师对本章教学的总结评价意见及跟进措施					

2. 学员的评价

由学员在完成本章的教学任务后填写，在相应表格中画“√”。

评 价 项 目		学员的评价			
序号	题　目	好	较好	一般	较差
1	在本章教学执行过程中教师的表现				
2	本章教学内容与社会实际需求的联系情况				
3	自己在本章学习过程中的表现				
学员对本章教学的总结评价意见及跟进措施					

第6章　城市轨道交通供电系统结构及其运行

【问题导入】

城市轨道交通供电系统结构是轨道交通供电系统的骨架。了解结构各部分的功能，了解各部分之间的关系，了解在不同状况下的结构变化，对于供电专业的学生而言是十分重要的。

【学习目标】

1. 掌握城市轨道交通供电系统要求。
2. 掌握变电所主接线选择原则。
3. 掌握不同模式下的设备状态。

【教学建议】

1. 重点讲解不同状况下，供电结构的变化。
2. 通过挂图讲解，使学生了解系统全貌。

【理论知识】

6.1　城市轨道交通供电系统结构与要求

6.1.1　供电系统结构

城市轨道交通供电系统主要由以下三部分构成：中压环网供电系统、牵引供电系统和低压供配电系统。

1）中压环网供电系统：城市轨道交通电力能量来源于所在城市的国家电力系统，通过中压环网供电系统直接取自城市或区域电力网。因此，城市电网或区域电力网的结构必将对城市轨道交通供电系统起着决定作用。

2）牵引供电系统：城市轨道交通供电系统的核心，负责向城市轨道交通车辆提供电能，主要作用是降压、整流和传输电能。

3）低压供配电系统：负责向信号设备、照明、通风、排水、制冷设备馈送电能，主要作用是降压、分配和传输电能。一般而言，它主要是负责向安全、保障设备供电。

6.1.2　供电系统具体要求

为了完成城市轨道交通的运输任务，必须有一个科学、经济、可靠的城市轨道交通供电系统，建设这样一个系统必须满足一定的要求。对于城市轨道交通供电系统而言，一般必须考虑以下要求：

1）供电系统应满足经济、可靠、接线简单、运营管理及维护方便的要求。

2）目前，城市轨道交通供电系统一般采用集中供电，110kV/35kV 两级电压供电方式。根据城市电网结构，也可采用其他模式。

3）对于集中供电模式，主变电所应从市区电网引入两回路 110kV 独立电源供电，以保证供电可靠性和供电质量。对于分散供电模式，也必须引入两回路 10kV 独立电源供电。

4）主变电所 110kV 侧采用线路变压器组，也可采用内桥接线方式；主变电所 35kV 侧采用单母线分段接线。

5）供电系统按远期高峰小时负荷设计，并预留一定裕度。

6）供电系统应满足下列运行方式负荷的要求：①主变电所一台主变压器解列退出运行时，由另一台主变压器向该主变电所供电范围内的用电负荷供电，每台主变压器容量应满足该所供电区域高峰小时牵引负荷和动力照明一、二级负荷的需求。②当一座主变电所两台主变压器同时退出运行时，即该主变电所解列退出运行时，由其他两座主变电所向全线用电负荷供电，主变电所变压器容量应满足全线高峰小时牵引负荷和动力照明一、二级负荷的需求。③降压变电所容量除应满足正常供电方式下供电范围内动力照明负荷需求外，当所内一台动力变压器解列退出运行时，另一台动力变压器容量应满足供电范围内动力照明一、二级负荷的需求。

7）对于集中供电模式，不考虑在一座主变电所故障解列，同时 35kV 环网电缆故障的情况。也就是说，这种状况很少出现，几乎不可能发生。

8）正常运行方式下，系统的电能损失最小。任何运行方式下，35kV 各节点的电压降不应大于额定值的 5%。

9）牵引降压混合变电所或降压变电所正常时由两回路 35kV 电源供电，当任一回路 35kV 进线电缆故障或失电压时，另一回路 35kV 电源向该所供电范围内一、二、三级负荷供电。

10）根据车站和车辆段设备负荷分布情况，各设 1～2 座降压变电所，当设置两座降压变电所时，一所为 35kV 侧单母线分段接线方式，另一所为跟随式。每座降压变电所设置两台配电变压器。在有牵引变电所的车站，降压变电所和牵引变电所可以合建成牵引降压混合变电所。

11）牵引变电所设两套整流机组，两套机组并联运行构成等效 24 脉波整流对牵引网供电，以减少注入城市电网的谐波。

12）全线任何顺序相邻的三座牵引变电所（线路端头两牵引变电所除外），当中间一座牵引变电所故障时，其相邻的牵引变电所采取大双边供电方式，担负起该段的牵引供电负荷。整流机组负荷等级应满足 GB/T 10411—2005 的规定，即 100% 额定负荷输出连续；150% 额定负荷输出 2h；300% 额定负荷输出 1min。

13）牵引变电所供电效率不低于 96%。

14）接触网供电电压采用直流 1500V 或 750V，允许电压波动范围为 1000～1800V 或 500～900V。

15）供电系统通过主变电所送入电力系统的谐波含量应满足国家标准的规定。

16）各车站设置综合接地网，接地电阻不大于 0.5Ω，根据各地的情况不一样，有时选 0.8Ω，还有的选 1.5Ω。

17）当接地系统设计与杂散电流防护设计发生矛盾时，应优先考虑接地安全。

18）继电保护装置应满足可靠性、速动性、选择性和灵敏性的要求。

19）为保证旅客安全，每个车站应设钢轨电位限制装置。

20）供电系统应尽可能采用优质的国产化设备，便于维护和管理。

为了向车辆提供高质量符合要求的电能，城市轨道交通供电系统就必须把其他形式的电能进行改变，然后馈送到线路上。而这些工作就是在牵引变电所完成的。因此牵引变电所是整个牵引供电系统的核心。

6.1.3 变电所主接线选择原则

1. 变电所主接线方案研究

通过对招标文件以及供电系统专业所提供的供电系统运行模式和要求深入的研究，通过技术、经济等各方面综合比较，确定主接线方案。

2. 减少生产房屋面积的措施

减少生产房屋的面积，不仅可以减少变电所房屋的投资，而且可以方便车站的建筑布置，减少环控负荷和照明负荷以及其他辅助设施的配置，意义重大，更重要的是可以减少一次性投资。

3. 继电保护的配置

合理地设置继电保护可以提高供电系统的可靠性，提高运行的经济水平，方便于运行管理。

4. 绝缘配合及接地

合理地设置过电压保护装置，正确选取各设备的绝缘水平，采用恰当的接地方法，能够确保人员和设备的安全，提高供电的可靠性，延长设备的使用寿命。

5. 无人值班的具体措施

采取无人值班方式，研究无人值班的需求，完善无人值班的具体措施，是运营可靠的保证。在设备配置上，设计、建设阶段就要做充分的考虑。

6. 主要设备选择

城市轨道交通供电设备的研究工作已开展多年，许多制造厂家积极参加轨道交通供电设备的研究与开发，可供选择的国产设备厂家很多，一大批成熟的国产设备陆续投入运营，多年实践证明，国产设备可以满足轨道交通的运营要求。新建线路要立足选择国产设备，并着眼于设备的稳定可靠。

基于以上原则，城市轨道交通供电系统变电所主接线一般较多选择单母线接线、单母线分段接线和内外桥形接线等多种形式，在车辆段有时也采用双母线接线。

6.1.4 变电所建设原则

1. 电源设置原则

一般从最近的220kV变电所引入两路电源，而且要选择至少两个220kV变电所，主变电所110kV电源从两站引入比较理想。220kV变电所要具有足够的容量，最好预留110kV出线间隔，以满足城市轨道交通供电发展的需要。设计新的供电系统时，既要充分利用现有城市轨道交通供电资源；同时，还要兼顾城市轨道交通远期规划，以便提高整个城市轨道交通供电系统的效率。

2. 主变电所选址原则

我国城市轨道交通供电系统多选择35kV等级环网供电，而考虑到35kV电缆末端的电压质量，35kV供电半径不宜过长，因此主变电所应尽可能处在供电线路的中间。同时，主变电所所址还应考虑使接入系统方案可行，尽量节省投资。

1）城市轨道交通供电系统一般采用集中供电方式，全线牵引、低压配电系统由110kV/35kV（/10kV）主变电所供电。

2）新建主变电所应结合城市轨道交通网规划、城市电网发展规划及现有情况做统一规划、合理布局、分步实施。

3）尽可能利用现有轨道交通主变电所，以实现主变电所资源共享，避免重复配置造成的浪费。

3. 牵引变电所选址原则

牵引变电所的设置首先要满足供电质量的要求，GB/T 10411—2005《城市轨道交通直流牵引供电系统》规定：牵引供电系统直流电压及波动范围应符合如下的标准：标称值1500V，最低值1000V，最高值1800V。

根据标准规定，牵引变电所的设置应满足一个牵引变电所解列时，由相邻两牵引变电所大双边供电时，接触网最低电压不低于1000V的要求。

在满足上述要求的情况下，应增大变电所间距，尽量减少变电所的数量。此外一般还要求牵引变电所分布比较均匀。

6.2 中压环网供电系统结构及其运行

6.2.1 中压环网供电系统概述

1. 系统结构

该系统包括从上一级电源进线开始到各变电所进线之前的所有电气设备及线路，其核心是主变电所，此外就是负责向牵引系统和低压变配电系统供电的输电线路。

根据已建成的城市轨道交通情况，中压环网供电系统基本上采用链式网和辐射网。链式网采用变电所串联连接，其特点是电缆工程数量少，接线简单。一般将全线的变电所划为几个供电分区，分区内各种功能的变电所以链式网的形式连接，并采用互为备用的两路电源。辐射网则是每个牵引变电所均从主变电所取得一回主供电源，从相邻变电所取得一回备用电源。其电缆数量多，投资大，且部分变电所必须采用迂回供电，电能损耗大。

在我国城市轨道建设初期，两种网络均有应用，但随着我国城市轨道交通运营经验日趋丰富，链式网投资少、能耗小等特点得到了充分体现，且其可靠性也得到了实际运营的验证。目前在轨道交通中，中压环网供电系统一般均采用链式网（又称双回路环网）。

图6-1所示是外部电源采用集中式，内部电源采用降压、牵引联合式的中压环网供电系统示意图。整个系统采用链式网（又称双回路环网），并把用户进行合理分区，各区内实行链式连接，这是目前应用最为广泛的一种方式。

图6-2所示为外部电源采用集中式，内部电源采用降压、牵引相对独立的中压环网供电系统示意图。这一系统分别形成35kV和10kV供电线路网络结构，采用链式网、辐射网相

结合的方式，把用户沿线进行合理分区，有些实行链式连接，有些实行辐射连接，有些实行T形连接。实行T形连接的好处是线网上各变电所之间无影响。上海轨道交通明珠线二期工程，全线设两座主变电所，向牵引供电系统和变配电系统分别供电，即采用此种模式。

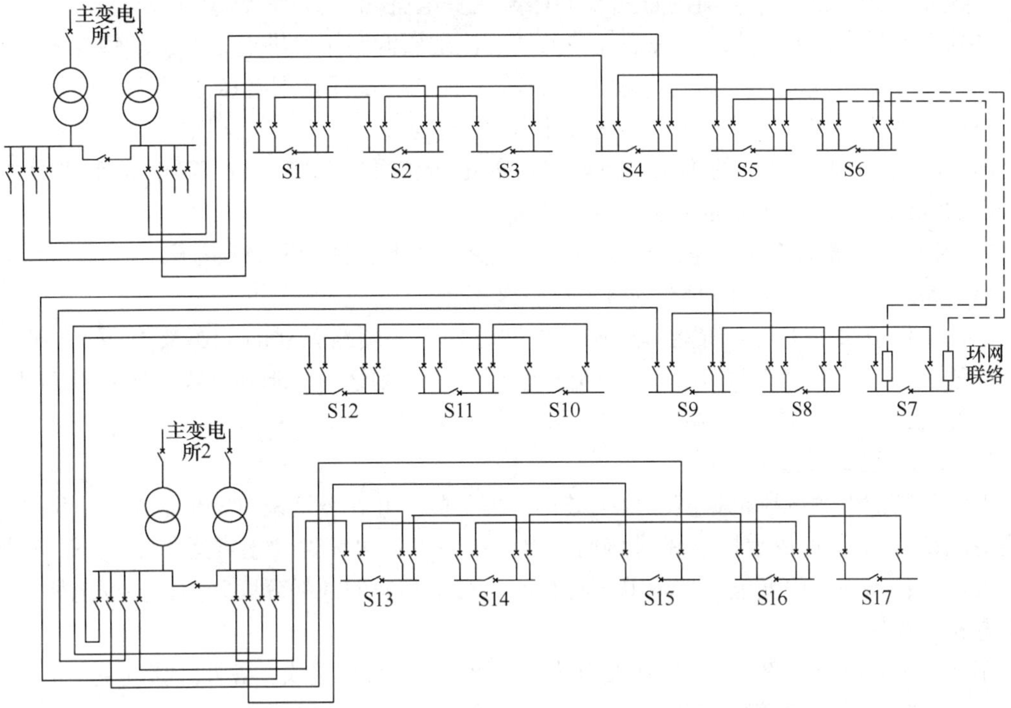

图6-1　中压环网供电系统示意图——集中式＋联合式＋链式（又称双回路环网）

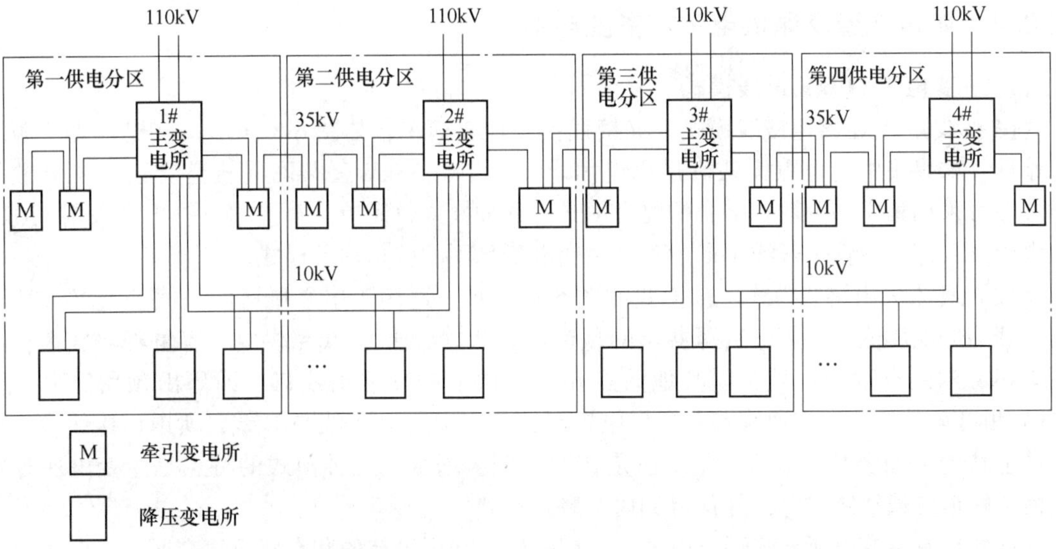

图6-2　中压环网供电系统示意图——集中式＋独立式＋链式＋T形连接

以上两种模式所采用的主变压器不一样。前一种采用双绕组变压器，后一种采用三绕组变压器。目前多采用第一种模式。

2. 主变电所的设置

城市轨道交通外部供电系统采用110kV集中供电方式，并根据轨道交通整体规划进行供电网络优化和资源共享，其内部电网主要供牵引、低压配电系统等负荷。一般一条长30～50km的轨道交通线路，需配置两座110kV主变电所。

110kV电源接入方式要综合考虑经济效益、土地资源利用、供电方式、环境保护以及运营主体、电业部门等各个方面的因素，在轨道交通受电点优化配置的基础上，确定接入方案，并进行经济和技术比较。主要考虑以下几个内容：

1）位置：集中受电点的确定，也就是主变电所位置的确定，是一项非常重要的工作，对今后的线网、运营影响非常大。

2）数量：设置几个主变电所以及与未来线路的关系，都必须综合考虑。

3）容量大小：考虑不同时期的线网结构及运量。

此外要保证每个主变电所能够从城市电网分别引入两路独立的110kV电源。一般情况下，正常运行时主变电所两台110kV/35kV主变压器分列运行。低压35kV侧采用单母线分段接线方式，并馈出35kV电源给沿线牵引和降压变电所供电。

3. 供电分区的设置

中压环网供电系统要根据实际情况进行合理分区，并在分别来自两个电源的分区之间建立联络，35kV电源形成手拉手环网结构，提高了系统的可靠性。正常运行情况下，环网分段开关打开；当一个主变电所故障退出运行时，合上相应的环网分段开关，主变电所之间实现供电相互支援。

车站牵引降压混合变电所、降压变电所均采用单母线分段接线，各分区临近主变电所的牵引降压混合变电所或降压变电所的两段母线分别从主变电所的两段35kV母线上引入一回电源，其他牵引降压混合变电所或降压变电所通过串接的方式从两段35kV母线上引入二回电源。

6.2.2 城市轨道交通供电系统主变电所

1. 主变电所110kV进线模式

（1）线路-变压器组接线模式　该接线模式比较简单，如图6-3所示。该模式无资源共享条件，如果集中受电点无法满足用电需求，可结合35kV公共网向轨道交通系统分散供电，即可采用集中和分散相结合的混合模式。此种模式较简单，容量相对较小，采用110kV双电源线。郑州地铁1号线Ⅰ期的两个主变电所采用的就是这种模式。

（2）环入环出接线模式　该模式如图6-4所示，适用于中心城区两条线路交叉或接近处。其高低电压侧均有供电资源共享的预留，35kV侧向两条线路供电，容量相对较大；采用110kV双路电源，且具有向其他站点和用户供电的预留出线口，即环出预留。由于在35kV侧可与其他轨道交通线路共享供电资源，如图中所示A线与B线，所以该接线模式在整体上减少了110kV变电所数量。但是初期投资会增加，此种模式的特点是主变电所分别向两条轨道交通线路供电，并预留110kV环出。

此外还有主变电所链式环出模式，该接线模式利用已有的和在建轨道交通主变电所中的110kV出线资源，串联建设新的新线主变电所，如图6-5所示。各主变电所35kV侧只向一条轨道交通线路供电，110kV侧有向其他站点和用户供电预留的出线口。也就是说，已有主变电所和新建主变电所形成链式双环网结构。

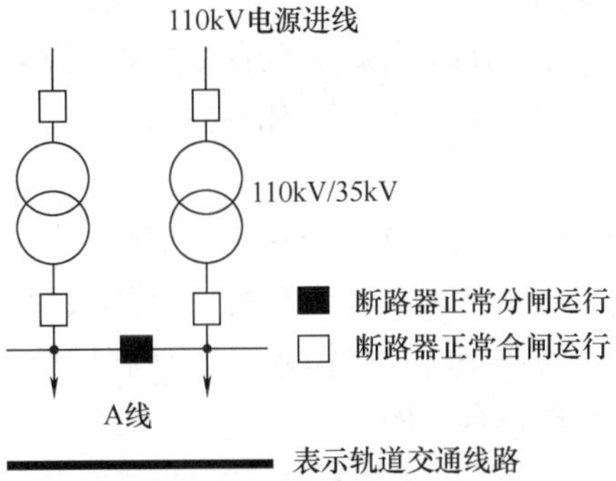

图 6-3　线路-变压器组接线模式

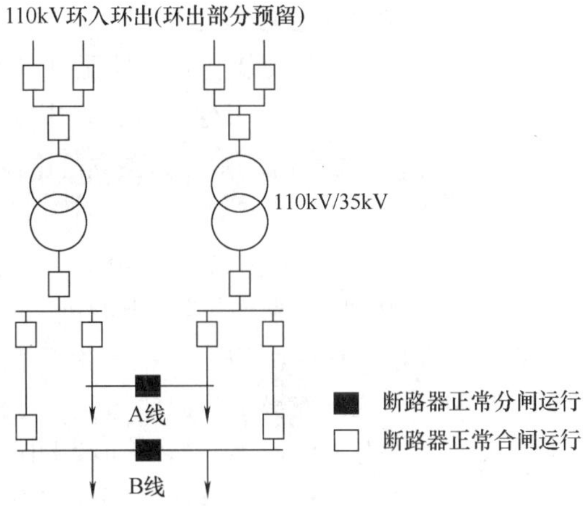

图 6-4　环入环出接线模式 1

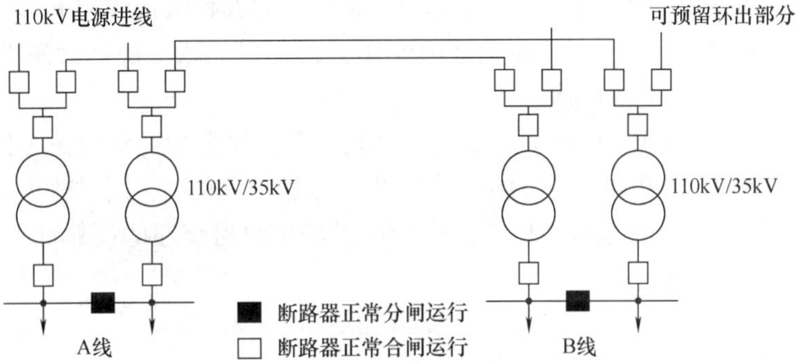

图 6-5　环入环出接线模式 2

（3）双环网接线模式　该接线模式适用于中心城区多条线路交叉或接近，轨道交通用电负荷较集中的场所，如图 6-6 所示。各站 35kV 侧可向多条线路供电，110kV 侧形成手拉手环网，110kV 电源有备用。35kV 侧供电资源利用充分，但是初期投资增加，并要注意近、远期配合问题，此种方式主变电所的可靠性最高。

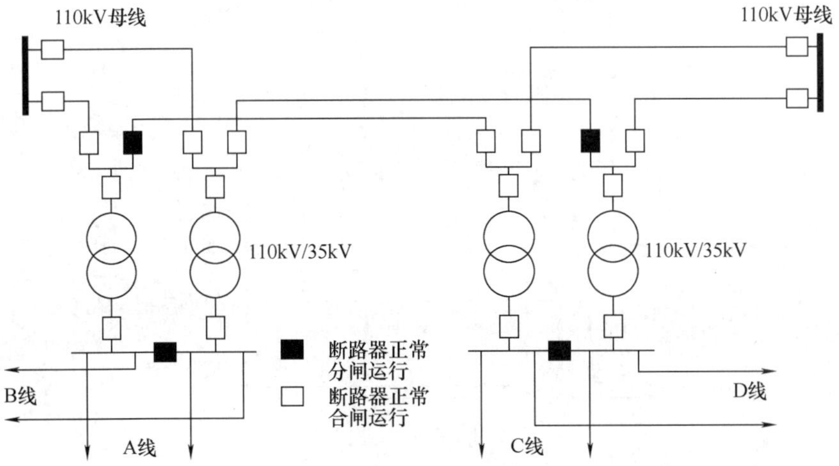

图 6-6　双环网接线模式

2. 主变电所电气主接线及运行

主变电所的作用是将城市电网的高压（110kV 或 220kV）电能降压后以相应的电压等级（35kV 或 10kV）分别供给牵引变电所和降压变电所。为保证供电的可靠性，一般设置两座或两座以上主变电所，主变电所由两路独立的电源进线供电，内部设置两台相同的主变压器。根据牵引负荷容量和动力负荷容量的大小不同，主变压器可采用三相三绕组的有载调压变压器，也可用双绕组的变压器。采用两台相同的主变压器可以使35kV 电压和10kV 电压来自不同的变压器。采用有载调压变压器，能够在电源进线电压波动时，维持二次电压在正常值范围内。

主变压器容量选择原则如下：一是在正常运行方式时，满足该主变电所供电区域牵引负荷和动力照明一、二、三级负荷的要求；二是满足远期高峰小时负荷需求；三是满足经济运行要求。因此要综合考虑，进行经济和技术比较，从而选择合适的容量。

每座主变电所一般采用两种接线形式。采用线路-变压器组接线形式时，当某一回电源电缆故障或者一台主变压器故障时，35kV 母线分段开关自动投入，由另一台主变压器供给全部一、二级负荷用电需要。内桥形接线方式比线路-变压器组接线方式多一内桥断路器。当一回 110kV 电源电缆故障时，可以通过调度作业，实现一路电源两台主变压器运行，保持正常供电，但需要增加进线电缆容量。

线路-变压器组接线形式比内桥形接线方式结构简单，投资和运营维护工作量小，其可靠性稍低，但是随着城市电网的发展，110kV 电源供电可靠性已很高，同时轨道交通的主变电所也可相互备用，线路-变压器组接线形式已完全可以满足轨道交通的可靠性要求，因此线路-变压器组接线形式被普遍接受。

三绕组主变压器的主变电所典型电气主接线如图 6-7 所示。

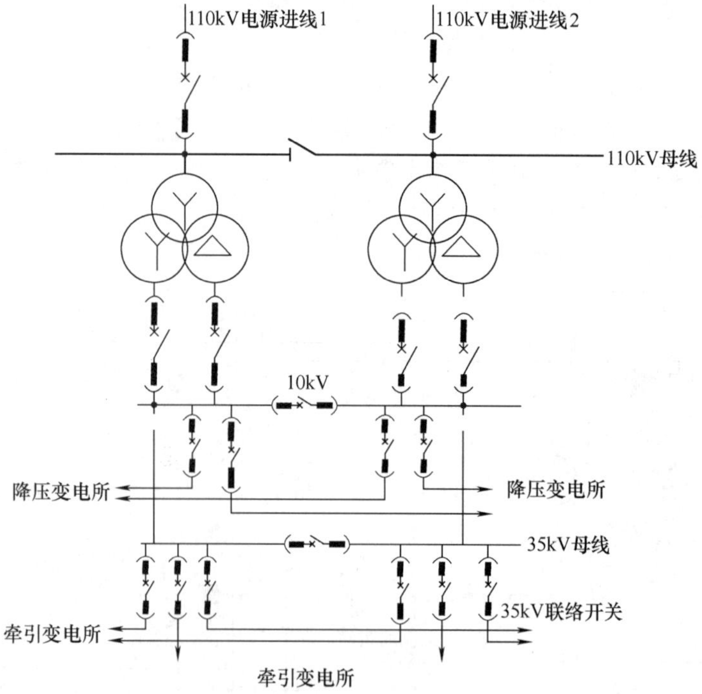

图 6-7　三绕组主变压器的主变电所典型电气主接线

110kV 侧一般采用单母线分段的内桥形接线，分段开关可用断路器，也可用隔离开关，正常运行时分段开关打开。一路电源进线故障时，通过倒闸，两台变压器即可从正常的一路电源进线取得电能。35kV 侧和 10kV 侧均采用单母线分段接线。在有两个主变电所时，为了确保牵引变电所的可靠供电，可从 35kV 的两段母线上各引一路送到专设在其他合适地点的线路联络开关处，以供故障时联络之用。当某一主变电所停电时，由该所母线供电的牵引变电所可通过线路联络开关从另一主变电所 35kV 侧获得电能，任一主变电所停电并且另一主变电所一路电源失电压时，可切除二、三级负荷，以保证牵引变电所的不间断供电，使电动列车仍能继续运行。

双绕组主变压器的主变电所典型电气主接线如图 6-8 所示。这个接线方式只输出 35kV 或者 10kV。

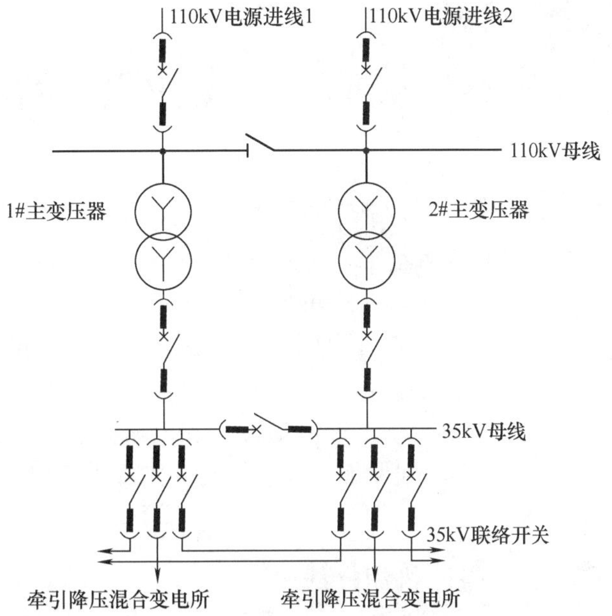

图 6-8　双绕组主变压器的主变电所典型电气主接线

6.2.3　中压环网运行方式

1. 正常运行方式

主变电所两路 110kV 电源及 35kV 侧两段母线分列运行。变电所母联断路器分开。各车站变电所内的 35kV 母联断路器打开，两段母线分列运行。此外，35kV 环网所有分段开关打开，各个主变电所分别向自己的区间供电。

2. 维护检修时的运行方式

主变电所的一台主变压器检修时，切除该主变电所供电范围内的动力照明三级负荷，再切除要检修的主变压器，最后合上主变电所的 35kV 母联断路器，由另一台主变压器向该主变电所供电范围内的一、二级负荷供电。

任一牵引降压混合变电所或降压变电所的 35kV 进线电源（电缆）检修，切除要检修的电源回路，合上该所的 35kV 母联断路器，由另一进线电源负担该变电所的供电。

当降压变电所内的一台动力变压器检修时，切除三级负荷，合上变电所 400V 侧的母联断路器，由另一台动力变压器对该降压变电所所供设备的一、二级负荷供电。

3. 故障情况下的运行方式

当一座主变电所出现故障退出运行时，环网分段开关闭合，切除故障所供电范围内的三级负荷，由相邻主变电所向故障主变电所供电范围内的一、二级负荷支援供电。

当 110kV 电源故障时，通过倒闸作业由另一路 110kV 电源向该主变电所供电范围内的牵引负荷及动力一、二级负荷供电。

当一台主变压器故障退出运行时，切除该主变电所供电范围内的动力照明三级负荷，合上主变电所的 35kV 母联断路器，由另一台主变压器向该主变电所供电范围内的一、二级负荷供电。

当任一所的一路35kV进线电源故障退出运行时，合上该所的35kV母联断路器，由另一路电源供电。

6.3 牵引供电系统结构及其运行

6.3.1 牵引供电系统概述

该系统包括从上一级电源进线开始到接触线之间的所有电气设备及线路，其核心是牵引变电所，包括进线回路和馈出线回路。

城市轨道交通牵引供电系统牵引变电所采用24脉波整流变压器，要求两台12脉波整流机组一次侧输入电源具有严格的一致性，如将两套整流机组分接不同的母线，电源的一致性得不到保证，电源相位差和电压差就会导致整流机组低压输出端电压相位角相差15°的要求得不到保证，并且使两套整流机组出力不均，严重时甚至使一套整流机组过载而受损。

6.3.2 整流机组接线分析

1. 整流机组接入方式

城市轨道交通牵引供电系统供电网如图6-2所示。由图可知，整流机组挂接在35kV供电网上，35kV供电网能确保其供电的可靠与质量。接线形式一般有两种：母线分段和母线不分段。为保证并联时的直流电压相等和负荷分配均衡（整流器出力均匀），消除环流，一般采用母线不分段，以确保两台整流机组的输入满足一致性要求。国外大型整流机组一般均接入到一条母线上，因此牵引变电所两台整流机组的输入要确保一致或尽量一致，即采用母线不分段接线方式。整流机组的进线开关一般有三种形式。

（1）断路器模式　该模式下，两套整流机组分别通过两台断路器与交流母线相连，如图6-9所示。

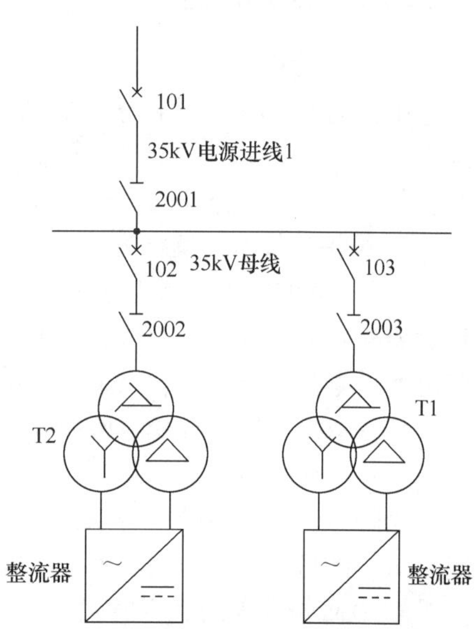

图6-9　整流机组断路器接入模式

两套整流机组的进线相互独立，机组可以独立运行。当某一整流机组发生故障时，其保护装置使其进线断路器分闸，故障容易判别。当一套整流机组因故退出运行时，若负荷较小，则另一套整流机组可继续运行。

（2）隔离开关模式　该模式下，两套整流机组分别通过一台隔离开关与交流母线相连，如图6-10所示。

两套整流机组的进线均不设断路器，而是设置隔离开关。整流机组的正常投切，必须由变电所的进线断路器（101）完成。当任一套整流机组发生故障时，其保护装置使变电所的进线断路器分闸，35kV交流母线失电。本方案的主接线最简单，投资最省，但其仅适用于独立的牵引变电所，不能用于牵引降压混合变电所，也不能向其他变电所转供交流电。

由于城市轨道交通系统多采用两级供电方式，牵引供电系统和低压配电系统共用35kV中压环网，牵引变电所通常与降压变电所合建，且一般需要向其他变电所转供35kV电源，因此断路器模式满足上述要求，而且可靠性高、运行灵活，整流机组故障时对环网系统不会造成影响，容易识别故障的整流机组，便于管理和维护的标准化作业。目前采用这种模式的较多。

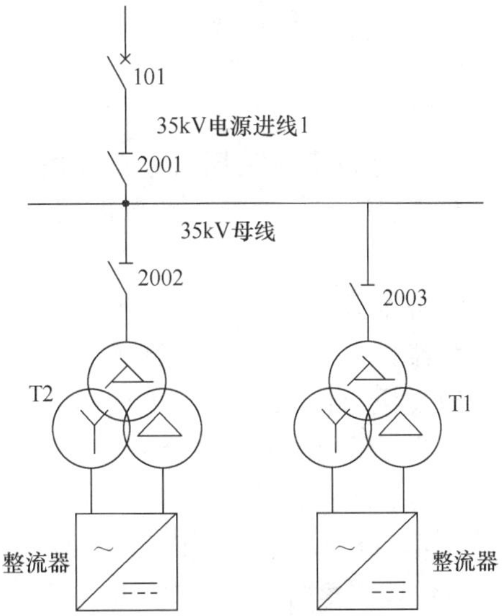

图6-10　整流机组隔离开关接入模式

2. 整流机组的输出方案

城市轨道交通直流牵引供电部分以整流机组的交流进线断路器、直流进线开关和直流馈线开关为界分成三个部分。

第一部分：整流机组交流进线断路器与直流进线开关之间，包含整流变压器、整流器及其连接电缆，是城市轨道交通直流牵引供电的核心，完成变压整流的任务。

第二部分：直流进线开关与直流馈线开关之间的直流母线及其连接线。

第三部分：直流馈线开关以下，包括馈线电缆、接触线。国内外与直流1500V母线的连接方案，包括与正极母线和负极母线的连接。

对于整流机组与直流1500V正极母线间的进线开关，有两种方式：一种是采用电动隔离开关；另一种是采用直流快速断路器。

（1）电动隔离开关模式　电动隔离开关模式如图6-11所示。

由于断开交流电弧比断开直流电弧容易得多，整流机组正常时的断弧工作一般由交流断路器完成。正常时，整流机组进出线开关的投切次序为：投入时，直流进线开关→交流断路器；切除时，交流断路器→直流进线开关。从操作上可知，整流机组的正常投切不需要直流进线开关具备断弧能力。

这种模式在上海和深圳被采用，其设备投资低。通过2011和2012两个电动隔离开关把整流机组的直流输出并行连接到正极母线上。

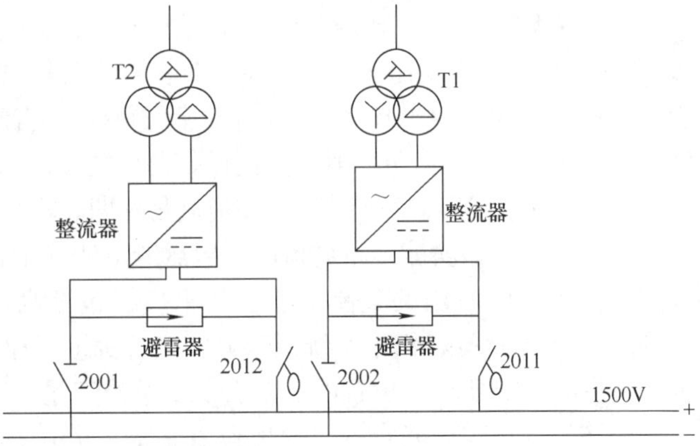

图6-11　电动隔离开关模式

（2）直流快速断路器模式　直流快速断路器模式如图6-12所示。

这种模式在香港和广州被采用，其故障切除范围小，但投资高。整流机组与直流1500V负极母线间的连接开关（负极柜开关）仅用于维修，与运行方式无关，采用手动隔离开关。

第一部分内发生故障时，整流变压器的交流进线断路器断开，然后联跳直流进线断路器。此时牵引变电所有两种运行方式：一种是全所解列，由相邻所越区供电即大双边供电；

另一种是退出故障整流机组，单台整流机组继续工作。

第二部分内发生故障时，若采用电动隔离开关模式，首先跳开整流变压器的交流进线断路器，然后联跳直流馈线开关，再分开直流进线开关；若采用直流快速断路器模式，由于大电流脱扣保护的反应时间快，直流进线断路器一般先于交流断路器分闸。

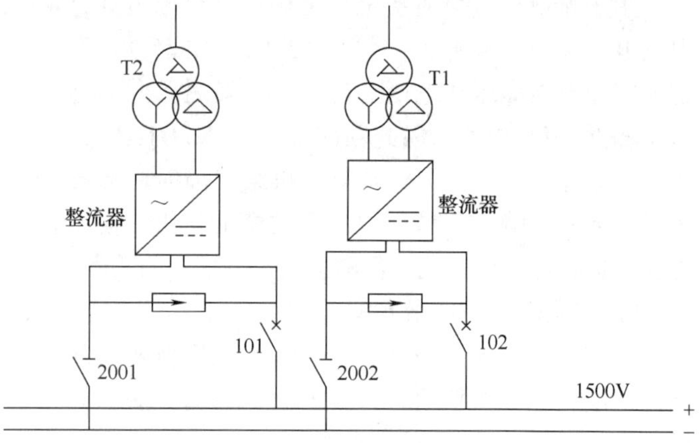

图 6-12 直流快速断路器模式

第三部分内发生故障时，跳开故障供电臂的直流馈线开关，并联跳相邻牵引变电所相应的直流馈线开关（双边运行时）。可见直流母线故障时，直流快速断路器模式可以直接切除母线，反应速度较快。两种接线模式各有优缺点，均为可行方案，且在实际中都有应用。采用电动隔离开关模式，可以节省设备投资，通过设置必要的闭锁和联锁条件，可以满足供电的可靠性及安全需求，并且符合无人值班变电所简化接线的要求；采用断路器模式，可以提高切除直流母线短路的速度，实现大双边供电的时间也较短。鉴于直流母线故障和一座牵引变电所退出运行的概率很小，实际中推荐选择电动隔离开关模式。郑州地铁采用的是直流快速断路器模式。

6.3.3 牵引变电所典型接线模式

牵引变电所整流机组设备容量选择满足以下原则：一是整流机组容量应满足正常运行方式下远期高峰小时牵引负荷的需要；二是整流机组容量应满足相邻牵引所解列退出运行，越区向故障牵引所供电范围内接触网供电时远期高峰小时牵引负荷的需要；三是整流机组过负荷能力应满足 GB/T 10411—2005 和 IEC 146 对牵引负荷时整流机组负荷能力的规定；四是整流机组应满足工作环境的要求；五是其他直流设备选型主要包括正馈线、负回流线和接触导线的选择，正馈线、负回流线和接触导线截面积应满足远期高峰小时任何运行方式牵引负荷的要求。

牵引变电所的功能是将城市电网区域变电所或地铁主变电所送来的 35kV 电能经过降压和整流变成牵引所用的直流电能，其主接线包括高压交流（35kV）受、配电系统和直流（0.75～1.5kV）受、馈电系统两部分，整流机组（整流变压器-整流器组）则是作为交、直流系统变换的重要环节设置的。牵引变电所的容量和设置距离是根据牵引供电计算的结果，并做经济技术比较后确定的，一般设置在沿线若干车站及车辆段附近，变电所间隔一般为 2～4km，牵引变电所按其所需总容量设置两套整流机组并列运行，沿线任一牵引变电所故障，由两侧相邻的牵引变电所承担其供电任务。

正常运行时，两套整流机组并联运行，接触网越区隔离开关打开，与相邻牵引变电所构成双边供电方式，共同向供电范围内的车辆供电。当该牵引变电所解列时，相邻的牵引变电所通过直流母线或接触网越区隔离开关恢复对该区段的供电，实现大双边供电。

1. 独立牵引变电所典型接线模式

牵引变电所的典型主接线如图 6-13 所示，两路 35kV 进线电源来自城市电网区域变电所

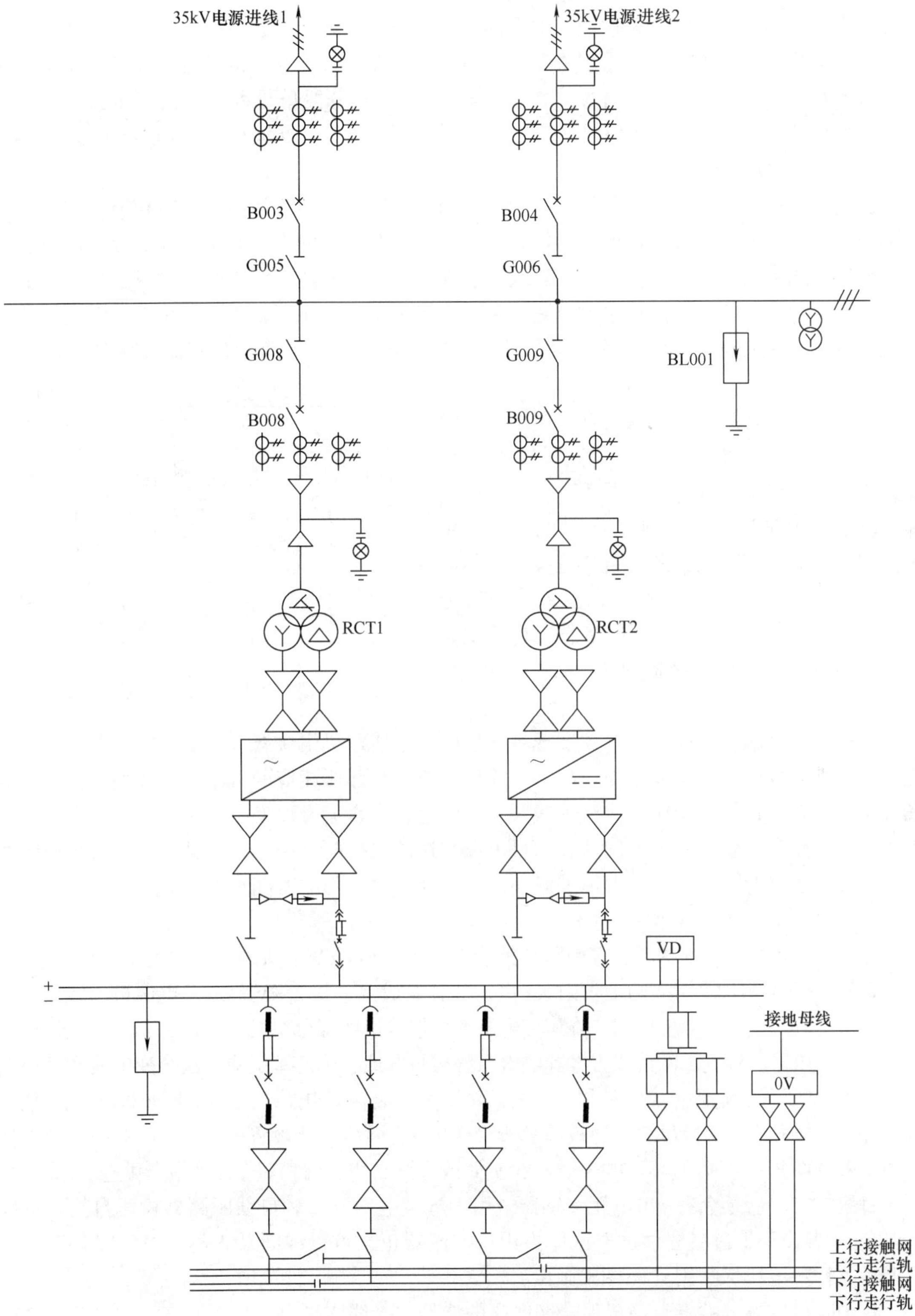

图 6-13　牵引变电所的典型主接线

或地铁主变电所，正常运行时，两路进线电源分别向所连接的35kV母线供电，母联断路器断开。当一路进线停电时，母联断路器合闸，由另一路进线向原供电区域内的负荷供电。

两套整流机组均由相同的牵引降压变压器和整流器组成，它们的直流侧并联工作，为使并联时的直流电压相等且负荷分配均衡，35kV侧采用不分段单母线，牵引变压器一般采用三绕组变压器，两个二次绕组和整流器组成多相整流，整流器输出的直流电的正极（+）经直流高速空气断路器接到直流侧的正母线上，直流电的负极（−）经断路器接到负母线上，通过直流馈线将电能送到接触网，负母线通过断路器、回流线与走行轨相连，这样，通过电动列车的受电器与接触网的接触滑行，就构成一个完整的直流牵引电动机受电回路。

直流母线采用单母线接线形式。正线牵引变电所采用四路馈线向牵引网双边供电。上行左右臂和下行左右臂之间都设电动隔离开关，以实现牵引变电所解列时，相邻牵引变电所的越区供电。直流1500V馈线开关采用直流快速断路器。图6-14所示是直流1500V馈出线和接触线的供电电路。

当牵引所出现故障，无法正常供电时，实现大双边供电的方式有两种：一是通过1500V母线，二是合上接触网越区隔离开关。

若通过1500V母线实现越区供电，恢复供电过程是在故障切除后，断开直流进线电动隔离开关（机组与母线通过隔离开关连接），再合上直流馈线开关；图6-14采用断路器，其实现方式是：在故障切除后，接触网可立即恢复供电，恢复供电时间较短。

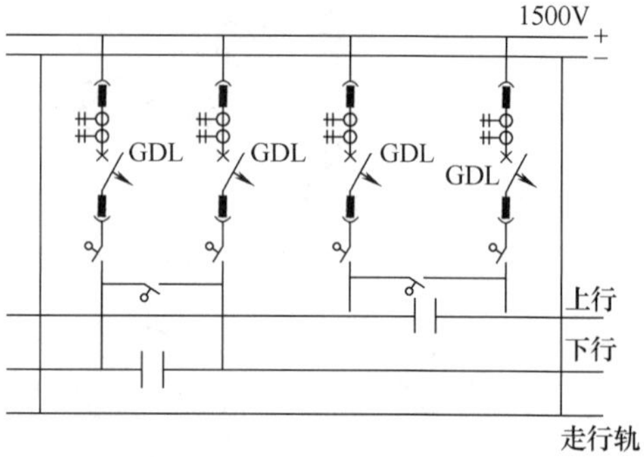

图6-14 直流1500V馈出线和接触线的供电电路

若通过合接触网越区隔离开关实现越区供电，母线与机组接线方式对恢复供电过程没有影响，即都是按照下列顺序操作：故障切除后，跳开相邻所相应的直流馈线开关，合越区隔离开关，再合上相邻所相应的直流馈线开关。但是，当直流母线发生短路时，可以直接跳开直流进线断路器，切除故障时间短，而且可以和逆流保护配合使用。可见，当机组与母线通过隔离开关连接时，切除母线故障的时间比采用断路器所用的时间长。

2. 牵引降压混合变电所

在满足技术要求的前提下，牵引降压混合变电所和降压变电所的主接线力求简单、清晰、便于管理。牵引降压混合变电所的主接线由三部分组成：一是35kV母线及电源进出线，二是直流牵引供电，三是动力变压器。降压变电所的主接线由两部分组成：一是35kV电源进出线，二是动力变压器。根据环网接线方案和供电系统运行方式，确定牵引降压混合变电所和降压变电所的35kV母线和电源进出线的接线形式。牵引降压混合变电所、降压变电所35kV侧采用单母线分段接线方式，两段母线间通过母联断路器互联。每段母线设置一路进线，并根据环网接线的要求在部分变电所的每段35kV母线设一路或多路出线，向相邻车站变电所供电。

每段35kV母线各设一组电压互感器，用于母线电压测量和母线断路器检压自投。每段35kV母线各设一组避雷器供过电压保护用。整流器正、负母线间及正母线对地间各设置一台避雷器作过电压保护用（图中未画出）。

集中式供电方式的牵引降压混合变电所的典型主接线图见书后插页。交流侧电源进线设有两回路互为备用的独立电源电缆线，其中一路进线由专用供电系统主变电所A的低压母线Ⅱ段馈出，另一电源进线则由该车站另一端设置的降压变电所高压母线引入，此高压母线的电源进线，是由主变电所A（或B）降压变压器的低压Ⅱ段母线馈出（母线分段断路器处于断开运行），每路电源进线容量应满足车站两个变电所（牵引降压混合变电所和降压变电所）全部一、二级负荷的要求。此外，高压母线的馈出线是相邻变电所电源进线所需要的。正常运行时，两路进线同时为两段母线连接的负荷供电，进线断路器均合闸，母线分段断路器（或电动刀开关）断开。当任一电源进线发生故障而断路时，则由自动装置动作使母线分段断路器合闸，全变电所负荷由另一电源进线供电。高压汇流母线采用断路器或电动刀开关分段，有利于母线维修和任一电源进线故障时电路转换的灵活性。

交流高压配电回路设有两台并联工作的整流机组，两台动力变压器分别连接于分段汇流母线的两段上，每台动力变压器容量应满足一、二级动力与照明负荷的需要。当整个供电系统环网只有一路电源时，允许将二、三级负荷部分或全部切除。高压断路器柜采用手车式真空断路器、金属全封闭开关柜。单纯的直流牵引变电所高压单母线可不必分段。

若牵引降压混合变电所正常运行，对于35kV侧，正常运行时，两路进线电源分别向所连接的35kV母线供电，母联断路器断开。当一路进线停电时，母联断路器合闸，由另一路进线向原供电区域内的负荷供电。对于直流牵引供电，正常运行时，两套整流机组并联运行，接触网越区隔离开关打开，与相邻牵引变电所构成双边供电方式，共同向供电范围内的车辆供电。当该牵引变电所解列时，相邻的牵引变电所通过直流母线或接触网越区隔离开关恢复对该区段的供电，实现大双边供电。

对于动力变压器，正常运行时，牵引降压混合变电所或降压变电所及其跟随所的两台动力变压器分列运行，负责其供电范围内的全部负荷的供电。当一台动力变压器退出运行时，切除三级负荷，由另一台动力变压器负责向其供电范围内的全部一、二级负荷供电。

6.3.4 直流牵引供电系统运行方式

牵引供电系统正常运行方式下，正线接触网由相邻牵引变电所双边供电，车辆段牵引变电所向车辆段接触网供电，停车场牵引变电所向停车场接触网供电。

一般情况下正线任一牵引变电所解列，由正线左右相邻牵引变电所“大双边”供电。

由于规划的原因以及建设次序的问题，可能会造成一些牵引变电所单边供电。

对于任意牵引变电所解列，都可以得到邻近的牵引变电所的支持，实现不间断供电。

当牵引变电所一台整流机组故障时，另一台整流机组在初、近期负荷允许的情况下可以继续运行，但供电质量会有所下降。

6.4 低压变配电系统结构及其运行

6.4.1 低压变配电系统概述

1. 供电方案

城市快速轨道交通的每座车站均设置降压变电所，负责向动力、照明、信号、空调等设备供电；在设有牵引变电所的车站，一般情况下为减少占用空间，合建为牵引降压混合变电所。

车站、停车场、车辆段、控制中心等处的降压（跟随）变电所由就近110kV主变电所提供两路35kV电源。

2. 降压变电所

1）根据负荷容量及土建布置方式在各车站、停车场、车辆段、控制中心分别设一座或多座双电源35kV/0.4kV变电所向动力照明负荷供电。

2）每座35kV/0.4kV变电所内设两台35kV/0.4kV变压器，正常时分列运行，任何一台变压器故障退出后，另一台变压器均能承担本所供电范围内所有一、二级负荷的供电任务。

3）各变电所均按无人值守方式设计。

4）根据车站、停车场、车辆段、控制中心的土建规模初步估算出降压变电所数量及变压器容量。

3. 低压变配电系统

（1）负荷分类　动力照明负荷按其用途和重要性分为三级：

1）一级负荷。通信系统、信号系统、自动售检票系统；电力监控系统、城市轨道交通综合监控系统、消防/楼宇自控系统；车站站台、站厅公共区照明；变电所自用电、事故及疏散指示照明、消防系统；兼作紧急疏散的自动扶梯、事故风机及风阀、排烟风机及风阀；防护门、屏蔽门、安全门、防淹门、废水泵、洞口雨水泵、区间主排水泵、露天出入口及敞开风口处的排水泵；区间电动阀、隧道风机、射流风机等负荷为一级负荷。其中应急照明、变电所操作电源、防灾报警系统、综合监控系统设备、通信系统设备、信号系统设备等为一级负荷，即特别重要的负荷。

2）二级负荷。地上站台站厅、设备管理用房内照明、空调设备；普通自动扶梯、电梯、普通风机、污水泵、区间维修电源等负荷为二级负荷。

3）三级负荷。广告照明、清扫机械、维修电源、生活用电等为三级负荷。

（2）供电方式　动力照明负荷的供电应遵循简单、可靠、便于运行维护的原则设计。根据不同土建设施内负荷的分布特点，设置若干配电室，按不同分区划分供电回路，在满足计量及各功能要求的情况下，将动力及照明负荷分开配电，以满足动力照明负荷的供电需求，减少供电线路的敷设数量，降低工程造价。

一级负荷采用两路电源、两回线路供电，在负荷处就近设自动电源切换装置进行电源切换。

二级负荷从降压变电所或环控电控室以单回线路供电至末端设备配电箱（柜），当供电变压器退出运行时，经母联装置投切后转由另一台变压器供电。

三级负荷采用一路电源供电，当供电变压器事故退出运行时，自动切除全部三级负荷。

根据设备容量，起动频繁的负荷一般采用直接起动方式，大型设备采用减压起动、变频或软起动的方式。动力设备根据需要采用就地、车站和中央控制方式，由设在车站综合控制室的楼宇自控系统实现对被控用电设备的远方控制与监视。

4. 配电原则

1）通信系统（含外部通信、公安通信系统）、信号系统、自动售检票系统（AFC）、车控系统、导向标志系统、自动扶梯（电梯）、卷帘门、安全门或屏蔽门系统、区间动力及车站其他一级负荷（除通风空调系统）等用电设备从变电所0.4kV低压柜直接馈出供电。其余分别在站厅层、站台层照明配电室内配电及控制。

2）通风空调系统及设备：环控电控室低压开关柜一、二级负荷母线由变电所两段母线各引一路电源供电，两路电源自动切换，通风空调电控室低压开关柜三级负荷母线由变电所三级负荷母线提供一路电源。

车站送排风机（兼事故风机）、空调机组、送风机、回排风机、排风及排烟风机、表冷器、风阀等设备由一、二级负荷母线供电。

车站冷水机组等大负荷设备由变电所低压母线直接供电。

在地下站站台层或站厅层两端各设有一空调通风电控室（空调通风设备集中处），所有空调通风用电设备均由空调通风电控室供电。

地面站和高架站不设空调通风电控室。

3）消防/楼宇自控系统及设备：通风空调电控室内的消防/楼宇自控控制柜由通风空调电控室低压开关柜一、二级负荷母线提供电源。

车站控制室内消防/楼宇自控系统电源箱由变电所内两段一、二级负荷母线提供两路电源，采用电涌保护。

4）给水排水系统：消防泵、区间排水泵、废水泵、敞口雨水泵等一级负荷设备，由变电所两段一、二级负荷母线上分别引一路独立电源末端自动切换供电。其他由变电所一、二级负荷母线上引一路独立电源，在配电室内设动力配电箱，由专用回路供电。

5. 照明配电原则

照明分为工作照明、节电照明、应急照明和广告照明等。

1）各层照明配电室负责本层的照明配电，车站两端照明配电室照明范围以车站中心为界，分别负责半个车站及车站两端半个区间的照明配电。照明电源均由变电所相应回路提供，采用两路电源交叉供电方式。插座均由单独回路供电，并设剩余电流保护开关。

车站公共区照明采用就地（照明配电室）及远程（车站控制室）控制。设备及管理用房照明采用配电室及就地控制。区间照明采用配电室控制。

2）照明配电采用放射式和树干式供电相结合的方式，采用 TN-S 接地形式。

3）站台板下的电缆通道内及变电所电缆夹层均设安全照明，安全照明电源采用交流 24V。

4）广告照明采用专用回路供电，并采用单独计量。

5）应急照明：地下站在配电室设 EPS，在两路交流电源都失电压时，由 EPS 蓄电池组提供直流电源经逆变后向应急照明提供 380V/220V 交流电源。EPS 蓄电池组在正常情况下处于浮充状态，电源容量保证事故时连续供电时间不低于 60min。

6. 区间动力照明配电原则

1）区间动力照明设计范围为本车站与相邻两车站间各半个区间。

2）区间隧道内均设有维修动力插座箱及工作照明和应急照明。

3）维修动力插座箱电源均由变电所直接供电，由变电所控制。区间维修用电每隔 100m 设一动力插座箱，容量为 15kW，每路仅考虑一组使用，插座箱设总剩余电流保护开关，插座箱应密封防雨淋，防护等级为 IP65。

4）区间分工作照明和应急照明，两种照明相间布置。

6.4.2 降压变电所

城市轨道交通降压变电所是为车站与线路区间的动力、照明负荷和通信信号电源供电而设置的，可与直流牵引变电所合并，形成牵引降压变电所。降压变电所的典型接线有以下 4 种方式：一是设置独立的 35kV/0.4kV 降压变电所；二是设置与牵引变电所一体化的 35kV/0.4kV 降压变电所；三是设置独立的 10kV/0.4kV 变电所；四是设置源于城市电网的 10kV/0.4kV 降压变电所。

降压变电所多数是单独设置的，其主接线特点和基本要求如下：

1）降压变电所对供电电源的要求，应按一级负荷考虑，有环形电网或两路电源供电，进线电压侧采用单母线分段接线。

一般设有两台低压配电变压器，每台变压器应满足一、二级负荷所需的容量。正常情况下，两变压器分别供电。动力、照明的一级负荷包括排烟事故风机、通信信号、防灾报警系统、售检票系统、防淹门等。这类负荷如中断供电，将导致地下车站及其通信信号设备不能工作，引起列车运行秩序混乱，并在发生事故时不能报警和消防。二级负荷包括车站、线路区间和作业场所的工作照明，地下车站风机、排水排污泵、自动扶梯、人防工程等，这类负荷一旦断电，将对正常运营造成困难。除上述一、二级负荷以外，还有维修、清扫机械、空调等动力和其他照明为三级负荷。

2）低压配电系统采用380V/220V电压、中性点直接接地的三相四线制。配电母线为单母线断路器分段，动力变压器低压侧通过断路器与每段母线连接，动力与照明的一、二级负荷应由两路低压电源供电，且前者应为专用电缆。此外，设有联络电缆与相邻变电所的低压电源连接，作为事故备用电源，也可将设备用发电机组、蓄电池组作为事故备用电源，如图6-15所示。其中事故电源母线的设计，应保证在本降压变电所全部停电时，由相邻变电所的电源或自备发电机等自动投入，为车站和区间的事故照明供电。

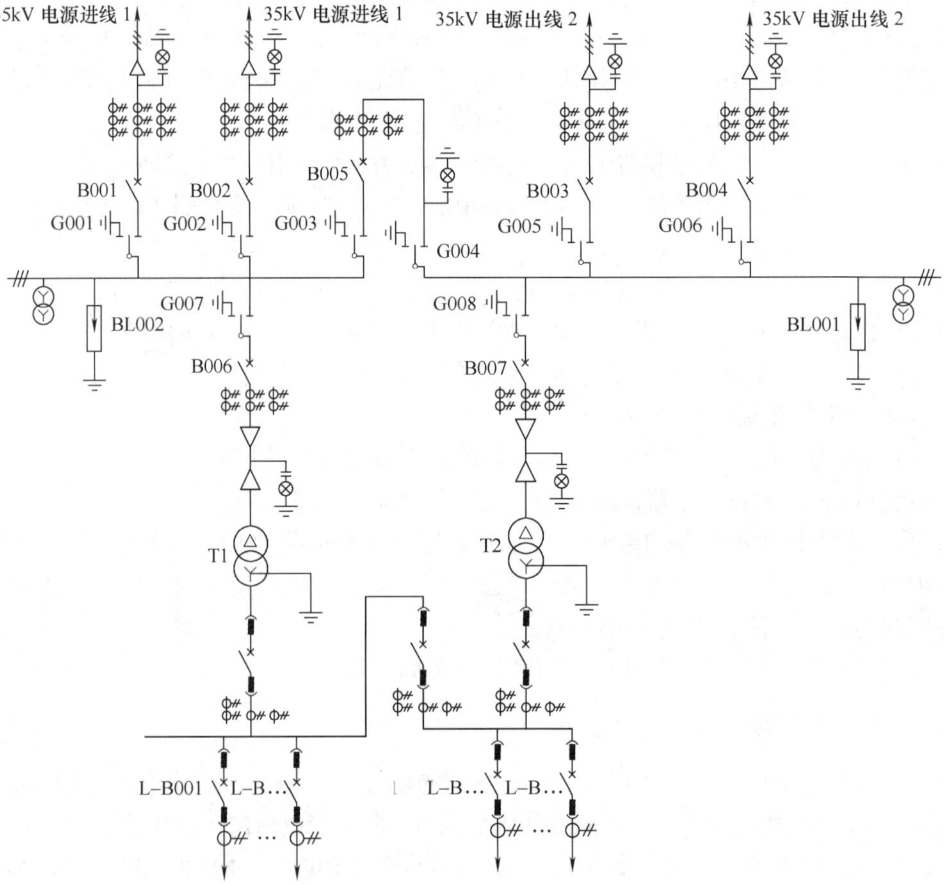

图6-15 低压配电系统示意图

6.5　交、直流自用电系统

1. 交流自用电系统

交流自用电系统采用单母线分段接线，从低压室 0.4kV 的两段母线上分别引入两路电源到交流盘的两段母线上，作为交流自用电系统的进线电源。

正常时，两段母线均由一路电源供电，当一路电源失电时由另一路电源自动投入，以保证全所交流自用电的供电。进线设来电自复功能。

交流自用电系统的重要信号通过直流系统的监控管理单元与变电所监控网络接口，送往控制信号盘上的上位监控单元。

2. 直流自用电系统

直流自用电系统主要为变电所内的各种设备提供控制、操作、保护及事故照明电源，额定电压为 110V。

牵引降压混合变电所和降压变电所（不含跟随式降压变电所）内设置一套直流自用电系统，由低压柜提供两回 0.4kV 交流电源。

直流自用电系统由充电模块（或充电机）、直流配电屏和蓄电池等构成。

充电模块一般有两种：一种是相控电源，一种是高频开关电源。

相控电源通过改变晶闸管整流的导通角，实现对蓄电池组充电电流的控制。其滤波电感工作在工频状态，充电过程常常存在着较大的电流纹波，影响电池组的寿命。电池出现老化或异常脱落时，相控电源难以稳压而失控，造成过电压和高纹波的输出。同时相控电源的效率低、体积大，监控不完善，难以满足综合自动化和无人值班的要求。

高频开关电源具有稳压、稳流精度高，体积小，质量小，效率高，输出纹波及谐波失真小，监控系统较完善，自动化程度高等优点，已开始逐渐取代相控电源，成为低压直流电源的主流。

直流自用电系统设置一套高频开关电源，以对蓄电池进行强充电、均衡充电、浮充电以及给正常运行负荷供电。

正常运行时，充电机负责全所直流用电，蓄电池在浮充状态；交流失电时，蓄电池供所内直流用电。

直流自用电系统采用一组阀控式铅酸免维护电池。阀控式铅酸免维护电池具有安装方便、维护工程量小、不污染环境、可靠性较高等优点，但其使用寿命受环境温度、使用方法以及制作工艺的影响较大。在适宜的环境温度下（一般要求 25℃），依靠正确的运行和维护，使用寿命可达 10 年以上，因此要求安装蓄电池的房间有空调器等降温设备。

蓄电池容量满足所内经常性负荷、冲击负荷、事故照明负荷停电 2h 的放电容量及事故放电末期最大冲击负荷容量（按 4 台断路器同时动作考虑）的要求，每座牵引降压混合变电所的容量为 100A·h，每座降压变电所的容量为 50A·h。

直流自用电系统采用智能监控单元，支持网络连接，可以通过与变电所综合自动化系统联网完成控制中心对直流自用电系统的监控。

3. 交、直流电源装置

变电所设置一套交流自用电系统，采用单母线分段接线方式，其电源从所内低压母线分别引入两回电源，作为交流自用电系统的进线电源，两回电源互为备用，并设置电源自动投切装置，相关信号应送至电力监控系统。

除了交流自用电系统，同时设置一套直流电源设备，由所内交流屏提供两回路交流0.4kV电源，两回电源互为备用，并设置电源自动投切装置，相关信号应送至电力监控系统。直流自用电系统由高频开关电源模块和铅酸免维护蓄电池两部分组成，正常时，蓄电池工作在浮充电状态，高频开关电源模块负责全所的直流负荷，交流失电后，蓄电池容量应保证所内经常性、冲击、事故负荷2h用电。在满足技术、经济要求的条件下，可考虑与车站一端事故照明电源合并设置，输出电压为DC 220V。当变电所直流电源不考虑与车站事故照明合并时，输出电压为DC 110V。

（1）交流装置　变电所用交流盘的主要技术参数及性能如下：交流输入电压为三相380×(1±20%)V；额定频率为50Hz；系统接地方式为TN-S；应能承受2.5kV，50Hz，1min的工频电压。

交流盘一般采用单母线分段，两路交流进线采用互为备用方式，并设自动投切装置，交流输出电压为AC 400V/230V。交流馈出回路：每路输出均配有高分断空气断路器，并配制信号指示等元件。主要馈出回路如下：盘内照明、室内设备加热、变电所通风、直流装置、室内照明、设备维护、钢轨电位限制装置、备用等，共约10路三相馈线，10路单相馈线。

运行方式：交流盘，采用单母线分段。由本所动力变压器两段AC 400V母线分别引入两回电源，作为交流自用电系统的进线电源，两回电源互为备用，并设母联自动投切装置，实现母联断路器自动投入、进线来电自复功能。正常运行时，两路电源分列运行，当其中一路电源故障时，母联断路器自动投入。

（2）直流装置　直流装置包括直流充电器盘、蓄电池盘和馈电盘，其主要技术参数及性能如下：交流输入电压为三相380×(1±20%)V；额定频率为50Hz；直流额定输出电压为DC 110×(1±10%)V；电压纹波系数<0.1%；稳压精度≤0.5%；稳流精度≤1%；噪声≤50dB；综合效率≥90%；系统接地方式为TN-S。

直流装置的运行方式如下：直流侧，由所内交流盘引入两路三相交流400V输入电源，两路进线电源互为备用，并设置进线电源自动投切装置。正常供电时，充电单元对蓄电池组进行充电或浮充电，同时为全所的经常性直流负荷提供电源，由蓄电池向冲击负荷供电。交流失电后，由蓄电池向所内全部负荷包括经常性负荷和冲击负荷供电。直流母线采用单母线分段。馈线回路主要有控制、保护、开关操作、事故照明、PLC装置、信号、测量、DC 110V/24V转换器、试验、备用等回路输出。

6.6 变电所及其设备

6.6.1 变电所平面布置

1. 牵引变电所和动力照明变电所平面布置方案

城市轨道交通牵引供电系统和动力、照明负荷配电系统的变电所，按其所在的空间位置分为地下和地上两种形态，对于这两种形态的变电所，有不同的设置方案。

1）对于地下变电所，根据车站站台形式的不同，房屋平面布置一般有两种设置方案：

方案一：岛式站台方案，此方案中各生产房屋的布置符合变电所设备接线关系，电缆敷设路径顺畅，电缆数量相对较少，便于运营维护和管理，当变电所只设两台整流变压器时，取消两间整流变压器室，其设备布置还可进一步优化。

方案二：侧式站台方案，由于侧式站台长度相对较短，所以在进行变电所设备平面布置时，除了考虑变电所设备接线关系、电缆敷设路径顺畅、电缆数量相对较少、便于运营维护和管理等外，应尽量压缩变电所的长度，减少占地面积。

2）为了节约投资，减少占地面积，地面变电所考虑了两种布置方案：

方案一：采用单层布置方案，将高压室、低压室合为一室，布置交流 35kV、0.4kV 及直流 1500V 等高压、低压开关设备，有利于设备接线、电缆敷设。

方案二：采用双层布置方案，将高压室、低压室分开布置，一楼布置牵引设备，二楼布置低压设备，达到减少占地面积的目的。

2. 设备平面布置原则

1）设备平面布置首先考虑操作通道、检修维修通道、设备运输通道，其次要满足规程要求、运营巡视维护要求、电缆敷设路径顺畅要求，并考虑设备预留孔洞与支撑梁的位置关系，同时在车站设置必要的吊装孔。

2）变电所各生产房屋的设置应满足不同种类设备分类布置的要求。

3）各生产房屋的相对位置应符合变电所设备接线关系、电缆敷设路径顺畅、便于运行维护的要求，并应尽量减少电缆的投资。

4）变电所各房屋的净高应满足所布置设备的安装、运营要求。

5）变电所房屋应满足防火设计规范（GB 50229—2006）的要求。

6）设置两个牵引变压器室，分别放置一台牵引整流变压器。

7）设置一个高压室，布置交流 35kV 及直流 1500V 等高压开关设备；一个低压室，布置 35kV/0.4kV 动力变压器及 0.4kV 低压开关设备。也可以根据车站情况将高压、低压室合并，布置交流 35kV、0.4kV 及直流 1500V 或者 750V 等高压、低压开关设备。

8）设置一个控制室，布置控制信号盘、钢轨电位限制装置、交直流盘等设备。

9）变电所内门的尺寸应满足设备运输及巡视的安全、便于运营维修的要求。

10）牵引降压混合变电所下方按电缆夹层考虑，并适当留有入孔，便于电缆的检修。电缆夹层内的电缆敷设应考虑电缆走向方便，并留有足够的空间，便于巡视和检修。

6.6.2 变电所的设备布置

各生产房屋内的设备布置应充分考虑设备间的电气联系，尽可能将有电气联系的设备靠近布置，符合电缆敷设径路顺畅及运行维护安全、便利的要求。

1. 变电所内各设备间的相互关系

1）35kV 交流进、出线开关柜通过 35kV 交流电缆与主变电所或地区变电所以及相邻变电所连接，环网电缆在区间隧道内敷设。

2）35kV 交流馈线开关柜通过 35kV 交流电缆向本所整流变压器、动力变压器馈电，电缆敷设于变电所内。

3）整流变压器低压侧通过电缆与整流器连接。

4）动力变压器低压侧通过电缆与低压开关柜连接。

5）整流器正极通过电缆与直流1500V进线开关柜相连，整流器负极通过电缆与负极柜相连。

6）直流1500V馈线开关柜通过电缆与接触网电动隔离开关连接。

7）负极柜通过电缆与回流箱连接。

8）杂散电流收集网、车站主体结构钢筋及接地装置接地引出端子通过排流柜中不同的二极管回路与负极柜连接。

9）控制信号盘负责监控35kV交流开关柜、整流变压器、整流器、动力变压器、直流1500V开关柜、负极柜、排流柜、轨电位柜、接触网电动隔离开关、0.4kV进线柜、0.4kV母联柜、三级负荷总开关及交直流盘。

10）所内交流自用电屏，通过低压电缆向所内设备提供低压交流电源。

11）所内直流自用电屏，通过低压电缆向所内设备提供控制和操作电源，并向所内提供事故照明电源。

2. 变电所内的设备布置

1）控制信号盘、交流盘、直流盘以及蓄电池盘采用单列布置。

2）35kV开关柜尽量采用单列布置。

3）两台整流变压器分别置于两间整流变压器室。

4）直流开关柜、整流器柜与负极柜、钢轨电位限制装置、排流柜布置在同一房间内。

5）动力变压器与低压柜并列布置；两段母线的动力变压器与低压柜采用双排布置、单排布置或错开布置。

6）电缆夹层内及进出变电所的电缆采用支架敷设方式，电缆转弯处满足电缆转弯半径的要求。车辆段变电所的室外电缆采用电缆沟内敷设或直埋，电缆过轨或道路采用穿管保护。电缆在车站与区间隧道连接处、无环控风管的地方沿隧道顶过轨，也可直接从地下过轨，但电缆需穿管保护，且与土建配合预留过轨通道。

7）根据规范及设备的条件考虑操作通道、检修维护通道、设备运输通道，各类设备间以及距墙边的最小净距见表6-1～表6-3。

表6-1 整流变压器和动力变压器的最小净距

设备名称	尺寸名称	尺寸数值/mm
整流变压器	巡视维护通道距离	1500(1000)
	距墙及侧面物体距离	1000(800)
	距屋顶及上方物体距离	400(300)
动力变压器（带保护外壳）	距墙及侧面物体距离	1000(800)
	两台动力变压器之间	2000(1000)

注：有困难时，可采用括号内的尺寸。

表 6-2　交流开关柜和 DC 1500V 设备的最小净距

开关柜布置方式		柜前操作通道/mm	柜后维护通道/mm
		手　车　式	
单排布置	35kV 开关柜	2300	1000(800)
	DC 1500V 设备	2300	1000(800)
双排布置	35kV 和 DC 1500V 开关柜	2300	1000(800)
	直流开关柜和整流器	2300	1000(800)

注：有困难时，可采用括号内的尺寸。

表 6-3　低压柜和配电盘的最小净距

开关柜布置方式		柜前操作通道/mm		柜后维护通道/mm
		固　定　式	抽　屉　式	
单排布置		1500	1800	1000(800)
双排布置	面对面	2000	2300	1000(800)
	背对背	1500	1800	1500

注：有困难时，可采用括号内的尺寸。

6.6.3　变电所主要设备选择

1. 设备选型原则

城市轨道交通供电系统设备选型一般遵循以下原则：

1）同类设备形式力求一致，便于运营维护、管理。

2）设备选择立足于国产化，所有设备皆需达到国内先进水平。

3）选择安全、可靠、有成功运行经验、质量优良的产品。

4）选择小型化的设备。

5）主要设备须有经国家授权的相应归口试验，并有试验合格证明。

6）所选电气设备必须节能、低噪声，对周围环境影响小。

7）尽量选用免维护或少维护的设备，尽量选用能在不停电状态下维护的设备。

2. 主要设备的技术要求

（1）环境条件

1）环境温度：温度范围为 -5 ~40℃。

2）相对湿度：日平均值不大于95%，月平均值不大于90%（25℃）。

3）海拔：按实际的海拔，一般不大于1000m。

（2）整流变压器　整流变压器为户内干式环氧浇注无载调压变压器，能耐潮、防火，损耗小，噪声低，体积小。整流变压器的过载能力，满足 IEC 146 Ⅵ级的负载要求，即100%额定负载情况下连续运行；150%额定负载情况下最多运行2h；300%额定负载情况下最多运行1min。其余见表6-4。

表 6-4 整流变压器技术要求

相数、频率	三相 50Hz
额定电压	35kV/1.22kV
无载调压范围	0～±2×2.5%
联结组标号和接线方式	D(-7.5°)y5d0，D(7.5°)y7d2
阻抗电压	8%
绝缘等级	F 级
构造形式	环氧浇注
冷却方式	空气自冷

（3）整流器 整流器采用两套 12 脉波硅二极管三相桥式整流器，两套 12 脉波整流机组并联运行构成等效 24 脉波整流电源，整流器有完整的控制信号装置并有独立的框架结构。

整流器具有耐潮、防火、低损耗、噪声小等特点，所有导线采用阻燃导线，为降低其噪声的影响，硅整流器设计成空气自冷式，本身不装风机。同时整流器有足够的电流储备系数和电压储备系数。技术要求见表 6-5。

表 6-5 整流器技术要求

整流器类型	硅 二 极 管
整流器联结	两套 12 脉波整流机组并联构成等效 24 脉波整流
过载能力	符合 IEC 146 Ⅵ级负载等级
输出额定电压	DC 1500V
输出最高电压	DC 1800V
冷却方式	空气自冷

（4）动力变压器 采用干式变压器，联结组标号为 DYn11，技术要求见表 6-6。

表 6-6 动力变压器技术要求

相数、频率	三相 50Hz
额定电压	35kV/0.4kV
无载调压范围	0～±2×2.5%
联结组标号	DYn11
阻抗电压	6%
防护等级	IP20(罩壳)
绝缘等级	F 级
构造形式	环氧浇注
冷却方式	空气自冷

（5）交流 35kV 开关柜　交流 35kV 开关柜采用户内 SF_6 气体绝缘金属封闭式开关柜，开关选用真空断路器，技术要求见表 6-7。

表 6-7　交流 35kV 开关柜技术要求

额定电压	35kV
额定电流	630～1250A
频率	三相 50Hz
工频耐压	50Hz，1min，耐压 70kV
雷电冲击耐压	170kV
额定短路开断电流	16kA
额定短路关合电流	40kA
操作电源	DC 110V

（6）直流 1500V 开关柜　直流 1500V 开关柜为直立式，面板无接线，符合 IEC 标准。直流进线柜开关为电动隔离开关，直流馈线柜采用手车式开关柜，开关为直流快速断路器，直流负极柜开关为手动隔离开关。开关柜能连续、安全地运转，耐潮、防火。在正常的工作条件下运行，能承受温升变化且无变形、无损坏，任何部分无过度应力。技术要求见表 6-8。

表 6-8　直流 1500V 开关柜技术要求

额定电压	1500V
最高电压	1800V
工频耐压	8.5kV
雷电冲击耐压	15kV
开断短路电流能力	90kA（$di/dt \leqslant 10kA/ms$ 时）
操作电源	DC 110V

（7）交直流盘　直流装置采用高频开关电源，蓄电池选用免维护铅酸蓄电池。交流装置选用常规产品，屏上元器件选用高品质产品。

对于高频开关电源，要求直流额定电压为 110V；稳压精度≤0.5%；稳流精度≤1%；纹波系数为 0.5%。

6.6.4　变电所的生产房屋

1. 设计基本要求

1）牵引降压混合变电所和降压变电所的房屋设计要结合车站的建筑布置，综合利用地下空间，布置要灵活、实用，不主张采用模块化的设计，尽量减少占用的面积和空间。

2）各生产房屋采用集中布置，布置应紧凑、合理，在满足技术要求的同时，既要节约投资，又要便于运营管理。

3）各生产房屋的相对位置满足所内设备的接线关系，符合电缆敷设路径顺畅及运行维护安全、便利的要求。

4）车站牵引降压混合变电所和降压变电所应尽量设置在站台层。

2. 减小生产房屋面积的措施

减小变电所生产房屋的面积可以节约建设投资和运营费用。

由于变电所一般设在站台层，也就是车站的最底层，站台层的面积往往决定了车站的规模。根据建筑的设计经验，站台层上的设备房达到一定面积后每增加 $1m^2$ 可能使车站的总面积增加 $2m^2$ 甚至更多，主要有两个原因：一是站台层过大，可能使站厅层的面积出现富余，造成浪费；二是面积小的设备房，建筑布置更容易，面积和空间能够充分利用。

减少了车站的规模，相应的通风和空调负荷、照明负荷以及其他配套设施也可以减少，既可减少投资，也可节约运营成本。

牵引变电所和降压变电所减少生产房屋面积的具体措施如下：

1）车站一般不设跟随式降压变电所。

2）交流开关柜室尽量与直流室合并，控制室也可与交流开关柜室合并。通过各种车站布置方案的比较，交流开关柜室和直流室合并，可以节约 $10 \sim 20m^2$ 的面积，甚至更多，控制室和交流室合并可以节约 $10m^2$ 左右的面积。

3）减少低压室和环控电控室的面积。

4）由于设备房是根据设备的工艺要求设置的，各种用途的设备房的长、宽尺寸均有不同的要求。因此在设备房附近一般都有富余或空闲的、不宜作为设备房的面积，检修室和储藏室可以利用这些“边角”地方。此外，合并检修室和储藏室，也可以使面积得到综合利用。

5）减小变电所生产房屋的面积还可以从加强变电所设计与车站建筑设计之间的配合着手。车站建筑设计者一般不清楚变电所设备布置的要求，由于担心面积小了会造成设计的反复，给出的面积一般大于实际的需求，而变电所设计者只关心设备能否放得下，一般不会提出减少面积的建议，于是就造成了面积的浪费。例如，一座牵引降压混合变电所，如果布置得合理、紧凑，只需要约 $350m^2$ 的面积。相反，实际中有些牵引降压混合变电所的面积就超过了 $500m^2$。

3. 生产房屋对建筑和消防的要求

1）牵引降压混合变电所内设整流变压器室两间、开关室一间或分设为交流开关柜室和直流开关柜室各一间，低压室、控制室、检修室各一间；降压变电所内设交流开关柜室、低压室、控制室、检修室各一间。

2）所内各个门的尺寸及设置位置满足设备安装运输及巡视安全要求，便于运营维护。

3）房屋不宜靠近积水坑井，上方不应设置洗手间等经常积水设施，电缆夹层内不准设置积水坑。

4）房屋的净高不低于表 6-9 的要求。

表 6-9　生产房屋功能

序　号	房间名称		房屋功能	面积/m^2	净高/m	备　注
1	整流变压器室		布置整流变压器	30	4.2	共两间
2	开关室	交流开关柜室	布置 35kV 开关柜	100	4.0	轨道电位限制柜也可设于控制室
		直流开关柜室	布置整流柜、直流柜、排流柜、1 台轨道电位限制柜			
3	控制室		布置控制屏、交流自用电屏、直流自用电屏、视频监控盘	30	3.0	轨道电位限制柜也可设于直流开关室
4	低压室		布置动力变压器、低压柜	130	4.0	
5	检修室		检修、储藏	15	3.0	
6	跟随所		布置动力变压器、低压柜、1 台轨道电位限制柜	130	4.0	一般站不设跟随所

5）房门和运输门洞。①变电所的房门和运输门洞必须满足人员疏散、巡视和设备运输的要求。②房屋建筑长度大于 7m 的设备室，安全出口数量不少于两个，其中一个直通室外。③所有设备房间均需要根据设备外形尺寸设置设备运输门或门洞，门洞在设备运输完成后封堵。房门的防火等级和尺寸见表 6-10。④变电所通向室外的门为外开门，设备房之间的门为双开门。所有房门严禁用门闩，并均可从室内不用钥匙直接打开。

表 6-10　房门的防火等级和尺寸

房间名称	房门防火等级	门洞/mm × mm		房门/mm × mm
		设备布置与门洞垂直	设备布置与门洞平行	
整流变压器室	甲级	3500 × 3500	4500 × 3500	900 × 2100
低压开关室	甲级	2500 × 3500	3500 × 3500	900 × 2100
高压开关室	甲级	2500 × 3500		900 × 2100
直流开关室	甲级	2500 × 3500		900 × 2100
控制室	甲级	1500 × 3000		900 × 2100
检修室	乙级	1500 × 2700		900 × 2100
电缆竖井	甲级			3500 × 3500

6）设备基础的预埋件高度适应车站装修层厚度的要求（常为 100mm）。地面为水泥抹面，墙面和顶棚采用普通内墙涂料处理，防止起灰、脱落。

7）变电所房屋满足防火设计规范（GB 50229—2006）的要求，并设计如下：①地下变电所变压器、控制室、开关室、低压室耐火等级按一级设计。②检修室耐火等级不低于三级。

8）整流变压器室尽量靠近车站的排风井，便于整流变压器室的排风散热。

9）电缆夹层和电缆通道。①根据电缆敷设的需要，变电所内设置电缆夹层、电缆通道和电缆竖井。电缆夹层的高度一般不低于1.8m，困难时不低于1.4m，并适当设置入孔，便于电缆的检修。②电缆夹层内的电缆敷设考虑电缆走向方便，并留有足够的空间，便于巡视和检修。③为防止火灾的扩大蔓延，在投入运行前，电缆夹层内的电缆出入口加以封堵，电缆夹层内按建筑物防火规范规定划分防火分区并隔断。④电缆转弯处满足电缆转弯半径的要求。

6.6.5 生产房屋对通风空调和气体灭火的要求

1）变电所内具有良好的通风散热和降温措施。控制室的室温不超过27℃，配电装置室的室温不超过36℃，整流变压器室的室温不超过36℃。主要设备发热量见表6-11。

表6-11 主要设备发热量

序号	设备名称	单台发热量/kW	序号	设备名称	单台发热量/kW
1	35kV GIS	0.3	8	交流盘	0.3
2	整流变压器	36	9	直流盘	2
3	动力变压器	17	10	蓄电池盘	0.1
4	整流器柜	7	11	视频盘	0.3
5	直流1500V开关柜	1	12	钢轨电位限制装置	0.3
6	负极柜	1	13	排流柜	0.3
7	控制信号盘	0.3	14	低压柜	0.6

2）变电所房屋满足防火设计规范的要求。①设备房内设置防灾报警装置。②设备房内一般设置自动灭火装置。35kV开关柜室不设自动灭火装置，但若35kV开关柜室与直流室合并，则应设自动灭火装置。③变电所内配置便携式灭火器材。

3）变电所设置机械送、排风系统，对于整流变压器室和35kV开关柜室还应符合下列要求：①整流变压器发热量较大，若根据远期负荷计算的室内温度仍不能满足要求，则可适当增大整流变压器室的空间或采取其他降温措施。②35kV开关柜室要避免SF_6气体的沉积，室内空气不允许再循环。

【实践操作】

1. 操作练习

1）现场参观学习，了解电气设备的实际操作。

2）学生在监控中心了解运行状况，了解控制分合闸的操作。

2. 书面练习

1）城市轨道交通供电系统有哪些主要要求？

2）城市轨道交通供电系统变电所的测量与计量设备配置原则是什么？

3）整流机组接入方案有几种？各有什么特点？整流机组输出方案有几种？各有什么特点？

4）110kV进线接线有几种方式？

5）解释中压环网系统的结构及其运行。

6）解释牵引供电系统的结构及其运行。

7）解释低压变配电系统的结构及其运行。

8）城市轨道交通供电系统的建设原则包括哪些？

9）牵引降压混合变电所由几部分构成？它是如何工作的？

10）主变压器容量选择有什么原则？

11）大双边供电是如何实现的？

12）结合图6-10直流进线连接方案二，说明故障时的动作次序和正常运行时的操作次序。

13）中压环网供电系统结构有几种形式？

14）城市轨道交通供电系统设备选型一般遵循什么原则？

15）直流自用电系统的主要作用是什么？

16）交流自用电系统的主要作用是什么？

17）交、直流电源装置是如何工作的？

【评价跟进】

1. 教师的评价

由教师在完成本章的教学任务后填写，在相应表格中画“√”。

评 价 项 目		教师的评价			
序号	题　目	好	较好	一般	较差
1	对本章教学过程的控制				
2	在本章教学过程中，学员的参与情况				
3	学员对本章知识学习后的效果反馈				
教师对本章教学的总结评价意见及跟进措施					

2. 学员的评价

由学员在完成本章的教学任务后填写，在相应表格中画“√”。

评 价 项 目		学员的评价			
序号	题　目	好	较好	一般	较差
1	在本章教学执行过程中教师的表现				
2	本章教学内容与社会实际需求的联系情况				
3	自己在本章学习过程中的表现				
学员对本章教学的总结评价意见及跟进措施					

第7章　接触网系统

【问题导入】

城市轨道交通供电系统接触网是轨道交通供电系统和车辆握手、传递能量的设备，也是没有备用的设备。其他电力系统设备大部分在屋内，而它却在室外大气中，受环境影响最大。因此了解、维护接触网就显得非常重要。

【学习目标】

1. 掌握城市轨道交通供电系统接触网的结构类型。
2. 掌握接触网运行方式。
3. 掌握刚性悬挂和柔性悬挂的区别。
4. 掌握第三轨的基本知识。

【教学建议】

1. 重点讲解接触网的结构。
2. 实地参观刚性悬挂和柔性悬挂。

【理论知识】

7.1　城市轨道交通接触网概述

7.1.1　重要概念

1. 牵引网

在城市轨道交通牵引供电系统中，电能从牵引变电所经馈电线、接触网输送给电动列车，再从电动列车经钢轨（轨道回路）、回流线，流回牵引变电所，这一回路称为牵引供电回路。如图 7-1 所示，牵引供电系统主要由 8 个部分构成。其中接触网在供电回路中起着十分重要的作用，直接影响着城市轨道交通的运行可靠性，必须使接触网始终处于良好的工作状态，安全可靠地向轨道车辆供电。因此，这一系统对保证城市轨道交通运输畅通无阻有着极为重大的意义。

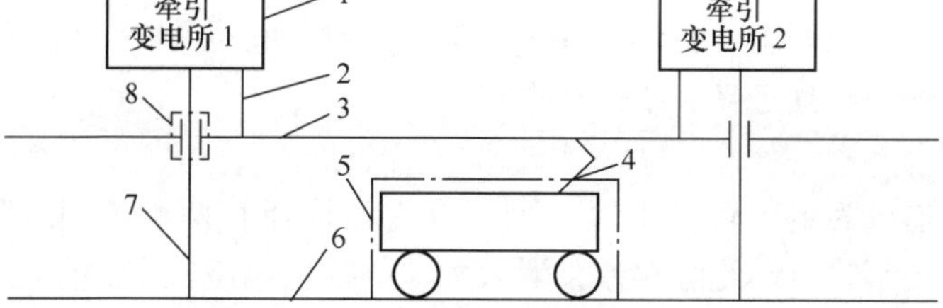

图 7-1　牵引供电系统示意图

1—牵引变电所　2—馈电线　3—接触网　4—受电弓　5—电动列车　6—钢轨　7—回流线　8—电分段

其各部分功能简述如下：

1）牵引变电所：向一定区域内的城市轨道交通车辆供给电能。

2）馈电线：从牵引变电所向接触网输送牵引电能的导线。

3）接触网（或接触轨）：经过电动列车的受电弓向电动列车供给电能的导电网（有接触轨方式和架空接触网两种方式）。

4）受电弓：电动列车从接触网取得电能的电气设备。

5）电动列车：城市轨道交通车辆。

6）钢轨：列车行走时的承载单元，在牵引供电系统中利用走行轨作为牵引电流回流的电路。

7）回流线：用以供牵引电流返回牵引变电所的导线。大多数城市轨道交通利用钢轨回流。在采用跨座式单轨系统时，需沿线路专门敷设单独的回流线，因为它采用的是水泥地面-橡胶轮系统。

8）电分段：为便于检修和缩小事故范围，将接触网分成若干段称为电分段。

牵引网由接触网、回流网、连接电缆和附属设备构成，接触网和回流网分别与牵引变电所电源的正极和负极连接，向车辆供电。接触网为车辆提供电源的正极供电网，回流网为车辆提供回流的负极回流网。接触网主要包括电压电流制式和馈电方式。电压电流制式主要有750V和1500V两种。目前，馈电方式包括接触馈电和非接触馈电，而目前主要采用接触馈电。接触馈电包括架空接触网、第三轨、第四轨等多种接触馈电方式。非接触馈电还有待进一步研究。回流网主要负责形成回流回路。

城市轨道交通牵引网电压主要采用直流1500V或750V，两种电压均有广泛的应用。采用较高的电压等级可以获得较大的牵引变电所间距，从而减少牵引变电所数量，节省工程投资，且在站间距较大的线路上避免设置不便于管理的区间牵引变电所；在运量大、车速高的线路上可以避免过大的牵引电流对电气故障判断的影响，运营中的电能损耗也相对较小。因此，较高的牵引网电压在技术和经济性方面均有优势。但是可能会对隧道的断面提出更高的要求，增加土木工程的投资。

2. 接触网

接触网是牵引网的重要组成部分，也可以说是核心的部分，主要负责把电能可靠地输送到车辆上。和其他电气设备不同，它属于无备用的设备，因此其安全、可靠就显得尤为重要。

根据城市轨道交通形式不一样，其接触网的构成也不一样。接触网按其结构可分为架空式和接触轨式。架空式接触网又可分为柔性（弹性）接触网和刚性接触网。由于接触轨式是沿线路敷设的与轨道平行的附加轨，故又称第三轨。

架空式接触网是城市轨道交通线路上空架设的一条特殊形式的输电线路，它由接触悬挂、支持装置、定位装置、支柱与基础等几部分组成。

接触网是一个集合的概念，它包括许多设备；同时，它也是一个概括的概念，包括许多类型，因此必须正确理解其定义、结构和作用。

3. 回流网

牵引回流网目前分为走行轨（钢轨）回流和专设回流轨两种类型。利用走行轨回流工程投资较少，但由于钢轨对地绝缘较差，泄入大地的杂散电流较多，直流供电对邻近线路的金属管线和建筑物内的钢筋有一定的腐蚀性；专设回流轨可以大大减少泄入大地的杂散电流，但工程投资较高，车辆较特殊，线路维护不便。

回流部分有两种方式：一是利用走行钢轨回流，二是铺设专门的回流轨。目前城市轨道交通多采用第一种方式，第四轨就是采用的第二种方式。当第一方式不满足要求时，可以增加一定截面积（$2\times400mm^2$）的并联电缆，该电缆与走行轨平行，通过均流电缆与钢轨并联，其作用是可以减少电阻，提高回流能力，减少钢轨电压。轨道交通正线回流系统如图7-2所示。

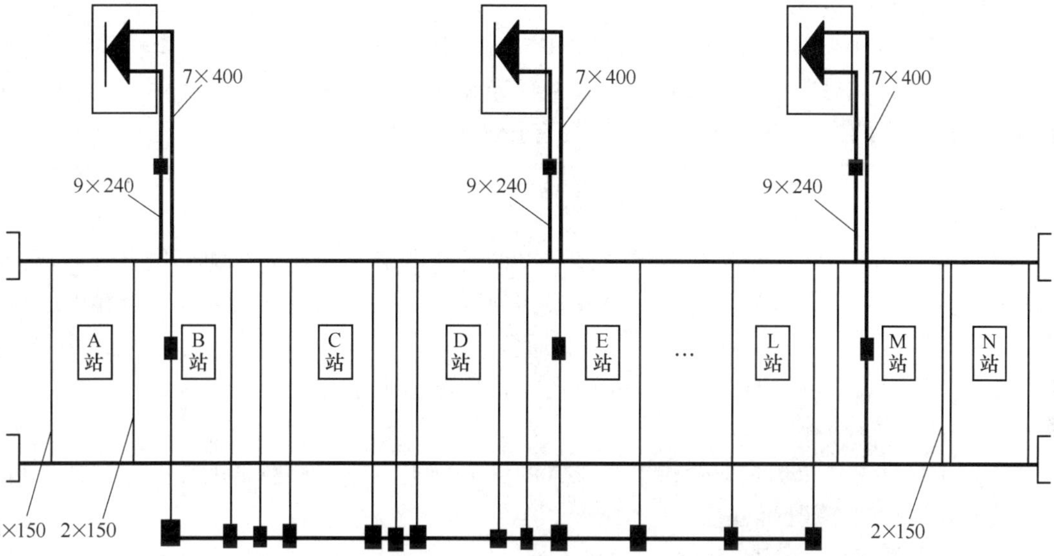

图7-2 轨道交通正线回流系统

在采用跨座式单轨电动车组的城市轨道交通系统中，其回流方式与利用钢轨回流的方式完全不同，而是采用单独回流，即需沿线路专门敷设单独的回流线，有两个负极受电弓（在轨道梁的两侧）和一个正极受电弓（在上部）。

根据不同的组合，目前我国城市轨道交通牵引网主要有以下几种方式：

1）DC 1500V/750V 架空刚性接触网供电、走行轨回流方式。

2）DC 1500V/750V 架空柔性接触网供电、走行轨回流方式。

3）DC 750V/1500V 第三轨接触供电、走行轨回流方式。

4）DC 750V 第三轨接触供电、走行轨回流方式。

5）DC 750V 第三轨接触供电、回流轨回流方式（重庆跨座式，两侧各一个负极回流轨，上部一个正极馈电轨）。

对于不同的线路形态，也可以进行组合。如地下区段采用刚性接触网，地面和高架区段采用柔性接触网。

7.1.2 接触网运行方式

1. 接触网供电方式

城市轨道交通牵引变电所从电力系统得到电能后，经变电所主变压器降压至适合于使用的电压等级后，再经馈电线将电能送到接触网上，因此接触网是向车辆供电的特殊输电线路。

牵引变电所牵引侧母线上的额定电压为1500V/750V，最高电压为1800V/1000V，在供电距离较长时，电能在输电线路和接触网中产生电能损耗，使接触网末端电压降低。接触网末端电压不应低于车辆的最低工作电压，即900V/500V。

（1）单边供电　城市轨道交通接触网（或接触轨）在每个牵引变电所附近由电分段进行电气隔离，分成两个供电分区，每个供电分区又称为一个供电臂。正常情况下，两相邻供电臂之间的接触网在电气上是绝缘的，每个供电分区只能从一端牵引变电所获得电能的供电方式称为单边供电。单边供电时，相邻供电臂电气上独立，运行灵活；接触网上发生故障时，只影响到本供电分区，故障范围小；牵引变电所馈线保护装置较简单。在城市轨道交通的末端或者在后期工程没有投入运营的情况下，一些区段都会采用这种方式。一般地，车辆段内采用单边供电方式。当然在故障的情况下，也会出现部分区段单边供电的现象。

（2）双边供电　若两个供电分区通过开关设备在电路上连通时，两个供电分区可同时从两个牵引变电所获得电能，这种供电方式称为双边供电。双边供电可提高接触网电压水平，减少电能损耗。因此，目前城市轨道交通多采用这种方式，特别是正线一般采用双边供电方式。在采用双边供电时，当某一牵引变电所故障退出运行时，该段接触网就成了单边供电。

（3）越区供电　单边和双边供电为正常的供电方式，还有一种非正常供电方式（也称事故供电方式）叫作越区供电。

越区供电是当某一牵引变电所因故障不能正常供电时，故障变电所担负的供电臂，经相应的开关设备与相邻供电臂接通，由相邻牵引变电所进行临时供电。这种供电方式称为越区供电。因越区供电增大了该变电所主变压器的负荷，对电器设备安全和供电质量影响较大，因此，只能在较短时间内实行越区供电，它是避免中断运输的临时性措施。

下面介绍一座牵引变电所解列情况下的大双边供电。

大双边工作状况如图7-3所示。正常运行时，列车从A牵引变电所和B牵引变电所以双边供电方式获得电能，越区隔离开关G2131断开。当B牵引变电所因故障退出运行时，合

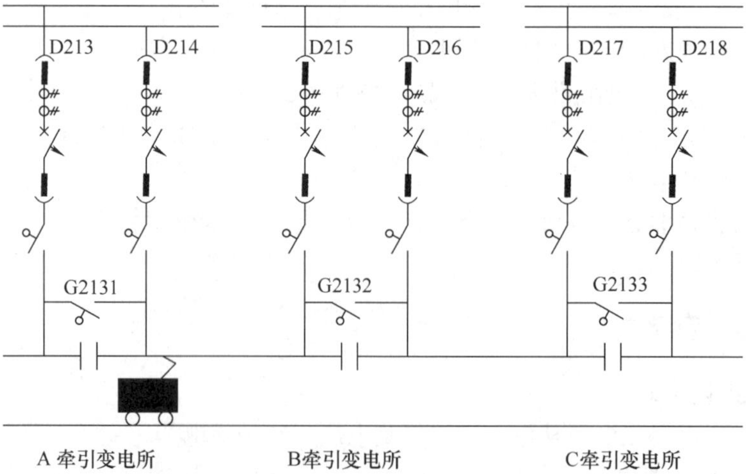

图7-3　大双边工作状况

上越区隔离开关G2132，通过越区隔离开关由A牵引变电所和C牵引变电所进行大双边供电。正线上任何牵引变电所故障退出运行时，均由相邻牵引变电所越区供电。此外，如果B牵引变电所直流母线良好，还可以通过母线形成供电回路，构成大双边供电。

在越区供电方式下，供电末端的接触网（或接触轨）电压较低，电能损耗较大，因此，要视情况适当减少同时处在该供电区段的列车数目。另外，直流馈线保护整定时还需考虑大双边供电方式下的灵敏度。越区供电只是在不得已的情况下，短时采用的一种运行方式。

2. 接触网选型

（1）接触网选型的原则

1）供电可靠性高，保证安全运营。

2）便于施工安装和事故抢修。

3）使用寿命长、维修工作量小。

4）对环境的影响小。

5）有利于降低工程造价。

6）具备线网协调性。

7）尽量采用国产设备，减少对国外产品的依赖。

（2）接触网类型及主要特点　城市轨道交通架空接触网一般采用直流1500V电压供电。在地铁隧道内，目前采用的刚性接触网可以避免断线事故，在区间发生停车事故需要疏散乘客和地面设施检修维护时能较好地保障人身安全。在地面段及高架区间，一般采用柔性接触网，柔性接触网结构较复杂，对自然环境灾害比较敏感，大风、导线覆冰、雷害都可能引起地面或高架区段的架空接触网故障，受电弓和接触网的相对位置超出许可范围时，也容易造成弓网事故，直接影响行车。架空接触网的导线架设位置较高，检修不便，需要配备检修、架线作业车等专用轨道车辆，日常维护检修周期短，断线事故抢修时间较长，运营可靠性相对较差，对于城市轨道交通的运营管理较为不利。此外，高架和地面区段的架空接触网导线数量多，支持装置结构形式缺乏美感，对城市景观有一定影响，不宜在风景名胜和繁华商业区使用。

接触轨安装在走行轨旁，一般采用直流750V电压供电，近年来广州、深圳的部分地铁工程采用了直流1500V电压供电，可以相对减少牵引变电所工程投资，改善高架线路景观协调性差的状况。但在较高的电压下，一旦发生人员触电事故，死亡率较高，对检修维护人员的心理压力较大，必须具备严密的防护措施，执行严格的管理制度。接触轨供电方式结构简单，工作状态稳定，事故率低，故障抢修时间短，维护检修方便，使用期长，可靠性高，对城市景观无影响。接触轨需要安装保护罩，在发生区间停车事故需要进行乘客疏散的情况下，要求对接触轨先行停电；在线路其他设施抢修或检修维护时，也要先对接触轨停电。采用接触轨的线路要求全面封闭，在车辆段内，工作人员要特别注意防止碰触接触轨和车辆集电靴。

架空接触网和接触轨（第三轨）一般来说均能满足运营要求，技术性能方面差异较大，主要表现在二者的空间位置和结构特点上。接触轨的工作可靠度略高，架空接触网对人身安全的保障度较高。

根据我国城市轨道交通架空接触网的建设和运营经验，在隧道外，一般采用柔性接触网，正线、试车线和出入段线采用链形悬挂，车场线采用弹性简单悬挂；在隧道内，则有全补偿链形悬挂、弹性支座简单悬挂、刚性悬挂这三种悬挂方式。这里将隧道内刚性接触网、隧道外柔性接触网这种目前广泛采用的组合形式同下部授流形式的接触轨做一比较，见表7-1。

表 7-1 接触网技术经济比较表

比较项目		刚性架空接触网(隧道内)	柔性架空接触网(隧道外)	接触轨(下部受流)
实用性	实用速度及受流质量	满足 80km/h 车速,受流质量良好	满足 80km/h 车速,受流质量良好	满足 80km/h 车速,受流质量良好
	载流能力	满足要求	满足要求	满足要求
	运行经验	运行经验丰富	运行经验丰富	750V 运行经验丰富;1500V 运行经验较少
可靠性	弓网故障概率	隧道内低	隧道外稍高	低
	机械故障迁延性	隧道内低	隧道外稍高	低
	短路故障耐受能力	隧道内强	隧道外稍弱	强
	故障恢复时间	机械故障恢复时间隧道内较短	机械故障恢复时间隧道外较长	机械故障恢复时间短
安全性	人员的安全性	高	高	正常时高,违规作业或突发特异事件时较低
	运输的安全性	高	高	高
	设备的安全性	高	高	高
可实施及可维护性	设计经验	丰富	丰富	丰富
	安装精度要求	高	高	高
	施工及维护工艺、操作	隧道内简单	隧道外较复杂	简单
	施工及维护机具	多,且使用率较高	多,且使用率较高	少
	维修养护周期	比较长	较短	较长
	备件及其管理	多,要求高	多,要求高	少,要求一般不高
耐久性	接触线/接触轨磨耗速度	较快	较快	慢
	正线主材预期运行寿命	铝质汇流排 40~50 年	铜合金接触线 20~25 年	钢铝复合接触轨 50~70 年
	绝缘件耐久性	较长	较长	较短
环境适应性	对自然灾害的耐受性	好	隧道外较差	好
	载流导体腐蚀性环境适应度	隧道内刚性悬挂需采取措施防电化学和碱液腐蚀	隧道外主要是恶劣气候造成的腐蚀	隧道内需防碱液腐蚀
	隧道净空要求	低,局部要略加高(同一制式下)	无要求	低(同一制式下)
	线网协调性	可与相关线路协调兼容	可与相关线路协调兼容	兼容性稍差
	景观影响程度	无影响	隧道外有一定影响	基本无影响
经济性	对本项目土建投资的影响	稍有影响	稍有影响	如用 1500V 稍有影响
	工程造价	较低	较低	较高
	接触网运营及维护费用	相对较高	较高	较低
	车辆受流器运营维护费用	较低	较低	较高
国产化	主要部件国产化情况	刚性接触网少量部件需进口	主要部件基本国产化	已全部实现国产化
	接触网系统国产化程度	96% 以上	90% 以上	100%

全补偿链形悬挂和弹性支座简单悬挂接触网都有很成熟的使用经验，技术上可以满足轨道交通的运能和车速要求，工程造价则比刚性悬挂略高，运营维护工作量也较大。全补偿链形悬挂和弹性支座简单悬挂一般需要土建工程预留接触网导线在隧道侧壁下锚的空间，增加了隧道建造的工程量和施工难度；同时由于导线承受较大的张力，一旦发生断线事故，需要较长的抢修时间，对于城市轨道交通线路运营可靠性及城市正常交通秩序构成的潜在威胁相对较大，故在近十余年来刚性悬挂技术逐渐趋于完善并经实践证明其安全可靠性后，隧道内早期采用的全补偿链形悬挂和弹性支座简单悬挂有被刚性悬挂所取代的趋势。

刚性悬挂形式的接触网结构简单，受流质量可以满足行车速度的要求，对隧道建筑影响小，载流截面积大（线路阻抗小、节能且有利于加大牵引变电所间距），工程造价较低，运营维护工作量较小。通过防淹门和人防门时，便于采取技术措施减少相互干扰。

刚性悬挂的主要缺点是接触线磨耗较快，但因其无张力条件下的接触线允许磨耗量也较大，而且正线所使用的接触线比柔性悬挂少一根，所以接触导线的综合耗用量相差不大。刚性悬挂近年来在我国已经积累了广泛的工程实施和运营经验，在技术、经济和运营可靠性方面都有较为明显的优势。

3. 接触网要求

接触网担负着把从牵引变电所获得的电能直接输送给电力机车使用的重要任务。因此接触网的质量和工作状态将直接影响轨道交通的运输能力。

由于接触网是露天设置，没有备用，线路上的负荷又随着电力机车的运行而沿接触线移动和变化，因此对接触网提出以下要求：

1）在运行过程中和恶劣的气候条件下，能保证电力机车正常取流，要求接触网在机械结构上具有稳定性和足够的弹性；在电气性能方面，应具有良好的导电性能和绝缘性能。

2）接触网设备及零件应具有足够的耐磨性和抗腐蚀能力，并尽量延长设备的使用年限。

3）要求接触网对地绝缘良好，安全可靠。

4）设备结构尽量简单，便于施工，有利于运营及维修。在事故情况下，便于抢修和迅速恢复送电。

5）尽可能地降低成本，特别要注意节约有色金属及钢材。

总的来说，要求接触网无论在任何条件下，都能保证良好地供给电力机车电能，保证电力机车在线路上安全，并在符合上述要求的情况下，尽可能地节省投资、结构合理、维修简便、便于新技术的应用。

7.2 柔性接触网馈电系统

接触网是城市轨道交通线路上空架设的一条特殊形式的输电线路，它由接触悬挂、支持定位装置、支柱与基础等几部分组成。接触悬挂包括接触线、吊弦、承力索和补偿器及连接零件。接触悬挂通过支持装置架设在支柱上，其作用是将从牵引变电所获得的电能输送给电力机车。适用于城市轨道交通的柔性架空式接触网的悬挂类型大致可分为两大类：半补偿弹性简单悬挂方式和全补偿简单链形悬挂方式。

7.2.1 柔性接触网的结构

柔性接触网分为简单接触悬挂和链形接触悬挂两种基本类型，主要由支柱与基础（隧道为支撑部件）、支持定位装置和接触悬挂等几部分组成。如广州地铁1号线正线接触网采用双接触线形式，即接触线并联，以降低电压损失，同时可以提高电流的通过能力。正线是下锚补偿的简单链形悬挂，车辆段采用未补偿的简单悬挂。

1. 支柱

支柱承受着接触悬挂和支持装置所传递的负载（包括自身重量），同时把负载传入基础，并将接触线悬挂到一定的高度。它是柔性接触网的主要组成部分，也是重要的承载单元。

在隧道外，接触网悬挂通过支柱及基础固定。支柱按其在接触网中的作用可分为中间支柱、锚柱、道岔定位支柱、硬横跨支柱等几种，分别完成不同的功能。

中间支柱是柔性架空接触网使用最普遍的支柱。

在城市轨道交通中，一般使用金属支柱和等径预应力钢筋混凝土支柱，金属支柱又分为普通桁架结构式钢柱、整体型材“H”形钢柱和圆形钢柱。其中“H”形钢柱是一种较新型的支柱，国内只有在地铁中使用过，其他形式的支柱与铁路系统的型号一致。金属支柱具有强度高、抗碰撞和安装运输方便等优点，“H”形和圆形钢柱还具有体积较小、外观整齐美观和易于维护等优点。

2. 基础

支柱基础承受支柱所传递的力矩，并传给土体，是起支持作用的。一般所谈的基础主要是指金属支柱的基础，至于钢筋混凝土支柱，是它的地下部分代替了基础的作用。它不但能够承受静态负荷，而且还必须能够承受动态负荷。在设计负荷的要求范围内，基础不应发生下沉和位移。基础是柔性接触网稳定的基石。

支柱通过浇注在混凝土中的锚固螺栓固定，可以采用将支柱插入混凝土基础预制孔中的方式固定。

3. 支持定位装置

支持定位装置是用来支持悬挂，并将悬挂的负载传递给支柱的装置。支持定位装置可分为腕臂形式和软、硬横跨（梁）形式。腕臂形式的支持定位装置包括腕臂、拉杆及定位装置等。软横跨、硬横跨（梁）形式的支持定位装置主要包括横向承力索、上下部定位绳及定位器和吊弦等，广泛地使用于地铁的车辆段和地面咽喉地区，是属于多线路上的专用支持定位装置。

定位装置包括定位管和定位器，其功能是固定接触线的位置，使接触线总是处在受电弓滑板运行轨迹范围内，保证接触线与受电弓不脱离，并将接触线的水平负荷传给支柱，定位器有直管定位器、弯管定位器。

在单线路上使用的腕臂形式有斜腕臂、直腕臂和绝缘旋转腕臂等几种结构形式。目前，广泛使用的是质量小、结构灵活的绝缘旋转腕臂。在车辆段，为了节省投资，尽可能不要每条轨道都单独设立支柱，而使用中间立柱，采用双线路腕臂，即一根支柱上分别悬挂左右两条线索，为两条轨道服务供电。

硬横梁（跨）装置的支柱所受的横向力矩小，比较稳定，且便于机械化施工，多在3~4股道上采用。

4. 接触悬挂

接触悬挂的类型很多，但概括起来可分为简单悬挂和链形悬挂两类。因具体条件不同及运行速度的差异而使用不同类型的接触悬挂。

接触悬挂是将电能传导给电动车组的供电设备，包括承力索、接触线、吊弦、补偿装置、悬挂零件及中心锚结等元件。

7.2.2 简单接触悬挂

所谓简单接触悬挂是由一根或几根互相平行的直接固定到支持装置上的接触线所组成的悬挂，如图7-4、图7-5所示，它的突出特点是没有承力索。

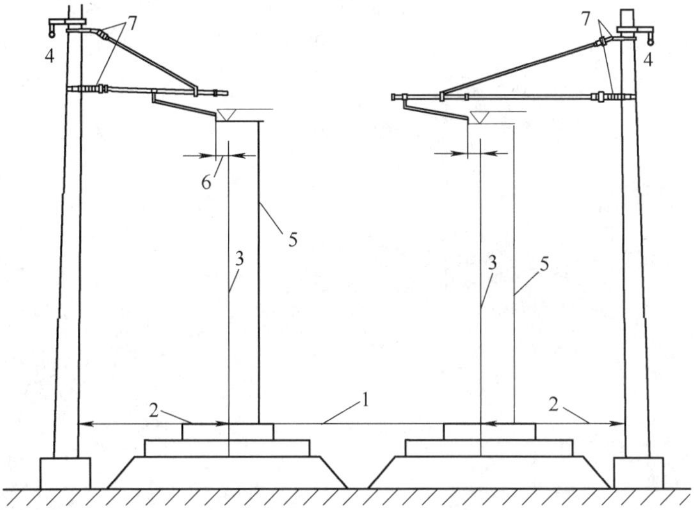

图7-4　车辆段直线区段简单悬挂安装示意图

1—轨道平面　2—侧面限界　3—线路中心　4—架空地线　5—接触线距轨道平面高度　6—“之”字值　7—绝缘子

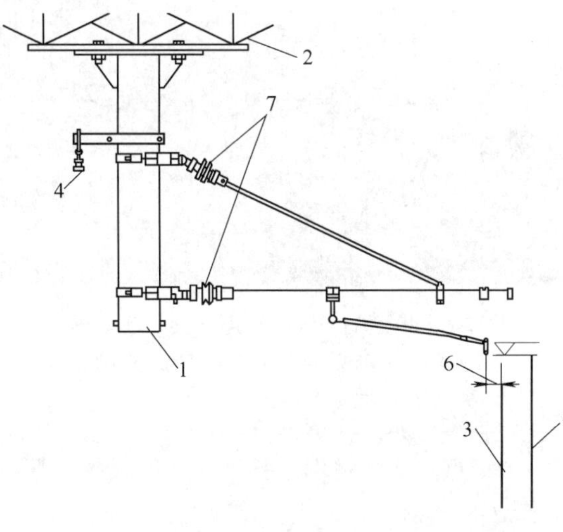

图7-5　车辆段车库内简单悬挂安装示意图

1—悬挂支柱（吊柱）　2—车库上部钢结构　3—线路中心（受电弓中心）线　4—架空地线

5—接触线距轨道平面高度　6—“之”字值　7—绝缘子

简单接触悬挂可分为带补偿和不带补偿两种，一般用于车速较低的线路上，如次等站线、库线和净空受限的人工建筑物内，以及城市电车和矿山运输线等，在地铁中主要用于车辆段，也有用于正线的情况，如上海地铁1号线。

简单接触悬挂的优点是结构简单、投资少等；其缺点是弛度大，且弹性（受电弓单位接触压力所引起的接触线的升高）不均匀。这样会由于受电弓上下追随速度和机车运行速度不同步而发生离线和冲击现象，可能会因车速大而弓线脱离，发生电弧；或者发生局部冲击而增加接触线局部的机械磨耗和损伤。因此，这种悬挂形式的最大行车速度不宜超过40km/h。

为了改善简单悬挂的弹性不均匀程度，在悬挂点处加装带弹性吊索，这种带弹性吊索的简单悬挂称为弹性简单接触悬挂，如图7-6所示。这种悬挂的优点是在悬挂点处加了一个8~16m长的倒Y形弹性吊索，从而改善了悬挂点处的弹性。根据我国的试验，这种弹性简单接触悬挂可以在速度不超过90km/h的轨道线路上采用。由于弹性简单接触悬挂具有结构简单、支柱高度低、支柱负荷小、建造费用低及施工维修方便等优点，地铁车辆段一般采用这种形式的悬挂，如广州地铁1号线车辆段接触网。

图7-6 地面咽喉区硬横跨（梁）实际图

1—架空地线 2—门型硬横跨（梁） 3—吊弦 4—倒Y形弹性吊索 5—上部定位绳 6—下部定位绳 7—定位器 8—绝缘子

普通的简单悬挂还有一个缺点是，与链形悬挂交叉处的线叉，其始触点处的高差大且随温度变化而变化，如图7-7、图7-8所示。为了改善此缺点，一般采用带补偿的弹性简单悬挂。

带补偿的弹性简单悬挂接触网由支柱（基础）、支持装置、定位装置、接触线（吊索）、补偿装置等组成，如图7-9、图7-10所示。带补偿的弹性简单悬挂接触网结构简单，导线的弹性均匀性较差，弓网关系不易匹配，不适用于较高速度行车，因此在城市轨道交通中的车辆段场所的停车线、出库线、检修线、静调线、吹扫线等场地使用较多。半补偿简单悬挂接触网在单股道线路上是通过腕臂上的三角形吊弦悬挂一根接触线实现的；在车辆库内的各种线上，是通过各个悬挂点上的三角形吊弦悬挂一根接触线实现的；在多股道线路上，则是通过软横跨下部定位绳上的滑轮三角形吊弦悬挂一根接触线实现的。

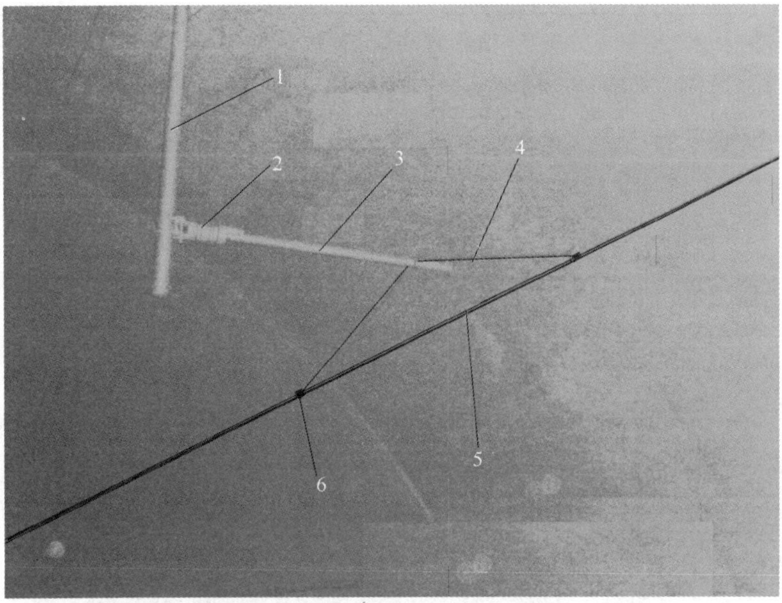

图 7-7 正线简单悬挂实际安装图

1—支柱（吊柱） 2—绝缘子 3—定位器 4—倒 Y 形弹性吊索 5—接触线 6—吊索线夹

图 7-8 正线带定位的简单悬挂实际安装图

1—接触线 2—悬挂支柱（吊柱） 3—腕臂 4—定位器 5—倒 Y 形弹性吊索 6—双耳底座 7—绝缘子 8—固定螺栓

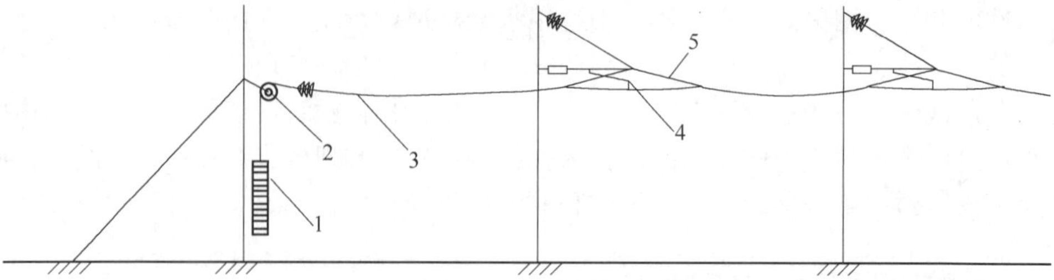

图 7-9 带补偿的弹性简单接触悬挂

1—坠砣 2—补偿滑轮 3—接触线 4—定位器 5—弹性吊弦

图 7-10 带补偿的弹性简单接触悬挂实际状态图

为了减少隧道净空，地铁采用弹性支架简单悬挂，如图 7-11 所示。弹性支架简单悬挂由两根接触线和辅助馈线构成，没有承力索，悬挂大约不超过 12m。

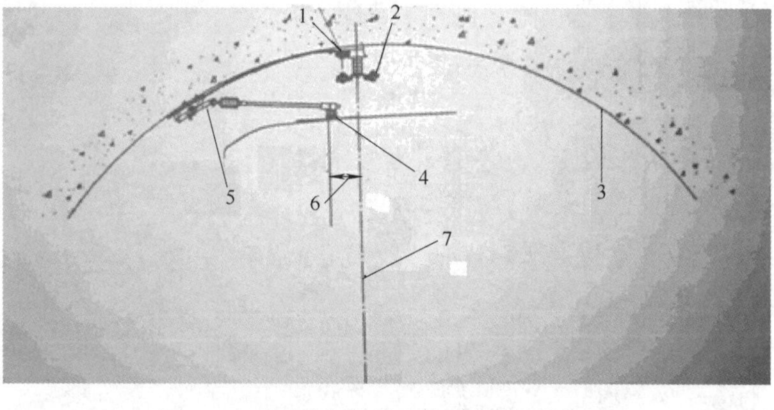

图 7-11 弹性支架简单悬挂隧道安装示意图

1—架空地线 2—辅助馈线 3—隧道 4—接触线 5—弹性支架 6—“之”字拉出值 7—受电弓中心（轨道中心）

架空地线的作用有两个，一是作为绝缘子事故时的接地回路，二是所有沿线所有非带电金具必须接到架空地线上。

7.2.3 链形悬挂

1. 概述

接触线通过吊弦（或辅助索）而悬挂到承力索上的悬挂，称为链形悬挂。链形悬挂可以在某一温度下使接触线处于无弛度状态，也就是在整个跨距内，可使接触线至轨面保持相等的高度。这种悬挂由于接触线是悬挂到承力索上的，因而基本上可以消除悬挂点处的硬点，使接触悬挂的弹性在整个跨距内都比较均匀。由于链形悬挂具有高度一致、弹性均匀、稳定性好等优点，且具有较好的取流性能，因此，在运量大、速度高的干线上多采用链形悬挂，如图 7-12 所示。

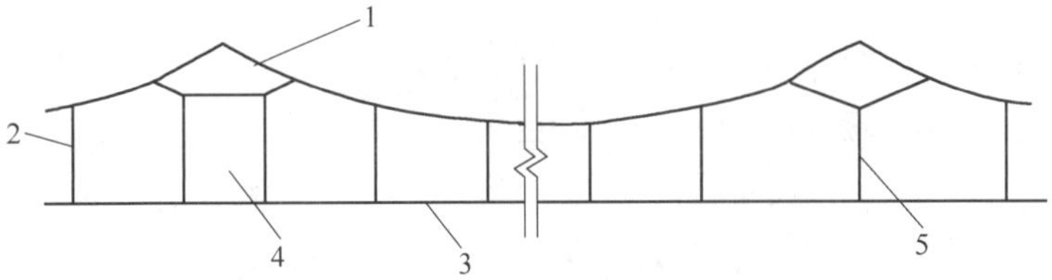

图 7-12　弹性链形悬挂

1—承力索　2—吊弦　3—接触线　4—Π 形弹性吊弦　5—Y 形弹性吊弦

全补偿简单链形悬挂接触网的弹性均匀，受流质量好，稳定性较好，弓网关系匹配也较好，适用于较高速度的行车中，但其结构占用的空间较大，在隧道内使用时需要增加一定的土建工程量，如图 7-13 所示。

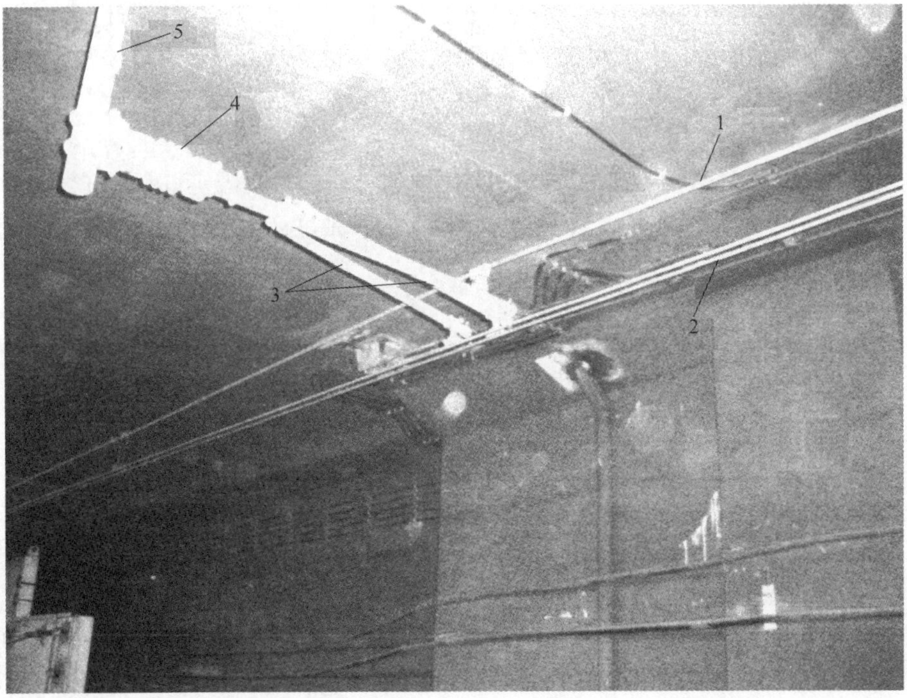

图 7-13　链形悬挂方式在隧道的实际悬挂图（水平悬挂）

1—承力索　2—接触线　3—定位管　4—绝缘子　5—隧道顶端固定支柱

全补偿简单链形悬挂接触网是由支柱（基础）、支持装置、定位装置、接触悬挂和补偿装置等组成的。

补偿装置（补偿器）由补偿滑轮、补偿绳、杠杆、坠砣杆和坠砣组成。它设在锚段两端，能自动补偿接触线或承力索内的张力，它是自动调整接触线或承力索张力的补偿器及其制动装置的总称，由滑轮和坠砣组成。当温度变化时，线索受温度影响而伸长或缩短，由于补偿器坠砣的重量作用，可使线索沿线路方向移动而自动调整线索张力，使张力恒定不变，并借以保持线的驰度使其满足技术要求。

2. 链形悬挂的分类

链形悬挂的类型很多，可根据悬挂链数、线索拉紧方法、悬挂点处的吊弦形式和线索相对位置的特征等进行分类，现简单介绍如下。

（1）根据悬挂的链数划分

1）单链形悬挂。这种悬挂的特点是接触线借助于吊弦悬挂在承力索上。根据悬挂点处吊弦形式的不同又有简单链形悬挂和弹性链形悬挂两种，简单链形悬挂如图 7-14 所示。

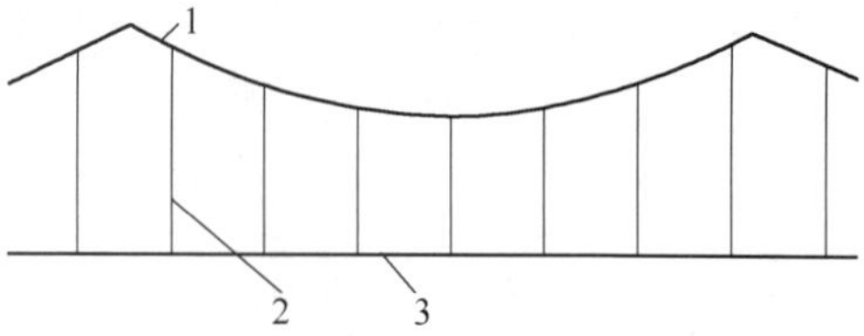

图 7-14　简单链形悬挂

1—承力索　2—吊弦　3—接触线

2）双链形悬挂。由两根辅助索组成的悬挂称为双链形悬挂。与单链形悬挂相比，这种悬挂方式多了一根辅助索，其弹性更加趋于均匀，多应用于铁路。

3）多链形悬挂。多链形悬挂包括承力索在内具有三条辅助索，也可称为三链形悬挂。这种悬挂接触线的高度更趋于一致，弹性也更加均匀，它适用于高速运行区段。应该指出，三链形悬挂的结构已相当复杂，多于三条辅助索的多链形悬挂，虽然可以增加弹性的均匀度和提高稳定性，但安装和维修比较困难，因而实用的意义是很小的。

（2）根据线索的紧固方法划分

1）未补偿链形接触悬挂。这种悬挂的所有线索两端均为死固定（硬锚），如图 7-15 所示。在温度变化时，接触线和承力索的长度，即张力和弛度产生变化，因而这种悬挂的运行状态是不好的。

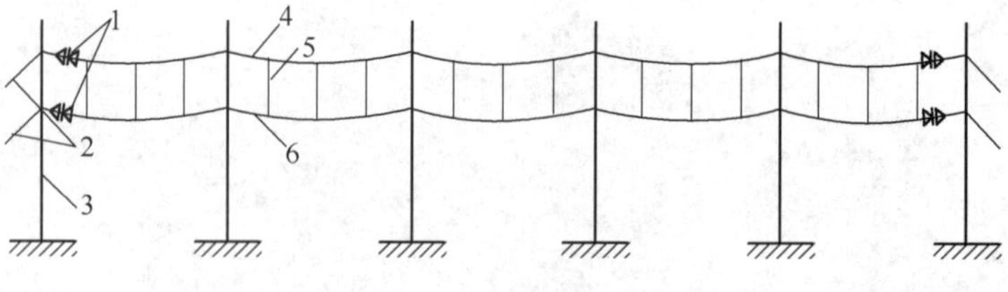

图 7-15　未补偿链形接触悬挂

1—绝缘子　2—拉线（下锚）　3—支柱　4、6—承力索　5—吊弦

2）具有季节调整的链形接触悬挂。为了减小线索张力和弛度的变化范围，可在接触线的下锚处安装一个松紧调整螺钉，以便进行张力调整。通常在春、秋两季各调一次。春季将接触线拉紧，使其张力在夏季时不要过小；秋季将接触线放松，使其张力在冬季低温下，不致超过最大许可值。

3）半补偿链形悬挂。在单链形悬挂中，只在接触线下锚端加设张力自动调整装置，承力索不补偿，就叫作半补偿链形悬挂，如图 7-16 所示。这是现有干线电气化铁道中采用较多的一种悬挂形式。

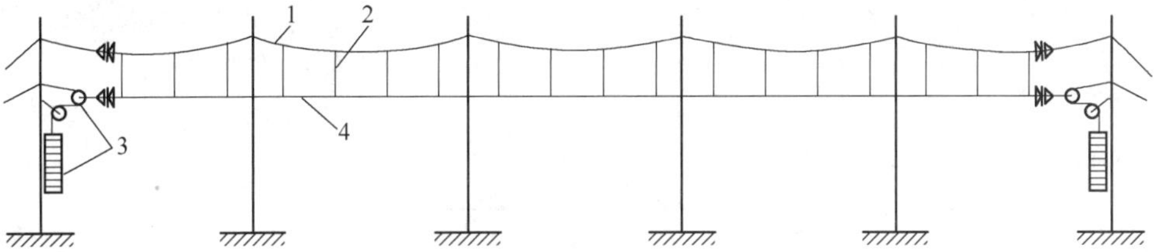

图 7-16　半补偿链形悬挂

1—承力索　2—吊弦　3—补偿装置　4—接触线

4）全补偿链形悬挂。这种悬挂的全部线索（承力索和接触线）在下锚端均安装张力自动调整装置。在温度和负载（冰、风）变化时，各线索的张力保持不变，如图 7-17 所示。因此，这种悬挂方式具有较好的运行条件，我国在主要干线上，基本上采用这种悬挂形式。

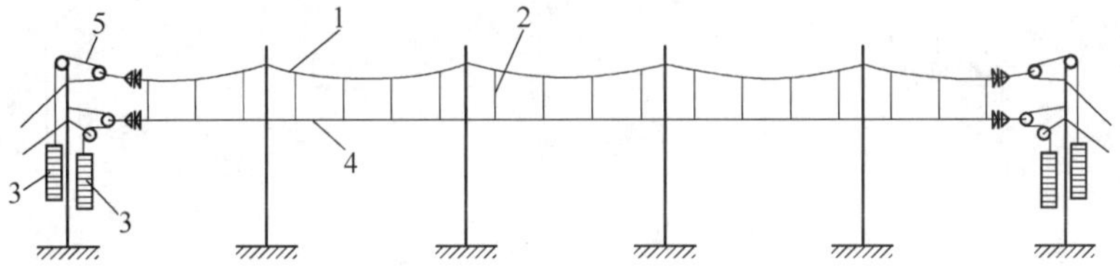

图 7-17　全补偿链形悬挂

1—承力索　2—吊弦　3—补偿装置　4—接触线　5—滑轮组

（3）根据线索相对于线路中心的位置划分

1）直链形悬挂：接触线和承力索在平面上的投影相重合，它们既可以沿线路中心布置，也可以布置成“之”字形。

2）半斜链形悬挂。承力索沿线路中心布置，接触线成为“之”字形布置，这种悬挂称为半斜链形悬挂，如图 7-18 所示。这种形式吊弦的横向偏斜不大，对接触线的固定构件和机械计算方法均不必特别考虑。也可以认为它是属于直链形悬挂的类型。但是，它与直链形悬挂相比，不仅有较好的稳定性，而且施工更为方便。

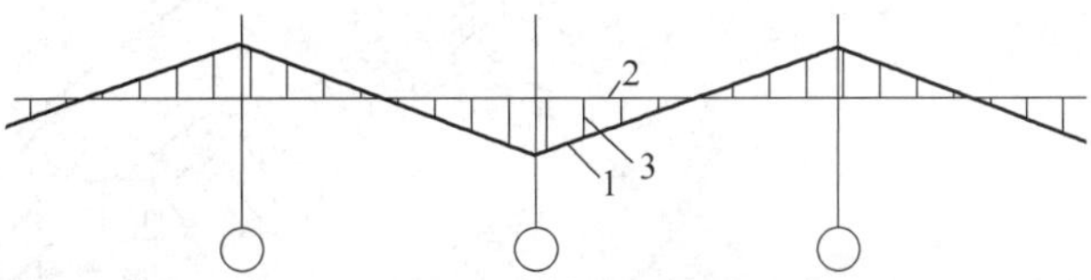

图 7-18　半斜链形悬挂

1—承力索　2—接触线　3—吊弦

3）斜链形悬挂。在直线区段上的斜链形悬挂如图 7-19 所示，接触线和承力索依次在悬挂点固定于线路两侧。

（4）根据隧道内安装形式划分

1）一般悬挂形式：一般由两根承力索、两根接触线及辅助馈线组成，承力索和接触线均有补偿装置，如图7-20所示。此种方式所占用的隧道净空较大，增加土建投资。但技术成熟，行车速度快。隧道内的跨距一般为20m左右。

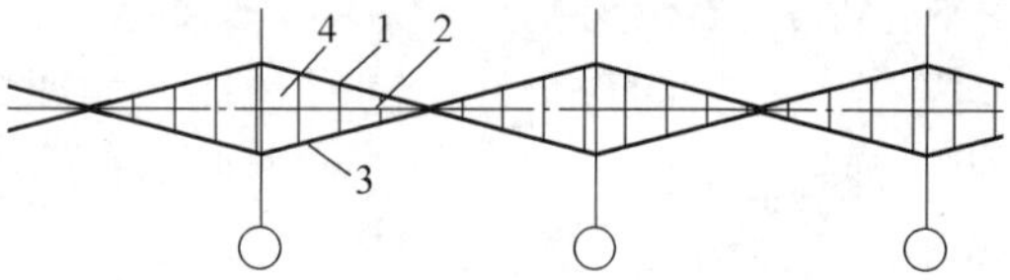

图7-19 斜链形悬挂

1—承力索 2—线路中心 3—接触线 4—吊弦

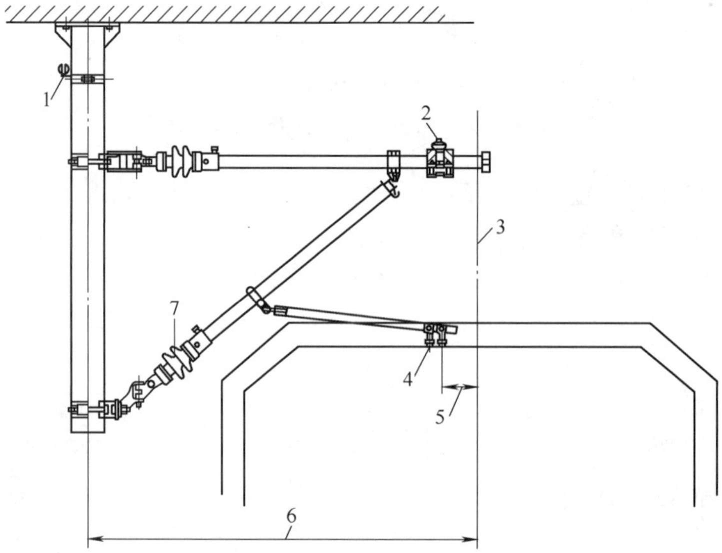

图7-20 隧道内的一般悬挂形式

1—辅助馈线 2—承力索及线夹 3—轨道中心和受电弓中心 4—接触线及线夹 5—“之”字值（拉出值） 6—侧面界限 7—绝缘子

2）弓形腕臂形式。地铁为了减少隧道净空，采用弓形腕臂作为支持部件的链形悬挂。此种方式由1~2根承力索、2根接触线及辅助馈线组成，承力索和接触线均有补偿装置，如图7-21所示。由于采用链形悬挂，结构稳定，受流好，速度可以达到120m/h。

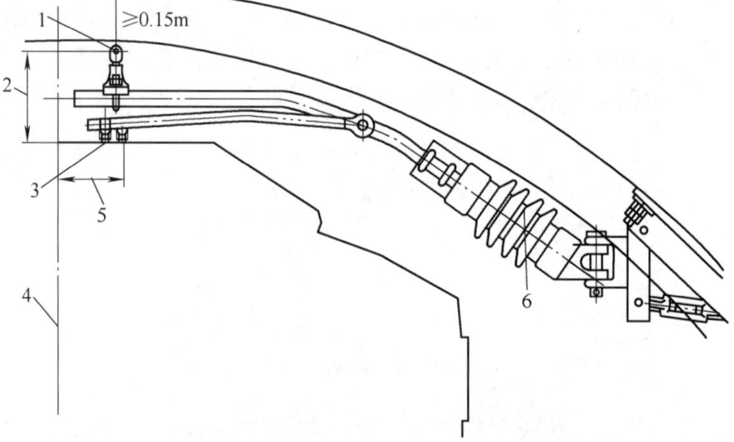

图7-21 隧道内全补偿简单链形弓形腕臂悬挂

1—承力索 2—结构高度 3—双接触线 4—轨道中心和受电弓中心 5—“之”字值（拉出值） 6—绝缘子

在隧道内接触网悬挂通过底座、支持装置（腕臂、绝缘子）、定位装置（定位器）固定，其隧道支撑可通过角形支架或者专用吊柱用锚栓固定在隧道上。隧道内的跨距一般为20m。

3）水平悬挂。隧道内全补偿简单链形水平悬挂的实际安装图如图7-22所示。

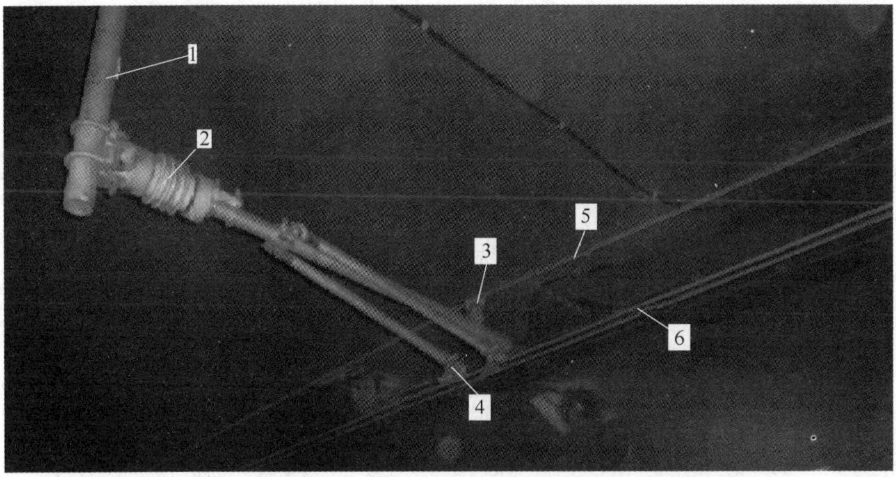

图7-22　隧道内全补偿简单链形水平悬挂的实际安装图

1—隧道顶端固定支柱　2—绝缘子　3—承力索线夹　4—接触线线夹　5—承力索　6—接触线

7.2.4　柔性接触网的要求、特点及工程案例

地铁是一种大容量的载客交通工具，且大部分在地下隧道中，其行车密度大、载客量大，要求具有很高的可行性和安全性。接触网是地铁的关键供电设备，专门给地铁电动车辆供电，要求具有高可行性和安全性，由于地下隧道净空比较小，因此要求接触网的结构在满足需要的情况下尽量简单。

地铁应具有以下主要特点：结构紧凑、跨距较小；工作电压相对较低、电流大；接触网线索较多、结构较复杂；坡度变化较大和曲线半径较小等。

在地铁中，正线一般采用全补偿链形悬挂，且多采用单承力索、双接触线式全补偿链形接触悬挂，外加3~4根辅助馈电线组成，线材一般采用铜材。车辆段一般采用简单悬挂。

上海地铁1号线架空接触网地面部分采取全补偿简单链形接触悬挂，隧道部分采用西门子公司特殊研制、能满足较小圆形隧道限界需要的低净高弹性接触悬挂。接触导线采用120mm^{2}的双沟式银铜合金线。也有采用简单悬挂的，如上海城市地铁1号线采用了带弹性支座式简单悬挂。上海地铁采取直流供电方式，电压1500V，电流600A。接触网隧道内为双导线弹性支座简单悬挂定位方式，并列4条辅助馈线和一条架空地线，共同构成架空网系统。1号线接触网由西门子公司设计，引进德国银铜导线、棘轮补偿装置、弹性支持底座、下落式隔离开关、镶入式膨胀螺栓、高强度不锈钢丝绳及铁质和铅质坠砣（国内电气化铁路多采用水泥坠砣）。

广州地铁1号线接触网采用全补偿简单链形悬挂，过渡线采用有补偿简单弹性悬挂；在圆形和马蹄形隧道内采用弓形绝缘旋转腕臂，矩形隧道内采用水平绝缘旋转腕臂。

深圳地铁一期接触网工程主要分为竹子林车辆段和正线隧道两大部分。隧道正线、试车线为全补偿简单链形悬挂（TJ150 +2 × RIS120），其余为简单悬挂（1 × RIS120）。辅助馈线为 3 根 TJ150 导线，架空地线为一根 TJ120 导线。接触网采用直流 1500V 供电。

7.2.5 柔性悬挂方式的电分段

电分段的作用是通过在接触网中设置特殊的装置或结构形式将接触网分隔成若干个从结构和电气上相互隔离的区段。它可以缩小事故范围，使接触网的运行方式更灵活。

接触网被电分段分隔成若干个独立供电分区后，可以实现各供电分区由相应的牵引变电所分别供电，保证供电质量，同时，在接触网故障时将事故范围控制在尽可能小的范围内，实现安全、可靠运营。正线接触网的电分段示意图如图 7-23 所示。

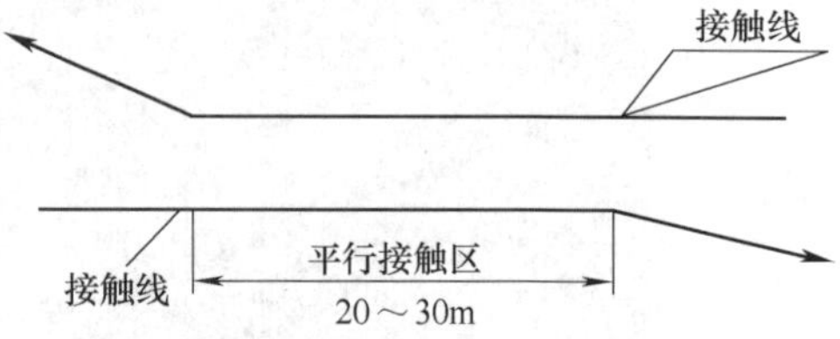

图 7-23　正线接触网的电分段示意图

柔性悬挂电分段一般采用分段绝缘器方式和锚段关节形式。

1. 锚段关节形式电分段

柔性悬挂中的锚段关节形式电分段示意图如图 7-24 所示，当列车从供电分区 A 经过电分段进入供电分区 B 时，列车受电弓从接触网取流可分为 3 个阶段。

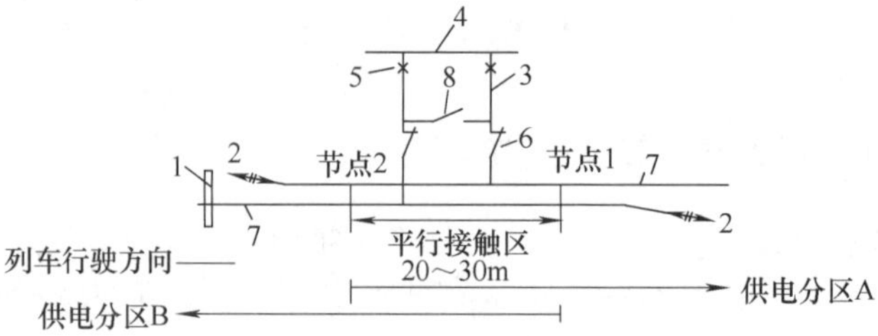

图 7-24　锚段关节形式电分段示意图

1—受电弓　2—下锚　3—馈线　4—直流母线　5—直流馈线开关　6—隔离开关（闭合）　7—接触线　8—隔离开关（分断）

第 1 阶段：供电分区 A 的接触线向列车受电弓供电；第 2 阶段：通过节点 1，进入并行接触区后，供电分区 A 及供电分区 B 的接触线共同向列车受电弓供电；第 3 阶段：通过节点 2，进入供电分区 B 后，供电分区 B 的接触线向列车受电弓供电。

不难看出，列车受电弓过电分段时，可能产生拉弧现象的位置是在节点 1 和节点 2 的弓网结合和分离处。如每列车按两端各设一个受电弓考虑，列车的最大起动电流为 3000A，不考虑供电分区中其他列车的影响，以此电流穿越电分段（并假设供电回路为电阻回路）。

列车受电弓均从供电分区 A 的接触线上受流，每个受电弓电流为起动电流的一半，即 1500A；当列车行至节点 1 时，列车前端受电弓将由供电分区 A 接触线供电转变为由 A、B 两区的接触线共同供电，在转变的瞬间，供电分区 B 的接触线与受电弓存在由分离到接触的过程。

2. 柔性分段绝缘器电分段

该方式是采用特殊的专门设备——柔性分段绝缘器实现分段的。柔性分段绝缘器由铜导流板、主绝缘滑道、悬挂装置和消弧角等构成，其结构图如图 7-25 所示。它主要实现接触线电气上的断开，但又不能让运行的车辆失电。柔性分段绝缘器主要用于城市轨道交通隧道内、站场、停车库、车辆段等柔性接触网电分段处，其结构简单、安装、维修方便。

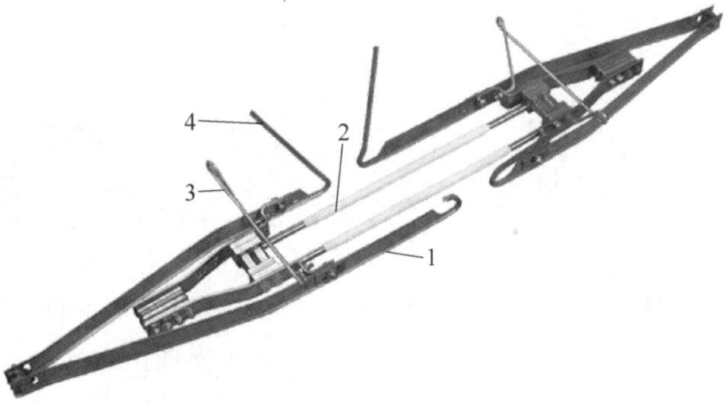

图 7-25　柔性分段绝缘器结构图

1—铜导流板　2—主绝缘滑道　3—悬挂装置　4—消弧角

在实际的运营中，一般柔性分段绝缘器和隔离开关是配合使用的。它们二者是并联的关系。也就是说，在特殊情况下，可以通过隔离开关把柔性分段绝缘器短接，如图 7-26 所示。正常运营时，并联的隔离开关是分断的。

图 7-26　柔性接触网中隔离开关和分段绝缘器配合使用图

1—隔离开关　2—接触线　3—分段绝缘器

7.2.6　拉弧

车辆在运行的过程中，常常会出现拉弧，其原因如下：①由于柔性接触网不同位置的弛度不一样，有的大（离支柱较远的大），有的小（离支柱较近的小）；②接触线内部的应力不一样，有的大，有的小；③由于线路上多个车辆同时运行，弓网出现类似于弹钢琴的状况，造成受电弓与接触线之间存在空气间隙。此外，由于接触线不同的位置电压是有差别的，因此存在一定的电压降。基于以上原因，产生了拉弧。

7.3　刚性接触网馈电系统

7.3.1　刚性接触网概况

刚性悬挂是和弹性悬挂相对应的一种接触悬挂方式，架空刚性悬挂一般采用具有相应刚度的导电轨或具有相应刚度的汇流排与接触线组成。汇流排相当于承力索，并利用其刚性保持接触线的固定位置。

刚性接触网一般适用于地下隧道区段，不适用于地面和高架区段。刚性接触网目前允许的行车速度为 120～140km/h。

架空刚性接触网主要用于地下铁道，至今有一百多年的历史了。1895 年，架空刚性悬挂首次在美国巴尔的摩第一条电气化铁路中应用；1961 年，作为架空刚性悬挂的主要形式，T 形刚性悬挂在日本城市轨道中投入使用；1983 年，作为架空刚性悬挂的另一主要形式，Π 形刚性悬挂在法国巴黎投入使用。目前，国外架空刚性悬挂已得到广泛应用，如法国、瑞士、西班牙、日本、韩国等国家，全世界 T 形结构刚性接触网约 300km，Π 形结构刚性接触网约 150km。

刚性悬挂接触网经过十几个国家四十多条地铁的运营，在设计上不断改进，目前已经臻于完善。刚性悬挂试验段在广州地铁 1 号线运行近 5 年，广州地铁 2 号线已经正式使用，受流质量较好。刚性悬挂的国产化率可达到 96% 以上，工程造价低于柔性悬挂接触网，在隧道内使用仍能保证较宽的受电弓所需要的空气绝缘间隙，长隧道区间不需要预留接触网下锚空间，汇流排载流截面大、温升小，不需要辅助馈线，结构稳定可靠，零件种类少，维护简单易行。所以，尽管刚性悬挂在我国使用的时间不长，运营经验不多，在制造、施工、设计等方面都还有值得改进之处，但其总体优势得到了业界的肯定，在许多新建城市轨道交通项目中得到推广。

7.3.2 架空刚性接触网的结构

刚性悬挂接触网结构比较简单，主要由铝合金汇流排、接触线、绝缘元件和悬挂装置组成。刚性悬挂方式相当于安置在隧道顶部的接触轨，如图 7-27 所示，因此，刚性悬挂方式同时具有接触轨和接触网所具有的优点，在 20 世纪 70 年代后期被许多国外的城市所采用。

图 7-27 隧道内受电弓刚性接触实际工作图

国内第一条架空刚性悬挂于 2003 年 6 月 28 日在广州建成（广州城市轨道 2 号线，长约 18.4km），采用了 PAC110 型单接触线式 Π 形汇流排结构。

架空刚性悬挂根据汇流排截面形状不同，可分为 Π 形结构和 T 形结构，如图 7-28 所示，这两种结构又可分为单接触线式和双接触线式。由于汇流排本身能承受较大的电流，所以目前多采用单接触线式。因此本书以单接触线式 Π 形结构为主要对象进行描述。

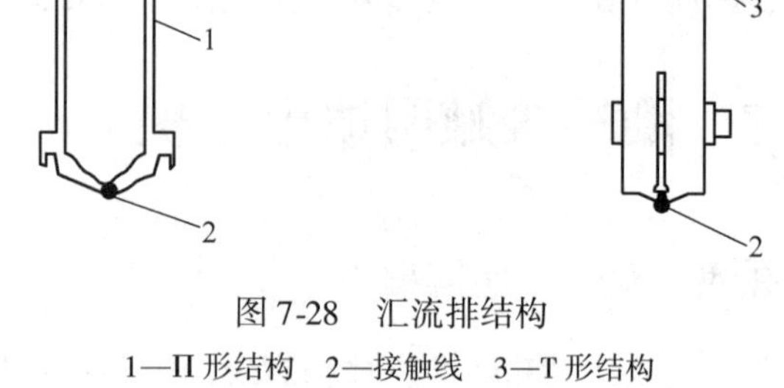

图 7-28 汇流排结构

1—Π 形结构 2—接触线 3—T 形结构

单接触线式 Π 形架空刚性悬挂主要由汇流排、接触导线、伸缩部件、中心锚结等组成。接触悬挂通过支持与定位装置安装于隧道顶或隧道壁上。简单地说，架空刚性悬挂用刚性的汇流排代替了柔性悬挂的上部承力索。对应于架空式刚性接触馈电模式，车辆提供的受流设备也是受电弓，二者联合完成电能的传输和接受。

1. 汇流排

汇流排一般用铝合金材料制成，其形状一般做成Π形和T形。Π形结构汇流排包括标准型汇流排、汇流排终端及刚柔过渡元件。Π形汇流排采用铝合挤压制造，单根长度可达12m以上，采用接头板和螺栓联接满足任意长度要求。T形汇流排的垂直断面系数约为Π形汇流排的一半，而自重较Π形汇流排重约1kg/m。所以要保持相同的跨中垂度，T形悬挂跨距一般采用5m，最大允许6m，相对较短；而Π形悬挂跨距100km/h以下允许12m，100km/h以上还可允许8m，相对较长。T形采用连续的长线夹（长为1m）固定接触线，而Π形靠汇流排自身固定接触线。由于线夹螺母多，成本上T形较Π形高。综上所述，Π形较T形更合理。

标准型汇流排一般有PAC110和PAC80两种，是刚性接触悬挂的主要组成部分，其长度一般被制成10m或12m；汇流排终端用于锚段关节、线岔及刚柔过渡处，作用是保证关节、线岔和刚柔过渡的平滑、顺畅过渡，其长度一般做成7.5m；刚柔过渡元件，用于刚性悬挂与柔性悬挂过渡处，其作用是保证两种悬挂方式的平滑、顺畅过渡。

2. 接触线

接触导线一般采用银铜导线，与柔性接触悬挂所采用的接触导线相同或相似，其截面积一般采用$120mm^2$或$150mm^2$。接触导线通过特殊的机械镶嵌于Π形汇流排上或通过专用线夹固定于T形汇流排上，与汇流排一起组成接触悬挂。为了增强导流能力，除了单接触线形式外，还有双接触线式。目前，多采用单接触线形式。

3. 伸缩部件

图7-29所示是单接触线式Π形结构汇流排伸缩部件，其功能是能在一定范围内自由伸缩，同时又能满足电气性能的要求，也就是说，既能保证电气上的良好接触和导电的需要，又能保证机械上的良好伸缩性。一般一个锚段安装一个膨胀元件，其作用是补偿铝合金汇流排与银铜接触线因热胀系数不同而产生的热膨胀误差。根据计算，半个锚段汇流排与接触线的热胀差值大概是70mm。

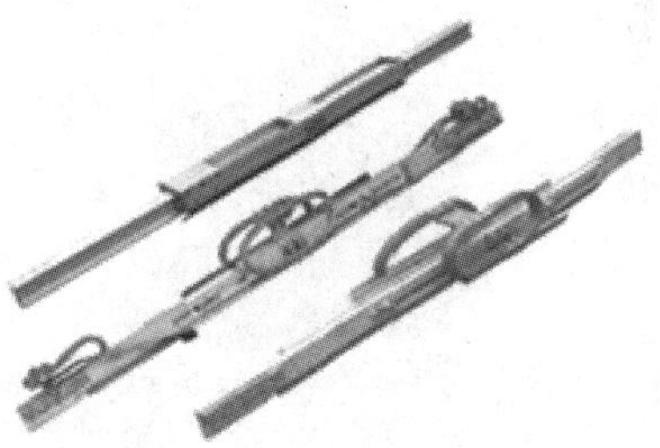

图7-29　单接触线式Π形结构汇流排伸缩部件

4. 接头

单接触线式Π形汇流排接头主要由汇流排接头连接板和螺栓组成，用于连接两根汇流排。其要求是既要保证被连接的两根汇流排机械上良好对接，又要有足够大的接触面积，确保良好的导电性能。

5. 锚段及中心锚结

架空刚性接触网悬挂点的最大正线跨距：曲线为6～8m；直线为8～10m。若干跨距组成一个锚段。架空刚性接触网的锚段长度为200～250m，最大锚段不超过300m。中心锚结设置在锚段的中部，安装在悬挂点处。

图7-30是单接触线式Π形结构架空刚性接触悬挂中心锚结的结构，主要由中心锚结线夹、锚结绳、调节螺栓及固定底座组成，其作用是防止接触悬挂窜动。中心锚结安装调试完

毕后，其两端锚结绳的张力应一致。

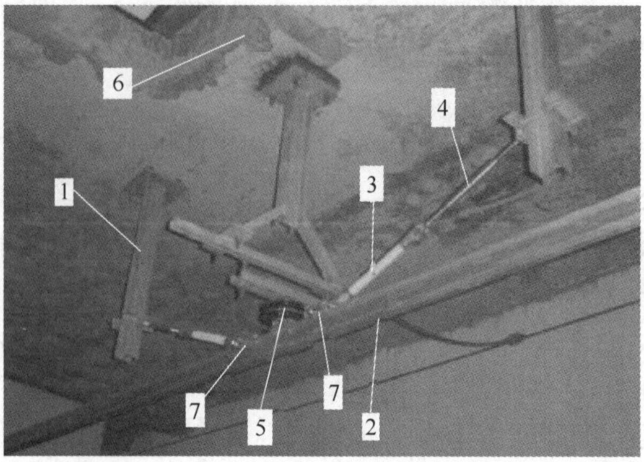

图 7-30 单接触线式 Π 形结构架空刚性接触悬挂中心锚结的结构
1—固定下锚吊柱 2—汇流排 3—棒式下锚绝缘子 4—锚结绳 5—瓷质悬挂绝缘元件 6—隧道顶 7—锚结线夹

6. 绝缘元件

刚性接触网绝缘元件如图 7-31 所示。

弹性绝缘悬挂组件是直流 3kV 以下的城市轨道交通刚性悬挂接触网汇流排安装、定位的重要元件。弹性绝缘悬挂组件由汇流排线夹、绝缘伞裙护套、弹性橡胶元件、上连接螺栓等部分组成。一般情况下，其最小爬电距离为 250mm。

图 7-32 是刚性接触网绝缘子（中心锚结处）实际安装图。

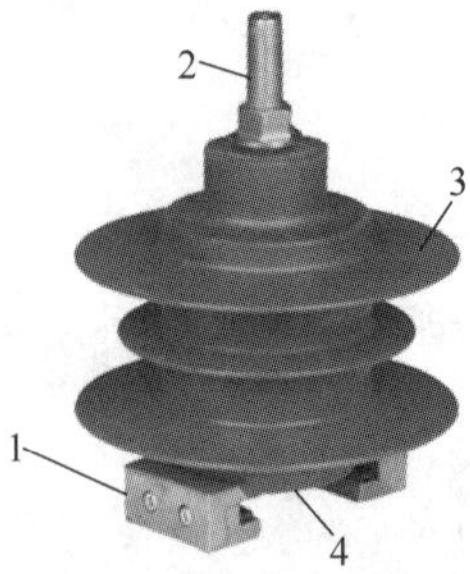

图 7-31 刚性接触网绝缘元件
1—汇流排线夹 2—上连接螺栓
3—绝缘伞裙 4—弹性橡胶元件

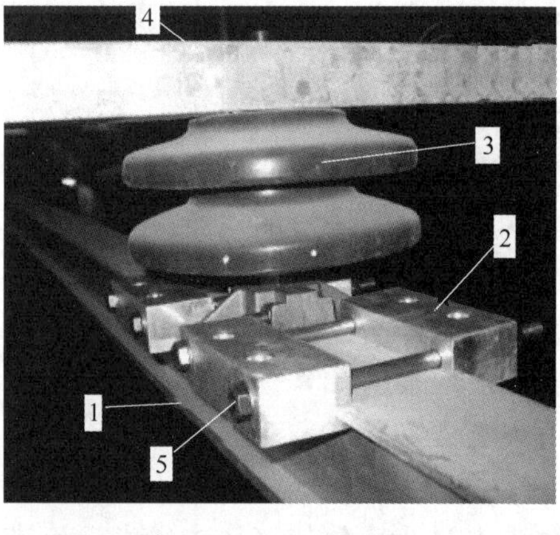

图 7-32 刚性接触网绝缘子（中心锚结处）实际安装图
1—汇流排 2—中心锚结线夹 3—绝缘子
4—固定吊挂支架横担 5—调节螺栓

7. 接触悬挂

架空刚性接触网的支持和定位装置主要有两种：门型结构和腕臂结构。

（1）门型结构 如图 7-33 所示，它由悬吊螺栓、横担槽钢、绝缘子及汇流排线夹等组成，其特点是结构简单、可靠，调节较困难，大量用于隧道内。

（2）腕臂结构 如图 7-34 所示，它主要由可调节式绝缘腕臂、汇流排线夹、腕臂底座、倒立柱或支柱等组成，其特点是调节灵活、外形美观、结构复杂、成本高等特点，此种结构主要用于净空较高的隧道或地面线路中。

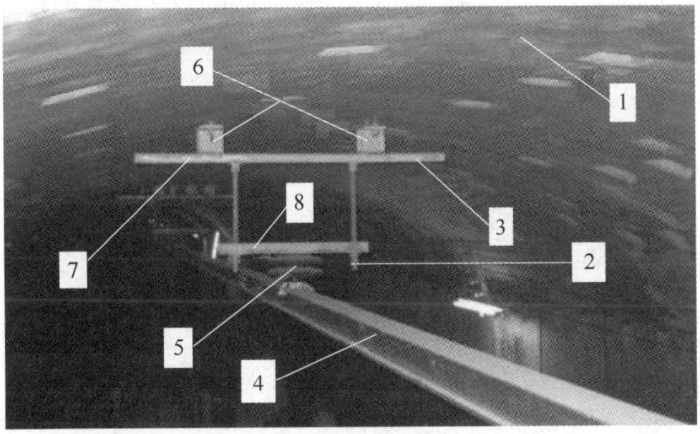

图 7-33　隧道内刚性接触网垂直安装实际图（标准门型结构）

1—隧道壁　2—垂直悬吊螺栓　3、7—角钢焊接底座　4—汇流排　5—绝缘子

6—底座　8—水平悬挂角钢（横担槽钢）

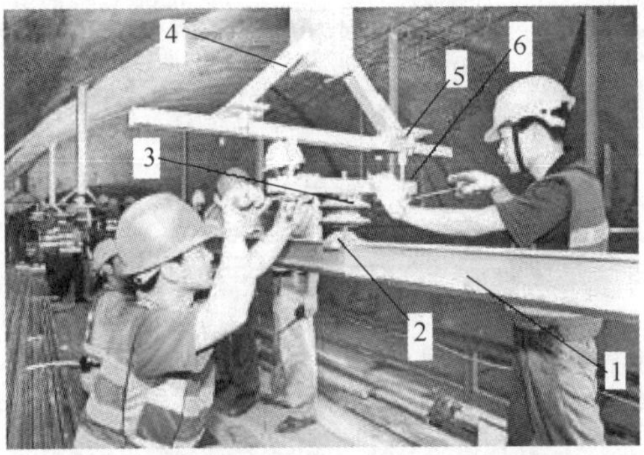

图 7-34　隧道内刚性接触网垂直安装实际图（腕臂结构）

1—汇流排　2—汇流排线夹　3—绝缘子　4—倒立柱　5—腕臂底座　6—调节式绝缘腕臂

7.3.3　刚性悬挂定位安装方式

刚性悬挂定位安装方式有垂直和悬臂悬挂定位两种。选定刚性悬挂接触网的悬挂定位安装方式时，应根据隧道净空高度和断面情况，使安装结构简单可靠。

地铁 1500V 刚性悬挂接触网采用垂直悬挂定位方式安装，结构比悬臂悬挂定位方式结构简单，可靠性高。

1. 垂直悬挂

靠水平悬挂角钢调节导线拉出值，利用垂直悬吊螺栓调节导线高度。垂直悬挂定位安装方式采用角钢焊接底座，隧道顶部安装，用 4 个螺栓调整接触线的空间位置。

隧道内刚性接触网垂直安装示意图（低净空）如图 7-35 所示，刚性接触网垂直安装在区间隧道典型断面的位置示意图如图 7-36 所示。

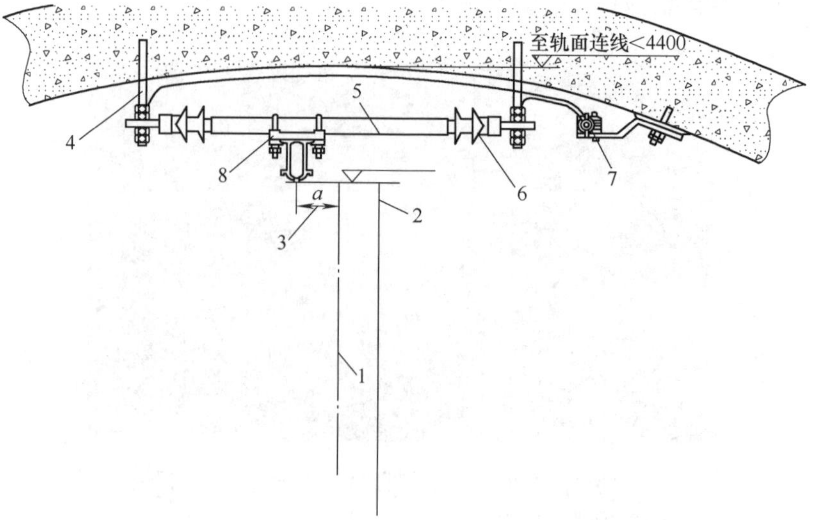

图 7-35 隧道内刚性接触网垂直安装示意图（低净空）
1—受电弓中心 2—距轨道平面高度 4000～4040mm 3—“之”字值
4—吊柱 5—横担 6—绝缘子 7—架空地线 8—汇流排固定螺栓（左右可调）

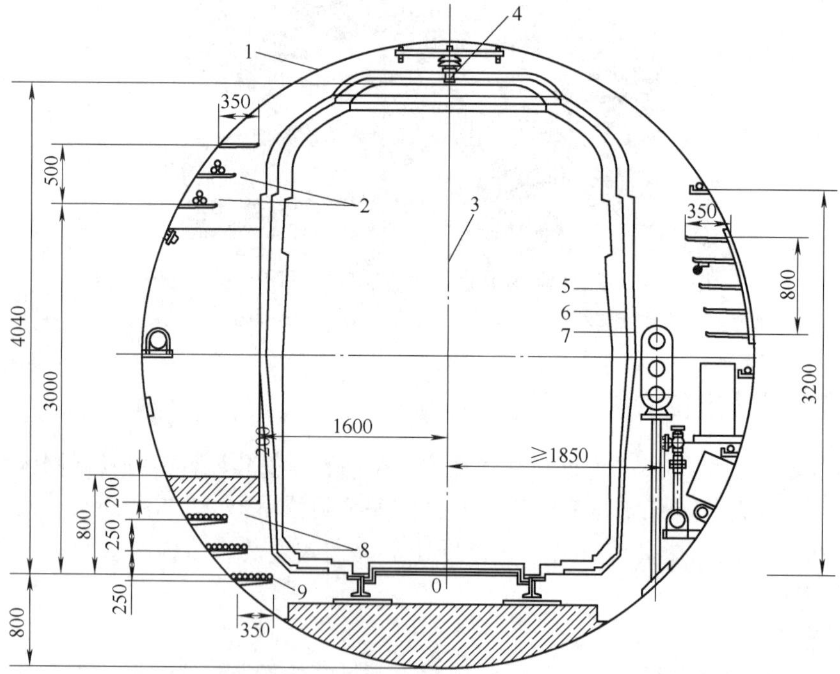

图 7-36 刚性接触网垂直安装在区间隧道典型断面的位置示意图
1—隧道 2—35kV 电缆 3—受电弓中心（轨道中心） 4—刚性接触网 5—车辆轮廓
6—车辆限界 7—设备限界 8—1500V 电缆 9—控制电缆

2. 水平悬挂方式

水平悬挂方式是通过各零件的铰接，以悬臂方式和隧道壁（或结构）相连接，如图 7-37所示。悬臂悬挂安装形式在距受电弓中心线 650mm 的隧道顶部安装吊柱，采用通用的高强度瓷质支柱绝缘子或硅橡胶棒形绝缘子倾斜悬臂悬挂、定位刚性悬挂，采用 300 ~ 1000mm 长度的吊柱，通过悬臂偏离垂直受电弓方向安装，适应拉出值在 ±150mm 范围变化的需要。

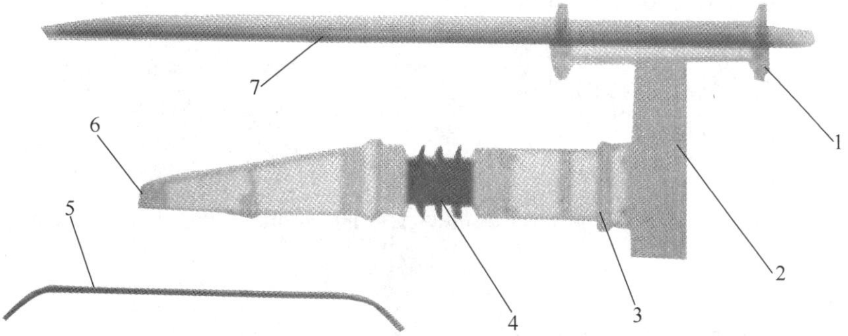

图 7-37　水平悬挂示意图

1—螺栓　2—吊柱　3—悬挂底座（可调）　4—绝缘子　5—受电弓　6—弹性线夹　7—隧道壁

弹性悬臂作为刚性接触网的一种简单悬挂方式，它属于水平安装，可非常方便地解决大、长隧道刚性接触网的安装施工问题，同时可用于车站、车库、作业场地等刚性接触网的安装。弹性悬臂由五大部分组成：双耳底座、马鞍连接调节件、绝缘悬臂、伸缩管和弹性线夹。一种弹性悬臂设备实际图如图 7-38 所示。

图 7-38　一种弹性悬臂设备实际图

1—双耳底座　2—马鞍连接调节件　3—固定螺栓　4—绝缘悬臂　5—伸缩管　6—弹性线夹

7.3.4　刚性悬挂方式的电分段

架空刚性接触网的电分段有两种结构：绝缘锚段关节式与分段绝缘器式。而架空刚性接触网可以采用绝缘锚段关节代替分段绝缘器来实现电分段，这样接触网就变得简洁了，同时还可以节省投资，维护检修工作也变得较简单。

目前，由于受接触网形式及安装空间的条件限制，国内外架空接触网电分段的采用形式不尽相同。前面已经讲过了柔性电分段，下面讲解刚性悬挂方式的电分段。

1. 锚段关节实现机械和电气分段

在锚段关节处，两条汇流排平行重叠，重叠长度一般为3.6（4）m，端部向上弯曲70mm左右，水平间距为200～300mm，一般非绝缘关节为200mm，绝缘关节为250mm。采用这种方式后，两个相邻供电分区的接触线按平行等高重叠布置，因此同柔性接触网的锚段关节形式电分段的情况相同，可以基本消除列车受电弓过电分段时的拉弧现象，保证了列车受流质量。架空刚性悬挂接触网锚段关节电分段如图7-39所示。

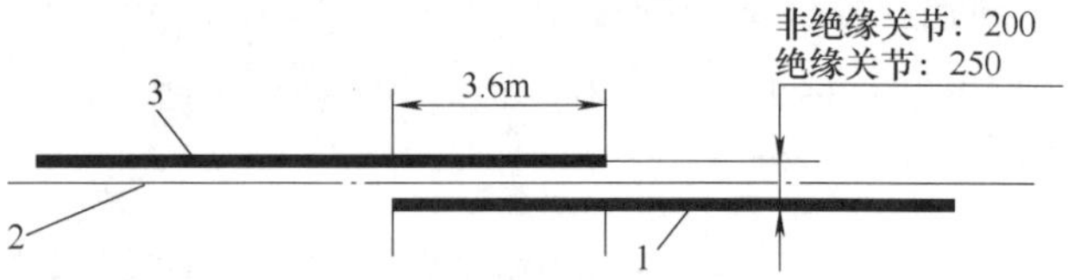

图7-39　架空刚性悬挂接触网锚段关节电分段

1—左汇流排　2—受电弓中心　3—右汇流排

线岔采用无交叉线岔结构，正线接触网不中断，侧线单独一根，与正线接触网侧向错开，其水平间距一般为200mm，侧线网端部向上弯曲70mm左右，如图7-40所示。

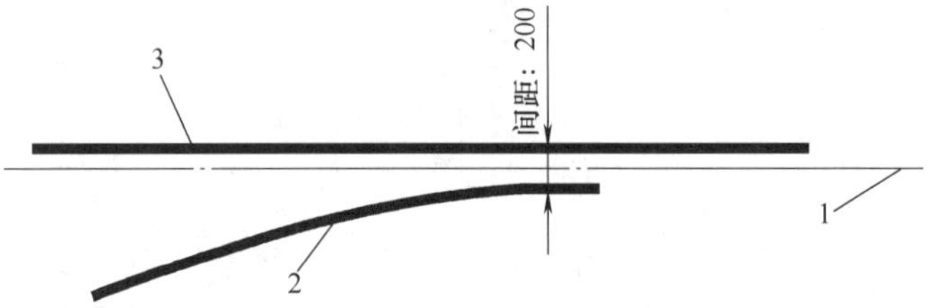

图7-40　架空刚性悬挂接触网线岔处锚段关节电分段

1—受电弓中心　2—岔行线路汇流排　3—直行线路汇流排

根据线路节能坡的设计原则及列车靠右行驶的规定，列车惰行处一般应为车站的列车进站端。主要考虑的是出站列车过电分段时，受电弓和接触线不被较大的列车起动电流造成的电弧电流损伤。

2. 分段绝缘器方式电分段

分段绝缘器方式电分段一般适用于空间狭小的地下隧道，可以节省空间，但须设置专用的分段绝缘器，当列车受电弓滑过电分段时，因导线与分段绝缘器连接处存在受力“硬点”，容易造成受电弓离线并出现较为明显的拉弧现象，影响列车的受流质量。

1）刚性分段绝缘器主要用于城市轨道交通隧道内架空式Π形刚性接触网电分段处。

2）结构简单、安装、维修方便，适用于－35～45℃温度范围。

分段绝缘器具有消弧性能，属于贯通式，其主体由绝缘体及滑道组成，滑道两端装有消弧角。架空刚性接触网分段绝缘器如图7-41所示，其尺寸标示如图7-42所示。

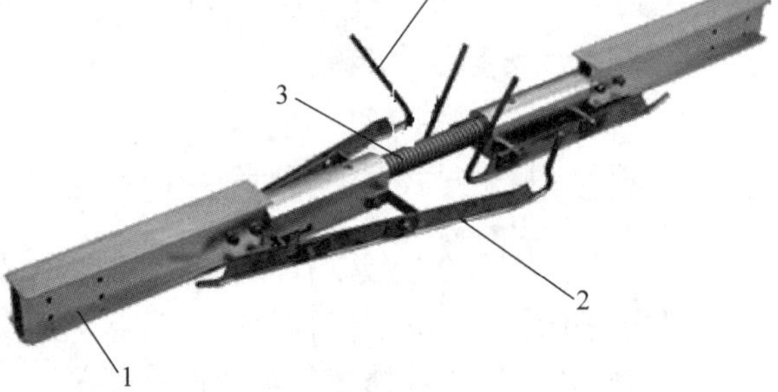

图7-41　架空刚性接触网分段绝缘器

1—回流排连接端子　2—铜导流滑道　3—绝缘体　4—消弧角

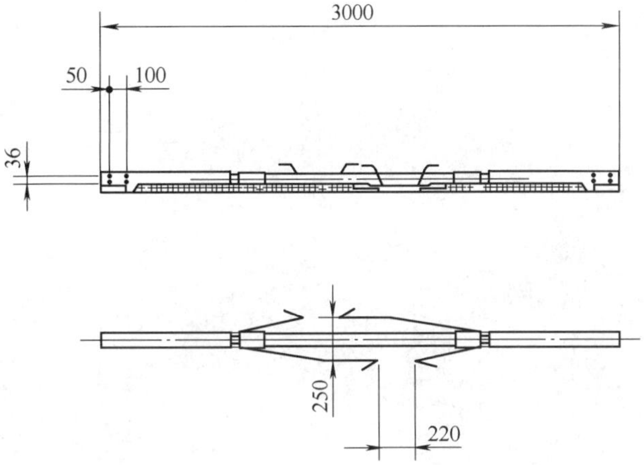

图 7-42　架空刚性接触网分段绝缘器尺寸标示

7.3.5　实现刚性和柔性过渡

刚柔过渡部件就是刚性接触网与柔性接触网的连接过渡的部件，其过渡一般有两种形式：关节式和贯通式。

1. 关节式刚柔过渡

关节式刚柔过渡是采用终端汇流排与柔性悬挂并列运行，实现刚性和柔性过渡。刚柔过渡部分的间距不宜大于200mm，且应靠近受电弓中心，两边均匀布置。过渡端刚性悬挂起始定位点处接触线的高度，应比同处柔性悬挂的接触线抬高20～30mm，然后刚性悬挂定位按接触线高度变化不大于0.2%的设计原则，逐渐平缓恢复到正常高度。柔性悬挂从刚性悬挂起始定位点处开始，逐渐平缓抬升，经刚柔两线等高并行后，柔性平缓抬高脱离运行，到下锚端非支点处抬高50～100mm即可。

2. 贯通式刚柔过渡

贯通式刚柔过渡如图7-43所示，实际如图7-44所示。架空刚性接触网的承力索在隧道洞的拱圈上下锚，接触线嵌入12m的切槽式刚性渐变汇流排和12m加强加紧力汇流排，加强加紧力汇流排上安装了下锚装置，保证或者减少架空刚性接触网不受接触线张力的影响。

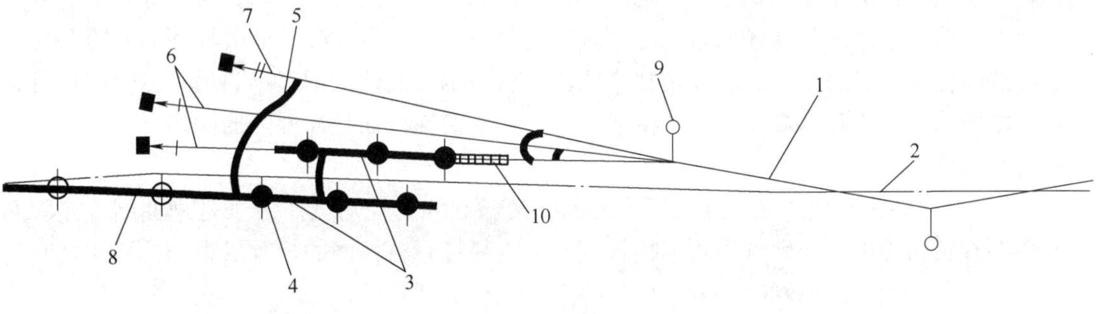

图 7-43　贯通式刚柔过渡

1—柔性接触线　2—轨道中心　3、8—汇流排　4—刚性接触网悬挂关键点　5—电连接　6—柔性接触线下锚　7—承力索下锚　9—柔性悬挂点　10—切槽式刚性渐变汇流排

图 7-44 贯通式刚柔过渡实际图

1、5—切槽式刚性渐变汇流排 2—柔性接触线 3—隧道下锚柱 4—加强加紧力汇流排

7.3.6 架空刚性接触网的特点

刚性接触网是一种几乎没有弹性的接触网形式，适用于隧道内安装，其设计速度一般不大于 160km/h。

刚性悬挂分成若干锚段，每个锚段长度一般不超过 250m，跨距一般为 6 ~ 12m，且与行车速度有密切的关系。整个悬挂布置成正弦波的形状，一个锚段形成半个正弦波，各悬挂点与受电弓中心的距离（相当于柔性接触悬挂的拉出值或“之”字值）一般不大于 200m。

1）架空刚性接触网与柔性网相比的最大差异是，不设对网进行轴向加力的补偿装置，从而避免了断线事故，接触导线允许磨耗量也比柔性网大得多。

架空刚性接触网主要由架空刚性汇流排和接触导线及其支持网装置组成。汇流排是一根刚度较大的断面成 Π 形的铝材质导电体，通过定位网装置，网于轨道的上方，接触导线被安放在汇流排的夹线槽中，接触导线被汇流自然地夹紧，网两端不设张力补偿装置，汇流排和接触导线的轴向没有补偿张力。接触网无补偿张力，又不存在断汇流排和接触线的可能，从而避免了柔性网的钻弓、烧融、不均匀磨耗、高温软化、线材缺陷以及弓网故障等各种原因造成的断线事故。由于这样的特点，刚性网的故障一般是点故障，而柔性网的故障，尤其是断线故障范围一般为半个锚段甚至整个锚段，所以刚性故障范围很小。另外，由于接触导线不受轴向张力，不存在断线之忧，接触导线的允许磨耗截面是柔性网的两倍，理论上允许到接近或达到汇流排的位置。

2）弓网之间是刚性接触，接触压力均匀，接触导线磨耗均匀。由于是刚性网，接触网本身不存在负荷集中点和硬点，所以接触网与受电弓接触时，网的抬升量很小，弓网之间的接触压力变化量很小，弓网间接触良好，接触导线的磨耗均匀。

3）架空刚性接触网锚段和跨距较小，跨距与速度关系密切，其“之”字值没有明显的拐点。Π 形汇流排一般制成每根 10m 和 12m 长，锚段架设长度一般不超过 250m，整个网布置成正弦曲线，即两个锚段构成一个完整周期的正弦波。其“之”字值不像柔性网有明显

的转折点，其拉出值呈周期变化规律，最大拉出值一般不超过 200mm。

刚性接触网的跨距较小，且与速度关系密切。PAC110 型汇流排速度与跨距的关系见表 7-2。

表 7-2 PAC110 型汇流排速度与跨距的关系

速度/(km/h)	60	70	80	90	100	110	120
跨距/m	12	11	10	9	8	7	6

4）锚段关节、线岔结构简单，容易实现电分段功能。架空刚性接触网的锚段关节采用两段接触网相互侧向平行错开，平行段的长度为 4m，端部向上弯曲 70mm 左右，两网的水平距离根据需要确定，一般非绝缘关节为 200mm，绝缘关节为 250mm。

线岔采用无交叉线岔结构，正线接触网不中断，侧线单独一根，与正线接触网侧向错开，其水平间距一般为 200mm，侧线网端部向上弯曲 70mm 左右。

架空刚性接触网的电分段有两种结构：绝缘锚段关节式与分段绝缘器式。柔性网在侧线或过渡线上只能采用分段绝缘器来实现电分段，而架空刚性网可以采用绝缘锚段关节代替分段绝缘器来实现电分段，这样接触网就变得简洁了，同时还可以节省投资，维护检修工作也变得较简单。

5）精度要求高，与轨道的关系密切。架空刚性接触网接触线高度误差为 5mm，锚段关节和线岔始触点处两悬挂的高差为 3 ~ 4mm，且两悬挂间的中心线要与受电弓的中心重合。在曲线地段，为了保证接触线不出现偏磨现象，汇流排横断面的中心线要与轨面垂直。这几个参数与轨道参数关系密切，轨道的超高略加改变，或起拨道床时，对接触线的高度及接触线的偏磨都将产生影响，尤其对锚段关节和线岔处两接触线的高差影响大，如不及时跟随调整，可能产生打弓拉弧现象，严重的情况下，会使接触线和受电弓受到损伤。

6）结构高度小，能很好地满足低净空隧道的要求。架空刚性接触网相对于柔性而言，可以不考虑受流时导线的抬升、接触线的振动以及链形网结构高度占用的空间，因而所用净空相差至少 100 ~ 150mm。另外，在锚段关节和线岔处，柔性接触网需要设置重力式下锚补偿装置，占用空间大，而架空刚性接触网在锚段关节和线岔处，尤其是复式道岔处，无须设置下锚补偿装置，安装简单，不需要隧道额外增加空间。所以架空刚性接触网能够很好地满足低净空隧道要求，一般适用于城市轨道。

7）维护检修，事故处理简单。架空刚性接触网结构简单，零部件较少，各零部件的连接牢靠，事故概率低，无论是日常维护检修，还是事故抢修、接触导线更换，架空刚性接触网的工作量比柔性接触网要少得多。

7.3.7 架空刚性接触网与柔性接触网的比较

架空刚性接触网与柔性（弹性）接触网有较大和明显的差别，主要体现在以下几个方面：

1）刚性悬挂、柔性悬挂都能满足最大离线时间、传输功率、电压电流、受电弓单弓受流电流以及最大行车速度的要求。

2）由于刚性较柔性有如下特点，刚性悬挂受电弓的安全性和适应性要明显好于柔性。

① 刚性汇流排和接触线无轴向力，不存在断排或断线的可能，从而避免了柔性钻弓、烧融、不均匀磨耗、高温软化、线材缺陷以及受电弓故障造成的断线故障。由于这样的特

点，刚性悬挂的故障是点故障，柔性悬挂的故障范围为一个锚段，所以刚性悬挂事故范围小。当然柔性悬挂的断线故障率还是非常小的，能够满足运营要求。

② 刚性悬挂的锚段关节简单，锚段长度是柔性悬挂的 1/7 ~ 1/6，因此固定金具窜动回转范围小，相应地提高了运行中的安全性和适应性。

3）弓网摩擦副的更换周期。更换周期对受电弓以运营公里考核，对接触网则以运营弓架次总量或运营年限考核。正常的更换周期主要取决于摩擦副的磨耗量。磨耗量由机械磨耗和电气磨耗两部分组成。机械磨耗主要取决于摩擦副材质和平均接触力。电气磨耗取决于离线率和受流电流。更换周期还取决于受电弓滑板和接触线允许磨耗量的大小。

从理论上分析，在机械磨耗方面，摩擦副材质是相同的，在接触压力方面，刚柔接触压力幅度不同，但平均接触压力是相近的。在电气磨耗方面，离线率是相近的。不同的是柔性悬挂采用双根接触线，在均匀接触的时候，滑板和导线的压强相差近一倍，导线的离线电流相差近一倍，因此从理论上分析，刚性悬挂的磨耗较柔性要大。另一个不同点是，刚性的接触压力变化偏差较柔性小，因而，在磨耗的均匀性上刚性又好于柔性。

在允许磨耗量方面，柔性悬挂接触线磨耗量≤15%时，安全系数为 2.5；磨耗量为 15% ~ 25%时，安全系数为 2.2；最大允许磨耗量为 25%。而刚性悬挂接触线没有张力，理论上接触线允许磨耗至汇流排夹口边缘，只要保证受电弓与汇流排不接触，平均来说，刚性悬挂接触线的最大允许磨耗是柔性悬挂的两倍。综合起来，从更换周期角度来看，刚柔是相近的。

实际运营情况，受电弓维修周期从巴黎 RERC 线看没有明显变化。接触线方面，现已运行 7 年（4 弓×1250A，800 弓架次/天），从目前磨耗记录看，推算使用寿命约 20 年。

4）运营维护：无论是日常维护，还是事故抢修、导线更换，刚性悬挂的工作量要少于柔性。

5）架空刚性悬挂与柔性悬挂的技术、经济比较见表 7-3、表 7-4。

表 7-3　架空刚性悬挂与柔性悬挂的技术比较

序　　号	项　　目	架空刚性悬挂	柔 性 悬 挂
1	悬挂组成	结构紧凑(汇流排 + 接触线 + 地线)	较复杂(1 根承力索 +2 根接触线 +3 或 4 根辅助馈线 +1 根地线)
2	允许车速	一般为 80 ~ 160km/h 瑞士试验速度提高到 140km/h，弹性受电弓可达 160km/h	一般为 80 ~ 160km/h
3	可靠性	无断线故障，可靠性高	有断线隐患，可靠性较差
4	导线磨耗	导线磨耗均匀，允许磨耗是柔性的两倍	导线磨耗不均匀，允许磨耗小
5	受电弓受流情况	无特殊硬点，受流效果良好。受流特性主要取决于受电弓特性	存在硬点，硬点处受流效果较差。受流特性取决于弓网匹配
6	精度要求	安装精度要求高	相对可以低一些
7	设计、施工技术	有较丰富的设计和施工经验	有较丰富的设计和施工经验
8	施工机械	导线安装和更换需进口专用设备	有成熟的施工机械设备
9	国产化率	90%以上	90%以上
10	维修、养护	维护工作量少	维护工作量大

表 7-4　架空刚性悬挂与柔性悬挂的经济比较

序　号	项　目	架空刚性悬挂	柔性悬挂
1	隧道净空要求引起的土建费用	净空要求相对较小，另外，无需下锚装置，可避免不必要的局部开挖，如暗挖车站，可节省土建费用	净空要求相对较大。需下锚装置，有时需要局部开挖，如在暗挖车站
2	悬挂装置费用	悬挂点相对较多，费用相应增大	相对较少
3	维护费用	维护工作量少，周期长，费用低。由日本、韩国的经验，相对柔性可减少 30%~50%	维护工作量大，周期短，费用较高

7.4　接触轨馈电系统

7.4.1　接触轨系统概述

接触轨是城市轨道交通线路敷设的与轨道平行的附加轨，又称为第三轨，其功用与架空接触网一样，通过它将电能输送给电动车组，相当于接触线的作用，主要任务是传输电能。接触轨敷设在线路的钢轨旁边，一般在远离站台的一侧。运行过程中，电动车组伸出的集电靴与之接触而传送电能。

接触轨（第三轨）馈电方式最早在伦敦地铁采用，由于接触轨构造简单，安装方便，可维修性好，并对隧道建筑结构等的净空要求较低，受流性能满足 DC 750V 供电的需要，因而在标准电压直流 750V 供电系统中得到广泛的采用。其中接触轨为正极，走行轨为负极。接触轨系统允许电压波动范围为直流 500 ~ 900V。

目前世界上城市轨道交通中的直流牵引网电压等级繁多，接触轨系统的电压等级有 600V、630V、700V、750V、825V、900V、1000V、1200V、1500V 等。国外接触轨系统的标称电压一般在 1000V 以下，西班牙巴塞罗那曾采用过直流 1500V 及 1200V 接触轨（现在已经拆除），美国旧金山 BART 系统为直流 1000V 接触轨。目前国内接触轨系统标称电压有直流 750V 和 1500V 两种，国际上接触轨电压等级的发展趋向是 IEC 标准中的直流 600V、750V。

接触轨（第三轨）受电方式在北美和苏联城市轨道及轻轨系统中应用较广，随着工业技术的发展，接触轨在材料选用、悬挂结构方式等方面取得长足的发展，主要体现在接触轨选用复合材料制造加工，其导电性能、耐腐蚀性能大大提高。绝缘支持和防护技术则采用了先进的整体式结构。

目前全世界有 60 多个城市的地铁采用了接触轨供电方式。我国轨道交通建设起源于北京，20 世纪 60 年代初，北京在修建城市轨道时采用了接触轨（第三轨）的受电方式。接触轨安装于线路行车方向的左侧，集电靴采用上部接触方式受电。这一受电方式的优点是集电靴接触稳定，机车受电良好。

广州市轨道交通 4 号线大学城专线段工程，采用直流 1500V 接触轨系统，下部受流，接触轨材料为钢铝复合接触轨，如图 7-45 所示。

图 7-45　广州轨道交通 4 号线接触轨系统

1984年12月，天津地铁1号线中段7.4km建成通车，其接触轨系统与北京地铁早期建成线路的接触轨系统一致。2001年7月因线路需向两端延伸改造而停运，开始建设天津地铁1号线（延伸）工程，线路全长26.2km，2005年底建成通车。本工程采用直流750V上部受流接触轨系统，接触轨材料为钢铝复合接触轨。

武汉市轨道交通1号线2004年运营，全长28.5km，一期工程为高架线路，全长10.234km。一期工程为4辆车编组（2动2拖），车辆形式为变压变频交流传动车。直流牵引供电系统电压为直流750V，车辆再生制动时为直流1000V。接触轨为下部接触受流，走行轨回流。

目前，北京、武汉、广州、天津等城市的多条地铁线路，采用了接触轨系统。接触轨系统外观实际图如图7-46所示。

图7-46　接触轨系统外观实际图
1—走行钢轨　2—接触轨　3—绝缘支架

7.4.2　接触轨系统分类

接触轨系统的技术特征有三个：一是安装方式；二是导电轨材质；三是电压等级。接触轨系统可根据不同的技术特征进行分类。

1. 按安装方式分类

接触轨系统根据受流位置的不同，即按与受流靴的摩擦方式不一样，可分为上部受流接触轨、下部受流接触轨和侧部受流接触轨三种形式。

上部受流接触轨面朝上，固定安装在专用绝缘子上，并且由固定在枕木上的弓形肩架予以支持，如图7-47所示。上部受流接触轨因接触靴在其上面滑动，所以固定方便，但不易加防护罩。

下部受流接触轨面朝下安装，如图7-48所示。它的优点是可以加防护罩，对工作人员较为安全。下部受流接触轨主要由导电轨、绝缘支架、防护罩等构成。绝缘支架由顶部支架、中部支架、下部支架三部分组成，并共同构成悬臂结构。导电轨通过顶部、中部支架，悬挂在下部支架上。下部支架则根据线路情况固定在整体道床上或碎石道床的轨枕上。防护罩靠自身弹性及支撑垫块固定在导电轨上。

侧部受流接触轨，是近年来新开发的一种接触轨悬挂方式，应用较少，如图7-49所示。

2. 按材质分类

导电轨按材质可分为高电导率低碳钢导电轨和钢铝复合轨。

低碳钢导电轨主要的特点是磨耗小、制作工艺成熟、价格较低，主要规格有DU48和DU52型，如图7-50a所示。不锈钢带卡在铝材上，不会脱落和移动。图7-50b是通过共挤

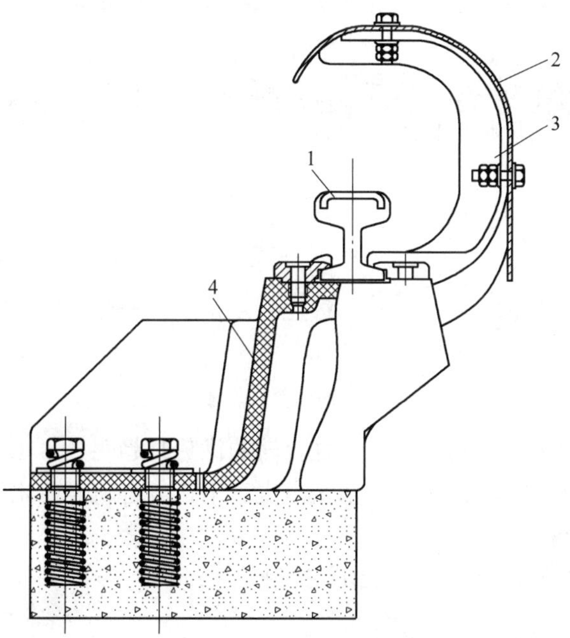

图 7-47　上部受流接触轨

1—钢铝复合接触轨　2—防护罩　3—防护罩支架　4—绝缘支座

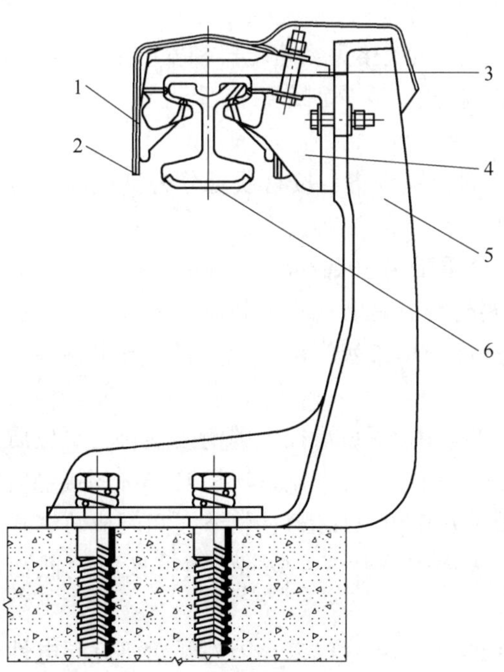

图 7-48　下部受流接触轨

1—接触轨防护罩　2—支架防护罩　3—绝缘支架上部
4—绝缘支架中部　5—绝缘支架下部　6—钢铝复合接触轨

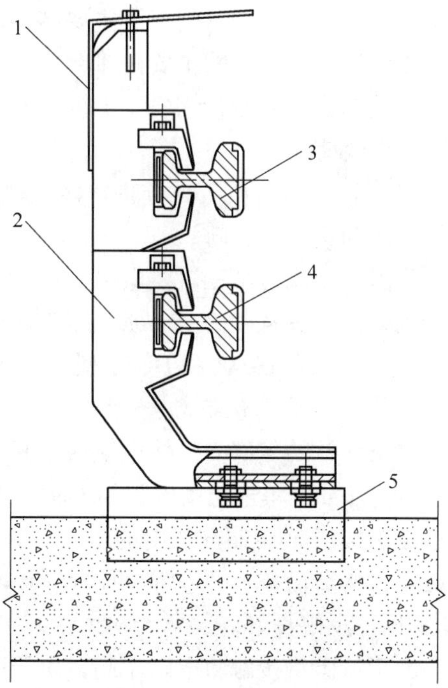

图 7-49　侧部受流接触轨

1—防护罩　2—整体绝缘支架　3—回流轨
4—正极供电轨　5—底座

技术将不锈钢带和铝合金型材结合在一起。钢铝复合轨是由钢和铝组合而成，其工作面是钢，其他部分是铝。它的主要特点是电导率高、重量轻、磨耗小、电能损耗低。图7-50c中，不锈钢带厚达6mm，铝型材已经加工好，在嵌入钢带的地方为凹槽。如图7-50d所示，高温下，将不锈钢和铝条结合为一体，然后将做好的钢铝结合体压入铝轨。图7-50e中，钢带厚达5mm，将两个J形不锈钢带焊接后，将铝合金型材锁死。

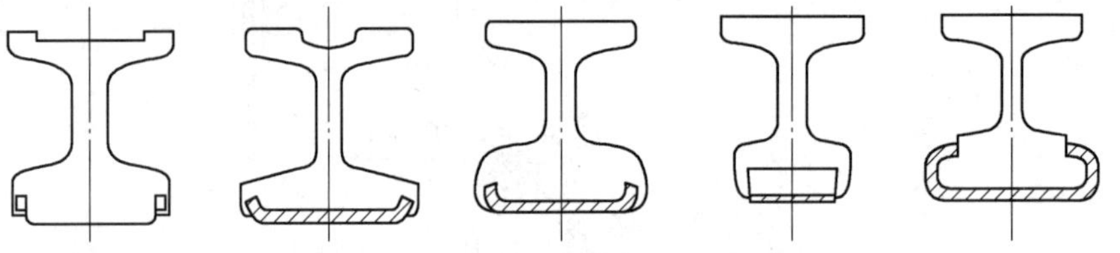

图7-50　钢铝复合轨断面种类

随着科技的进步和技术的发展，钢铝复合轨的优势日趋明显。国外越来越多的城市选用钢铝复合轨代替低碳钢导电轨，国内许多城市也对钢铝复合轨表示出浓厚兴趣。

3. 按电压等级分类

接触轨按电压等级分为1500V和750V接触轨系统。

7.4.3　接触轨（下部受流）的主要结构

接触轨系统设备主要由接触轨、绝缘支架（或绝缘子）、防护罩、隔离开关设备和电缆等零部件组成。其中接触轨、绝缘支架（或绝缘子）、防护罩是接触轨系统中馈电、支撑、防护的三大件，也是它的三大主要结构。

接触轨正极供电网主要由接触轨、端部弯头、接触轨接头、防爬器和安装底座等构成，负极回流网由回流走行钢轨、电缆和有关电气设备构成。现分别介绍如下：

1. 接触轨

（1）接触轨材质　导电轨是接触轨供电系统的关键设备，按材质可分为高电导率低碳钢导电轨和钢铝复合轨。

我国城市轨道第三轨供电中，接触轨采用理论重量为50kg/m（或60kg/m）、高电导率低碳钢轨，轨头宽度为90mm。低碳钢导电轨主要的特点是磨耗小、制作工艺成熟、价格较低，主要规格有DU48和DU52型。DU48型导电轨比DU52型导电轨重量轻，导电性高，适用于下部接触式受电方式。

北京地铁的上部受流接触轨使用我国自行生产的JU-52型渗铝低碳钢接触轨，单位质量为51.36kg/m，单位长度电阻为$1.91\times10^{-6}\Omega$/m（15℃），标准制造轨长12.5m的接触轨在隧道外焊接成50~75m长度的轨节（在隧道内轨节长度可以加倍），轨节之间做成轨缝式膨胀接头，构造简单，维护简便，运行30年来上表面仅磨耗3~5mm，约占接触轨截面的6%，运行反映良好。

由于低碳钢接触轨电阻率高，电压降大，20世纪70年代以来，国外开始研究导电性能优越的铜接触轨和使用耐磨性好的钢材与导电性好的铝合金材料构成复合接触轨来取代低碳钢接触轨。

复合接触轨采用6mm厚的高硬度不锈钢带与铝合金轨体压合。目前采用这种复合接触轨的城市有巴塞罗那、旧金山、底特律、温哥华、多伦多、曼谷、哥本哈根等城市。以载流量3500A的复合接触轨为例，单位质量为11.16kg/m；复合接触轨截面积约为3705mm^2（其中，铝合金轨体截面积为3485mm^2，不锈钢截面积为220mm^2）；单位长度电阻为0.91 × 10^{-6}Ω/m（20℃）；标准轨长可为9m或10m，通过专用鱼尾板连接成120m的轨节，轨节之间用专用膨胀接头连接。据报道，温哥华地铁使用的钢铝复合接触轨在运行5年后实测平均磨耗为0.04mm/年，据此推算其使用寿命为40～50年。

与低碳钢接触轨相比，钢铝复合接触轨具有下列优势：①质量小、截面小、易于施工安装；②电阻值低、电压降及牵引网电能损耗均有所下降；③接触面光滑、耐磨耗，可减少由于受流器与接触轨之间的不平顺产生的电弧。

但是，钢铝复合接触轨也有不足的地方，除了自身造价高于低碳钢接触轨外，还要求每一轨间用螺栓联接的接头缝隙不大于0.1mm，这是很高的安装精度，对施工和管理提出了较高的要求；另外，如果采用有机聚合材料的绝缘子，则需要根据运用情况考虑材料的抗污秽、抗漏电痕迹和抗老化等性能的要求。

（2）接触轨要求

1）接触轨平整，端面与轴线垂直。接触轨可以采用锯、砂轮切割，铣、钻或焊接技术进行机械加工，并可以在现场切割，切口光滑，没有毛刺，上述机械加工不会对接触轨的不锈钢带和铝导体的结合产生任何影响，与其他接触轨连接后性能指标不会发生变化。

2）当线路曲线半径大于200m时，在安装钢铝复合轨时不需要预先将轨弯曲。当线路半径小于200m、大于或等于110m时，利用减少支架间距的办法解决接触轨的现场弯曲问题。接触轨（含附件）在温度为20℃时的电阻不大于8.6MΩ/km；当环境温度为50℃，接触轨通过连续载流量3000A（DC）时的温升不超过35℃。

3）在相距5m的两支架间的接触轨中间，加载100kg的集中负荷，当移开负荷时，接触轨能恢复至最初的状态。

4）触轨两端各预留两个孔，以便于接触轨的安装连接。

（3）钢铝复合接触轨技术数据

钢铝复合接触轨技术数据见表7-5。

表7-5　钢铝复合接触轨技术数据

项　目	复合接触轨(3500A)	复合接触轨(4500A)
轨高/mm	105	92.4
轨底宽/mm	92	82.5
接触面宽/mm	65	76.2
总宽/mm	92	85.5
单位质量/(kg/m)	13.8	14.75
标准长度①/m	10，15	9，10
电阻/(Ω/m)(20℃)	8.6×10^{-6}	6.56×10^{-6}(实测为6.28×10^{-6})
载流量/A(DC)	3658	4500
弹性模量	7000	7000
抗拉强度/(kg/mm^2)	20	20
膨胀系数/[mm/(℃·m)]	0.021	0.023

① 接触轨的标准长度可根据线路实际情况来定，但最长不能超过18m。

2. 弯头

在车辆运行过程中，弯头可使受流器完好地滑入或滑出接触轨。接触轨端部弯头主要是为了保证集电靴顺利平滑地通过接触轨断轨处而设置。在行车速度较高区段，端部弯头一般采用约5.2m长，坡度为1∶50的标准。

武汉1号线采用两种弯头，一种用在正线为高速弯头，长5.2m；一种用在停车场为低速弯头，长3.4m。弯头的抬高量不小于100mm。

制造弯头的材料与接触轨的材料相同，经机械加工而成，弯曲部分与直线部分的过渡是平滑曲线。在接触轨的端部，通过在铝型材上进行切割和焊接处理，使接触轨形成斜坡状，弯头的厚度应保持一致，弯头上可以安装支架和防护罩。

弯头可以通过鱼尾板与接触轨连接，连接后的接触轨其性能指标不应发生变化。受流器通过弯头时，可从弯头取流。弯头末端上翘，保证任何不良调整的受流器偏转而不损坏受流器和弯头。

高速弯头的倾斜度为1.27°，低速弯头为2.12°。端部弯头的几何形状应保证列车在运行时，受电靴在得电和失电转换时能够平滑过渡。

3. 接触轨接头

接触轨接头一般分为正常接头和温度伸缩接头（膨胀接头）两种。正常接头采用铝制鱼尾板进行各段导电轨的固定而不预留温度伸缩缝，但要求接头与支持点的距离不小于600mm。

温度伸缩接头主要是为了克服接触轨随环境温度变化而引起的伸缩，在隧道内，接触轨自由伸缩段长度按100m左右考虑；地面及高架桥上，接触轨自由伸缩段长度按80m左右考虑。

温度伸缩接头为适应接触轨由于环境温度变化和本身温升等条件影响而产生的热膨胀，在适当的位置设置膨胀接头用来调节热胀冷缩现象。一般每90m设置一个温度伸缩接头，确保接触轨系统的安全运行。

为使受流器可以平滑地通过，温度伸缩接头的表面应平整、光滑。间隙可以调整或重叠，以使受流器可以平滑地从一端过渡到另一端，并保证使受流器在膨胀点过渡时减小运行中产生的电弧。温度伸缩接头具有与接触轨相同的载流量，组成温度伸缩接头的各部分零件之间不会发生电化学腐蚀。所有紧固件用不锈钢制成。温度伸缩接头应易拆卸，便于维修和润滑。

4. 防爬器

防爬器即中心锚结。设置防爬器主要是为了限制接触轨自由伸缩段的膨胀伸缩量。在一般区段，在两温度伸缩接头的中部设置一处防爬器，并在整体绝缘支架两侧安装；在高架桥的上坡起始端、坡顶、下坡终端等处安装防爬器。

5. 安装底座

下部受流接触轨的安装底座一般采用绝缘式整体安装底座，且一般安装在轨道整体道床或者轨枕上。

6. 防护罩

防护罩的作用在于尽可能地避免人员无意中触碰到带电的设备，一般采用玻璃纤维增强树脂（GRP）材质的防护罩，它在工作支撑条件下可承受100kg垂直荷载，并应在高温下具有自熄、无毒、无烟和耐火的性能。

玻璃钢防护罩采用拉挤工艺制造，外表面有聚氨酯耐气候性涂层。玻璃钢防护罩制造采用了拉挤成形工艺，其优点为：可自动化连续生产，产品均匀，质量稳定；产品规格多样化。玻璃钢防护罩的主要性能指标见表 7-6。

表 7-6　玻璃钢防护罩的主要性能指标

序　号	型　　号	参　　数	技术指标
1	ASTMD790	纵向弯曲强度	300MPa(L)
		横向弯曲强度	130MPa(W)
2	ASTMD796	纵向弯曲模量	17GPa(L)
		横向弯曲模量	5GPa(W)
3	ASTMD256	击穿强度	5kV/mm
4	IEC	冲击强度	2.3kJ/m
5	IEC112	耐泄漏性	PTI600
6	ASTMD570	吸水率	0.3%
7	ASTMD229	阻燃性能	V-0 级
8	ASTMD792	密度	$1.9\times10^3 kg/m^3$

7. 鱼尾板（连接板）

鱼尾板是专门用来固定连接相邻接触轨并传导电能的装置，其材质与制造接触轨的铝合金相同。鱼尾板有足够的截面和强度来保证接触轨跨越接头处的电气和机械特性。

装配后接触轨的机械强度和电气性能不受到影响，鱼尾板按可连续通过 4000A 直流电流、最大温升在环境温度为 50℃时，不超过 35℃。

每一个鱼尾板上钻有 4 个孔，4 个螺栓用来装配鱼尾扳，连接鱼尾板和接触轨的螺栓、螺母和垫圈等零件为不锈钢材料，应满足相关标准要求。

8. 锚结

在两温度伸缩接头之间的接触轨中部设锚结，以固定接触轨，并使接触轨适应温度伸缩接头的行程，使接触轨可以在纵向自由伸缩。

通常锚结安装在两温度伸缩接头或温度伸缩接头与弯头之间的接触轨中部，短轨也可安装锚结。锚结和鱼尾板一样，都为铝挤压成形，一个锚结配有两套，分别安装在绝缘夹具两侧。安装后的锚结不能对接触轨和支架产生不良影响。每个锚结上都钻有一个孔，锚结通过螺栓组成的锁紧装置来固定接触轨，锁紧装置应足够结实，并能承受 2000N 的纵向负荷而不被损坏。

9. 接触轨支架

接触轨支架有玻璃钢和金属两种。接触轨支架的作用是将接触轨固定在特定的位置，同时对接触轨进行定位和支撑，并能够承载系统的不同状况下的各种负荷。它对机械强度要求较高。

图 7-51 是金属接触轨支架。

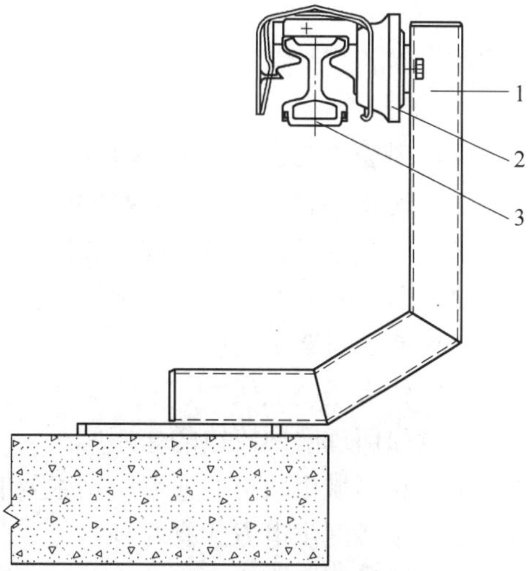

图 7-51　金属接触轨支架

1—钢支架　2—绝缘子　3—钢铝复合接触轨

第7章　接触网系统

7.4.4 电分段

接触轨分段有电分段和机械分段。机械分段指接触轨在机械方面有明显的分段，而在电气上直接接通。电分段是在电气上隔离，其作用是缩小故障范围，同时有利于保护设置。

1. 电分段位置

1）有牵引变电所的车站。

2）车辆段或停车场与正线的接口处。

3）车辆段或停车场内不同的供电分区之间。

4）折返线、联络线和区间存车线之间。

5）列检库入口处。

2. 电分段形式

（1）分段式电分段　在有牵引变电所的车站设电分段，分段式电分段一般设置在进站端。列车从一个供电分区到另一个供电分区时有一节动车不取流，不会造成两个供电分区电连接。分段式电分段中，断电区共长14m，大于一节动车两个受电弓之间的距离，如图7-52所示。

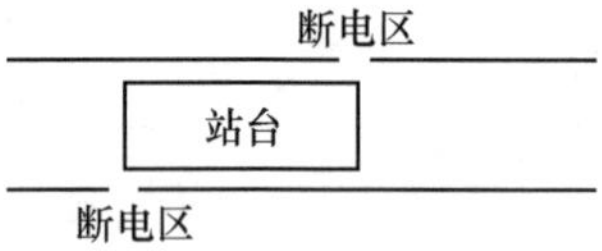

图7-52　分段式电分段

（2）短轨式电分段　短轨式电分段情况下，列车从一个供电分区到另一个供电分区时可以实现不间断取流。其特点是短轨必须通过短路器单独供电，这样增加了供电系统的复杂性。图7-53所示短轨设置在与站台平行的区段，而图7-54所示短轨设置在站台的进站端。

短轨式电分段有两个要求：一是必须实现不间断供电，二是不应造成两个供电分区电连接。断电区的长短一般要求必须根据严格的计算，结合编组实际确定。

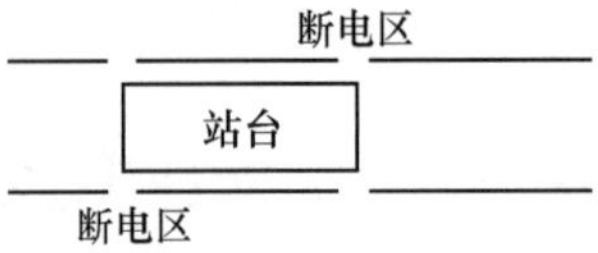

图7-53　短轨式电分段（1）

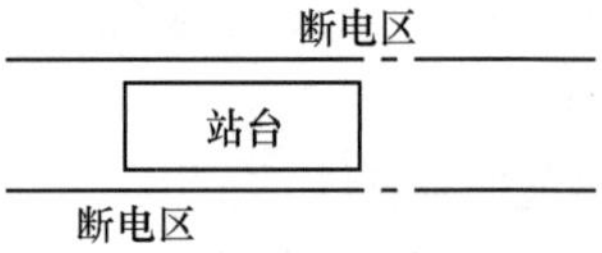

图7-54　短轨式电分段（2）

【实践操作】

1. 操作练习

1）现场参观学习，了解接触网的实际状态。

2）现场参观学习，了解接触网和车辆的关系。

3）实验室了解升弓情况，并研究弓网压力的最佳值的选择。

2. 书面练习

1）什么是牵引网？

2）什么是馈电线？

3）如何理解回流线的作用？

4）我国城市轨道交通牵引网主要有几种方式？

5）接触网供电方式有几种？

6）接触网选型应注意什么？

7）架空接触网和接触轨（第三轨）有何区别？

8）接触网有何要求？

9）柔性接触网有几部分结构？

10）何谓简单接触悬挂？

11）何谓链形悬挂？

12）柔性悬挂方式如何实现电分段？

13）刚性接触网馈电系统由几部分构成？各起什么作用？

14）刚性悬挂定位安装方式有几种？

15）水平悬挂方式有何特点？

16）刚性和柔性如何实现过渡？

17）架空刚性接触网与柔性接触网有何异同？

18）接触轨馈电系统由几部分构成？

19）说明接触轨系统的概念及种类。

20）接触轨系统的设备主要有哪些？

21）接触轨系统电分段有几种形式？

【评价跟进】

1. 教师的评价

由教师在完成本章的教学任务后填写，在相应表格中画“√”。

评 价 项 目		教师的评价			
序号	题　目	好	较好	一般	较差
1	对本章教学过程的控制				
2	在本章教学过程中，学员的参与情况				
3	学员对本章知识学习后的效果反馈				
教师对本章教学的总结评价意见及跟进措施					

2. 学员的评价

由学员在完成本章的教学任务后填写，在相应表格中画“√”。

评 价 项 目		学员的评价			
序号	题　目	好	较好	一般	较差
1	在本章教学执行过程中教师的表现				
2	本章教学内容与社会实际需求的联系情况				
3	自己在本章学习过程中的表现				
学员对本章教学的总结评价意见及跟进措施					

第8章 电力电缆

【问题导入】

城市轨道交通供电系统各个设备之间是通过电力电缆连接成一个整体的，电力电缆对整个系统的可靠运行起着至关重要的作用。不同的电缆，应用场合不一样，如何正确选择非常重要，否则就会造成严重的问题。城市轨道交通供电系统电缆由于身处地下，甚至更为恶劣的环境，因此了解电缆的属性，正确使用电缆、维护电缆就显得非常重要。

【学习目标】

1. 掌握城市轨道交通供电系统电缆的结构类型。
2. 掌握不同等级电缆的技术参数。
3. 掌握特种电缆的作用。
4. 掌握电缆的常见故障。

【教学建议】

1. 重点讲解电力电缆的结构及技术参数。
2. 实地学习电力电缆的故障探测。

【理论知识】

8.1 常用电力电缆概述

8.1.1 电力电缆概况

目前电力系统采用的电缆主要有纸绝缘电力电缆、橡塑绝缘电力电缆和自容式充油电力电缆。纸绝缘电力电缆在城市轨道交通供电系统很少使用。橡塑绝缘电力电缆是指聚氯乙烯绝缘、交联聚乙烯绝缘（XLPE）和聚乙烯绝缘电力电缆。

普通电缆的绝缘材料有一个共同的缺点，就是具有可燃性。当线路中或接头处发生故障时，电缆可能因局部过热而燃烧并导致扩大事故。阻燃电力电缆与耐火电力电缆属于特种电缆。

阻燃电缆是在电缆绝缘或护层中添加阻燃剂，即使在明火烧烤下，电缆也不会燃烧。阻燃电力电缆的结构与相应的普通聚氯乙烯绝缘电力电缆和交联聚乙烯绝缘电力电缆的结构基本上相同，而用料有所不同。对于交联聚乙烯绝缘电力电缆，其填充物、绕包层、内衬层及外护套等均在原用材料中加入阻燃剂，以阻止火灾延燃。有的电缆为了降低电缆火灾的毒性，电缆的外护套不用阻燃型聚氯乙烯，而用阻燃型聚烯烃材料。对于聚氯乙烯绝缘电力电缆，有的采用加阻燃剂的方法，有的则采用低烟、低卤的聚氯乙烯料作为绝缘，而绕包层和内衬层均用无卤阻燃料，外护套用阻燃型聚烯烃材料等。至于采用哪一种形式的阻燃电力电缆，要根据使用者的具体情况进行选择。城市轨道交通地下电力电缆一般采用低烟、无卤阻燃电缆，地面或高架采用低烟阻燃电缆。

耐火电力电缆是在导体外增加耐火层，多芯电缆相间用耐火材料填充，其特点是：可在发生火灾以后的火焰燃烧条件下，仍能保持一定时间的供电，为消防救火和人员撤离提供电能和控制信号，从而大大减少火灾损失。耐火电力电缆一般分为A类和B类：A类可以在900～1000℃下工作90min；而B类可以在750～800℃下工作90min。耐火电力电缆又分为有机型和无机型：有机型采用耐800℃高温的云母带作为耐火层；而无机型采用氧化镁作为绝缘材料，铜作为护套材料，俗称MI电缆。耐火电力电缆适用于对防火有特殊要求的场合，一般情况下，耐火电力电缆比阻燃电缆价格要贵。在城市轨道交通供电系统中，为应急照明、消防设施供电的电缆，明敷时应采用低烟、无卤耐火铜芯电缆或矿物绝缘耐火电缆。

城市轨道交通地下变电所控制电缆一般采用低烟、无卤阻燃铜屏蔽电缆，地面变电所控制电缆一般采用低烟阻燃铜屏蔽电缆，而所外控制电缆应设置铠装加以保护。

城市轨道交通供电系统多采用交联聚乙烯绝缘电力电缆，故本章重点介绍这种电力电缆的结构、常见故障及处理方法。

8.1.2 城市轨道交通供电系统常用电力电缆的特点

城市轨道交通供电系统地处城市的中心，其所用电缆越来越多地倾向于交联聚乙烯绝缘电力电缆，其等级包括0.4kV、10kV、35kV、110kV等。此外还有直流1500V、750V电缆。由于轨道交通电缆使用场合的特殊性，电缆必须具备清洁环保、阻燃、防水、防紫外线、防鼠蚁噬咬等特性。

为了保证可靠安全运行，城市轨道交通供电系统对电力电缆的基本要求如下：①地下环境的高压电缆采用低烟、低卤、A类阻燃电缆，采用铜带内铠装外护套；②低压电缆采用低烟、低卤、A类阻燃电缆；③在火灾时仍需供电的电缆采用铜芯耐火型电缆；④城市轨道交通供电系统控制信号电缆选用屏蔽电缆；⑤聚氯乙烯绝缘电缆（PVC）一般用于高架或地面，交联聚乙烯电力电缆（XLPE）通常用于地铁。

1. 电力电缆敷设地点

从具体功能位置分，有车站、隧道、电缆沟、电缆夹层、电缆井等；从空间上分，有地下、高架或地面。

2. 电力电缆敷设方式

电缆桥架、电缆托架、电缆挂钩、顶部吊挂等有时采用穿钢管敷设。

3. 基本要求

地下：交流26kV/35kV，根据不同的系统，通过计算选择不同的电缆数量和截面积，一般有$1\times95mm^2$、$1\times150mm^2$、$1\times240mm^2$。

地上：交流26kV/35kV，根据不同的系统，通过计算选择不同的电缆数量和截面积，一般有$1\times95mm^2$、$1\times150mm^2$两种。

随着我国城市轨道交通事业的高速发展，轨道交通用电缆的需求量也在不断增加，这也为电缆技术的发展提供了机遇。

8.1.3 城市轨道交通供电系统常用电缆技术要求

城市轨道交通供电系统在不同的应用场合，对于所用电缆的要求也不一样。车辆段内的电缆应采用防水、防紫外线的铠装电缆。车站及隧道内的电线电缆应选择低烟、低卤、阻燃的铠装电缆。在火灾时仍需供电的电缆还应具备耐火特性，采用耐火电缆。变电所控制信号电缆应选择屏蔽电缆。交流 110kV、35kV、0.4kV 电力电缆的结构选型及参数配置和直流 1500V 电力电缆的结构选型及参数配置应满足相关的技术要求。

城市轨道交通供电系统的电缆选择一般应满足以下原则：一是电缆载流量应满足各种运行条件下最大负荷的要求，并留有一定的余量；二是电缆应能承受系统在各种运行方式下的短路电流；三是电缆选型应满足城市轨道交通安全要求和不同敷设环境的要求；四是电缆类型应考虑工程施工和运行维护的方便性。除此之外，还要考虑是否采用防白蚁、防水的电缆。在城市轨道交通供电系统中 35kV 以上系统，一般采用单芯电缆，直流 750V 和 1500V 电缆也选用单芯电缆。表 8-1 列出了城市轨道交通供电系统工程常用电缆的项目和型号，供读者在今后的工程实际中参考。

表 8-1　城市轨道交通供电系统工程常用电缆的项目和型号

序　号	设备及材料名称	单　位	正　线	停车场	车辆段
1	单芯电力铜电缆 AC 35kV　$1\times240mm^2$ 电缆敷设	km			
2	单芯电力铜电缆 AC 35kV　$1\times150mm^2$ 电缆敷设	km			
3	AC 35kV $1\times240mm^2$ 电缆中间接头制造、安装	个			
4	AC 35kV $1\times150mm^2$ 电缆中间接头制造、安装	个			
5	AC 35kV $1\times240mm^2$ 电缆终端接头制造、安装	个			
6	AC 35kV $1\times150mm^2$ 电缆终端接头制造、安装	个			
7	保护光缆敷设	km			
8	电缆支架制造、安装	组			
9	接地母线敷设（扁钢 50×5）	km			
10	防火堵料封堵	套			

1. 110kV 电缆技术要求

应以 IEC 228、IEC 229、IEC 230、IEC 502、IEC 840、IEC 540、IEC 859 等出版物和相应国际标准及国标 GB/T 11017—2014 作为技术规范，如使用其他规范应征得买方同意后才能有效。提供的交联聚乙烯电缆（XPLE）及其所有附件，均应按规范试验合格，并经多年运行证明是质量优良、安全可靠、用户满意的产品。交联聚乙烯电缆的交联方式必须是干式加热交联法，聚乙烯材料必须是超纯净的。应按 IEC 840 的规定，提交所供电缆及附件的型式试验报告。不接受偏心度大于 10% 的交联聚乙烯（XLPE）电缆产品。

（1）运行条件

1）电力系统要求。电力系统一般包括电力系统的额定电压、电力系统的最高工作电压、冲击过电压、电力系统频率、电力系统接地方式、持续运行载流量、短时过负荷电流及每次预计持续时间、最大短路电流与持续时间等主要指标。以下就是一个工程选择 110kV 电缆在电力系统方面的要求。

电力系统的额定电压 U/U_0（相电压）：110kV/64kV；电力系统的最高工作电压 U_m：126kV；冲击过电压 U_p：550kV；电力系统频率：50Hz；电力系统接地方式：中性点有效接地；持续运行载流量：420A；短时过负荷电流及每次预计持续时间：故障条件下为电缆正常运行最大允许载流量的 110%/h；最大短路电流与持续时间：三相短路 17.30kA/3s，单相短路 20.15kA/3s。

2）环境条件。环境条件主要包括海拔、大气污染等级、户外终端爬电距离、环境温度、电缆线芯允许的最高温度和电缆设计使用年限等。

此外环境条件还包括敷设安装条件，如温度、土质、酸碱度、是否有蚁害等。当然还要考虑敷设深度以及土壤热阻率。

（2）电缆构造及技术要求

1）交联方式。城市轨道交通供电系统常用电缆的交联方式必须是干式交联，内、外半导电层与绝缘层必须同时共挤。紧压绞合圆形铜导体，导体铜应符合 GB/T 3953—2009 的规定；标称截面积为 $500mm^2$，应采用规则绞合紧压结构；导体的结构和直流电阻应符合 GB/T 3956—2008 和 GB/T 11017—2014 的规定。

2）导体屏蔽与绝缘屏蔽。导体屏蔽应由半导电包带和挤出半导电层组成；半导电材料应采用超光滑可交联型材料，并符合 GB/T 11017—2014 的规定；半导电层厚度应为 0.8～1.0mm。

3）绝缘。绝缘材料应为超净化可交联聚乙烯材料，其性能应符合 GB/T 11017—2014 的规定；最小工频平均击穿电场强度应不小于 30kV/mm，最小冲击平均击穿电场强度应不小于 60kV/mm；绝缘平均厚度与标称值之正公差不大于其标称值的 10% +0.1mm；绝缘偏心度不大于 8%，即

$$\frac{\text{绝缘最大厚度}-\text{绝缘最小厚度}}{\text{绝缘最大厚度}}\times 100\% \leqslant 8\% \tag{8-1}$$

式中，最大绝缘厚度和最小绝缘厚度为同一截面上的测量值。

4）阻水层。径向阻水层宜选用金属套，视情况也可选用综合防水层。金属套内可绕包半导电吸水膨胀带或采用吸水膨胀粉作为纵向阻水材料。

5）外护层。电缆外护套采用聚乙烯（PE-ST7）材料，可选用中密度 PE（MDPE）或高密度 PE（HDPE）护套；隧道内安装的电缆可采用聚氯乙烯（PVC-ST2）材料护套。外护层应有良好的防腐蚀、防白蚁、防潮和阻燃性能。

6）牵引头和内端头。电缆牵引头应压接在导体上，与金属套的密封必须采用铅封，密封性能良好，并能承受与电缆相同的敷设牵引力和侧压力。电缆内端头应使用钢制封帽，与金属套的密封必须采用铅封，密封性能良好。

7）接头。接头应为预制式，接头接线管与电缆铜导体必须采用压接方法进行连接。接头应有与电缆金属护套和外护套相同电气和机械性能的结构，防水性能良好，与金属护套有可靠电气连接。接头外应有加强保护盒，保护盒内填充无需加热处理的防水材料。绝缘接头、绝缘隔板的绝缘水平应满足：1min 耐受工频电压：48kV；耐受冲击电压：75kV。

8）瓷套终端。出线杆：出线杆与电缆铜导体必须采用压接方法进行连接。机械负荷：瓷套终端应能承受 2kN 的水平荷载。终端应有防晕罩。终端内的绝缘填充物应为硅油。

9）GIS 终端。出线杆：出线杆与电缆铜导体必须采用压接方法进行连接。GIS 设备的配合应满足 IEC 859 的规定。

10）外护套过电压保护器。

保护器物理特性：无间隙氧化锌非线性电阻。

保护器电气特性：保护器通过 8/20μs、10kA 冲击电流时的残压不大于 17.2kV；保护器在 6kV 工频电压下能承受 5s 而不损坏；保护器应能通过最大冲击电流累计 20 次而不损坏。

交叉互联箱带电部分对箱体的绝缘水平应不低于电缆非金属外护层的绝缘水平。交叉互联箱外壳应有良好的防水性能和防腐蚀性能。

城市轨道交通供电系统的常用 110kV 电缆及附件规格型号见表 8-2。

表 8-2　电缆及附件规格型号

序　　号	材料设备名称	规 格 型 号	单　　位
1	XLPE 电缆	$110kV/500mm^2$	m
2	户外电缆终端	$110kV/500mm^2$	套
3	SF_6 电缆终端	$110kV/500mm^2$	套
4	绝缘接头	$110kV/500mm^2$	套
5	直线接头	$110kV/500mm^2$	套
6	交叉互联连接盒	三相	套

（3）选购主要指标　电缆选购主要技术指标见表 8-3。

表 8-3　电缆选购主要技术指标

额定工作电压		110kV
最高工作电压		126kV
构造	交联方式	干式交联，内、外半导电层与绝缘层必须同时共挤
	导体	采用规则绞合紧压绞合圆形铜导体
	导体的结构和直流电阻	符合 GB/T 3956—2008 和 GB/T 11017—2014 的规定
	绝缘	绝缘材料为超净化可交联聚乙烯材料，其性能应符合 GB/T 11017—2014 的规定
		最小工频平均击穿电场强度不小于 30kV/mm，最小冲击平均击穿电场强度不小于 60kV/mm
		标称厚度 17mm，绝缘平均厚度与标称值之正公差不大于其标称值的 10% +0.1mm
		绝缘偏心度不大于 8%
	导体屏蔽与绝缘屏蔽	导体屏蔽由半导电包带和挤出半导电层组成
		半导电材料应采用超光滑可交联型材料，并符合 GB/T 11017—2014 的规定
		挤出半导电层厚度应为 0.8～1.0mm
	阻水层	径向阻水层选用金属套。金属套内绕包半导电吸水膨胀带或采用吸水膨胀粉作纵向阻水
	绝缘材料	超净化可交联聚乙烯材料，其性能应符合 GB/T 11017—2014 的规定
额定频率		50Hz
最大额定电流/A	持续运行载流量	420A
	短时过负荷电流及每次预计持续时间	110% 正常最大载流量/h
短路耐受电流	三相短路电流	17.3kA/3s
	单相短路电流	21.5kA/3s
雷电冲击耐受电压（相对地）		550kV
系统接地方式		中性点有效接地
生产工艺		立式高压生产线

2. 35kV 电力电缆

常用单股 $1\times300mm^2$、$1\times150mm^2$、$1\times95mm^2$、$1\times50mm^2$ 低卤（或无卤）阻燃、防紫外线、低烟的电力电缆。技术参数主要包括电力系统参数和电缆基本技术参数。为了实现上述要求，对于阻燃性能，一般采用阻燃电缆，有的采用低烟、无卤的聚乙烯材料作绝缘。

（1）电力系统参数　见表 8-4。

表 8-4　电力系统参数

额定电压	$U=35kV$
最高工作电压	$U_m=42kV$
额定频率	$f=50Hz$
接地方式	中性点经小电阻接地

（2）电缆基本技术参数　见表 8-5。

表 8-5　电缆基本技术参数

项　目	$1\times300mm^2$	$1\times150mm^2$	$1\times95mm^2$	$1\times50mm^2$	备　注
额定电压/kV	21/35	21/35	21/35	21/35	U_0(相电压)/U
直流电阻/(Ω/km)	≤0.0601	≤0.124	≤0.193	≤0.387	环境温度 20℃
载流量/A	≥650	≥425	≥300	≥220	环境温度 40℃，空气中敷设，电缆三角形相互接触排列，导体最高温度 90℃
1s 短路耐受电流/kA	40	25	12.5	厂家提供	环境温度 40℃，空气中敷设，电缆三角形相互接触排列，导体最高温度 250℃/s
工频耐受电压/kV	53	53	53	53	5min
冲击耐受电压/kV	200	200	200	200	—
局部放电量($1.5U_0$)	≤10pC	≤10pC	≤10pC	≤10pC	—
阻燃性能	A 类	A 类	A 类	A 类	低烟、无卤、阻燃电缆
	—	C 类	—	—	低卤、阻燃、防紫外线电缆
透光率	60%	60%	60%	60%	低烟、无卤、阻燃电缆
	—	30%	—	—	低卤、阻燃、防紫外线电缆
燃烧时逸出气体的 pH 值	4.3	4.3	4.3	4.3	低烟、无卤、阻燃电缆
燃烧时逸出气体的电导率/(μS/mm)	10	10	10	10	低烟、无卤、阻燃电缆

（续）

项　　目	1×300mm^2	1×150mm^2	1×95mm^2	1×50mm^2	备　　注
燃烧时卤酸气体逸出量/(mg/g)	100	100	100	100	低卤、阻燃、防紫外线电缆
电缆弯曲半径	20d	20d	20d	20d	不大于1.4m
紧压系数	≥0.90	≥0.90	≥0.90	≥0.90	—
绝缘标称厚度/mm	9.3	9.3	9.3	9.3	—
绝缘偏心度	≤10%	≤10%	≤10%	≤10%	—

3. 直流1500V电力电缆

直流1500V电力电缆常用单股1×400mm^{2}和带铠装或无铠装1×150^2mm低卤、阻燃、防紫外线或低烟、无卤、阻燃的电力电缆，其技术参数见表8-6。

表8-6　直流1500V电力电缆的技术参数

项　　目	1×400mm^2	1×150mm^2	备　　注
额定电压/kV	1.5	1.5	
直流电阻/(Ω/km)	≤0.047	≤0.124	环境温度20℃
载流量/A	≥890	≥490	环境温度40℃，电缆支架上无间隙、两层并列布置，导体最高温度90℃，单端接地
短路电流耐受/(kA/1s)	≥40	≥20	环境温度40℃，电缆支架上无间隙、两层并列布置，导体最高温度250℃，单端接地
工频耐受电压/kV	6.5	6.5	5min
冲击耐受电压/kV	40	40	90～100℃
局部放电量/pC	≤20	≤20	—
阻燃性能	A类	A类	低烟、无卤、阻燃电缆
	C类	C类	低卤、阻燃、防紫外线电缆
透光率	60%	60%	低烟、无卤、阻燃电缆
	30%	30%	低卤、阻燃、防紫外线电缆
pH值	≥4.3	≥4.3	低烟、无卤、阻燃电缆
电缆弯曲半径/m	≤1.4	≤0.2	—
	≤1.4	≤0.2	—
卤酸气体逸出量/(mg/g)	≤100	≤100	低卤、阻燃、防紫外线电缆
绝缘标称厚度/mm	2.0	2.0	—
紧压系数	≥0.90	≥0.90	—
绝缘偏心度	≤10%	≤10%	—

标称电压：DC 1500V；

最高电压：DC 1800V；

最低电压：DC 1000V；

近端最大短路电流：90kA；

正线：单芯乙丙烯橡胶绝缘，聚烯烃护套，低烟、无卤、A 类阻燃，铜芯电缆。

需要注意的是，对于直流 1500V 电缆，我国目前还没有生产标准，但根据 IEC 标准，直流 1500V 电缆可等同于交流 1000V 电缆，此外直流 1500V 电缆的绝缘等级不高，我国在低压电缆中已经有交流 3600V 电缆的成熟产品，可以用交流 3600V 电缆代替直流 1500V 电缆。

4. 电缆敷设与验收

（1）电缆敷设　电缆敷设应根据不同环境采取不同的方式，一般有车辆段、地下隧道和地下车站。

对于车辆段，一般电缆采用电缆沟或电缆廊道敷设方式；对于隧道内，电缆采用电缆支架安装于隧道壁的敷设方式；而对于车站，则采用电缆敷设于电缆夹层内的方式。一般情况下，对于多层电缆支架来说，一般按电压的高低从下向上排列，即最下层敷设最高电压等级的电缆，而最上层一般敷设控制电缆。

电缆送电的方式有两种。第一种，由临近车站上环网，优点是不用开挖隧道，投资相对较少；缺点是电缆数量增加，末端电压降低，不能满足供电要求。第二种，就近隧道预留一电缆竖井，此电缆井能够方便人员上下，便于维护、维修。优点是电缆数量少，末端电压高，能满足供电要求；缺点是隧道预留电缆井，投资相对较大。为保证可靠供电，建议采用隧道预留电缆竖井方式。

（2）验收　高压交联聚乙烯电缆的竣工验收包括两个项目：一是根据 GB/T 11017—2014 或 IEC 840 对电缆线路的主绝缘进行耐压试验。试验方法主要有两种：

一是根据下述步骤进行：

直流耐压：试验电压为 $3U_0$，施压时间 15min。

交流耐压：试验电压为 $1.73U_0$，施压时间 5min 或 $1U_0$，施压时间 24h。

其中，U_0为电缆导体对地或对金属屏蔽层间的额定电压。

二是根据 GB/T 11017—2014 或 IEC 229 对电缆线路的外护套进行耐压试验。对外护套厚度大于 2.5mm 的电缆，在电缆屏蔽层和地之间加 10kV 的直流耐压，耐压 1min。保证此试验成功的前提条件是电缆外护套的外表面与地接触良好。这是国内外流行的外护套耐压试验标准。

此外，交联聚乙烯电缆的竣工试验项目一般包括绝缘电阻试验、接头直流电阻的测量、直流或交流耐压试验以及相位检查等。

8.2　交联聚乙烯绝缘电力电缆

交联聚乙烯绝缘电力电缆（简称交联电缆）是近 40 年来发展起来很有前途的塑料电缆。这种电缆电场分布均匀，没有切向应力，重量轻，载流量大，已广泛用于 6 ~ 35kV 及 110kV、220kV 的电缆线路中。110kV 或 220kV 是向城市轨道交通供电环网系统供电的，35kV 是构成城市轨道交通供电环网系统的主干网，为保证城市轨道交通供电系统的正常运行，此等级电网大都采用交联聚乙烯绝缘电力电缆。因此本节重点学习这两种电缆。

8.2.1　35kV 及以下交联聚乙烯绝缘电力电缆

城市轨道交通供电系统35kV电缆又称为中压环网电缆。35kV中压环网电缆在轨道交通供电系统中不仅投资比重大，而且对地铁供电系统的安全可靠性影响很大。因此35kV电缆的结构选型及参数配置关系到整个轨道交通供电系统的安全运营。一般情况下，35kV电缆选用低烟、无卤、交联聚乙烯绝缘、铠装单芯电力铜电缆，在车辆段、停车场等露天区段敷设的35kV电缆还需加入防紫外线功能。

1. 中压环网电缆选型原则

1）电缆载流量应满足各种运行工况下最大负荷长期工作的需要。

2）电缆应能承受系统在各种运行方式下的短时短路电流作用。

3）电缆类型的选择应考虑工程实施的方便性。

4）电缆选型应满足地铁安全性要求和不同敷设环境的要求。

2. 中压环网电缆截面积选择原则

1）通过负载电流时，线芯温度不超过电缆绝缘所允许的长期工作温度。

2）经济寿命期内的总费用最少（经济寿命期内的总费用是初始投资和经济寿命期内线路损耗费用之和）。

3）通过短路电流时，不超过所允许的短路强度。

4）电压损失在允许的范围内。

5）满足机械强度的要求。

3. 结构

三芯交联聚乙烯绝缘铠装电力电缆的结构图如图8-1所示。在圆形导体外有内屏蔽层、交联聚乙烯绝缘层和外屏蔽层；外面还有保护带、铜线屏蔽、铜带和塑料带保护层；三个缆芯中间有一圆形填芯，连同填料扭绞成缆后，外面再加护套、铠装等保护层。导体屏蔽层为半导电材料，绝缘屏蔽层为半导电交联聚乙烯，并在其外绕包一层0.1mm厚的金属带（或金属丝）。电缆内护层（套）的形式，除了上面介绍的三个绝缘线芯共用一个护套外，还有绝缘线芯分相护套。分相护套电缆相当于三个单芯电缆的简单组合。这种电缆的电场分布情况与单芯电缆及纸绝缘分相铅套电缆类似，但电气性能更好，应用范围与纸绝缘分相铅套电缆相同。

6～35kV交联聚乙烯绝缘电力电缆已得到广泛使用。

4. 电缆终端

为了便于施工，提高工作效率和质量，制造了各种电缆终端和接头。

35kV及以下电缆终端分为户内终端、户外终端和设备终端。户内终端是安装在室内环境下，不受阳光直接辐射，又不暴露在大气环境下使用的终端。户外终端则正好相反，它安装在室外环境下，使电缆与架空线或其他电器设备相连接，它是受阳光直接辐射，暴露在大气环境下使用的终端。设备终端直接和电气设备相连接，高压导电金属处于全绝缘状态而不暴露在空气中。

35kV及以下中间接头分为直通接头、分支接头、过渡接头、堵油接头、转换接头和绝缘接头。直通接头用来连接两根同一线路上的相邻电缆。分支接头将支线电缆连接到干线电缆上去。而近乎垂直的接头又称为T形分支接头；近乎平行的称为Y形接头；在干线电缆某处同时分出两根接头，称为 X 形分支接头。当落差较大时，为防止高端浸渍油纸电缆接头绝缘干枯，而在接头内将油路截断，称为堵油接头。转换接头用来连接多芯电缆和单芯电缆。绝缘接头用于大长度电缆线路里，使接头两端的金属护套和电缆绝缘屏蔽层在电气上断开，以便交叉互联，减少护层损耗。

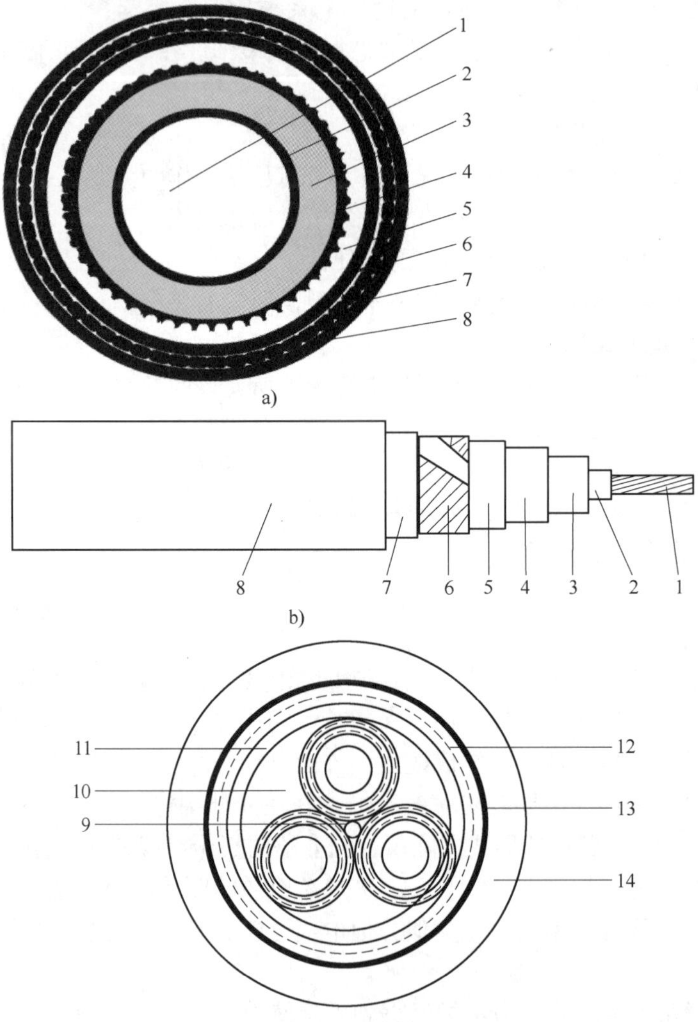

图 8-1 交联聚乙烯绝缘电力电缆结构图

a）单芯交联聚乙烯断面图 b）单芯交联聚乙烯纵切面图 c）三芯 6～35kV 交联聚乙烯绝缘钢带铠装电缆
1—导体 2—导体屏蔽层 3—交联乙烯绝缘 4—绝缘屏蔽层 5—保护带或内护层 6—铜线屏蔽和螺旋铜带
7—塑料带或铝箔 8—聚氯乙烯护套 9—填芯 10—填料 11—内护套 12—钢带铠装 13—钢带 14—外护套

5. 电缆屏蔽及金属屏蔽层截面积的选择

对于 35kV 交联聚乙烯绝缘电缆，除了要有导体屏蔽和绝缘屏蔽外，还要有金属屏蔽。电缆的绝缘屏蔽材料有可剥离和不可剥离之分。一般额定电压 U_0 为 12kV 及以下电缆的挤包绝缘屏蔽应是可剥离的，但对 35kV 电缆没有提具体要求。

使用不可剥离绝缘屏蔽层的主要缺点是施工中安装电缆中间、终端头时较困难。因为在剥除半导电屏蔽层时，不能留下刀痕和凹凸不平的情况，更不能损伤绝缘。但不可剥离绝缘屏蔽层与绝缘线芯紧密结合，比可剥离绝缘屏蔽具有更高的安全性。

从系统长期运行的安全性考虑，建议35kV电缆绝缘屏蔽采用不可剥离的半导电层绝缘屏蔽。

电缆的金属屏蔽有铜带屏蔽和铜丝屏蔽两种结构。铜带屏蔽由重叠绕包的软铜带组成。铜带的标称厚度：单芯电缆不小于0.12mm；三芯电缆不小于0.10mm。标准中只规定了铜带的标称厚度，而未规定其截面积。事实上，铜带宽度不同、绕包层数不同时，截面积是不同的。重叠绕包的铜带截面积可由下式计算：

$$S = n\omega\delta \tag{8-2}$$

式中 n——铜带层数；

ω——铜带宽度（mm）；

δ——铜带厚度（mm）。铜丝屏蔽由疏绕的软铜线组成，其表面应用反向铜丝或铜带扎紧。铜丝屏蔽的标称截面积分为$16mm^2$、$25mm^2$、$35mm^2$、$50mm^2$共4种，可根据故障电流容量的要求选用。

金属屏蔽层的作用有两个：一是弥补半导电层屏蔽的不足；二是作为事故电流的通路。在中性点接地系统发生单相接地故障或中性点不接地系统在不同地点两相同时发生接地故障时，故障电流要从金属屏蔽层流过。为了不使金属屏蔽层烧损，要合理地选择金属屏蔽层的截面积。

6. 电缆阻燃类别的选择

电缆阻燃类别分为A类、B类、C类三种类型。对于城市轨道交通供电系统，工程中电缆需选择哪类阻燃等级，目前我国还没有相应的标准。从过去的运行实践看，工程中选择阻燃类别高的电缆，在减少电缆火灾概率、增强系统安全性、减少故障造成的经济损失等方面更具有优越性。对于同类型的A类阻燃电缆和C类阻燃电缆，价格相差15%~20%。因此，工程中电缆选取哪类阻燃等级，需结合工程中电缆的数量、电缆敷设的密集度、火灾概率、增强安全性要求和工程的投资等综合考虑。

在城市轨道交通工程供电系统中，35kV电缆宜选用交联聚乙烯绝缘低卤阻燃电缆。交联聚乙烯绝缘的标称厚度应不小于9.3mm。除有挤包半导电层的导体屏蔽和绝缘屏蔽外，缆芯外还要有金属屏蔽。绝缘、屏蔽要采用铜带或钢带。金属屏蔽层可采用铜带或铜丝屏蔽，要根据工程情况提出截面积要求。护套应采用低卤阻燃材料。在金属屏蔽层上应有挤包不透水的内衬，此时卤酸气体的含量应小于100mg/g。电缆应采用重叠绕包的厚度不小于0.12mm。

8.2.2 110kV及以上交联聚乙烯绝缘电力电缆

1. 交联聚乙烯绝缘电力电缆的优点

我国使用110kV及以上交联聚乙烯绝缘电力电缆开始于20世纪80年代。交联聚乙烯绝缘电力电缆有以下主要优点：

1）有优越的电气性能。交联聚乙烯作为电缆的绝缘介质，具有十分优越的电气性能，在理论上，其性能指标比充油电缆还要好。

2）有良好的热性能和力学性能。聚乙烯树脂经交联工艺处理后，大大提高了电缆的耐热性能，交联聚乙烯绝缘电力电缆的正常工作温度可达90℃，短路时的允许温度最高达250℃，比充油电缆高。因而在导体截面积相同时，载流量比充油电缆大。

3）敷设安装方便。由于交联聚乙烯是干式绝缘结构，不需附设供油设备，这样给线路施工带来很大的方便。交联聚乙烯绝缘电力电缆的接头和终端采用预制成形结构，安装比较容易。敷设交联聚乙烯绝缘电力电缆的高差不受限制。在有震动的场所，例如大桥上敷设电缆，交联聚乙烯电力电缆也显示出它的优越性。施工现场火灾危险也相对较小。

交联聚乙烯电力电缆与充油电缆相比较，也存在一定的缺点。①高电压等级的交联电缆的开发时间还不长，国内只有20年左右的历史，国际上也不过三十几年的经验。因此无论在制造工艺上还是运行使用上，其技术和经验远不如充油电缆，在理论和实践上都还有一些问题有待解决，其中最重要的和根本性的问题是对其长期运行可靠性和使用寿命的评价至今没有取得一致的结论。②交联聚乙烯作为一种绝缘介质，虽然在理论上具有十分优越的电气性能，但作为制成品的电缆，其性能受工艺过程的影响很大。从材料生产、处理到绝缘层（包括屏蔽层）挤塑的整个生产过程中，绝缘层内部难以避免出现杂质、水分和微孔，且电缆的电压等级越高，绝缘厚度越大，挤压后冷却收缩过程产生空隙的概率也越大。运行一定时期后，由于“树枝”老化现象，使整体绝缘下降，从而降低电缆的使用寿命。③尽管高压交联电缆本体的绝缘介质具有十分优越的电气性能，但倘若其连接部位（终端和接头）的绝缘品质一旦出现问题，特别是一旦终端或接头附件密封不良而受潮后，容易引起绝缘破坏。

2. 各部分的作用

1）导体。导体为无覆盖的退火铜单线绞制，紧压成圆形。为减小导体的趋肤效应，提高电缆的传输容量，对于大截面导体（一般大于100m^2）采用分裂导体结构。

2）导体屏蔽。导体屏蔽应为挤包半导电层，由挤出的交联型超光滑半导电材料均匀地包覆在导体上。表面应光滑，不能有尖角、颗粒、烧焦或擦伤的痕迹。

3）交联聚乙烯绝缘。电缆的主绝缘由挤出的交联聚乙烯组成，采用超净料。110kV电压等级的绝缘标称厚度为19mm，任意点的厚度不得小于规定的最小厚度值17.1mm（90%标称厚度）。

4）绝缘屏蔽。绝缘屏蔽亦为挤包半导电层，要求其必须与绝缘同时挤出。绝缘屏蔽是不可剥离的交联型材料，以确保与绝缘层紧密结合，其要求同导体屏蔽。

5）半导电膨胀阻水带。这是一种纵向防水结构。一旦电缆的金属护套破损造成水分进入电缆，这时半导电膨胀阻水带吸水后会膨胀，阻止水分在电缆内纵向扩散。

6）金属屏蔽层。金属屏蔽层一般由疏绕软铜线组成，外表面用反向钢丝或铜带扎紧。

7）金属护套。金属护套由铅或铝挤包成形，或用铝、铜、不锈钢板纵向卷包后焊接而成。成形的品种有无缝铅套、无缝波纹铝套、焊缝波纹铝套、焊缝波纹钢套和焊缝波纹不锈钢套和综合护套等6种。这些金属护套都是良好的径向防水层，但内在质量、应用特性和制造成本各不相同。目前国内除波纹钢套和波纹不锈钢套外都有生产，一般用铅和铝制作护套者较多。用铝制作护套时，铝的最低纯度为99.6%，高质量的铝不应含有微孔、杂质等，铝护套任意点的厚度不小于其标称厚度的85%，即0.1mm。当采用铅制作护套时，铅套用的铅合金应含0.4%~0.8%的锑和0.08%以下的铜，铅套任意点的厚度不小于其标称厚度的85%，即0.1mm。

8）外护层。外护层包括铠装层和聚氯乙烯护套（或由其他材料组成的）等。交流系统单芯电缆的铠装层一般由窄铜带、窄不锈钢带、钢丝（间置铜丝或铝丝）制作，只有交流系统三芯统包型电缆的铠装层才用镀锌钢带或不锈钢带。

3. 110kV 电缆接头

110kV 电缆的结构和单芯交联聚乙烯相同，其各部分的作用也相同，因此不再赘述。这里主要讲解 110kV 电缆接头。

（1）110kV 电缆中间接头及绝缘中间接头　110kV 以上交联聚乙烯电缆中间接头包括绝缘接头与直通接头。无论是绝缘接头还是直通接头，按照它的绝缘结构分为绕包型接头和预制型接头等，目前以预制型接头为主要形式。

组装式预制型中间接头是以在工厂浇注成形的环氧树脂作为中间接头的中段绝缘和两端以弹簧压紧的预制橡胶应力锥组成的中间接头，接头内无须充气或浸渍油。这种接头在工厂内预制，在现场进行组装。由于中间接头由三段组成，因此出厂时无法进行整体绝缘实验。

整体预制型中间接头是将中间接头的半导电内屏蔽、主绝缘、应力锥、半导电外屏蔽在工厂内预制成一个整体的中间接头预制件。现场安装时，只要将整体的预制件套在电缆绝缘上即可完成。预制件接头在外边暴露的时间短，接头工艺简单，安装时间短。由于接头绝缘是一个整体预制件，出厂时可进行整体绝缘实验，以保证质量。这种接头在我国已普遍使用，特别是在轨道交通供电系统中，由于受施工环境比较狭小的限制，采用这种接头，既可以缩短工期，又能保证质量，而且要求的施工界面较小。

（2）110kV 交联聚乙烯电缆终端　110kV 交联聚乙烯电缆终端包括户外终端、GIS 终端和变压器终端。下面分别介绍户外终端和 GIS 终端。目前 110kV 及以上交联聚乙烯电缆终端主要为预制橡胶应力锥终端。预制型终端的内、外绝缘是在工厂内一体制成的同一个橡胶预制件，现场安装时，只要将整体的预制件套在电缆绝缘上即可完成。目前，对于 110kV 及以上的电力系统，还无法将内、外绝缘一体制成同一个橡胶预制件。110kV 及以上系统的交联聚乙烯电缆终端的内绝缘采用预制应力锥，而外绝缘采用瓷套管或环氧树脂套管。套管和应力锥之间一般都充硅油或者聚丁烯等绝缘油。有一些 GIS 终端的结构是将应力锥紧贴在环氧树脂套管上，其间不充油，称为干式绝缘 GIS 终端。变压器的终端与 GIS 终端极为相似。总体上讲，户外终端、GIS 终端和变压器终端结构相似，但一般来讲，GIS 终端比户外终端要复杂些，GIS 终端一般采用环氧树脂套管作为外绝缘，如图 8-2 所示。一般情况下，电缆制造厂家须按 IEC 895 标准设计制造。凡是满足该标准的终端，可以安装在任何厂家生产的标准型 GIS 设备上。由于技术原因和经济因素，轨道交通供电系统常采用非一体的橡胶预制件，而是采用上述的两部分结构。图 8-3 所示为 110kV 交联聚乙烯电缆户外终端结构。

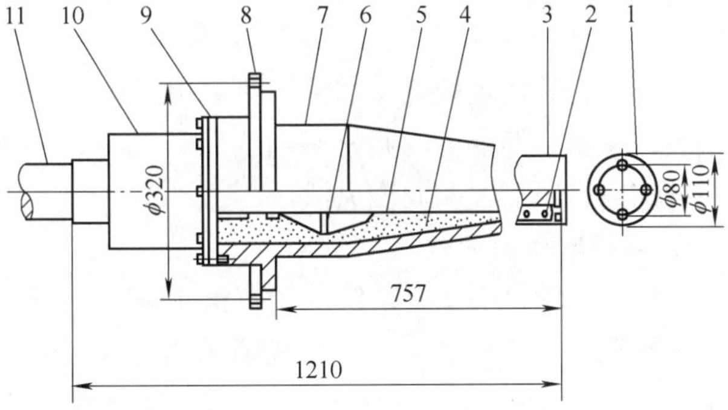

图 8-2　GIS 终端

1—终端与 GIS 结合面　2—导电金具　3—屏蔽罩
4—绝缘油　5—电缆绝缘　6—应力锥
7—环氧树脂套管　8—卡环　9—密封底座
10—尾管　11—交联电缆

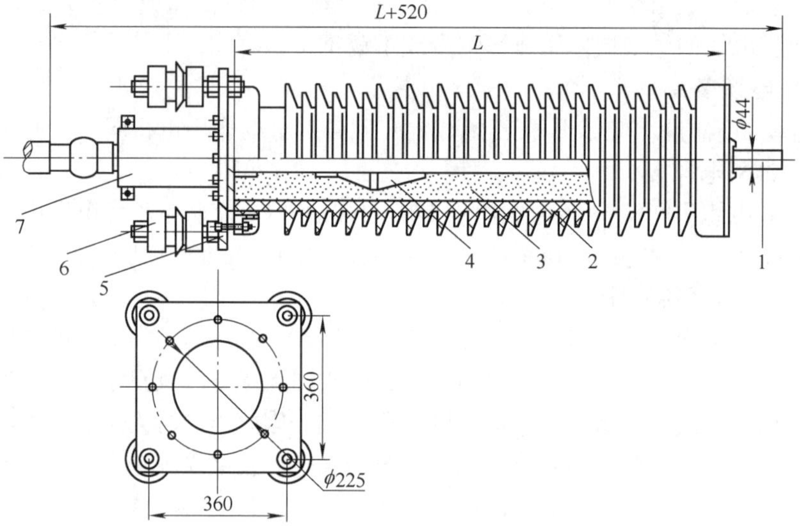

图 8-3 110kV 交联聚乙烯电缆户外终端结构
1—出线杆 2—瓷套 3—绝缘油 4—应力锥 5—底板 6—支撑绝缘子 7—尾管

8.3 直流 750V 或 1500V 电缆

城市轨道交通直流电力电缆是指轨道交通供电系统中直接对牵引机车进行供电的 1500V 及低于 1500V 的低压正极电缆、连接电缆和负极电缆。直流输电有许多优点，线路成本纸、损耗小、没有无功功率、电力连接方便、容易控制和调节，尤其是在长距离输电中直流电力系统已经广泛被采用。

直流电力电缆具有下列优点：绝缘的工作电场强度高，绝缘厚度薄，电缆外径小、重量轻、柔软性好和制造安装容易；介质损耗和导体损耗低，载流量大；没有交流磁场，有环保方面的优势。直流电缆特性与交流电缆有本质区别，后者除芯线电阻损耗外，还有绝缘介损及铅包、铠装的磁感应损耗，而前者基本上只有芯线电阻损耗且绝缘老化也较后者缓慢得多，因而运行费用也较低。在输送功率相同和可靠性指标相当的条件下，直流电缆输电线路的投资比交流线路要低（特别是当线路长度为 20～40km 时），而在输电技术上更能提高电力系统的运行可靠性和调度灵活性。

1. 直流电缆的种类

轨道交通的牵引供电系统采用直流 1500V 电压，因此直流 1500V 电缆的选择直接关系着地铁车辆的安全可靠性。目前我国采用直流 1500V 供电的地铁比较多，已经建成的有广州地铁 1、2 号线，上海地铁 1、2 号线、明珠线、莘闵线、M8 线，深圳地铁一期工程，南京地铁和重庆轻轨等。

随着轨道交通系统的迅速发展，越来越多的直流电缆投入了使用。直流牵引电缆用于连接高速直流开关和接触网，是直流供电系统的“瓶颈”。电缆一般采用交联聚乙烯（XLPE）电缆或乙丙橡胶（EPR）柔性电缆。轨道交通的发展历史比较长，不同时期不同方式的直流牵引电力电压等级多种多样，一般在直流 600～3000V 之间，其中常用的电压等级有直流

750V、1500V 和 3000V。

轨道交通牵引直流系统采用浮空供电方式，直流牵引电缆用于直流高速开关到接触网的供电，直流牵引电缆主要选用高性能的低烟、无卤、阻燃的 XLPE 或 EPR 电力电缆，有时为了防止鼠咬及增加机械强度等采用软铜带铠装。

轨道交通用直流牵引电缆主要适用于额定电压 3000V 及以下的城市轨道交通的直流电力传输。具体有：XLPE 绝缘 PVC 护套直流牵引（软）电缆；XLPE 绝缘聚烯烃护套低烟无卤阻燃直流牵引（软）电缆；XLPE 绝缘聚烯烃护套低烟低卤阻燃直流牵引（软）电缆；XLPE 绝缘聚烯烃护套低烟无卤阻燃防紫外线直流牵引（软）电缆；EPR 绝缘弹性体护套直流牵引软电缆；EPR 绝缘弹性体护套低烟无卤阻燃直流牵引软电缆；XLPE 绝缘防蚁防鼠低烟无卤 A 类阻燃直流牵引电缆等。

2. 直流电缆的特性和使用要求

轨道交通用电缆为各种中、低压电缆，属于固定敷设类型，传输功率也比较大，既属于电气装备电缆类，也属于电力电缆类。还有一种电缆用于输送 1500V 直流电压，是机车的供电电缆。1500V 直流电压相当于 600V 交流电压，在国家标准 GB/T 12706—2008（等同于 IEC 60502）中，低压交直流比为 2.4。为此电缆的绝缘厚度可按 0.6kV/1kV 的电缆选用。轨道交通用电缆一般均为单芯电缆。

轨道交通电缆对导体要求很高，希望采用紧压束绞细铜丝为单元，再绞合成导体，截面积一般都比较大，400 ~ 630mm^2是常用的规格，要求有内外半导电屏蔽层，在绝缘半导电屏蔽层外用铜带屏蔽，铜带要求采用硬度较高的黄铜带，以防止老鼠将电缆咬坏。还有一项重大的要求是防火，故采用 A 类阻燃电缆。另外根据项目具体情况，电缆一般应具有防水、防油、防紫外线、防鼠、防白蚁等性能。地铁项目中直流牵引电缆敷设空间有限，一般要求其重量轻，柔软性好，易弯曲，便于安装及维护。电缆敷设时的弯曲半径规定为：非软结构电缆为电缆外径的 12 倍；交联聚乙烯绝缘软结构电缆为电缆外径的 6 倍；乙丙橡胶绝缘软结构电缆为电缆外径的 4 倍。

直流供电一般为双极传输，具有两根导线，一根为正极，另一根为负极。正极电缆为绝缘加护套的结构，负极电缆为护套兼具有绝缘功能。所有正、负极电缆护套都选用低烟无卤阻燃材料构成，这样电缆在火灾环境中不但自己具有阻燃性能，而且不释放浓烟和有毒气体，减少对人员和电气设备的损害。具体要求为：①电缆燃烧时的阻燃性能应满足 GB/T 18380.31—2008 规定的 A 类、B 类或 C 类要求；②对于低卤低烟阻燃电缆，透光率≥30%；电缆燃烧时低卤性能应满足：卤酸气体逸出量≤100mg/g，pH 值≥2.5，电导率≤30μS/mm；③对于低烟无卤阻燃型电缆：无卤性能应满足 pH 值≥4.3，电导率≤10μS/mm 和透光率≥60%。

3. 直流电缆的结构

（1）导体　地铁中牵引电缆敷设空间有限，要求直流电缆轻量化、柔性好、转弯半径小。硬性电缆导体（1、2 类导体）由紧压型的多股圆铜线组成，不必镀锡，导体紧压系数较大，生产成本较低。柔性电缆的导体（5 类导体）由非紧压型的多股圆铜线组成，采用镀锡退火处理，生产成本较高。

正、负极电缆通常可选择 400mm^2的铜导体，线芯直径不大于 3mm。对于敷设空间特别狭小且敷设处存在强烈振动的连接电缆，应选择柔性电缆。如果连接电缆中 120mm^2 规格的电缆约占连接电缆总长的25%，可以将其截面积加大，即整个工程都采用150mm^{2}的连接电缆，便于统一设备、施工以及运营维护。

（2）绝缘　电缆在直流电压下绝缘内的电场强度与其电阻率成正比分布，电缆在运行中，电缆内温度升高，电阻率会受温度的影响而发生变化。当电缆负载为零时，最大电场强度出现在导电线芯表面；加上负载后，最大电场强度有向绝缘表面移动的趋势。因此，在选择绝缘材料和设计厚度时，不仅应保证在空载时线芯表面电场强度不能超过其允许值，而且还应保证电缆在允许最大负载时，绝缘层表面的电场强度不超过其允许值。

直流牵引电缆的绝缘一般采用电气性能优良的XLPE或EPR材料，直流电缆对工频耐压和冲击耐压的要求不高，正极电缆的电压在各个工程中没有差别，而负极电缆的电压有较大区别。地铁工程中负极电缆的数量约占直流电缆数量的40%，考虑设备的统一、施工和运营维护的方便以及运营的可靠，负极电缆宜采用与正极电缆相同的结构。

（3）防水　因地下环境和大气的影响，电缆长期敷设在潮湿的环境下，水分子会通过橡胶或塑料层渗透到电缆的内部，引起绝缘电气性能下降，甚至造成安全事故。因此，直流牵引电缆应具有防水、防潮性能。电缆防水一般以径向防水为主，采用一层不能渗水或难以透水的材料，将水分阻挡在绝缘以外，从而达到保护绝缘的目的。通常可采用铝/塑粘接综合护层；也可以在绝缘和护层之间单独设计一层线性低密度聚乙烯材料作为防水层，因为线性低密度聚乙烯具有较好的韧度、耐磨性及较低的透水性。另外，也可采用膨胀型阻水带缠绕在绝缘层的外表面，以便起到纵向或径向防水的作用。

（4）铠装　地下空间鼠害严重，另外电缆敷设空间狭小，施工时容易损伤电缆，地铁系统的电缆应采取措施使电缆免于一般的机械损伤，直流电缆的铠装材料可以选用铜带或不锈钢带。

（5）外护套　为了保证电缆优良的电气性能和阻燃特性，绝缘采用非阻燃材料，而外护层要采用具有防紫外线的低烟无卤阻燃材料。在地铁的牵引变电所电缆出口处敷设的直流电缆数可达20多根。按电缆成束燃烧试验要求，地铁直流电缆通常要求达到A类阻燃。

对于C类阻燃直流牵引电缆，采用乙丙橡胶和交联聚乙烯材料作为绝缘，外护套采用阻燃材料是能够实现的，但对于A、B类阻燃要求来说就比较困难。为了使电缆达到不同的阻燃级别要求，可以在绝缘和护层之间增加一层厚度为1～2mm的高阻燃隔氧层，以提高电缆的阻燃等级。

轨道交通是城市客运的大动脉和生命线。所以要求直流电缆不仅要防水、防鼠和安全可靠；同时还要考虑消防的要求，应采用阻燃型的低烟无卤电缆。

8.4 电力电缆的运行与维护

在电缆的运行中，电缆防火是其主要任务之一。防止电缆火灾首先要防止电缆本身和外界因素引起的电缆着火，其次要防止电缆着火后蔓延扩大，第三是采取有效的灭火措施。

8.4.1 电缆防火

1. 电缆火灾事故原因

电缆火灾事故主要有两种形式：一是外界火源引起火灾。据不完全统计，外界火源是引起电缆火灾事故的主要原因。它占所有电缆火灾事故总数的70.3%。因此在外界火源引起的火灾中，由于电缆积煤粉自燃引起电缆火灾的次数占由外界火源引起火灾的一半以上，由此说明必须下大力气防止在电缆上积煤粉。另外，外界水源引起的火灾还有油管道、轴瓦以及锅炉油枪等漏油引起的电缆火灾；电焊、气割金属熔渣引起的电缆火灾等。二是电缆本身故障引起火灾。电缆本身故障引起的火灾主要有绝缘老化、受潮、短路以及终端、接头爆炸等原因，其中由于380V低压电缆故障造成的电缆火灾约占电缆本身故障引起火灾的一半以上，比例较大，这说明在防止电缆火灾事故时不能忽视低压动力电缆故障。

2. 电缆的防火措施

电缆的防火主要有以下措施：

1）采用阻燃型电缆或耐火型电缆。阻燃型电缆是指着火后具有不延燃或能自熄的电缆。耐火型电缆是指电缆在一定时间（如0.5～3h）和高温（如750～1000℃）作用下，绝缘不致完全烧坏并能继续通电的电缆。实践证明，采用阻燃型电缆或耐火型电缆是电缆防火的有效措施之一。近几年来，我国已能生产达到IEC和国标要求的阻燃型、耐火型电缆，国内多家电缆厂都具备了生产XLPE绝缘无卤低烟阻燃及耐火电缆的实力。阻燃型电缆的价格比同类普通电缆高10%左右，耐火型电缆的价格比同类普通电缆高50%左右。城市轨道交通供电系统多采用交联聚乙烯绝缘无卤、低烟、阻燃及耐火电缆，以提高安全运营水平。

2）设置单独的电缆通道。公用重要回路的非耐火型电缆，宜布置在两个互相独立或有耐火分隔的通道中，也可对其中一回路电缆做耐火处理。

3）提高电缆敷设和电缆防火封堵质量。电缆竖井和电缆孔洞的封堵，对于防止电缆火灾蔓延起着十分重要的作用。因此，在相关标准中要求，设计时应考虑通过竖井进入控制室电缆夹层的电缆数量不宜过多，应尽可能地减小竖井的开孔尺寸，以方便封堵。对运行单位，电缆孔洞和竖井的严密封堵是当务之急，要求对封堵不严或未进行封堵的应立即完成封堵，并根据要求选择合适的填料。

4）电缆和热力设备之间的净距要满足要求。一般平行时应不小于1m，交叉时应不小于0.5m，不允许电缆平行敷设于热管道的上部。

5）设置防火墙和防火门，把火灾限制在最小范围内。

6）设置优良、高效、可靠的灭火系统。为了防火，一般安装火灾探测器。目前主要的火灾探测器有烟感、温感和光感三种类型。各式敏感元件可与火灾自动报警系统组合配套，以满足不同场所对火灾探测的需要。当电缆着火探测报警后，就可以驱动末端执行机构，如自动喷水、自动喷射高效灭火剂等装置进行灭火。喷水器最大的中心间距不应大于3.5m。快速响应喷水器的动作温度定值为74℃，如周围环境温度超过38℃，则应装设100℃动作的喷水器。同时在电缆隧道、夹层及高压电缆终端室、接头室还可设置泡沫灭火器。

3. 加强管理

运行单位应重视对电缆的运行管理，定期巡视检查，认真、及时地进行预防性试验。同时要重视消防系统的设计和运行管理。城市轨道交通供电系统运行单位应强化消防工作，防止由于外界火源引起的电缆火灾。消防技术规定中要求，消防水泵应保证在火警后8min内开始工作，并在火场断电时仍能照常运行。

最后要安装火灾预警系统。采用单片机实现的电缆多点温度在线自动监测及其火灾预警系统可以在电缆发生火灾事故之前预警，将电缆火灾事故消灭在萌芽状态。该系统的基本工作原理是：以检测电缆表皮温度为测量手段，当电缆表皮温度超过所给定的温度整定限值后，即发出报警信号，并能准确地确定电缆发生过热的具体部位，因而能够在很大保护范围内，从根本上消灭电缆事故，防患于未然。

8.4.2 防止电缆故障的措施

根据现场的运行经验，防止电缆故障的措施如下：

1. 加强巡查

按规定的周期进行巡查。变电所内的电缆，至少每3个月巡回检查1次。对敷设在土中的直埋电缆，根据季节及基建工程的特点，必要时应增加巡查次数。对挖掘暴露的电缆，应根据工程的具体情况，酌情加强巡查。电缆终端头，根据现场及运行情况一般每1~3年停电检查1次。装有油位指示的电缆终端头，每年夏、冬季应检查油位高度。污秽地区的电缆终端头的巡查与清扫的期限，可根据当地的污秽程度予以决定。

巡查时要注意以下事项：

1）对敷设在地下的每一电缆线路，应查看路面是否正常，有无挖掘痕迹，查看路线标桩是否完整无缺等。

2）电缆线路上不应堆置瓦砾、矿渣、建筑材料、笨重物体、酸碱性排泄物或砌堆石灰坑等。

3）对于通过桥梁的电缆，应检查桥两端电缆是否拖拉过紧，保护管或槽有无脱开或锈烂现象。

4）对于各种排管应该用专用工具疏通，检查其有无断裂现象。

5）电缆铅包在排管口及挂钩处，不应有磨损现象，需检查铅包是否失落。

6）对户外与架空线连接的电缆和终端头应检查终端头是否完整，引出线的接点有无发热现象，电缆铅包有无龟裂漏油，靠近地面的一段电缆是否被车辆碰撞等。

7）多根并列电缆要检查电流分配和电缆外皮的温度情况。防止因接点不良而引起电缆过负荷或烧坏接点。

8）隧道内的电缆要检查电缆位置是否正常，接头有无变形漏油，温度是否异常，构件是否失落，通风、排水、照明等设施是否完整。

9）巡线人员应做好记录和编制维护计划。

10）如果发现电缆线路有重要缺陷，应立即报告运行管理人员，并做好记录，填写重要缺陷通知单，运行管理人员接到报告后应及时采取措施，消除缺陷。

2. 防止绝缘过热

过负荷是导致电缆绝缘过热的重要原因，因此，相关规程规定，电缆原则上不允许过负荷，即使在处理事故时出现的过负荷，也应迅速恢复其正常电流。为避免电缆过负荷，一要正确选择电缆的截面，使之满足允许温度和载流量的要求；二要经常测量和监视电缆的负荷电流和温度。

电缆负荷电流的测量，可用配电盘式电流表或钳形电流表等。测量的时间及次数应按现场运行规程执行，一般应选择最有代表性的日期和负荷在最特殊的时间进行。发电厂或变电所引出的电缆负荷测量由值班人员执行，每条线路的电流表上应画出控制红线，用以标志该线路的最大允许负荷。当电流超过红线时，值班人员应立即通知调度部门采取减负荷措施。

电缆温度的测量，应在夏季或电缆最大负荷时进行，应选择电缆排列最密处或散热条件最差处及有外界热源影响的线段。测量直埋电缆温度时，应测量同地段的土壤温度。测量土壤温度的热电偶温度计的装置点与电缆间的距离不小于3m，离土壤测量点3m半径范围内应无其他热源。电缆与地下热力管道交叉或接近敷设时，电缆周围的土壤温度在任何时候不应超过本地段其他地方同样深度的土壤温度10℃以上。

3. 防止电缆腐蚀

电缆铅包或铝包腐蚀是导致电缆绝缘受潮的重要原因，所以防止电缆铅包或铝包腐蚀是保证电缆安全运行的重要措施。电缆的腐蚀有化学腐蚀和电解腐蚀两种。

防止化学腐蚀的方法如下：

1）合理选择电缆线路路径，尽量远离有腐蚀性的土壤。否则应采取必要的措施，如部分更换不良土壤，或增加外层防护，将电缆穿在耐腐蚀的管道中等。

2）对已运行的电缆线路，较难随时了解电缆的腐蚀程度，只能在发现电缆有腐蚀，或发现电缆线路上有化学物质渗漏时，掘开泥土检查电缆。

3）对室外架空敷设的电缆，每隔2～3年（化工厂内1～2年）涂刷一遍沥青防腐漆，对保护电缆外护层有良好的作用。

防止电解腐蚀的方法主要有以下两种：

1）加强电缆包皮与附近巨大金属物体间的绝缘。

2）在小的阳极地区采用吸回电极（锌极或镁极）来构成阴极保护时，被保护的电缆铅包电压应在$-0.2\sim0.5$V范围内。

4. 防止电缆绝缘受潮

防止电缆铅包或铝包腐蚀是防止电缆绝缘受潮的重要措施。对渗油的电缆进行及时处理也是防止电缆绝缘受潮的重要环节。主要方法如下：

1）电缆运行部门在巡视时，要注意电缆护套是否有渗油现象，对渗油的电缆要做好观察和记录，停电时应进行处理。

2）对电缆沟、隧道中的电缆，每年应进行两次检查，发现渗油电缆要及时处理；如要封铅处理，须停电检查，核对无误后再实施。

3）对电缆沟、隧道、工井等电缆构筑物，要及时排除积水，清理杂物。

高压交联聚乙烯电缆会由于电缆端部封帽不严或被损坏而受潮，也会因为在运输过程中电缆护层被外力损坏而受潮。此外在试验和运行的过程中，会因绝缘被击穿引起的电缆护层损坏而受潮，还会因中间接头密封不严受潮。

去潮处理是指一般在电缆的一端用压缩气体介质，强制灌入电缆绝缘线芯内，在电缆的另一端，同时抽真空，让干燥的气体吸收进入电缆的潮气，然后抽去。压缩气体介质通常为干燥的氮气或干燥的空气。去潮处理一般采用专门的设备。

5. 防止外力损伤电缆绝缘

电力电缆线路事故大部分是由外力的机械损伤造成的。为了防止电缆的外力损伤，应当建立制度、加强宣传、加强管理，在电缆线路附近进行机械化挖掘土方工程时，必须采取有效的保护措施，或者先用人力将电缆挖出并加以保护后，再根据操作机械及人员的条件，在保证安全距离的条件下进行施工，并切实加强监护。

6. 防止过电压击穿电缆绝缘

发电厂、变电所的35kV及以上电缆进线段，在电缆与架空线的连接处应装设阀式避雷器，其接地端应与电缆的金属外皮连接。对三芯电缆，末端的金属外皮应直接接地；对单芯电缆，应经接地器或保护间隙接地。

7. 防治白蚁

白蚁在全国20多个省市都有发现，而且以云南最多，广东次之。白蚁对直埋电缆有危害作用，它们能把电缆护层咬穿，使电缆绝缘受潮，导致绝缘强度降低，从而造成单相接地短路。对于南方的城市轨道交通电力系统，必须采取措施防治白蚁。

1）采用咬不动电缆。对于聚氯乙烯电缆，在白蚁活动的场所，采取措施以提高聚氯乙烯的硬度，使白蚁咬不动电缆。

2）药物型电缆。在电缆中加入一定剂量的对白蚁有触杀作用的药物。这些药物要有一定的药性持久性，同时在160℃高温时不易分解，此外还要求工艺简单、对电缆机电性能无影响、生产施工方便等，常用的有狄氏剂（$C_{12}H_8CL_6O$）、林丹（$C_6H_6CL_6$），狄氏剂的特点是最稳定，药效长；而林丹的特点是稳定性差，但毒杀力最大。

3）毒土防蚁。即在电缆周围的土中掺入一定剂量的药物，阻杀白蚁。

4）生态防蚁。主要方法是将电缆用水泥封包，选择合适的线路避开白蚁活动场所、改变敷设方式（改为架空式）等。

此外还要加强电缆的预防性试验工作，发现异常电缆，采取措施，减少损失。

8.5 电力电缆故障及检测

8.5.1 故障原因

电力电缆在运行中发生故障或击穿的主要原因是绝缘损坏。运行经验表明，导致绝缘损坏的原因如下：

1. 过热、过载导致电缆绝缘损坏

电力电缆过负荷和接头发热导致绝缘损坏，在主干电缆线路中比较常见，主要原因是超负荷运行或连接点接触不良。

2. 密封不良导致电缆附件绝缘损坏

电缆终端头和接头盒密封性能差，引起受潮，甚至绝缘损坏。这是因为户外终端头常年经受大气、温度和干、湿等气候条件的影响，其运行条件比电缆本身更为恶劣。特别是南方地区，对密封性能非常敏感。以鼎足式电缆头为例，它的三个瓷套管以及顶盖共有6~7处可能成为受潮进水的通道。水分进入电缆头后，逐渐使绝缘受潮，导致绝缘击穿，甚至爆炸。

3. 腐蚀引起受潮导致电缆绝缘损坏

电缆腐蚀穿孔引起的受潮，在运行年久的老电缆或有电腐蚀和化学腐蚀的地区中是常见的现象。此外，电缆外护层质量差也会加速电缆腐蚀穿孔。被腐蚀的电缆使绝缘性能下降。在电压、温度和电场作用下，形成相间或对地击穿现象。

电缆敷设场所的环境及敷设方式对其腐蚀有重要影响。从运行实践和事故分析资料中可以发现：直埋电缆比电缆沟或管道敷设电缆耐腐蚀。而对于跨越道路穿于管中的电缆，则其腐蚀、绝缘损坏率和故障次数也明显多于直埋电缆。

4. 机械损伤电缆绝缘

这类损伤主要包括以下几个方面：

1）直接受外力作用造成的破坏。这方面的损坏主要有施工和交通运输所造成的损坏，如挖土、打桩、起重、搬运等都可能误伤电缆，行驶车辆的振动或冲击性负荷也会造成穿越公路或铁路以及靠近公路或铁路敷设电缆的铅（铝）包裂损。

2）敷设过程造成的损坏。这方面的损坏主要是电缆因受拉力过大或弯曲过度而导致绝缘和护层的损坏。尤其是一些穿进管道的电缆，常发现管口部位绝缘击穿，主要原因是两端管口的弯曲半径太小。有的甚至以管口边缘为支点，严重损坏了电缆内部的绝缘。在电缆转角的地方也经常发现弯曲半径小于允许倍数的现象。

3）自然力造成的损坏。这方面的损坏主要包括中间接头或终端头受自然拉力和内部绝缘胶膨胀作用所造成的电缆护套的裂损，因电缆自然胀缩和土壤下沉所形成的过大拉力，拉断中间接头或导体以及终端头瓷套因受力而破损等。

5. 绝缘老化与绝缘干枯

绝缘老化与干枯主要出现在使用多年的电缆和接头盒内。电缆在长期运行中，因受过热、过载和各种过电压的作用，使本体内绝缘层发生逐渐的自然老化和干枯现象。因此其绝缘强度也逐渐地降低。

6. 过电压导致绝缘击穿

在电力系统中出现的雷电过电压和内部过电压可能导致电缆绝缘击穿，这在保护不完善的电缆线路中也时有发生。对实际事故分析表明，许多户外终端头的事故，是由于雷电过电压引起的，电缆本身有缺陷更容易在雷电过电压和内部过电压下发生击穿事故。

8.5.2 电力电缆的检测

1. 绝缘电阻试验

测量绝缘电阻的接线方法如图 8-4 所示。

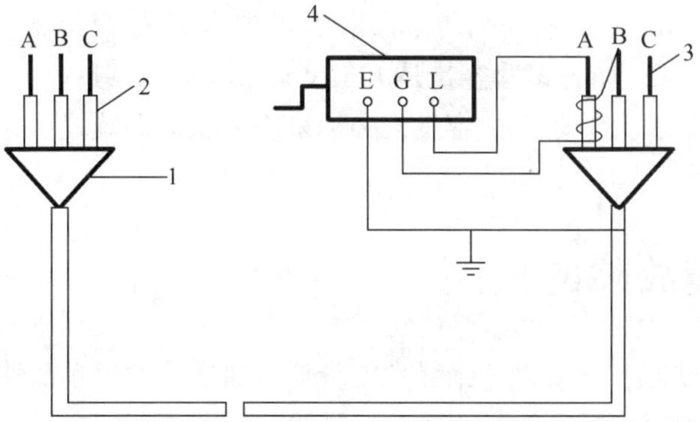

图 8-4 测量绝缘电阻的接线方法

1—电缆终端 2—套管或绕包绝缘 3—导体 4—绝缘电阻表

1）试验前电缆要充分放电并接地，方法是将电缆导体及电缆金属护套接地。

2）选择合适的绝缘电阻表。

3）试验前绝缘电阻表必须校零。

4）电缆套管表面必须擦净。

5）测试完后，一定要将电缆放电，而且电缆越长，绝缘性能越好，接地放电时间越长，但至少不少于1min。

2. 直流耐压试验

微安表在高压侧测量泄漏电流的接线方法如图8-5所示。

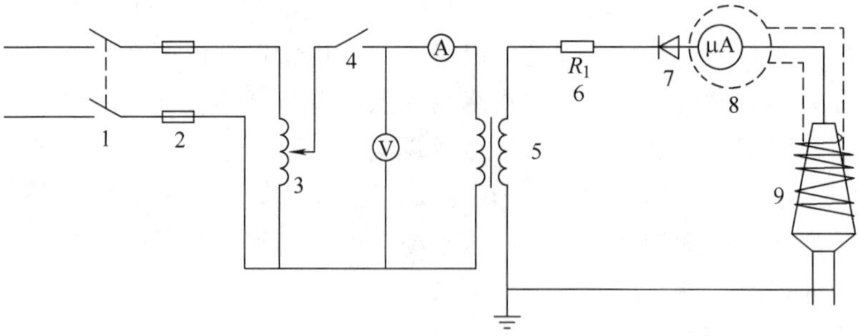

图8-5 微安表在高压侧测量泄漏电流的接线方法

1—总开关 2—熔丝 3—调压器 4—电压表 5—变压器 6—保护电阻 7—高压硅堆 8—微安表 9—电缆

图8-5所示试验接线不受杂散电流的影响，但需注意安全。一般应在微安表上并联一个保护设备，或并联一个开关（起短路保护作用），操作的时候，为了安全，要采用绝缘棒，戴绝缘手套。此外直流耐压试验按照试验电压的数值进行5个阶段的升压。升压速度为1～2kV/s，在阶段停留1min，然后分别记录各个电压阶段以及达到试验电压值时即以后各个15s、60s、3min、5min、10min、15min时刻的泄漏电流。

直流耐压试验电压标准对于不同的设备数值也不一样，应查阅相关的材料，根据要求进行选择。

3. 工频交流耐压试验

对交联聚乙烯电缆进行交流耐压试验，需要高电压、大容量的交流电压试验设备。如对一根长度为3km的110kV、630mm^2的交联聚乙烯电缆进行交流耐压试验，试验电压为128kV，试验电流达到22.7A，试验容量是$128\text{kV}\times22.7\text{A}=2.9\text{MV}\cdot\text{A}$。很难将这样的庞大试验设备移到现场做试验。为了减少容量，必须采用串联谐振装置。这种设备一般有调感式和调频式两种。

8.6 电力电缆故障的探测

电力电缆的绝缘缺陷，如受潮、绝缘性能降低等通常可通过预防性试验来检测。规程规定的试验项目有测量绝缘电阻和进行直流耐压试验。实践表明，它们对发现绝缘缺陷是有效的。但是如何确定故障的位置呢？

对电缆故障，采用常规的预防性试验方法进行诊断难以奏效，必须采用专门的仪器和方法进行诊断。主要步骤是：第一步判明故障性质，第二步选择相应的方法进行粗测，第三步精确测定故障点。

8.6.1　电缆故障的类型

电缆故障的探测方法取决于故障的性质，电缆故障可分为开路故障、低阻故障和高阻故障三种类型。

1. 开路故障

如果电缆相间或相对地的绝缘电阻值达到所要求的规范值，但工作电压不能传输到终端，或虽然终端有电压，但负载能力较差，这类故障称为开路故障。如图 8-6 所示，在某相 H 点处存在电阻 R_k，当 $R_k=\infty$ 时，这种情况称为断线故障，这是开路故障的特殊情况。

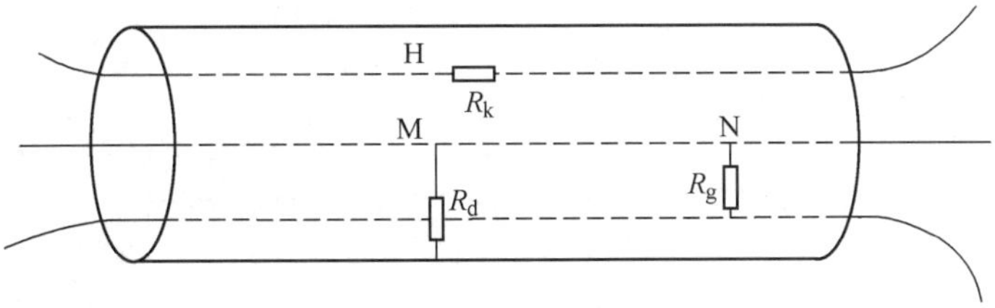

图 8-6　电缆故障示意图

2. 低阻故障

若电缆相间或相对地的绝缘受损，其绝缘电阻减小到一定程度，能用低压脉冲法测量的故障称为低阻故障。如图 8-6 所示，在电缆中，某相 M 点对地绝缘电阻小于 100Ω 以下时，便认为是低阻故障。$R_d=0$ 的这种情况称为短路故障，这是低阻故障的特殊情况。如果故障点在电缆终端头，R_d小于电缆特性阻抗才认为是低阻故障。

3. 高阻故障

相对于低阻故障，若电缆相间或相对地的故障电阻较大，以致不能采用低压脉冲法进行测量的故障通称为高阻故障，它包括泄漏性高阻故障和网络性高阻故障。在电缆预防性试验时，泄漏电流随试验电压的升高而逐渐增大，且其值大大超过规定的泄漏值，这种故障为泄漏性高阻故障。在图 8-6 中，对泄漏性高阻故障，R_d一般大于 150Ω。特殊情况下，终端高阻泄漏故障中的 R_d大于电缆的特性阻抗。闪络性高阻故障则不然，其特点是故障点不但没有形成低阻通道，相反，绝缘电阻值却很大。做试验时，当电压升高到一定值时，泄漏电流突然增大。当电压稍降时，此现象消失。在图 8-6 中，某相 N 点在高电压作用下，$R_g=0$，当高电压降低到某一数值后，$R_g\to\infty$ 。

8.6.2　判定电缆故障性质的方法

判定电缆故障性质，通常是将电缆脱离供电系统，并按下列步骤测量：一是用绝缘电阻表测量每相对地绝缘电阻，如绝缘电阻指示为零，可用万用表进行测量，以判断是高阻还是低阻接地；二是测量两相之间的绝缘电阻；三是将另一端三相短路，测量其线芯直流电阻。按上述步骤应分别在两端各做一次，并将测得的数据列成表格见表 8-7，以利于全面分析比较，从而确定故障性质。各相对地及相间绝缘电阻示意图如图 8-7 所示。

由于表 8-7 中的数据尚不能说明故障性质，所以仍需做电缆芯回路直流电阻测试，测量示意图如图 8-8 所示，测量结果列于表 8-8 中。综合上述测试，可做如下结论；①A 相正常；②B 相断开，乙端头有一低阻接地故障点；③C 相有一高阻接地故障点，但导体完整。有了准确的故障性质判定结论，接着便可以选择合适的探测仪器和确定测定寻找方法了。

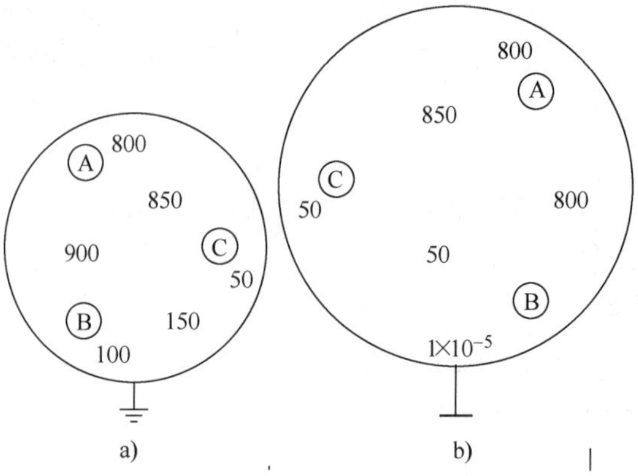

图 8-7　各相对地及相间绝缘电阻（MΩ）示意图

a）甲端头　b）乙端头

表 8-7　电缆故障类型测量记录

测 试 地 点		甲　端	乙　端
各相对地绝缘电阻/MΩ	A	800	800
	B	100	1×10^{-3}
	C	50	50
相间绝缘电阻/MΩ	AB	900	800
	BC	150	50
	CA	850	850

表 8-8　缆芯回路直流电阻测量记录

测 试 地 点		甲　端	乙　端
万用表测得数据/Ω	AB BC CA	0.6	0.6

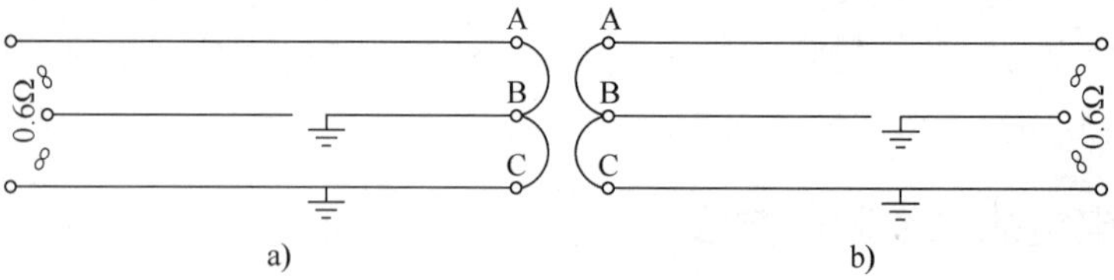

图 8-8　电缆芯回路直流电阻测量示意图

a）甲端头测量（乙端头临时三相短路）　b）乙端头测量（甲端头临时三相短路）

8.6.3　电缆故障探测方法

电缆故障探测方法普遍应用电桥法、脉冲法和驻波法等，但这些方法主要用以测量绝缘电阻较低的一类电缆故障，对于电缆中出现的一些高阻故障，常用高压闪络测量法，其中以电缆故障闪测仪的测量方法为这种方法的典型代表，它同时集脉冲法等多种方法于一体，可探测几乎所有 35kV 级以下的中低压电力电缆的各种故障，测量速度快，多数故障在数小时甚至几分钟内便可确定，测量准确率高达 99% 以上。

随着技术的发展，出现了智能化电缆故障闪测仪，应用大规模集成电路技术，使测量波形经 A-D 转换为数字信号，并进行储存，之后再经 D-A 转换，通过监视器同时显示测量波形和故障点到测量端的距离。仪器配有标准波形存储系统，可使测量波形与标准波形比较，帮助操作人员识别测量波形，提高测量准确率。仪器还配有绘图打印机，可方便地将测量波形及故障距离数字打印出来。

1. 低压脉冲测量法

应用此法可测量电缆中出现的开路故障、相间或相对地低阻故障，同时也可以测量电缆全长和显示电缆中部分中间接头的位置。当用仪器测量电缆故障时，电缆被认为是一传输线（或叫长线）。当电波在长线中传输时，存在以下几个特性：

1）对于均匀无损的理想电缆，设长度为 L，若从其一端加电压或电流波，那么电波便以均匀速度 v 向其另一端传播，经 T_d 时间后到达另一端，则有：$L=vT_d$。

由波过程理论可知，式中的 v 为光速，$v=300\text{m}/\mu\text{s}$。对油纸电缆，$v\approx160\text{m}/\mu\text{s}$；对不滴油流电缆，$v\approx144\text{m}/\mu\text{s}$；对交联聚乙烯电力电缆，$v\approx172\text{m}/\mu\text{s}$；对聚乙烯（全塑电缆）电力电缆，$v\approx184\text{m}/\mu\text{s}$。

2）均匀长线中每一点的波阻抗是相等的，对不同截面积油浸纸介质电缆，其波阻抗 Z 在 10～50Ω 之间。

3）在长线中，若某一点的波阻抗发生变化，电波传播到该点就发生反射现象，反射电压与入射电压满足关系式

$$U_f=\beta U_r \tag{8-3}$$

式中　U_f——反射电压波；

U_r——入射电压波；

β——电压波反射系数。β 可表示为

$$\beta=\frac{Z_2-Z_1}{Z_2+Z_1} \tag{8-4}$$

式中　Z_1——长线的波阻抗，$Z_1=Z_c$；Z_2——长线中发生变化点的等效波阻抗。

因此，对于低阻故障，若故障点对地电阻为 R_d，则该点的等效波阻抗 $Z_2=\dfrac{R_dZ_1}{R_d+Z_1}$，对于开路故障，若故障电阻为 R_k，则该点的等效阻抗 $Z_2=R_k+Z_1$。不同故障时的等效电路如图 8-9 所示。

由上述公式可知，$-1\leqslant\beta\leqslant1$。当 $-1\leqslant\beta<0$ 时，说明低阻抗点存在反射波，且反射波与入射波反极性。R_d越小，$|\beta|$越大，$|U_f|$越大。当 $R_d=0$ 时，为短路故障，$\beta=-1$，$U_f=-U_r$，即电压波在短路故障点产生全反射。当 $0<\beta<1$ 时，说明开路故障点也存在反射波，且反射波与入射波同极性。R_k越大，$|\beta|$越大，$|U_f|$越大。当 $R_k=\infty$ 时，即为断线故障，$\beta=1$，$U_f=U_r$，电压波在断线故障点产生全反射。

用仪器测量低阻、开路故障时，由仪器内产生一宽度为 0.1～2μs，幅度大于 120V 的低压脉冲。在 t_0时刻加到电缆故障相一端，此时脉冲便以速度 v 向电缆故障点传播，经 Δt 时

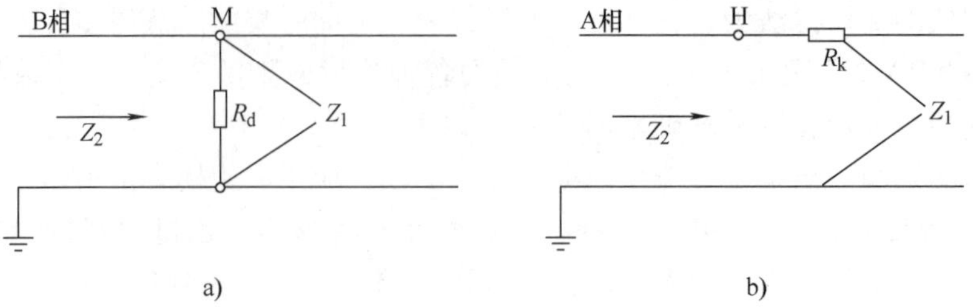

图 8-9　不同故障时的等效电路
a）低阻故障等效电路　b）开路故障等效电路

间后到达故障点，同时产生反射脉冲，反射脉冲波又以同样的速度向测量端传播，并经过同样的时间 Δt 于 t_1 时刻到达测量端。若设故障点到测量端的距离为 L，则有

$$L = v\Delta t = \frac{1}{2}v(t_1 - t_0) \tag{8-5}$$

所以只要记录 t_0 和 t_1 时刻，就可以测出测量端到故障点的距离，t_0 和 t_1 时刻的记录由闪测仪完成。当对电缆全长进行校准时，往往使电缆终端开路。因此，电缆全长的校准相当于电缆断线故障的测量情况。电缆存在中间接头时，由于接头处的电缆形状及其绝缘介质等的变化，引起了该点波阻抗的变化。根据长线理论，该点也一定存在反射。但有些中间接头反射幅度较小，仪器可能分辨不出来。

用低压脉冲法测得的电缆故障相波形如图 8-10 所示。从波形曲线上测得始端到故障点为 14.5μs，故障点到末端为 2.5μs，始端到末端为 14.5μs + 2.5μs = 17μs。经计算：电缆全长 = $\frac{1}{2}$ × 17μs × 160m/μs = 1360m；电缆故障点到首端距离 = $\frac{1}{2}$ × 14.5μs × 160m/μs = 1160m；电缆故障点到末端距离 = $\frac{1}{2}$ × 2.5μs × 160m/μs = 200m。

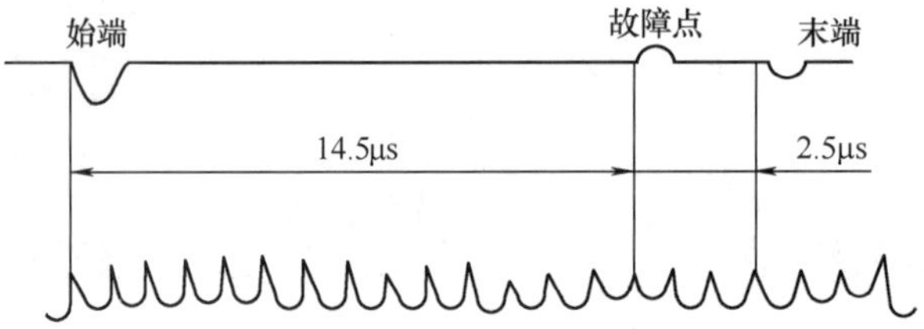

图 8-10　电缆故障相波形

根据低压脉冲法得到的故障相电缆波形图，可计算出故障点距末端约 200m，并测量出距末端 200m 处有一电缆井。揭开井盖检查，发现该电缆已烧成圆形的孔洞，用绳子测量出的电缆故障点到末端的距离为 198.8m（测量的绝对误差为 1.2m）。

2. 高压闪络测量法

对于高阻故障，由于故障点电阻较大，此点的反射系数 β 很小或几乎等于零，用低压脉冲法测量时，故障点的反射脉冲幅度很小或不存在反射，因而仪器分辨不出来。应用高压闪络测量法对这种故障进行测量，可取得满意的效果。

由直流高压发生器产生一负的直流高压，加到电缆故障相，当电压高到一定数值后，电缆故障点产生闪络放电，瞬间被电弧短路，故障点便产生一跳变电压波在故障点与测量端之间来回反射。采用 DGC-711 电缆故障闪测仪，在测量端取出这一反射波，同时产生标准刻度波，最后由式（8-5）计算出故障点到测量端的距离。利用数字式电缆故障闪测仪，同样在测量端取出反射波形，并自动分析测量波形，最后直接显示出故障点到测量端的距离。

常用的高压闪络测量法有两种，即直流高压闪络测量法（简称直闪法）和冲击高压闪络法（简称冲闪法）。

（1）直闪法　直闪法测量电路如图 8-11a 所示。图中高压变压器输出的交流电压通过二极管 VD 整流后加到电缆故障相，当负高压加到一定幅度时，故障点闪络放电，在故障点与测量端之间形成图 8-11b 所示的测量波形，这一波形通过隔直电容 C，再经电阻 R_1、R_2 分压后加到仪器上。

由于受到高压电源输出功率的限制，因此直闪法只能测量闪络性高阻故障。

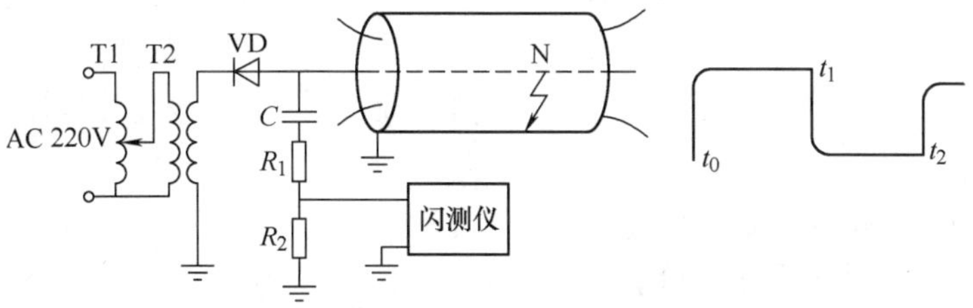

a)　　b)

图 8-11　直闪法测量电路及波形

a）直闪法测量电路　b）直闪法测量波形

C—耦合电容（大于 0.1μF）　R_1—水电阻（20 ~ 40kΩ）　R_2—水电阻（约 500Ω）

（2）冲闪法　冲闪法分为电阻和电感冲闪两种。对于前者，因电阻在电路中的分压作用，使得实际加到故障电缆上的电压偏低，故对放电不利，特别是对于那些有较高阻值的故障更难以放电，因此此法存在一定的局限性，故通常采用电感冲闪法。冲击直流高压电感测量法（简称冲 L 法）的测量电路如图 8-12a 所示。当电源接通后，首先由直流高压给储能电容 C 充电，当电容上的电压高到一定幅值时，球间隙 Q 被击穿放电，在 t_0 时刻瞬间负高压加到电缆故障相，并传向故障点，继而故障点闪络放电，故障点放电时的短路电弧使沿电缆送去的电压波反射回去，从而在测量端和故障点之间产生图 8-12b 所示的波形，图中尖脉冲是由于电感 L 的微分作用所致。这一波形通过 R_1、R_2 电阻分压后加到仪器上。

冲闪法主要用于测量泄漏性高阻故障，也可测量闪络性高阻故障。

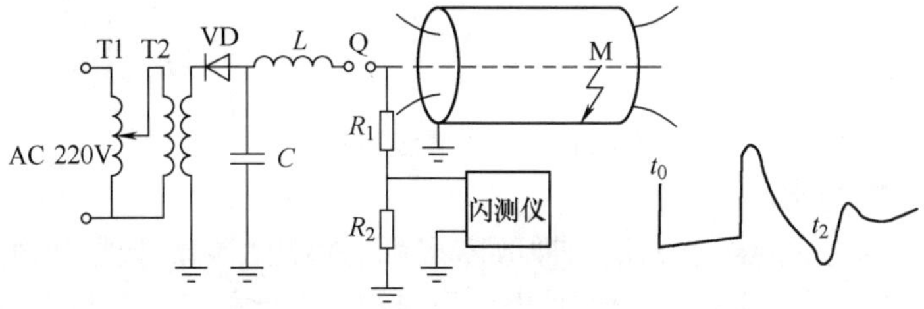

a)　　b)

图 8-12　冲 L 法测量电路及波形

a）冲 L 法测量电路　b）冲 L 法测量波形

8.6.4 电缆故障的精确定点方法

从整个电缆故障测量技术来看，故障点的精确定点是非常困难的，它是当今电缆故障测量技术的一大难题。由于电缆的故障性质不同，定点的具体做法稍有差异，所以下面就针对不同性质的电缆故障分别进行分析和讨论。

1. 低阻故障的定点

用低压脉冲法对低阻故障进行故障点的粗测后，按图 8-13 连接线路，然后在粗测的范围内进行定点。由于这类故障电阻小，因此故障点的放电间隙也小，致使施加的冲击高压在不很高的情况下，故障点便发生闪络放电。这时因闪络放电而产生的冲击振动波也小，因此给定点时的测听工作增加了难度。再加上定点现场其他因素的干扰，这时的放电声往往不易分辨甚至听不到放电声，当发生这种情况时，可以人为地调节球间隙的距离，以控制冲击电压的高低，同时还可以通过加大储能电容器的电容量，增强放电强度，从而获得较强、较大的放电声，便于收听、分析和判断故障点的精确位置。当然，无论任何时间，收听到声音最大的点即为故障点。

2. 高阻故障的定点

高阻故障的定点方法和低阻一样，接线方法仍如图 8-13 所示。因这类故障的阻抗较高，定点时施加的冲击电压除非达到较高的幅度，故障点才会发生闪络放电，故放电声和由此而产生的冲击振动波一般来说都比较大，较便于收听、分析和辨别，因而相比之下就比较容易定点。

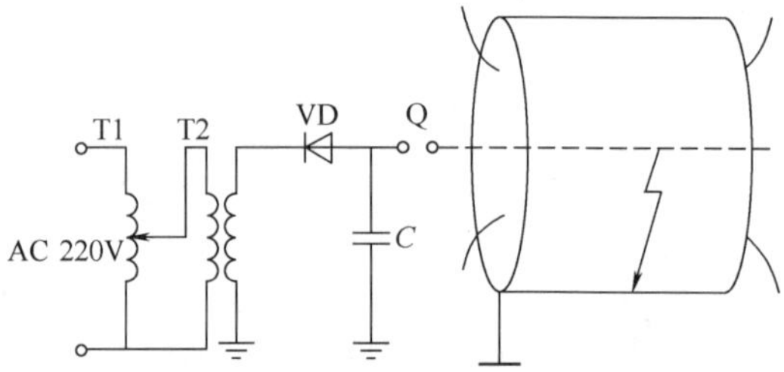

图 8-13　低阻故障定点接线图

3. 开路故障的定点

开路故障定点接线如图 8-14 所示。由图可以看出，在故障相的一端加冲击高压，而故障相的另一端及另外两相和电缆铅包连接后充分接地，然后利用定点仪在粗测的范围内进行定点。因开路故障类似于高阻故障，因此故障现象与高阻故障相类似。在定点时，除电路连接与高阻故障定点时稍有区别外，其定点方法与高阻故障的定点方法相同。

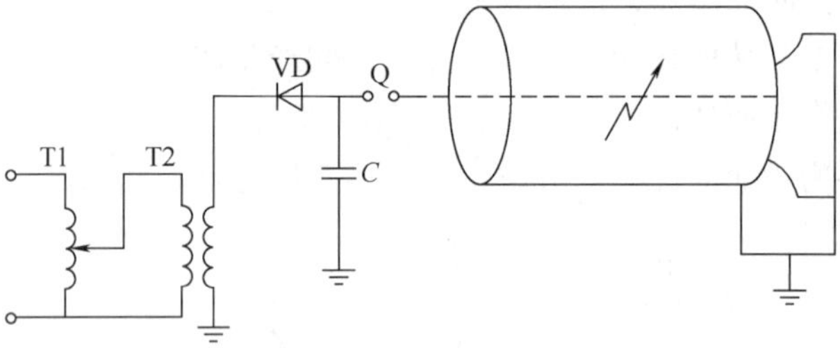

图 8-14　开路故障定点接线图

4. 特殊位置故障的定点

上述仅是一般情况下的定点方法，即故障点都远离测试端。如果故障点就在测试端附近，这时故障点的放电声会被球间隙的放电声所淹没。因此故障点的放电声不易被测量人员收听，当然也就无法定点了。当遇到这种情况时，可以采用如图 8-15 所示的接线。由图可见，由于人为地将球间隙放到远离测试端的另一端，并通过已知的正常相对故障相加电压，从而达到故障相闪络放电的目的。这时因串入回路的球间隙远离测试端，因此当故障点放电时比较容易收听，就不会因球间隙放电声的干扰而难以辨别了。

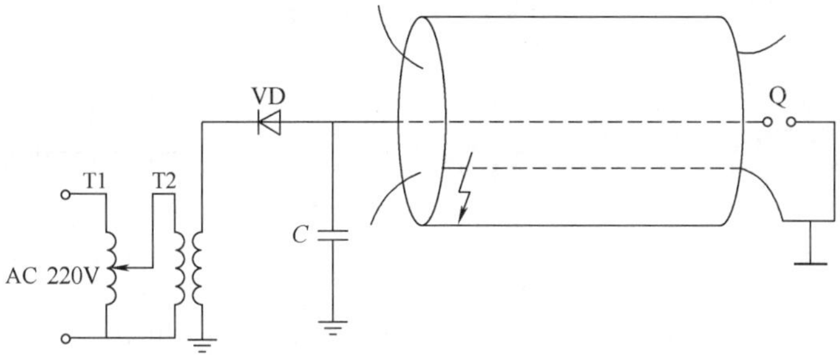

图 8-15　故障点在测试端附近的接线图

【实践操作】

1. 操作练习

1）到电缆厂参观学习，了解电缆的制作、结构和应用。

2）在实验室了解各种电缆。

2. 书面练习

1）城市轨道交通供电系统对电力电缆有何基本要求？它一般采用何种电力电缆？

2）城市轨道交通供电系统的电缆选择应满足什么原则？

3）110kV 交联聚乙烯电缆的电缆接头有几种？

4）交联聚乙烯绝缘电力电缆有何主要优点？

5）电缆故障的精确定点方法有几种？

6）城市轨道交通供电系统的电缆敷设方式有几种？

7）电缆故障的原因是什么？防止电缆故障的主要措施是什么？

8）电缆的防火措施是什么？

【评价跟进】

1. 教师的评价

由教师在完成本章的教学任务后填写，在相应表格中画“√”。

评 价 项 目		教师的评价			
序号	题　目	好	较好	一般	较差
1	对本章教学过程的控制				
2	在本章教学过程中，学员的参与情况				
3	学员对本章知识学习后的效果反馈				
教师对本章教学的总结评价意见及跟进措施					

2. 学员的评价

由学员在完成本章的教学任务后填写，在相应表格中画“√”。

评价项目		学员的评价			
序号	题　目	好	较好	一般	较差
1	在本章教学执行过程中教师的表现				
2	本章教学内容与社会实际需求的联系情况				
3	自己在本章学习过程中的表现				
学员对本章教学的总结评价意见及跟进措施					

参考文献

[1] 于松伟，杨兴山，等．城市轨道交通供电系统设计原理与应用［M］．成都：西南交通大学出版社，2008.

[2] 郑瞳芷，等．城市轨道交通牵引供电系统［M］．北京：中国铁道出版社，2003.

[3] 李建民．城市轨道交通供电［M］．成都：西南交通大学出版社，2007.

[4] 中华人民共和国铁道部．TB 10009—2005/J 452—2005 铁路电力牵引供电设计规范［S］．北京：中国铁道出版社，2005.

[5] 李建民．城市轨道交通供电系统模式的分析与研究［J］．都市快轨交通，2004（6）：54-56.

[6] 何宗华，等．城市轨道交通供电系统运行与维护［M］．北京：中国建筑工业出版社，2005.

[7] 李建民，蓬勃发展的城市轨道交通［J］．郑州铁路职业技术学院学报，2003（3）：64-66.

[8] 黄俊，王兆安．电力电子技术［M］．4 版．北京：机械工业出版社，2011.

[9] 贺威俊，等．电力牵引供变电技术［M］．成都：西南交通大学出版社，1998.

[10] 李建民，尹传贵．城市轨道交通供电系统谐波分析［J］．城市轨道交通研究，2004（6）：46-49.

[11] 邱关源，罗先觉．电路［M］．5 版．北京：高等教育出版社，2011.

[12] 谈笑君，尹春燕．变配电所及其安全运行［M］．北京：机械工业出版社，2003.

[13] 李建民，张伟．城市轨道交通供电系统变压器运行方式分析研究［J］．变压器，2007（8）：20-24.

[14] 李建民，王丽红．城市轨道交通牵引供电系统整流机组的接入与输出方案［J］．城市轨道交通研究，2007（10）.

[15] 王念同，魏雪亮．城市轨道交通研究 24 脉波牵引整流变电所网侧谐波电流的分析［J］．变压器，2003（1）：1-5.

[16] 王立天．2002 年城市轨道交通首届中青年专家论坛文集［C］．北京：兵器工业出版社，2002.

[17] 李建民，张志军．基于外延三角形接线的 24 脉波整流变压器分析[J]．城市轨道交通研究，2008(11)：33-36.

[18] 李建民．城市轨道交通供电系统杂散电流检测与控制研究［J］．仪表技术与传感器，2007（10）：73-78.

[19] 李建民，徐坚．基于 SVG 的城市轨道交通供电系统功率因数补偿研究［J］．变压器，2008（2）：5-9.

[20] 李建民，基于双边供电的直流牵引馈线保护研究［J］．电力自动化设备，2007（11）：55-59.

[21] 李建民，董黎生．变电所综合信息采集测量系统研究［J］．仪表技术与传感器，2008（2）：89-91.

[22] 李建民，孙建设．城市轨道交通供电系统谐波分布研究［J］．电测与仪表，2008（2）：1-6.

[23] 李建民，等．城市轨道交通牵引供电系统整流器机组功率因数分析［J］．郑州铁路职业技术学院学报，2007（4）：7-8.

[24] 王彦利．地铁直流电力电缆现状、发展和选择［J］．电气化铁道，2002（2）：45-48

[25] 谢红，夏金凤．城市轨道牵引供电电缆选型分析［J］．机车电传动，2003（2）：33-35.

[26] 唐崇健，庞玉春．轨道交通用直流牵引电缆的特性和要求［J］．电线电缆，2003（3）：23-26.

[27] 李宗廷，等．电力电缆施工手册［M］．北京：中国电力出版社，2002.

[28] 于松伟．我国地铁接触轨技术发展综述与研发建议［J］．都市快轨交通，2004（2）：6-11.

[29] 于松伟，周菁，韩连祥，等．直流 1500V 接触轨系统的安全防护［J］．都市快轨交通，2010（1）：5-10.

[30] 靳守杰．城市轨道交通综合自动化系统研究［J］．城市轨道交通研究，2007（5）：8-11.

[31] 靳守杰，何志新．广州轨道交通线网主变电所的配置［J］．都市快轨交通，2008（2）：79-82.

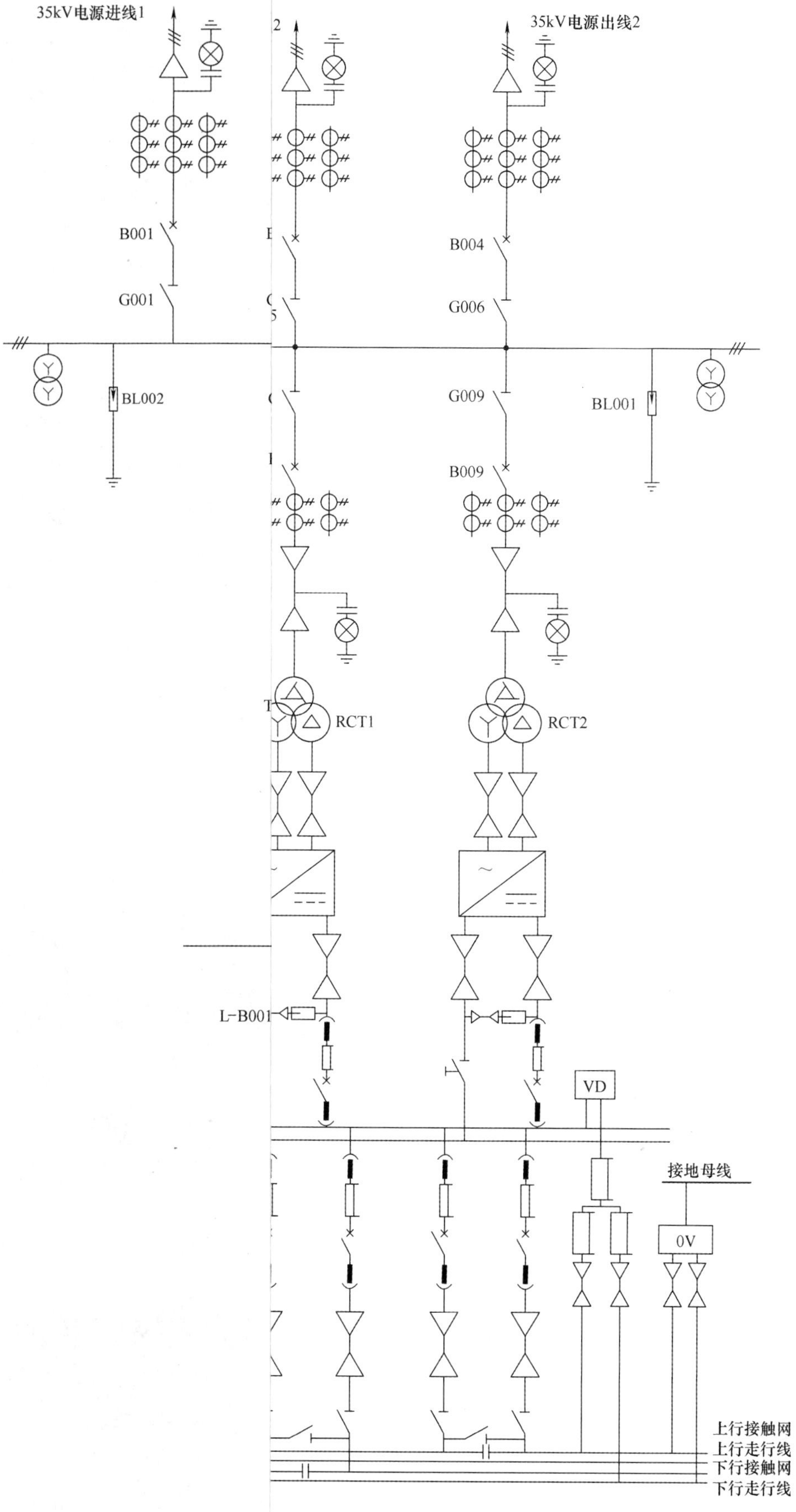
35kV电源进线1
2
35kV电源出线2
B001
B004
G001
G006
BL002
BL001
G009
B009
RCT1
RCT2
L-B001
VD
接地母线
0V
上行接触网
上行走行线
下行接触网
下行走行线